1re

MATHÉMATIQUES

ENSEIGNEMENT SCIENTIFIQUE

PROGRAMME 2023

COLLECTION BARBAZO

Sous la direction
d'**Éric Barbazo** et **Nadine Billa**

Philippe Le Poezeller
Catherine Maureau
Nathalie Teulié

hachette
ÉDUCATION

Sommaire

LIVRET Vers les maths complémentaires

Crédits photographiques

p. 5 : MikeDotta/Shutterstock ; **p. 7** : kldy/Shutterstock ; **p. 15 a** : nakaridore/Shutterstock ; **p. 15 b** : droits réservés ; **p. 17** : François BOIZOT/Shutterstock ; **p. 21** : VILevi/Shutterstock ; **p. 22** : Lucky Business/Shutterstock ; **p. 23** : 4.murat/Shutterstock ; **p. 35** : Tutatamafilm/Shutterstock ; **p. 47** : 06photo/Shutterstock ; **p. 49** : watin inthapan/Shutterstock ; **p. 57** : Cookie Studio/Shutterstock ; **p. 59** : CrackerClips Stock Media/Shutterstock ; **p. 61** : Wellnhofer Designs/Shutterstock ; **p. 63** : sunabesyou/Shutterstock ; **p. 64** : I am a Stranger/Shutterstock ; **p. 66** : Adrien Ledeul/Shutterstock ; **p. 68** : olrat/Shutterstock ; **p. 69** : Image Point Fr/Shutterstock ; **p. 79 a** : Ranta Images/Shutterstock ; **p. 79 b** : Nicku/Shutterstock ; **p. 84** : George Rudy/Shutterstock ; **p. 87** : MikeDotta/Shutterstock ; **p. 97 a** : fizkes/Shutterstock ; **p. 97 b** : Eric Isselee/Shutterstock ; **p. 106** : Maksim Safaniuk/Shutterstock ; **p. 107** : Prostock-studio/Shutterstock ; **p. 109** : Adwo/Shutterstock ; **p. 119 a** : StoryTime Studio/Shutterstock ; **p. 119 b** : Volodymyr TVERDOKHLIB/Shutterstock ; **p. 126** : Jacob Lund/Shutterstock ; **p. 127** : carlos castilla/Shutterstock ; **p. 129** : mavo/Shutterstock ; **p. 137 a** : fizkes/Shutterstock ; **p. 137 b** : Nicku/Shutterstock ; **p. 143** : Rohane Hamilton/Shutterstock ; **p. 145** : Pavel L Photo and Video/Shutterstock ; **p. 155** : paulaphoto/Shutterstock ; **p. 157** : Kvitka Fabian/Shutterstock ; **p. 159** : Creative Cat Studio/Shutterstock ; **p. 160 a** : Natural Earth Imagery/Shutterstock ; **p. 160 b** : Zimneva Natalia/Shutterstock.

Nous remercions tous les enseignants qui ont bien voulu contribuer à la conception de cet ouvrage, et en particulier **M. Olivier Véziant**, pour leurs précieux conseils et suggestions.

Mise en pages et schémas : **Soft Office**
Maquette de couverture : **Guylaine Moi**
Maquette intérieure : **Anne-Danielle Naname**
Édition : **Alexandre Bertin**

hachette-education.com

ISBN : **978-2-01-786638-1**
ISBN à utiliser pour toute commande de l'ouvrage

CHAPITRE

1 Analyse de l'information chiffrée

Ressources du chapitre
hachette-clic.fr/23bs1001

FOCUS MÉTIER

Analyste de bases de données

Cartes de fidélité, visites sur le site Web, réseaux sociaux… nombreuses sont les sources d'information d'une entreprise sur ses clients actuels ou futurs !

Anna est analyste de données d'une grande entreprise commerciale. Son rôle est de « faire parler » les bases de données sur les clients et les produits.

Pour guider la démarche des commerciaux et du marketing, elle crée des tableaux de bord actualisés et compréhensibles par tous.

Elle formule également des recommandations sur des questions précises après avoir sélectionné et traité les données pertinentes.

Des formations en lien avec le chapitre

- BUT informatique
- Licence professionnelle métiers de l'informatique
- Licence professionnelle métiers du décisionnel et de la statistique
- Master en informatique, statistiques ou gestion de données

Automatismes hebdomadaires

En cas de besoin, voir les indispensables :

- Calculs algébriques p. 176
- Développements et factorisations p. 177
- Équations et inéquations p. 178
- Lectures graphiques p. 179

Gamme 1

1 Fractions

Recopier et compléter.

$250 \times \dfrac{4}{100} = \dots$

2 Image

Recopier et compléter.

$f(x) = x^2 - 2x$. On a $f\left(\dfrac{1}{2}\right) = \dots$

3 Équations

Résoudre $3x = 0$.

4 Image

Déterminer graphiquement $f(1)$.

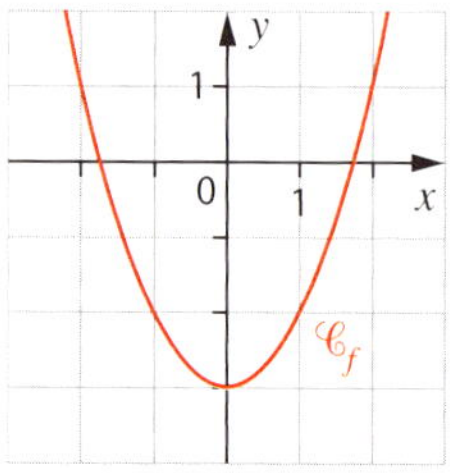

Gamme 2

1 Pourcentages

Dans un groupe de 120 personnes, 30 individus ont les yeux bleus.

Quel est le pourcentage des personnes qui ont les yeux bleus ?

2 Identités remarquables

Développer $(2x + 7)^2$.

3 Inéquations

Résoudre $2x - 8 \leqslant 0$.

4 Antécédents

Déterminer graphiquement le ou les antécédents de 0.

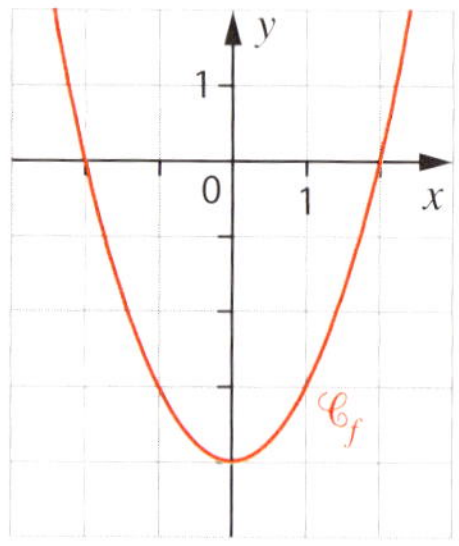

Gamme 3

1 Pourcentages

On présente sur le diagramme ci-dessous la répartition des 275 élèves d'un lycée entrant en première, selon leur régime scolaire.

Calculer le nombre d'élèves externes.

2 Image

$f(x) = 3x^2 - 1$. Calculer $f(-2)$.

3 Équations

Résoudre $-4x + 1 = 0$.

4 Image

Lire graphiquement l'image de 0.

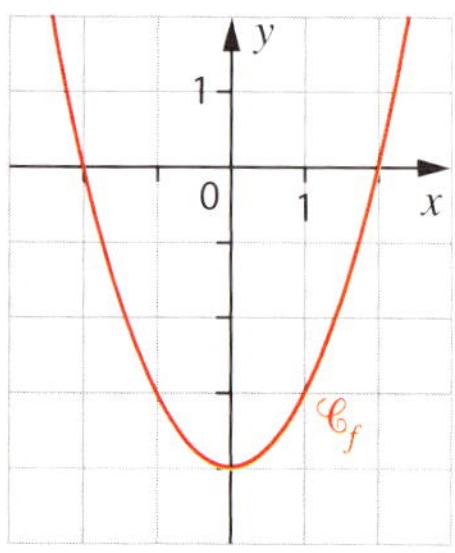

Situation 1 Le kombucha

Objectif
Construire et utiliser un tableau croisé d'effectifs.

Un sondage a été réalisé sur la popularité du kombucha (boisson fermentée non alcoolisée à base de thé). Les résultats de l'étude sont donnés dans le fichier *p007_chap1_situation1.xlsx*.

1 Dans la population des personnes qui ont répondu à la question « Connaissez-vous le kombucha ? », on veut étudier simultanément les deux caractères « genre » et « tranche d'âge ».
On veut construire, à l'aide d'un tableur, un tableau à double entrée (tableau croisé dynamique) qui donne les effectifs selon le genre et la tranche d'âge.

a. Ouvrir le fichier et sélectionner toutes les plages de données.

b. Créer un tableau croisé dynamique d'effectifs (voir page 14) en faisant glisser dans la zone Lignes le champ « Genre », dans la zone Colonnes le champ « Tranches d'âge » et dans la zone $\sum$ Valeurs, le champ « Connaissez-vous le kombucha ? ».

c. Que signifient les nombres 16 et 34 dans le tableau obtenu ?

d. L'affirmation « Moins d'un quart des personnes ayant répondu à la question *Connaissez-vous le kombucha ?* sont des hommes » est-elle vraie ou fausse ? Justifier.

2 On s'intéresse à la sous-population qui a répondu Oui à la question « Connaissez-vous le kombucha ? ».
On veut connaître les effectifs selon le genre et la tranche d'âge dans cette sous-population.

a. Faire glisser le champ « Connaissez-vous le kombucha » dans la zone Filtres puis sélectionner Oui dans la cellule B1.

b. Combien de femmes de moins de 50 ans connaissent le kombucha ?

Situation 2 Les beaux aras

Objectif
Construire un diagramme

Dans une réserve d'Amazonie, on distingue cinq sortes de perroquets : l'ara hyacinthe, l'ara de Lear, l'ara bleu, le rouge et l'ara à ailes vertes. On dispose des données suivantes.

Espèce	Nombre en 2018	Nombre en 2022
Ara hyacinthe	2 632	1 950
Ara de Lear	1 231	867
Ara bleu	643	148
Ara rouge	3 521	2 167
Ara à ailes vertes	5 497	5 653

1 Reproduire le tableau dans une feuille de tableur.

2 a. Construire le diagramme circulaire donnant la répartition des aras selon les espèces en 2022.

b. Quelle fréquence représente l'ara à ailes vertes dans la population totale des perroquets Ara en 2022 ?

3 a. Construire le diagramme en barres empilées ci-dessous.

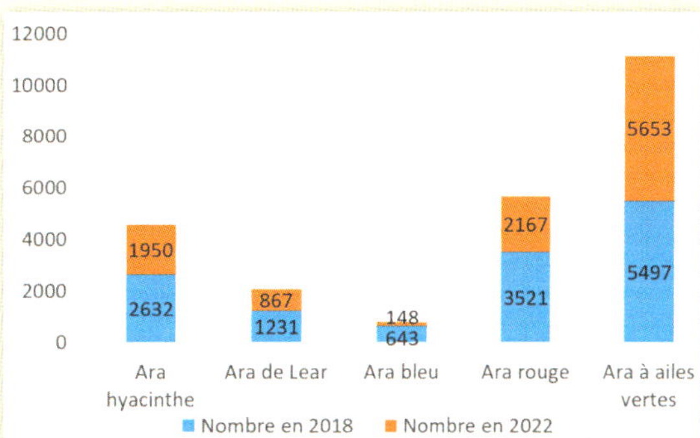

b. Calculer le pourcentage de diminution de l'ara rouge entre 2018 et 2022. Arrondir au dixième.

Connaître le cours

1. Étude de deux caractères

1. Cardinal et fréquence

Définitions et notations

On considère une population d'individus E. Dans cette population E, on étudie **deux caractères « A » et « B »**.

- Dans une population E, l'ensemble des individus qui possèdent le caractère « A » est noté A, l'ensemble des individus qui possèdent le caractère « B » est noté B. Les ensembles A et B sont des **sous-populations** de E.
- On note :
  - **card(E)** le nombre total d'individus de la population E ; on lit : « **cardinal de E** ».
  - **card(A)** le nombre d'individus de la population qui possèdent le caractère « A » et **card(B)** le nombre d'individus de la population qui possèdent le caractère « B ».
- Si le caractère « A » prend des **valeurs numériques**, on dit qu'il est **quantitatif**. Sinon, il est **qualitatif**.
- On note $\overline{A}$ l'ensemble des individus de E qui **ne** possèdent **pas** le caractère « A ».

Propriété

La fréquence du caractère « A » dans la population E est le nombre $f(A) = \dfrac{\text{card}(A)}{\text{card}(E)}$.

Une fréquence peut s'exprimer sous forme d'une fraction, d'un nombre décimal ou d'un pourcentage.

2. Tableau croisé d'effectifs

Définition de l'intersection et de la réunion de deux sous-populations

Soient A une sous-population de E dont les individus possèdent le caractère « A » et B une sous-population de E dont les individus possèdent le caractère « B »

- **A ∩ B** est l'ensemble des individus de E qui possèdent à la fois le caractère « A » **et** le caractère « B ».
- **A ∪ B** est l'ensemble des individus de E qui possèdent le caractère « A » **ou** le caractère « B ».

Définition

On peut dresser un tableau croisé d'effectifs des caractères « A » et « B » dans un tableau à double entrée.

Caractères	**B**	$\overline{\textbf{B}}$	**Total**
A	card(A ∩ B)	card(A ∩ $\overline{B}$)	card(A)
$\overline{\textbf{A}}$	card($\overline{A}$ ∩ B)	card($\overline{A}$ ∩ $\overline{B}$)	card($\overline{A}$)
Total	card(B)	card($\overline{B}$)	card(E)

3. Trier des données avec un tableur

Méthode (Voir Boîte à outils p. 14)

Pour étudier plusieurs caractères dans une population E constituée d'un grand nombre d'individus, il est indispensable de trier et regrouper les données pour chaque sous-population.

- On peut construire un tableau croisé dynamique d'effectifs.
- On peut utiliser la fonction *Filtrer* du menu *Données*.
- On peut utiliser les connecteurs logiques ET / OU

Pour déterminer les effectifs de A ∩ B, on utilise les formules `=ET(valeur logique1;valeur logique2)`
Pour déterminer les effectifs de A ∪ B, on utilise la fonction `=OU(valeur logique1;valeur logique2)`

Méthode 1 Étudier une population

Le gérant d'un garage effectue une étude sur les 400 véhicules de son parc.
Il dénombre pour cela, les véhicules selon leur couleur et leur poids.
Les résultats sont consignés dans le tableau suivant.

Couleur / Poids	noir	blanc	gris	rouge	Total
1 050 kg	20	50	60	10	140
1 150 kg	50	60	40	10	160
1 200 kg	10	50	10	30	100
Total	80	160	110	50	400

1 a. Quelle est la population E étudiée ?
b. Quel est son cardinal ?

2 Citer les caractères étudiés sur cette population ainsi que leur type.

3 Calculer la fréquence de véhicules blancs dans le parc.

Solution commentée

1 a. La population étudiée est l'ensemble des 400 véhicules du parc.
b. Le cardinal de la population est 400. On écrit card(E) = 400.

2 Le premier caractère étudié est la couleur. Il est du type qualitatif.
Le deuxième caractère étudié est le poids. Il est du type quantitatif.

3 La fréquence de véhicules blancs est $\frac{160}{400} = 0{,}4 = 40\ \%$.

EXERCICE 1 p. 16

Méthode 2 Compléter un tableau croisé d'effectifs

On considère le tableau croisé d'effectifs ci-contre réalisé à partir d'une population E de cardinal 200.
On sait que card(A) = 120, card(B) = 110 et card($\overline{A} \cap B$) = 60.
Recopier et compléter le tableau.

Caractères	B	$\overline{B}$	Total
A			
$\overline{A}$			
Total			

Solution commentée

Caractères	B	$\overline{B}$	Total
A	50	70	120
$\overline{A}$	60	20	80
Total	110	90	200

On remplit d'abord le tableau avec les informations dont on dispose et on en déduit les effectifs manquants.

EXERCICE 3 p. 16

Méthode 3 Trier des données avec un tableur

Un club sportif possède 200 membres. Les dirigeants du club ont réalisé un fichier des membres du club avec les caractères suivants : « Numéro d'adhérent » ; « Type de licence » ; « Utilisation » ; « Membre du bureau d'organisation » ; « Nombre de compétitions dans l'année ».
En utilisant le fichier *p009_chap1_methode3.xlsx*, trier les données afin de connaître les numéros des adhérents qui utilise le club de manière hebdomadaire et qui ont participé à au moins huit compétitions dans l'année.

Solution commentée

Correction en vidéo

EXERCICE 7 p. 17

2. Représentations graphiques

1. Nuage de points

Méthode

Lorsqu'une population possède deux caractères quantitatifs, il est parfois utile de représenter ces caractères par un **nuage de points**.

Exemple

Une entreprise vend des ordinateurs recyclés. Pour des tests techniques, elle prélève dans son stock dix ordinateurs numérotés pour lesquels elle relève la taille de l'écran (en pouces) et le prix de vente (en euros). Les résultats sont consignés dans le tableau ci-contre.

Numéro	1	2	3	4	5	6	7	8	9	10
Taille	15	15	17	17	19	20	22	24	24	27
Prix	450	480	540	599	610	590	650	650	690	700

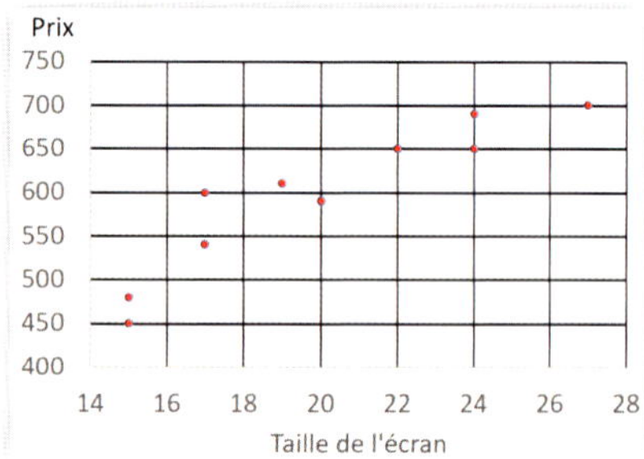

Avec un tableur, on peut représenter ces caractères par un nuage de points, en mettant en abscisse la taille de l'écran et en ordonnée le prix. Le nuage de points permet de **voir comment évoluent les deux caractères l'un par rapport à l'autre** : ici, on voit que plus l'écran est grand, plus le prix est élevé.

2. Diagramme en barres

Méthode

Pour comparer l'importance de plusieurs caractères dans une population, il est parfois utile de représenter les caractères dans des **diagrammes en barres empilées** où apparaissent tous les caractères étudiés.

Exemple

Un hôpital étudie l'évolution du nombre d'hommes et de femmes hospitalisés en urgence entre les années 2018 et 2023. En utilisant un tableur, on représente ces deux caractères dans un diagramme en barres empilées.

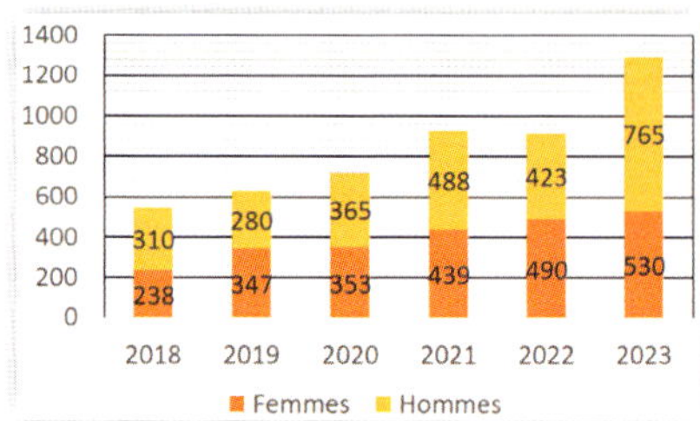

3. Diagramme circulaire

Méthode

Pour visualiser la répartition d'un caractère dans une population, on peut utiliser un **diagramme circulaire**.

Exemple

Lors d'une élection municipale, trois candidats se sont présentés. Le candidat A a obtenu 750 voix, le candidat B a obtenu 235 voix et le candidat C a obtenu 128 voix.
En utilisant un tableur, on représente la répartition des voix obtenues par les différents candidats sous la forme d'un diagramme circulaire.

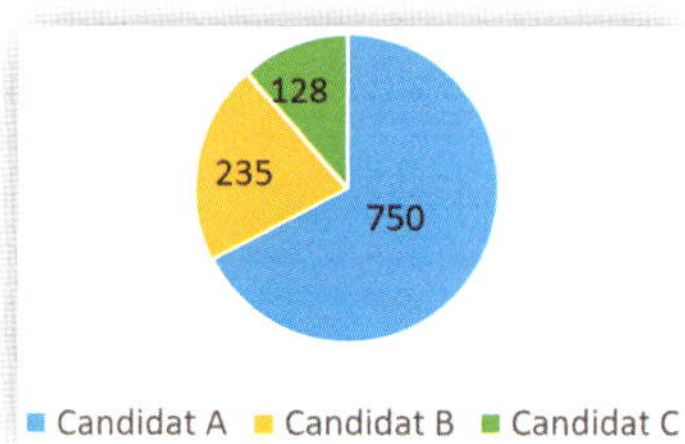

Méthode 4 Réaliser un nuage de points à l'aide d'un tableur

Un laboratoire d'analyse étudie l'évolution du nombre de personnes testées positives à un virus pendant 50 semaines dans une population. Les résultats sont consignés dans le fichier *p011_chap1_methode4.xlsx.*

1. En utilisant le fichier, réaliser un nuage de points.
2. Que peut-on dire de l'évolution du nombre de personnes testées positives au fur et à mesure des semaines qui passent ?

Solution commentée

1. Correction en vidéo

2. Au fur et à mesure des semaines qui passent, le nombre de cas positifs augmente de plus en plus fortement.

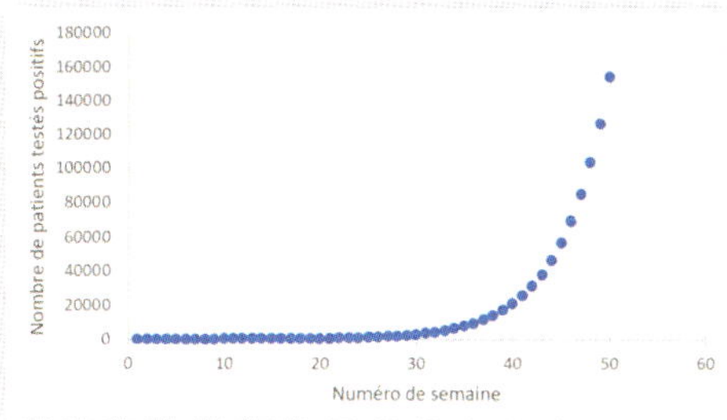

EXERCICE 11 p. 18

Méthode 5 Réaliser un diagramme en barres à l'aide d'un tableur

Trois entreprises E1, E2 et E3 réalisent leur chiffre d'affaires (exprimé en milliers d'euros) en France et à l'étranger. Les chiffres d'affaires sont consignés dans le fichier *p011_chap1_methode5.xlsx*.

1. Construire un diagramme en barres empilées qui montre les chiffres d'affaires de chaque entreprise en France et à l'étranger.
2. Comparer les chiffres d'affaires des entreprises E1 et E3.
3. Quelle est l'entreprise qui réalise le plus gros chiffre d'affaires total ?

Solution commentée

1. Correction en vidéo

2. L'entreprise E1 réalise un chiffre d'affaires plus important à l'étranger qu'en France contrairement à l'entreprise E3.

3. Pour chaque barre, on additionne les chiffres d'affaires à l'étranger et en France. L'entreprise qui réalise le plus gros chiffre d'affaires est l'entreprise E3 avec une somme de 9,829 milliers d'euros.

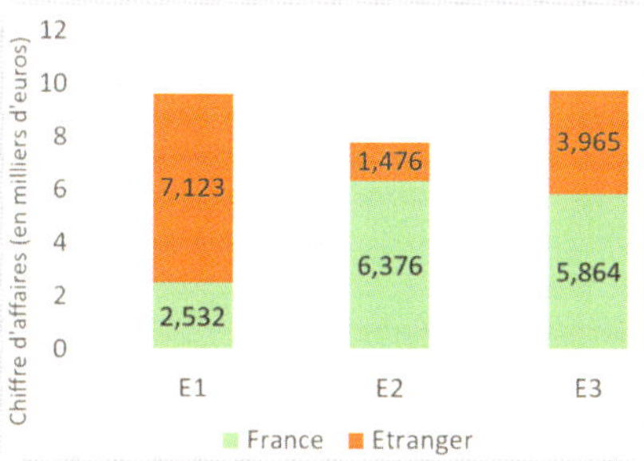

EXERCICE 13 p. 18

Méthode 6 Réaliser un diagramme circulaire

Les résultats du premier tour de l'élection présidentielle de 2022 en France sont donnés ci-contre.

Réaliser un diagramme circulaire comme souhaiterait le faire un journaliste afin de visualiser les résultats.

Candidat	Nombre de voix
M. Emmanuel MACRON	9 783 058
Mme Marine LE PEN	8 133 828
M. Jean-Luc MÉLENCHON	7 712 520
M. Éric ZEMMOUR	2 485 226
Mme Valérie PÉCRESSE	1 679 001
M. Yannick JADOT	1 627 853
M. Jean LASSALLE	1 101 387
M. Fabien ROUSSEL	802 422
M. Nicolas DUPONT-AIGNAN	725 176
Mme Anne HIDALGO	616 478
M. Philippe POUTOU	268 904
Mme Nathalie ARTHAUD	197 094

Solution commentée

Correction en vidéo

EXERCICE 16 p. 19

L'essentiel

Population et caractères

- Nombre d'individus de la population E : card(E)
- « A » est le caractère étudié dans la population E.
A est la partie de E (sous-population de E) possédant le caractère « A ».
card(A) est le nombre d'individus possédant le caractère « A ».
- Caractère quantitatif : « A » prend des valeurs numériques.
Caractère qualitatif : « A » prend des valeurs non numériques.
- $\overline{A}$ est l'ensemble des individus de E qui ne possèdent pas le caractère « A ».

Intersection et réunion

Soit A une sous population de E qui possède le caractère « A ».
Soit B une sous population de E qui possède le caractère « B ».

- L'ensemble des individus de E qui possèdent à la fois le caractère « A » et le caractère « B » est $A \cap B$.
- L'ensemble des individus de E qui possèdent le caractère « A » ou le caractère « B » est $A \cup B$.

Fréquence d'un caractère

Fréquence du caractère « A » dans la population E :

$$f(A) = \frac{\text{card}(A)}{\text{card}(E)}$$

Tableau croisé d'effectifs des caractères « A » et « B » d'une population E

Caractères	B	$\overline{B}$	Total
A	card($A \cap B$)	card($A \cap \overline{B}$)	card(A)
$\overline{A}$	card($\overline{A} \cap B$)	card($\overline{A} \cap \overline{B}$)	card($\overline{A}$)
Total	card(B)	card($\overline{B}$)	card(E)

Tri de données avec un tableur

- Pour trier des données selon plusieurs caractères, on utilise *Filtrer* du menu *Données*.
- Pour déterminer les effectifs de $A \cap B$ on utilise la fonction du tableur :

=ET(valeur logique1;valeur logique2)

- Pour déterminer les effectifs de $A \cup B$ on utilise la fonction du tableur :

=OU(valeur logique1;valeur logique2)

Représentations graphiques

Pour étudier les caractères d'une population, on peut effectuer les représentations graphiques suivantes.

- Un nuage de points

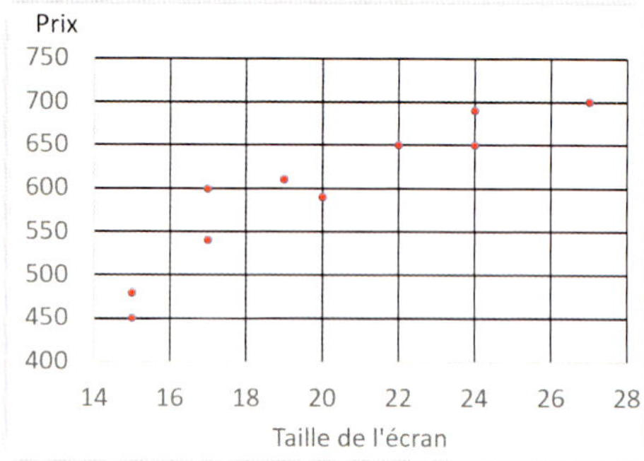

- Un diagramme en barres empilées

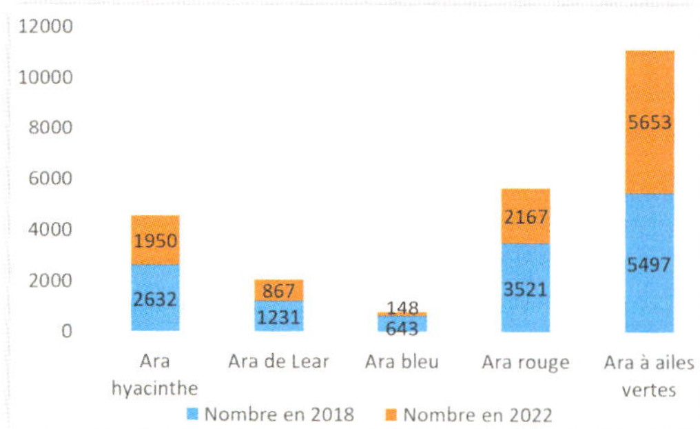

- Un diagramme circulaire

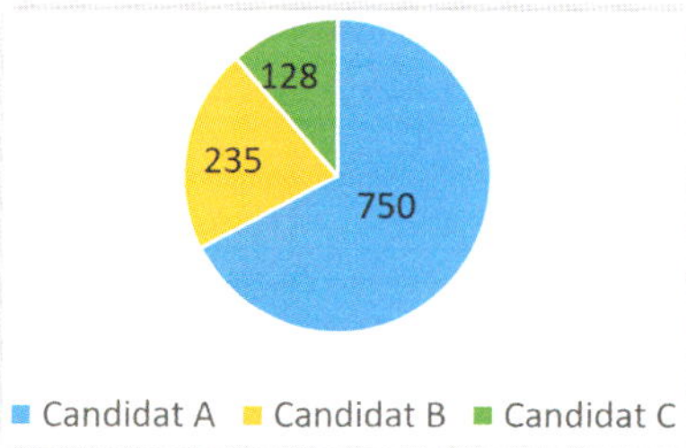

Version interactive du QCM

QCM

Réponses au QCM p. 180

Pour chacune des questions, indiquer la ou les bonnes réponses.

Construire et interpréter un tableau croisé d'effectifs

	A	B	C
1. Une maternité étudie deux caractères dans la population des nouveau-nés de l'année : le poids et la taille. Les caractères :	sont de type qualitatif	sont de type quantitatif	n'ont aucun type
2. Le réseau routier français comprend 1 105 190 km. Les autoroutes représentent 11 660 km, les routes nationales 9 698 km, le routes départementales 378 834 km et les communales 704 998 km. La fréquence des autoroutes est :	$\approx 1\ \%$	$= 0{,}0105$	$= \dfrac{1\,166}{110\,519}$
3. On considère le tableau croisé d'effectifs suivant sur une population E. (voir tableau ci-dessous) On a card $(\bar{A} \cap B)$ =	70	170	100

Tableau de la question 3 :

Caractères	B	$\bar{B}$	Total
A	20	30	50
$\bar{A}$	100	70	170
Total	120	100	220

Représenter des données (diagrammes en barres, circulaires, nuages de points)

4. Un opérateur téléphonique propose d'améliorer la réception du signal en installant une antenne relais.
La mairie a demandé l'avis des habitants.

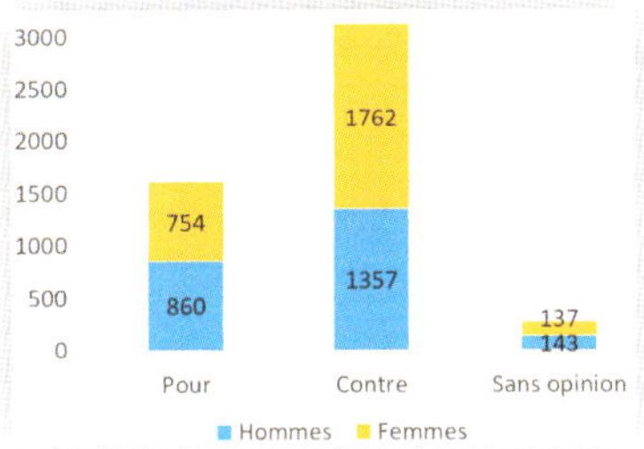

Les « contres » sont le plus représentés :

A	B	C
par les hommes	par les femmes	par les sans opinion

5. Le nuage de points représente, sur six jours, le nombre de pannes quotidiennes survenues dans le métro et le nombre d'usagers transportés chaque jour.

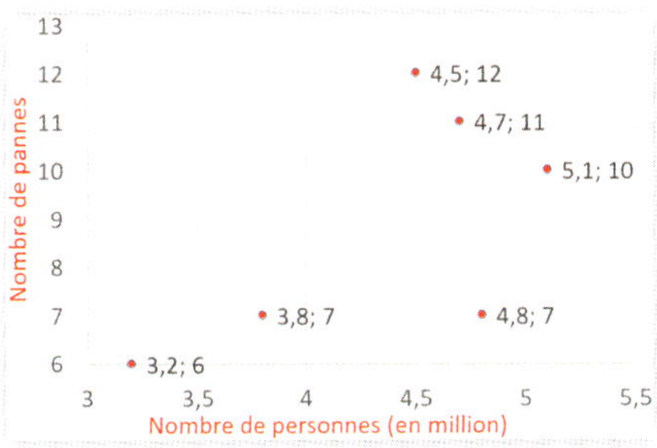

On peut affirmer :

A	B	C
qu'il y a eu 5,1 pannes et 10 millions de voyageurs lors d'un jour de l'étude.	qu'il y a eu 5,1 millions de voyageurs et 10 pannes lors d'un jour de l'étude.	qu'il y a eu 5,1 pannes et 10 voyageurs lors d'un jour de l'étude.

Boîte à outils

TABLEUR

1 Comment construire un tableau croisé dynamique ?

On interroge une population sur sa connaissance ou non du kombucha. On obtient une base de données dont un extrait figure ci-dessous. Construire un tableau croisé dynamique qui donne les effectifs selon le genre et la tranche d'âge parmi la population totale interrogée.

	A	B	C
1	Genre	Tranche d'âge	Connaissez-vous le kombucha ?
2	Une femme	50-120	Oui
3	Un homme	50-120	Oui
4	Une femme	50-120	Oui

• Cliquer, dans le menu « Insertion », sur la rubrique « Tableaux croisés dynamiques », puis sur le menu « à partir d'un tableau ou d'une plage ».
• La plage s'affiche automatiquement pour l'ensemble du tableau depuis la première cellule jusqu'à la dernière cellule et appuyer sur OK.
• Le tableau croisé dynamique va se créer dans une deuxième feuille du tableur.

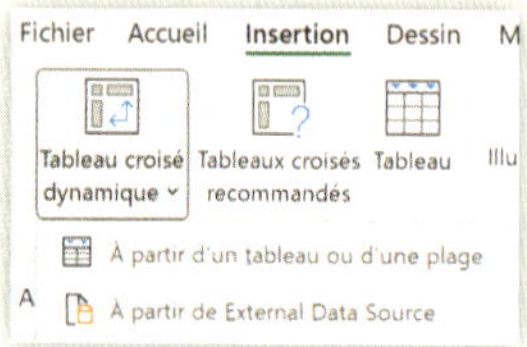

Pour choisir les caractères « Genre » et « Tranche d'âge » :
• Cocher les champs souhaités et les faire glisser dans les zones *Colonnes, Lignes* et $\sum$ *Valeurs*.
Par défaut, les valeurs du tableau sont la somme des effectifs de chaque champ sélectionné.

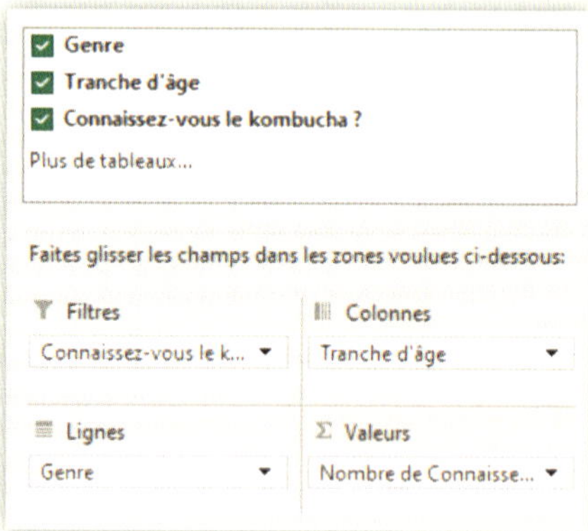

Pour obtenir un nouveau tableau dans une sous-population filtrée : on veut, par exemple, étudier la sous-population connaissant le kombucha.
• Faire glisser le champ « Connaissez-vous le kombucha » dans la zone *Filtres* comme indiqué dans la capture d'écran ci-contre.
• Choisir dans le menu de la cellule B1 la valeur du champ à filtrer.

2 Comment filtrer les données de la feuille de tableur ?

• Sélectionner la première ligne de la feuille de calcul contenant le nom de chaque colonne.
• Dans le menu *Données*, choisir *Filtrer*.
Chaque colonne de la feuille de calcul contient maintenant des menus déroulants matérialisés par une petite flèche.
• En cliquant sur la flèche, on peut trier les données en réalisant des filtres (Filtres textuels).

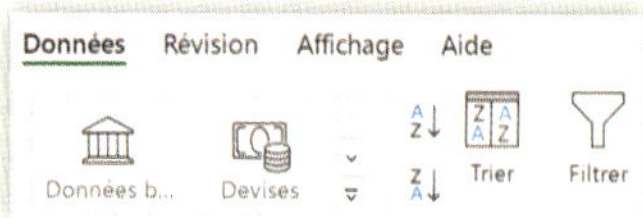

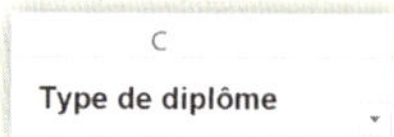

3 Comment réaliser une représentation graphique ?

• Sélectionner les colonnes de la feuille du tableur.
• Cliquer sur Insertion et choisir la représentation graphique dans le menu.
• Pour insérer le point moyen dans un nuage de points, cliquer droit sur le graphique puis choisir *Sélectionner des données* et *Ajouter*.
Compléter alors les valeurs de la série en abscisse et en ordonnée par les cellules contenant $\overline{x}$ et $\overline{y}$.

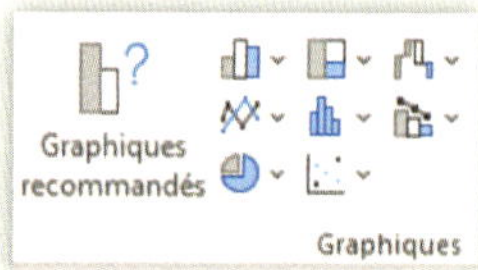

Communiquer

Travail en groupe

30 min

Constituer des groupes de quatre élèves qui auront chacun un des rôles suivants.
Résoudre tous ensemble la situation donnée. Remettre une trace écrite de cette résolution.

Animateur
- responsable du niveau sonore du groupe
- distribue la parole pour que chacun s'exprime

Rédacteur en chef
- responsable de la trace écrite rédigée par tous les membres du groupe

Ambassadeur
- porte-parole du groupe, seul autorisé à communiquer avec le professeur et, éventuellement, d'autres groupes

Maître du temps
- responsable de l'avancement du travail du groupe
- veille au respect du temps imparti

Une loi statistique étonnante, appelée loi de Benford, dit que dans une série de nombres issus de la vie courante, la fréquence du premier chiffre significatif (non nul) à gauche est donnée dans le diagramme en barres ci-contre.
Exemples : Le premier chiffre significatif (non nul) à gauche de 3,56 est 3.
Le premier chiffre significatif (non nul) à gauche de 0,0526 est 5.

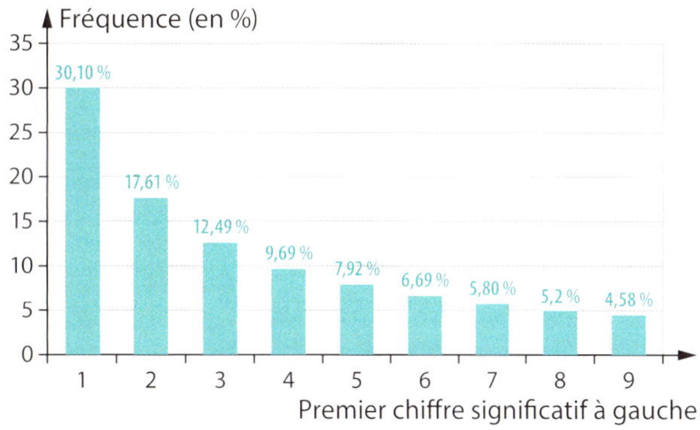

Relever une série d'au moins 200 nombres dans différentes sources écrites : le manuel de mathématiques, une série de publicités, un relevé de cours de la bourse, etc.

Déterminer la fréquence du premier chiffre significatif (non nul) à gauche de tous les nombres de cette série et vérifier si ces fréquences se rapprochent de celles indiquées dans la loi de Benford.

Défi

Léo joue à un jeu vidéo dans lequel il possède quatre avatars : Leax, Phox, Max et Curt.
L'un des avatars est bleu, un autre est rouge, Phox est vert et Curt est jaune.
Le rouge est 4e dans le classement des points, Max est 3e. L'avatar qui est deuxième est vert.

Indiquer quel est l'avatar avec lequel Léo a marqué le plus de points et quel est l'avatar rouge.

Présentation orale

Frank Benford, né le 29 mai 1883 et mort le 4 décembre 1948 aux Etats-Unis, est un ingénieur et physicien américain, connu pour la formalisation de la loi de Benford sur la fréquence des chiffres dans des séries de nombres.
La loi de Benford a notamment permis de déceler des fraudes dans des comptabilités d'entreprises.

Réaliser des recherches sur la loi de Benford et son utilisation dans la détection de fraudes pour en faire une présentation orale de 5 min.

Construire et interpréter un tableau croisé d'effectifs

QUESTIONS FLASH

1. Dans un lycée de 1 200 élèves, 800 font régulièrement du vélo. Quelle est la fréquence des élèves qui ne font pas régulièrement du vélo ?

2. Les infirmières représentent 40 % de l'effectif total du personnel d'un hôpital et elles sont 80. Quel est le nombre de personnels de l'hôpital ?

3. Calculer 20 % de 300

4. Une salle de sport a référencé ses clients dans le tableau suivant.

	Yoga	CrossFit	Total
Femmes	86	64	150
Hommes	44	106	150
Total	130	170	300

a. Combien de femmes font du CrossFit ?
b. Quelle est la fréquence des hommes qui fréquentent la salle de sport ?

Étudier une population

1 (Niveau 1) On a répertorié les animaux d'un chenil selon leur espèce et leur tranche d'âge. Les résultats sont consignés dans le tableau suivant.

Caractères	Chien	Chat	Total
Moins d'un an	4	10	14
Un an et plus	32	44	76
Total	36	54	90

1. a. Quelle est la population E étudiée ?
b. Quel est son cardinal ?
2. Citer les caractères étudiés sur cette population ainsi que leur type.
3. Calculer la fréquence de chats dans la population.

2 (Niveau 2) On considère une population E de cardinal 400 dans laquelle on étudie deux caractères « A » et « B ».
On sait que $f(\text{A}) = 10\ \%$, $f(\overline{\text{B}}) = 40\ \%$.
Calculer card(A) puis card(B).

Compléter un tableau croisé d'effectifs

3 (Niveau 1) Le tableau ci-dessous donne, pour l'année 2022, le nombre de familles (en millions) selon le type de la famille et le nombre d'enfants de moins de 25 ans qui la constitue. (*Source : Insee*)

	0	1	2	3	⩾ 4	Total
Couple	0,65	2,84		3,10	1,51	13,94
Homme seul	0,13	0,29	0,26	0,08	0,03	
Femme seule		1,13	1,25	0,60	0,36	3,92
Total		4,26		3,78	1,90	

1. Que signifie le nombre 0,65 ?
2. Recopier le tableau et compléter les cellules vides.
3. Quelle est la fréquence des familles contenant un homme seul comme chef de famille dans la population totale ?

4 (Niveau 2) Les jardiniers de la ville doivent répartir 300 fleurs jaunes, blanches ou roses dans les parterres de la ville. Pour cela, ils disposent uniquement de tulipes et de 120 jacinthes. Chaque fleur est soit blanche, soit jaune, soit rose.
50 % des jacinthes ainsi que 40 tulipes sont blanches.
80 tulipes sont roses et 90 fleurs sont jaunes.
1. Construire à la main un tableau croisé d'effectifs montrant la répartition des fleurs selon leur nom et leur couleur.
2. Quelle est la fréquence de jacinthes sur le total des fleurs ?

5 (Niveau 1) Un primeur reçoit une livraison de 800 kg de tomates et 1 200 kg de melons.
5 % des tomates proviennent d'Espagne, 15 % proviennent du Maroc, toutes les autres tomates proviennent de France.
8 % des melons proviennent d'Espagne, 20 % proviennent du Maroc et les autres proviennent de France.
1. Recopier et compléter le tableau croisé d'effectifs suivant.

	kg de tomates	kg de melons	Total
Espagne			
Maroc			
France			
Total			

2. Quelle est la fréquence de tomates qui proviennent de l'étranger ?
3. Parmi les melons, quelle est la proportion de melons français ?

6 (Niveau 2) Dans une population E, on étudie deux caractères « A » et « B ». On suppose que :
card(E) = 3 000, card(A) = 1 500, card($\overline{\text{B}}$) = 1 200, card($\overline{\text{A}} \cap \text{B}$) = 800.
1. Recopier et compléter le tableau croisé d'effectifs ci-après.

	A	$\bar{A}$	Total
B			
$\bar{B}$			
Total			

2. Calculer la fréquence de B notée f(B) et la fréquence de $A \cap \bar{B}$, notée $f(A \cap \bar{B})$.

Trier des données avec un tableur

7 Le ministère de l'Industrie possède un fichier présentant une liste de sociétés contenant plusieurs informations. Voir le fichier *p017_chap1_ex7.xlsx*.
Effectuer un tri de la liste afin que le ministère obtienne la liste des sociétés du secteur BTP.

8 Le ministère de l'Industrie possède un fichier présentant une liste de sociétés contenant plusieurs informations. Voir le fichier *p017_chap1_ex8.xlsx*.
Effectuer un tri de la liste afin que le ministère obtienne la liste des sociétés du secteur électronique en Ile-de France.

UN EXERCICE DEUX ÉNONCÉS

9 On dispose dans le fichier *p017_chap1_ex9.xlsx*, du nombre de filles et de garçons inscrits en Première générale dans chaque ville de Nouvelle-Aquitaine possédant au moins un lycée public ou privé.

ÉNONCÉ 1

1. Ouvrir le fichier et écrire le mot Total dans la cellule D1.

	A	B	C	D
1	Villes	Nombre de garçons en 1ère générale	Nombre de filles en 1ère générale	Total
2	AGEN	749	1022	
3	AIGUILLON	158	224	

2. Quelle formule faut-il écrire en cellule D2 et recopier jusqu'à la cellule D101 pour obtenir le nombre total d'élèves de Première générale dans chaque ville de la région ?
3. Quel nombre peut-on calculer dans la cellule D102 ? Le calculer.
4. Quelle est la fréquence des filles dans l'ensemble des lycées de la région Nouvelle-Aquitaine ?
5. a. Créer un filtre.
b. Utiliser le filtre pour déterminer la liste des villes qui ont plus de 500 élèves inscrits en Première générale.

ÉNONCÉ 2

1. Dans le tableur, créer un filtre.
2. Utiliser un filtre pour déterminer la liste des villes qui ont moins de 250 garçons inscrits en Première générale.
3. Utiliser un filtre pour déterminer la liste des villes qui ont plus de 1000 filles inscrites en Première générale.
4. Effacer les filtres précédents. Dans la cellule D2, écrire la formule suivante : =ET(B2>=1000;C2>=1000).
Quel résultat s'affiche ?
5. Que signifie le résultat affiché précédemment ?
6. Recopier vers le bas cette formule et préciser la signification du résultat obtenu pour la ville de Bayonne.

10

Chaque année, l'Union européenne surveille l'évolution des émissions de gaz à effet de serre dans tous les pays européens. Pour cela, elle recueille tous les cinq ans depuis 1995, le nombre de tonnes de CO_2 (tCO_2) émises dans l'atmosphère (empreinte carbone).
Ouvrir dans un tableur le fichier *p017_chap1_ex10.xlsx* concernant la France.

ÉNONCÉ 1

1. Combien de tonnes CO_2, issues des émissions intérieures, la France a-t-elle produites en 2010 ?
2. Compléter dans la feuille de calcul, les colonnes et lignes intitulées TOTAL.
3. Calculer la fréquence des émissions associées aux importations en 2018 dans la totalité de l'empreinte carbone entre 1995 et 2018.
4. Écrire dans la cellule E6 la formule :
=ET(B6<300;C6>400)
Quel résultat obtient-on ? Interpréter.

ÉNONCÉ 2

1. Dans la colonne *Critère*, on souhaite faire apparaître la valeur VRAI lorsque la quantité d'émissions associées aux importations et la quantité d'émissions intérieures d'une année donnée sont toutes deux supérieures ou égales à 300 tCO_2. Sinon, on souhaite obtenir la valeur FAUX.
Quelle formule doit-on écrire dans la cellule E6 puis recopier jusqu'à la cellule E11 pour obtenir un tel résultat ?
2. On obtient dans la cellule E6 la valeur FAUX. Que signifie ce résultat ?
3. Quel résultat obtient-on pour l'année 2018 ? Interpréter.
4. Dans la cellule F6 de la colonne « Autre critère », écrire la formule :
=OU(B6>=300;C6<=300)
Quel résultat obtient-on ? Interpréter.

Exercices différenciés

Niveau 1 Niveau 2

Représenter des données

QUESTIONS FLASH

1. Une enquête de satisfaction sur la qualité du réfectoire est réalisée auprès de 600 élèves d'un lycée qui mangent à la cantine.
Les résultats sont donnés dans le diagramme ci-dessous.

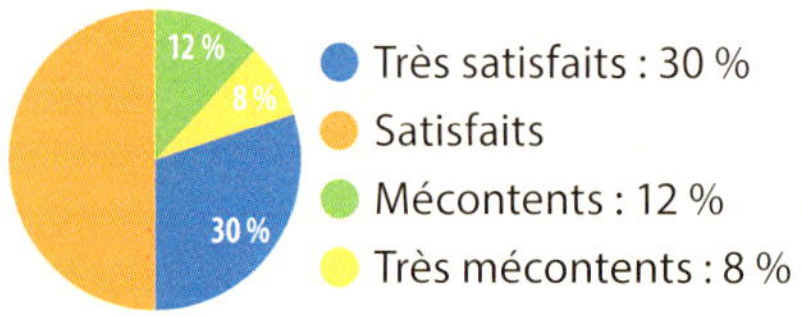

Quel est le nombre d'élèves satisfaits ?

2. Le nuage de points ci-dessous indique le nombre de réparations effectuées pour dix voitures vendues par un petit garage selon la date de leur mise en circulation.

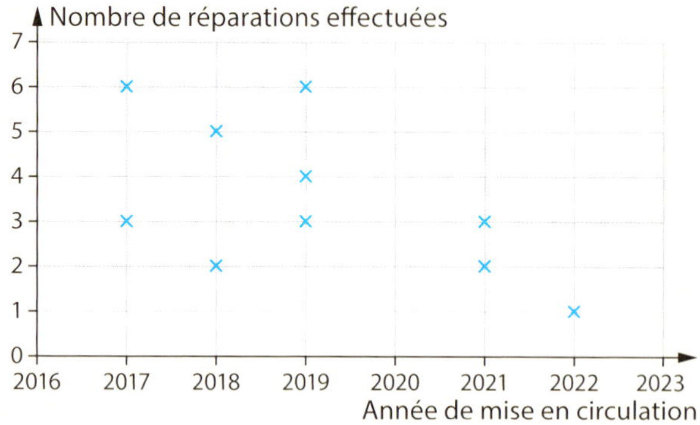

a. Combien de voitures ont eu trois réparations ?
b. Quelle est leur date de mise en circulation ?

Réaliser un nuage de points

11 Anna analyse les bases de données de son club d'athlétisme afin de voir s'il existe un lien entre l'âge des adhérents et le nombre de compétitions sportives auxquelles ils participent chaque année.
1. Utiliser le fichier *p018_chap1_ex11.xlsx* pour réaliser un nuage de points.
2. Elle constate qu'elle peut faire deux groupes dans les adhérents du club. Quels sont ces deux groupes ?

12 On a relevé la taille x (en mètre) et l'âge y (en années) de 20 élèves d'un lycée. Les données sont regroupées dans le fichier *p018_chap1_ex12.xlsx*.
1. Réaliser un nuage de points. À l'aide d'un clic droit sur l'axe des abscisses, modifier sa mise en forme pour que le minimum soit 1,5.
2. Calculer, en utilisant le logiciel, la moyenne $\overline{x}$ des âges et la moyenne $\overline{y}$ des tailles et placer le point $G(\overline{x} ; \overline{y})$ dans le nuage de points.

Réaliser un diagramme en barres

13 Le fichier *p018_chap1_ex13.xlsx* présente les nombres de votes des Français avec ou sans procuration, lors des élections présidentielle et législative 2022 (*Source : ministère de l'Intérieur*).
1. Réaliser un diagramme en barres empilées.
2. Compléter la ligne Total avec le logiciel.
3. Calculer le pourcentage des Français qui ont voté avec une procuration lors du premier tour de l'élection présidentielle. Arrondir au dixième de pourcent près.

14 Le fichier *p018_chap1_ex14.xlsx* présente les taux d'ouvriers, d'employés et de cadres d'une grande entreprise dans chaque tranche d'âge des salariés.
1. Réaliser, avec le logiciel, un diagramme en barres empilées.
2. Dans cette entreprise, que peut-on dire de l'évolution du taux de cadres selon l'âge des salariés ?
3. Calculer le pourcentage de baisse du taux d'ouvriers entre la tranche d'âge des 15-25 ans et la tranche d'âge des 45-55 ans.

Réaliser un diagramme circulaire

15 Chaque mois, le propriétaire d'une quincaillerie étudie la répartition de son chiffre d'affaires selon sept fourchettes de prix des articles vendus.
Le mois de mai est représenté ci-dessous.
Le chiffre d'affaires du mois de mai s'élève à 14 200 €.
Calculer le montant total (en €) des ventes des articles dont le prix est compris entre 60 et 80 €.

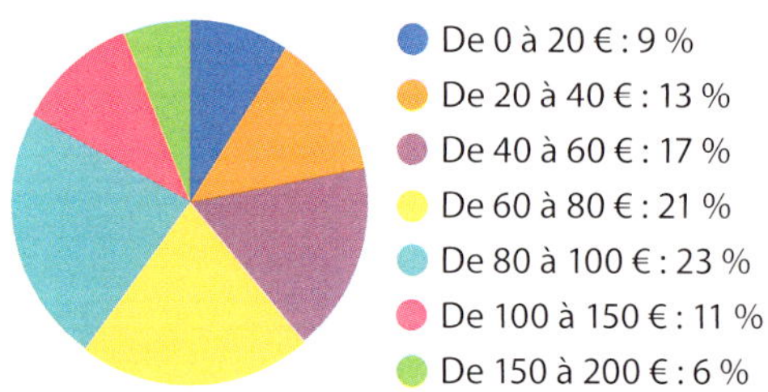

16 Le fichier *p019_chap1_ex16.xlsx* donne la répartition des élèves de Seconde, Première et Terminale d'un lycée lors d'une compétition sportive départementale. En utilisant le logiciel, réaliser un diagramme circulaire dont les secteurs angulaires indiquent le pourcentage d'élèves par niveau de classe.

17 Dans un aquarium, dix-sept vingt-quatrièmes des poissons sont rouges, un huitième sont bleus et les autres sont jaunes.
Construire, avec un compas, le diagramme circulaire illustrant cette répartition.

UN EXERCICE DEUX ÉNONCÉS

18 Le service des eaux d'une ville étudie le nombre de fuites annuel sur chaque canalisation du réseau selon sa longueur (en mètre).
Le nuage de points ci-dessous représente, pour chaque canalisation, sa longueur et le nombre de fuites constatées.

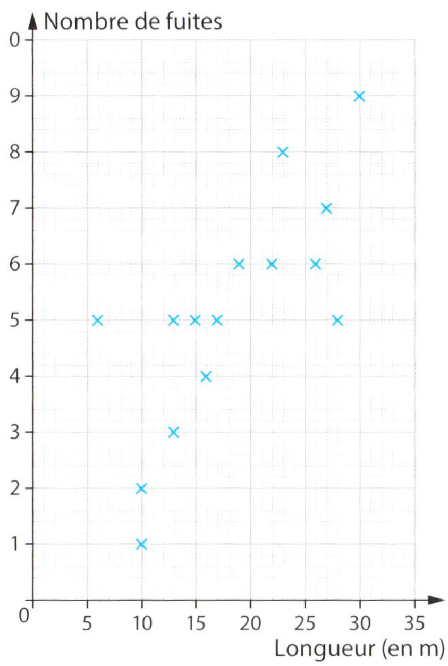

ÉNONCÉ 1

1. Combien y a-t-il de canalisations d'une longueur de 10 m sur lesquelles une ou plusieurs fuites ont été détectées ?

2. Le nombre de fuites pourrait-il être une fonction de la longueur des canalisations ? Expliquer.

ÉNONCÉ 2

1. Calculer la longueur moyenne des canalisations et le nombre moyen de fuites.

2. Combien de canalisations ont à la fois une longueur inférieure ou égale à la longueur moyenne et un nombre de fuites inférieur ou égal au nombre moyen de fuites ?

19 On donne dans le diagramme semi-circulaire ci-dessous la répartition en cinq coalitions ou partis politiques des députés de l'Assemblée nationale en juillet 2022.
On dispose de la mesure en degrés de chaque secteur angulaire.

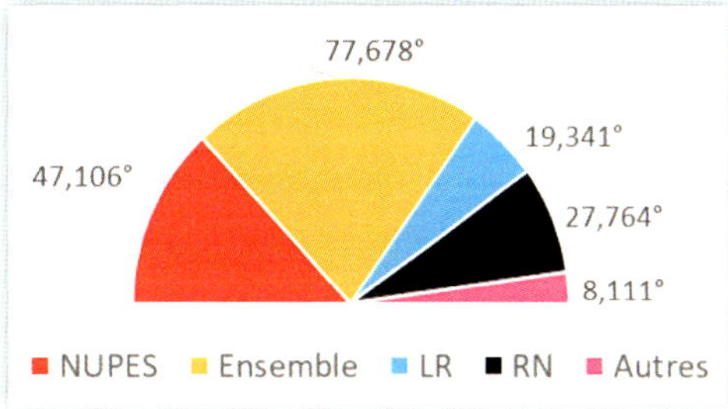

On rappelle que le nombre total de députés est de 577.

ÉNONCÉ 1

1. Une coalition ou un parti a-t-il obtenu la majorité absolue ? Justifier.

2. Quel est le pourcentage des députés du parti LR dans l'Assemblée nationale ?

ÉNONCÉ 2

1. Réaliser un tableau comptabilisant le nombre de députés pour chaque coalition et parti.

2. Quel est le pourcentage des députés de la coalition NUPES dans l'Assemblée nationale ?

20 Le rectorat d'une académie étudie les résultats au Brevet des collèges de 30 établissements.
Il possède la moyenne des résultats de chaque collège au contrôle continu (sur 400 points) et la moyenne à l'examen final (sur 400 points).
Les résultats sont dans le fichier *p019_chap1_ex20.xlsx*.

ÉNONCÉ 1

1. Utiliser le tableur pour réaliser un nuage de points. Graduer chaque axe de 150 à 310.

2. Comparer les résultats des collèges Berlioz et Victor Louis.

3. Comment utiliser le nuage de points pour distinguer les meilleurs collèges ?

ÉNONCÉ 2

1. Utiliser le tableur pour réaliser un nuage de points. Graduer chaque axe de 150 à 310.

2. Dans la colonne D du logiciel, recopier la colonne B puis faire un copier-coller de la colonne D et la coller dans le graphique. On obtient une série de points d'une autre couleur.
Que signifieraient les résultats d'un collège qui serait représenté par l'un de ces points ?

MODERATO
Exercices

VRAI / FAUX Argumenter à l'oral

1. Le tableau ci-dessous indique le nombre de personnes hospitalisées selon le département dans lequel elles habitent.

Département	Nombre
Gironde	267
Dordogne	64
Lot-et-Garonne	112
Landes	46

Proposition 1 Le caractère étudié est qualitatif.
Proposition 2 La fréquence des personnes hospitalisées provenant des Landes est inférieure à 10 %.

2. Le tableau suivant répartit la catégorie socio-professionnelle (O : ouvrier ; E : employé ; C : cadre : CS : cadre supérieur) de 300 personnes d'une entreprise selon leur sexe.

	O	E	C	CS	Total
Femmes	38	64	34	12	148
Hommes	56	51	30	15	152
Total	94	115	64	27	300

Proposition 1 L'entreprise comprend plus de 100 ouvriers et ouvrières.
Proposition 2 La fréquence des hommes cadres est 10 %.

21 Voyage ÉCONOMIE

Une agence de voyage organise 200 séjours classés par type d'activité et par destination. Elle donne le tableau d'effectifs suivant.

	E	Af	As	Am	Total
Détente	36	13	11	15	
Randonnée	24	9		16	56
Sport	26	13	12	18	
Total					

E : Europe ; Af : Afrique ; As : Asie ; Am : Amériques.

1. Quelle est la population étudiée ?
2. Quels sont les caractères étudiés ?
3. Recopier et compléter le tableau croisé d'effectifs ci-dessus.
4. Déterminer :
a. le nombre de séjours Sportifs en Europe ;
b. le nombre de séjours Détente ;
c. la fréquence des séjours Randonnée.

22 Bien-être au travail ÉCONOMIE

Une entreprise répertorie plusieurs critères sur ses employés :
- « Utilisent-ils le réfectoire ? »
- « Utilisent-ils la salle de repos ? »
- « Combien de km font-ils pour venir de leur domicile ? »

Les résultats sont consignés dans le fichier *p020_chap1_ex22.xlsx*.

1. Utiliser un filtre pour déterminer le nombre d'employés qui utilisent la salle de repos.
2. Utiliser deux filtres pour déterminer la liste des employés qui parcourent une distance supérieure ou égale à 30 km pour venir travailler et qui n'utilisent pas le réfectoire.
3. a. Réaliser un tableau croisé d'effectif qui indique en ligne le caractère « Utiliser la salle de repos », en colonne le caractère « Utiliser le réfectoire » et qui donne le nombre d'employés correspondants.
b. Combien d'employés utilisent la salle de repos et le réfectoire ?

23 Économies d'énergie ÉCONOMIE

L'Insee a publié en 2020 un tableau de la consommation d'énergie en France par type et activité industrielle. Les résultats sont dans le fichier *p020_chap1_ex23.xlsx*.

1. Quelle formule faut-il écrire dans la cellule I7 puis recopier jusqu'à la cellule I17 pour calculer la consommation totale d'énergie pour chaque secteur d'activité ?
2. Calculer la fréquence de la consommation d'électricité dans la consommation totale d'énergie.
3. Réaliser avec le tableur le graphique en barres empilées suivant.

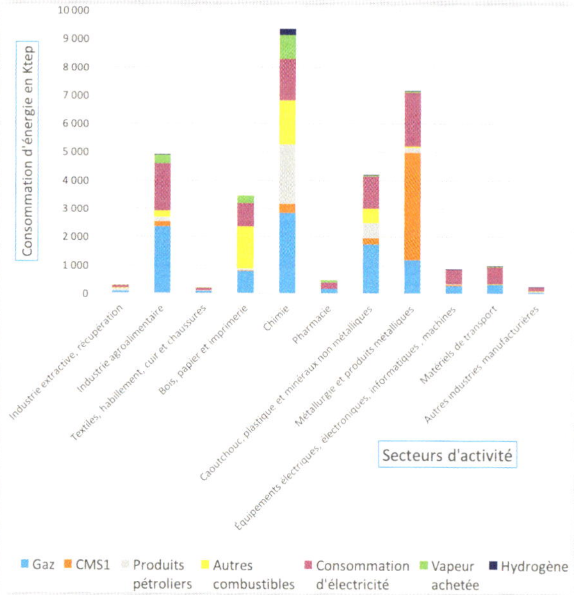

4. Quel est le secteur d'activité qui a la plus forte consommation totale d'énergie ?
5. Quel est le secteur d'activité où l'énergie « combustibles minéraux solides », noté CMS1, représente environ la moitié de la consommation totale d'énergie du secteur ?

24 **Nouvelles technologies** CITOYENNETÉ

Le ministère de l'Éducation nationale a réalisé une enquête, appelée *Enquête MicroTic2D*. Cette enquête a collecté des informations sur l'équipement en technologies de l'information et de la communication à des fins pédagogiques dans les collèges et lycées publics de l'académie de Normandie en 2022. (*Source : DEPP*). Les données sont compilées dans le fichier *p021_chap1_ex24.xlsx*.

1. Réaliser un filtre afin d'afficher les informations concernant le département du Calvados (014).
2. a. Ajouter un filtre pour déterminer la liste des lycées généraux et technologiques (LEGT) du Calvados.
b. Parmi ces lycées, combien possèdent un nombre de vidéoprojecteurs supérieur ou égal à 50 ?
3. Effacer tous les filtres précédents. Dans la cellule M2 on a écrit la formule `=OU(E2="CLG";H2<30)`. On a recopié cette formule jusqu'à la cellule M535.
a. Interpréter le résultat « VRAI » de la cellule M8.
b. Dans la cellule N2, on a écrit la formule `=SI(M2=VRAI;1;0)` que l'on a recopiée jusqu'à la cellule N535.
Interpréter le résultat lorsqu'on lit la valeur 1 dans la cellule N8.
c. Calculer la somme de tous les nombres de la colonne N et interpréter le résultat obtenu.

25 **L'agriculture biologique** SVT

L'Insee a publié le document ci-dessous, montrant l'évolution des types de surfaces en agriculture biologique d'Occitanie. (*Source : Insee 2022*)

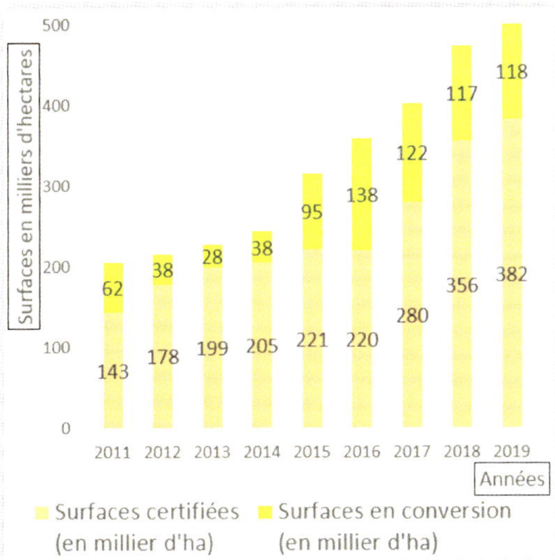

1. Que peut-on dire de l'évolution des surfaces totales bio entre 2011 et 2019 ?
2. Un journaliste affirme qu'en 2018, la part des surfaces en conversion parmi les surfaces totales bio est plus importante qu'en 2011. A-t-il raison ? Justifier.
3. Déterminer les trois années où le pourcentage des surfaces en conversion parmi les surfaces totales bio est très proche de 30 %.

26 **Patients à l'hôpital**

Un hôpital a répertorié, sur le nuage de points ci-dessous, 50 patients selon leur âge et leur nombre de jours d'hospitalisation.

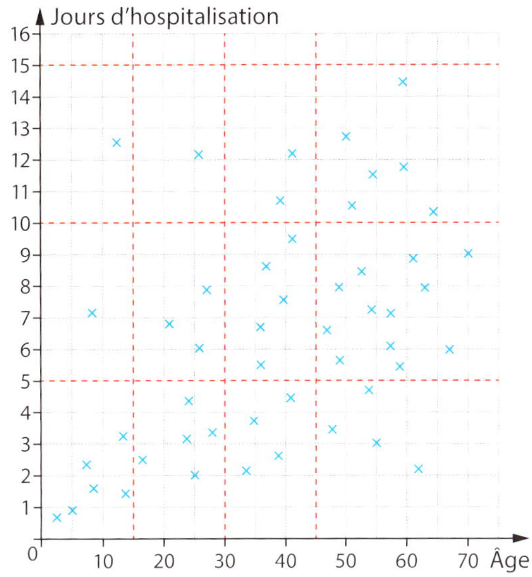

1. En utilisant le nuage de points, recopier et compléter le tableau croisé d'effectifs suivant.

Âge \ Jours	[0 ; 5[	[5 ; 10[	[10 ; 15[
[0 ; 15[			
[15 ; 30[			
[30 ; 45[			
[45 ; 90[			

2. Quel est le nombre d'enfants de moins de 15 ans hospitalisés entre 5 et 10 jours ?
3. Calculer la fréquence des plus de 45 ans dans l'ensemble des personnes hospitalisées. Arrondir au centième.
4. Calculer la fréquence des 30-45 ans hospitalisés entre 5 et 10 jours dans l'ensemble des personnes hospitalisées.

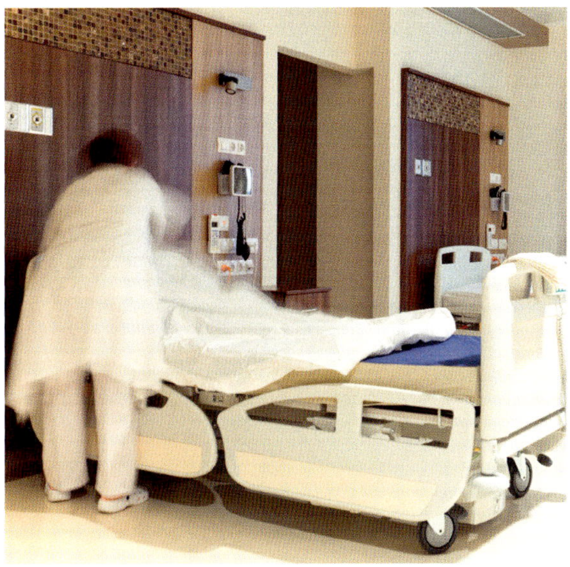

27 Boissons fraîches ! ÉCONOMIE

Du 1er avril au 30 septembre (24 semaines), un débiteur de boissons fraîches a noté chaque semaine i, la température t_i extérieure moyenne de la semaine (en degrés Celsius °C) et le nombre N_i de boissons fraîches vendues.
Les résultats sont consignés dans la feuille de tableur *p022_chap1_ex27.xlsx*.

1. Tracer, en utilisant le tableur, un nuage de points en mettant en abscisse la température relevée et en ordonnée le nombre de boissons fraîches vendues.
2. Dans le graphique du nuage de points, faire un clic droit sur l'un des points et choisir *Ajouter une courbe de tendance*.

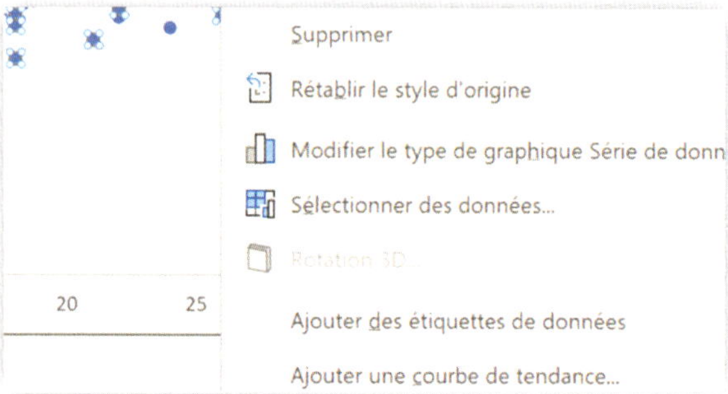

Dans la barre de menus *Options de la courbe de tendance* qui s'ouvre, choisir *linéaire* et *Afficher l'équation sur le graphique*.
On obtient une droite et son équation.
Quelle est cette équation ?

3. On dit que la droite tracée modélise au mieux le nuage de points.
Les prévisions météorologiques estiment que lors de la première semaine d'octobre, la température moyenne sera de 21°C.
En utilisant l'équation de la droite, combien de boissons fraîches le débiteur peut-il espérer vendre ?

28 Tourisme HISTOIRE-GÉOGRAPHIE

Le syndicat d'initiative d'une ville a comptabilisé le nombre de touristes étrangers présents dans la commune pendant l'été 2022 selon leur provenance.
Les résultats sont dans le fichier *p022_chap1_ex28.xlsx*.
Pour le Royaume-Uni, le syndicat d'initiative a établi une différentiation selon le pays (Angleterre, Pays de Galles, Ecosse).

1. Réaliser un diagramme circulaire montrant la répartition des touristes étrangers dans la ville selon leur provenance : Allemagne, Italie, Espagne, Portugal et Royaume-Uni.
2. Calculer la fréquence des touristes du Royaume-Uni dans la population totale de touristes étangers de la ville.
3. Le syndicat d'initiative réalise une plaquette publicitaire qui montre des diagrammes circulaires comme ci-dessous.

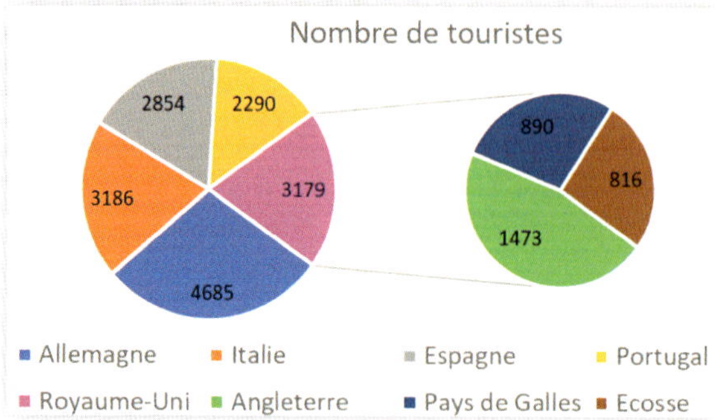

a. Réaliser ces diagrammes circulaires à l'aide du tableur. On utilisera l'insertion graphique.
b. Que représente le petit diagramme circulaire ?

29 Destinations de voyages ÉCONOMIE

Une agence de voyage dispose d'une base de données comptables et géographiques concernant les voyages qu'elle propose à ses clients. Les données sont disponibles dans le fichier *p022_chap1_ex29.xlsx*.
On ajoute aux données de la base les informations suivantes tirées d'une publicité de l'agence.

Destinations	Prix moyen d'un voyage
France	490 €
Europe/Hors France	790 €
Afrique	990 €
Caraïbes, Pacifique, Moyen-Orient, Amériques	2 300 €

1. Trier les voyages à destination de la France. Quelle formule faut-il écrire dans la cellule F16 et recopier vers le bas pour calculer le chiffre d'affaires ? (Le chiffre d'affaires est la somme totale d'argent reçu par l'agence indépendamment des frais.)
2. En triant judicieusement les différentes destinations, compléter toutes les cellules de la colonne F donnant le chiffre d'affaires.
3. Ajouter dans la colonne G le total des frais par destination.
4. Ajouter dans la colonne H le bénéfice par destination. Le bénéfice est la différence entre le chiffre d'affaires et les frais.
5. Effectuer des tris de données pour déterminer :
a. le chiffre d'affaires total de l'agence pour les destinations du Moyen-Orient ;
b. la liste des destinations pour lesquelles le montant total des frais est supérieur ou égal à 300 000 € ;
c. la liste des destinations pour lesquelles le bénéfice est compris entre 30 000 € et 90 000 €.

CHAPITRE

2 Phénomènes aléatoires

Ressources du chapitre
hachette-clic.fr/23bs1002

FOCUS MÉTIER

Actuaire

Le domaine actuariel emploie de nombreux diplômés en mathématiques. Les actuaires utilisent leurs connaissances approfondies des mathématiques et des statistiques pour calculer et gérer les risques pour les compagnies d'assurance. Leur travail consiste à déterminer la probabilité qu'un événement se produise, calculer le coût financier éventuel de l'évènement et déterminer la stratégie à élaborer pour minimiser le risque de cet évènement.

Tom est actuaire, il est chargé de concevoir, de modifier les contrats d'assurance, ou de mesurer les risques encourus par sa société.

Il se livre à de nombreux calculs de probabilités et statistiques, souvent assisté par des logiciels, afin de maîtriser l'aléatoire, minimiser les pertes financières et dégager des bénéfices.

Des formations en lien avec le chapitre

- Master mention actuariat
- Master mention finance
- Master mention mathématiques appliquées, statistiques
- Diplôme d'ingénieur de l'École nationale de la statistique et de l'administration économique (ENSAE)

Automatismes hebdomadaires

En cas de besoin, voir les indispensables :

- Calculs algébriques p. 176
- Développements et factorisations p. 177
- Équations et inéquations p. 178
- Lectures graphiques p. 179

Gamme 1

1 Pourcentages

Afin de diminuer le coût d'un voyage scolaire, les élèves de Première ont décidé de faire une vente de gâteaux.

Il y a 75 gâteaux à vendre, dont 40 % sont des gâteaux au chocolat.

Combien de gâteaux au chocolat sont proposés à la vente.

2 Factorisations

Factoriser l'expression suivante :

$(2x-1)^2 - 5(2x-1)$.

3 Équations

Résoudre dans $\mathbb{R}$ l'équation :

$3x - 2 = 2x + 5$.

4 Équations

On donne la représentation graphique, dans un repère, d'une fonction f sur $\mathbb{R}$.

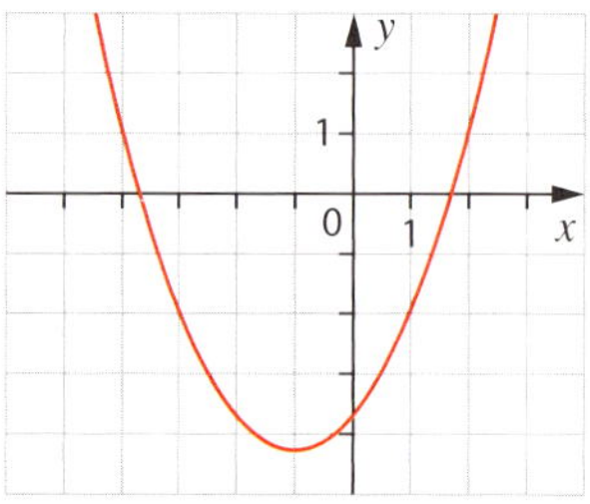

Résoudre graphiquement $f(x) = -2$.

Gamme 2

1 Fractions

Simplifier au maximum $\frac{5}{6} - \frac{2}{3} \times \frac{7}{4}$.

2 Développements

Développer, réduire et ordonner l'expression suivante :

$(3x-1)(2-5x)$.

3 Formules

L'aire d'un trapèze est donnée par la formule $\mathcal{A} = \frac{b+B}{2} \times h$.

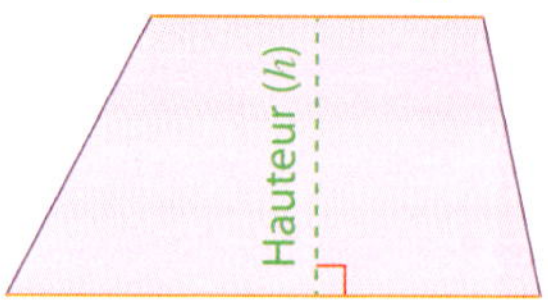

En déduire l'expression de la grande base B en fonction de l'aire $\mathcal{A}$, de la petite base b et de la hauteur h.

4 Inéquations

On donne la représentation graphique, dans un repère, d'une fonction f définie sur $[-3\,;+\infty[$.

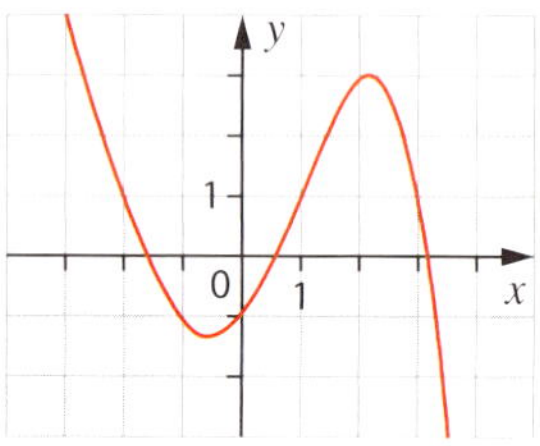

Résoudre graphiquement $f(x) > 1$.

Gamme 3

1 Puissances

Simplifier $3^4 \times 9^2 \times 27$ au maximum en donnant le résultat sous forme d'une seule puissance de 3.

2 Image

Le coût moyen unitaire d'un objet lorsque q objets sont produits est :

$$C(q) = 3q + 40 + \frac{2\,700}{q}.$$

En déduire le coût moyen unitaire lorsque 100 objets sont produits.

3 Équations

Résoudre dans $\mathbb{R}$ l'équation $x^2 = 81$.

4 Antécédents

On donne la représentation graphique, dans un repère, d'une fonction f définie sur $\mathbb{R}$.

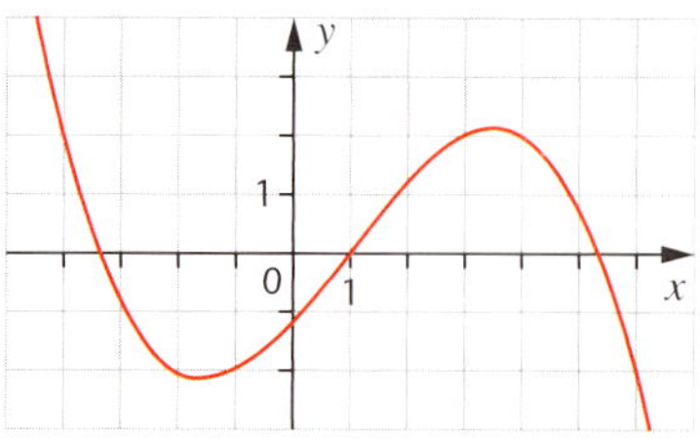

Déterminer graphiquement les antécédents de 2.

Situation 1 Groupes sanguins et rhésus

Objectif
Introduire les fréquences conditionnelles et marginales

Pendant une campagne de don du sang, les groupes sanguins se répartissent en fonction des rhésus dans le tableau croisé d'effectifs ci-contre.

	A	B	O	AB	Total
Rhésus +	2700	500	3400	200	6800
Rhésus –	300	300	550	50	1200
Total	3000	800	3950	250	8000

1. Combien y a-t-il de personnes ayant un groupe sanguin B de rhésus négatif ?
2. On considère le nombre $\frac{300}{1200}$. Exprimer ce nombre à l'aide d'un pourcentage. Que représente-t-il ?
3. Calculer la fréquence des personnes du groupe O sachant qu'elles sont de rhésus positif.
On notera ce nombre $f_{\text{Rh+}}(\text{O})$.
Les fréquences trouvées aux questions **2** et **3** sont des **fréquences conditionnelles**.
Elles sont calculées par rapport au cardinal de chaque sous-population rhésus.
4. On considère le nombre $\frac{500}{800}$. Exprimer ce nombre à l'aide d'un pourcentage. Que représente-t-il ?
5. Calculer la fréquence des personnes de rhésus positif sachant qu'elles sont du groupe AB.
On notera ce nombre $f_{\text{AB}}(\text{Rh}+)$.
Les fréquences trouvées aux questions **4** et **5** sont des fréquences conditionnelles.
Par rapport à quelles sous-populations ont-elles été calculées ?
6. On considère le nombre $\frac{6\,800}{8\,000}$. Exprimer ce nombre à l'aide d'un pourcentage. Que représente-t-il ?
Cette fréquence est appelée **fréquence marginale** des personnes de rhésus positif dans la population.

Situation 2 Boîte de chocolats

Objectif
Découvrir les probabilités conditionnelles

Une boîte contient 50 bouchées au chocolat.
La répartition de ces bouchées selon leur type de chocolat et leur garniture est donnée dans le tableau d'effectifs ci-contre.

	Chocolat au lait	Chocolat noir
Vanille	12	10
Orange	10	6
Fraise	8	4

On note V l'évènement « Obtenir une bouchée avec une garniture à la vanille », O l'évènement « Obtenir une bouchée avec une garniture à l'orange », F l'évènement « Obtenir une bouchée avec une garniture à la fraise » et L l'évènement « Obtenir une bouchée au chocolat au lait ».

1. On tire au hasard une bouchée dans la boîte puis on la remet.
a. Expliquer pourquoi on peut assimiler la probabilité qu'elle soit à la vanille à la fréquence marginale des bouchées à la vanille. En déduire $P(\text{V})$.
b. Décrire par une phrase l'évènement $\text{V} \cap \text{L}$ puis calculer sa probabilité.
2. On tire au hasard une bouchée **parmi les bouchées à la vanille** puis on la remet.
a. Combien de bouchées peuvent être choisies ?
b. Calculer la probabilité que cette bouchée soit au chocolat au lait (sachant qu'elle est à la vanille). Arrondir au dixième de pourcent. Cette probabilité s'appelle une **probabilité conditionnelle**, se note $P_{\text{V}}(\text{L})$ et se lit « **P de L sachant V** ».
c. Exprimer $P_{\text{V}}(\text{L})$ en fonction de $P(\text{V})$ et de $P(\text{V} \cap \text{L})$.

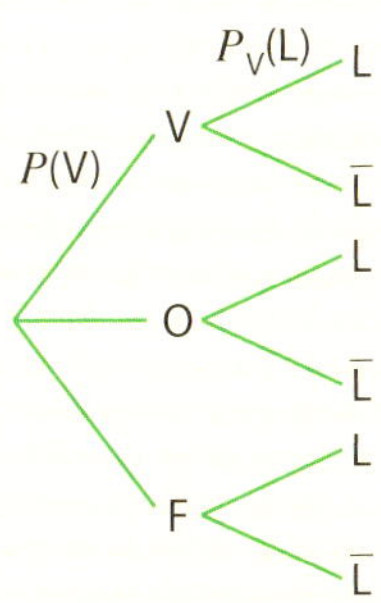

3. On veut construire un arbre de probabilités, appelé **arbre pondéré**.
Dans le **second niveau de branches**, on indique les **probabilités conditionnelles**.
Recopier et compléter l'arbre ci-contre en calculant la probabilité sur chaque branche de l'arbre.

Connaître le cours

1. Fréquences conditionnelles et marginales

1. Fréquences conditionnelles

On considère la population des élèves qui ont passé le baccalauréat en 2022. Sur cette population, on étudie les caractères « résultat au baccalauréat » et « élève d'une série ». Les résultats au baccalauréat 2022 s'établissent suivant le tableau croisé d'effectifs ci-contre (*Source : DEPP*).

	Admis A	Refusés R	Total
Série générale G	362 507	14 741	377 248
Séries techno T	131 302	13 687	144 989
Séries pro P	170 491	36 698	207 189
Total	664 300	65 126	729 426

Définition

On appelle **fréquence conditionnelle de B parmi A**, notée $f_A(B)$ (se lit f de B parmi A), la fréquence du caractère B dans la sous-population A.

Exemple Fréquences conditionnelles en ligne

La fréquence conditionnelle $f_T(A) \approx 0{,}91$.
Cela signifie que, parmi la sous-population de référence des élèves des séries technologiques T (**c'est la condition**), environ 91 % ont été admis (A).

	Admis A	Refusés R	Total
Séries techno T	$\frac{131\,302}{144\,989} \approx 0{,}91$	$\frac{13\,687}{144\,989} \approx 0{,}09$	$0{,}91 + 0{,}09 = 1$

Exemple Fréquence conditionnelle en colonne

La fréquence conditionnelle $f_R(P) \approx 0{,}56$. Cela signifie que, parmi la sous-population de référence des élèves refusés R (**c'est la condition**), environ 56 % viennent des séries professionnelles.

	Refusés R
Série générale G	$\frac{14\,741}{65\,126} \approx 0{,}23$
Séries techno T	$\frac{13\,687}{65\,126} \approx 0{,}21$
Séries pro P	$\frac{36\,698}{65\,126} \approx 0{,}56$
Total	1

2. Fréquences marginales

Définition

On appelle **fréquence marginale**, le quotient de la somme des effectifs d'une ligne (ou d'une colonne) par l'effectif total.

Exemple

On extrait du tableau d'effectifs croisés en haut de page la ligne ci-contre. On rappelle que la population totale des élèves qui ont passé le baccalauréat en 2022 compte 729 426 individus.

	Admis	Refusés	Total
Séries techno	131 302	13 687	144 989

La fréquence marginale des élèves des séries technologiques est égale à $\frac{144\,989}{729\,426} \approx 0{,}199$.

Cela signifie qu'environ 20 % des élèves passant le baccalauréat en 2022 proviennent des séries technologiques.

Remarques

- Les colonnes et lignes intitulées « Total » s'appellent les **marges du tableau**.
- Les fréquences marginales s'appellent ainsi car, pour les calculer, on utilise les valeurs inscrites dans les marges du tableau.
- À partir d'un tableau de fréquences, la somme des fréquences marginales obtenues pour chacune des lignes (des colonnes) est égale à 1.

Méthode 1 Calculer des fréquences conditionnelles

On considère la population des élèves d'une classe de Première générale. Sur cette population, on étudie les caractères « régime » et « genre ».

Les résultats sont présentés dans le tableau croisé d'effectifs ci-contre.

Les réponses seront données à l'aide d'un pourcentage éventuellement arrondi au dixième de pourcent.

	Internes I	Demi-pensionnaires DP	Externes E	Total
Filles F	3	7	5	15
Garçons G	9	8	3	20
Total	12	15	8	35

1. Déterminer la fréquence conditionnelle des élèves demi-pensionnaires parmi les filles.
2. Déterminer la fréquence conditionnelle des garçons parmi les internes.
3. Déterminer la fréquence conditionnelle des filles parmi les externes.

Solution commentée

1. La sous-population de référence est l'ensemble des filles, l'effectif des filles est 15.
L'effectif des filles demi-pensionnaires est 7. La fréquence conditionnelle des élèves demi-pensionnaires parmi les filles est $f_F(DP) = \frac{7}{15} \approx 0,467$. Parmi les filles de la classe, environ 46,7 % sont des demi-pensionnaires.

2. La sous-population de référence est l'ensemble des internes, l'effectif des internes est 12.
L'effectif des garçons internes est 9. La fréquence conditionnelle des garçons parmi les internes est $f_I(G) = \frac{9}{12} = 0,75$. Parmi les internes, 75 % sont des garçons.

3. La sous-population de référence est l'ensemble des externes, l'effectif des externes est 8.
L'effectif des filles externes est 5. La fréquence conditionnelle des filles parmi les externes est $f_E(F) = \frac{5}{8} = 0,625$. Parmi les externes, 62,5 % sont des filles.

EXERCICE 2 p. 36

Méthode 2 Calculer des fréquences marginales

Le tableau ci-contre donne la répartition des élèves de Première générale en 2021 par spécialités et genre.

(*Source : DEPP*)

Les réponses seront données à l'aide d'un pourcentage arrondi au dixième.

1. Déterminer la fréquence marginale des filles en Première générale.
2. Déterminer la fréquence marginale des élèves ayant choisi la spécialité SES.

	Filles	Garçons	Total
Maths	55 928	84 720	140 648
SES	81 568	52 885	134 453
PC	55 571	61 565	117 136
HGGSP	65 323	39 912	105 235
SVT	61 206	35 473	96 679
LLCER	51 365	20 265	71 630
HLP	31 562	7 591	39 153
NSI	2 215	13 969	16 184
SI	1 013	6 604	7 617
Total	405 751	322 984	728 735

Solution commentée

1. L'effectif total des élèves de Première générale est 728 735. Le nombre de filles en Première générale est 405 751. La fréquence marginale des filles en Première générale est $\frac{405\,751}{728\,735} \approx 0,557$.
55,7 % des élèves de Première générale sont des filles.

2. L'effectif total des élèves de Première générale est 728 735. Le nombre d'élèves qui suivent la spécialité SES est 134 453. La fréquence marginale des élèves de première générale qui suivent la spécialité SES est $\frac{134\,453}{728\,735} \approx 0,185$.
18,5 % des élèves de Première générale suivent la spécialité SES.

EXERCICE 4 p. 36

2. Probabilités conditionnelles

Dans ce paragraphe, on considère une seule expérience aléatoire d'univers E.

1. Lien fréquence-probabilité

Propriété : loi des grands nombres

Quand on répète un grand nombre de fois une expérience aléatoire, la fréquence d'apparition d'une issue se stabilise autour d'une valeur. On prend alors cette valeur comme probabilité de l'issue.

2. Probabilité de A sachant B

Définition

A et B sont deux évènements d'un même univers E, tels que card(B) $\neq 0$.
La **probabilité de l'évènement A sachant que l'évènement B est réalisé**, notée $P_B(A)$, est :

$$P_B(A) = \frac{\text{card}(A \cap B)}{\text{card}(B)}.$$

Conséquence

Si A et B sont deux évènements d'un même univers E, tels que $P(B) \neq 0$, alors :

$$P_B(A) = \frac{\text{card}(A \cap B)}{\text{card}(B)} = \frac{\text{card}(A \cap B)}{\text{card}(E)} \times \frac{\text{card}(E)}{\text{card}(B)} = \frac{\text{card}(A \cap B)}{\text{card}(E)} \div \frac{\text{card}(B)}{\text{card}(E)} = \frac{P(A \cap B)}{P(B)}.$$

Exemple

	Rouge	Verte	Total
Frêne	13	17	30
Chêne	2	8	10
Total	15	25	40

Un sac contient 40 boules. Les boules sont rouges ou vertes et certaines sont en frêne, les autres sont en chêne.
La répartition est donnée par le tableau croisé d'effectifs ci-contre.
On note V l'événement « Tirer une boule verte » et C l'évènement « Tirer une boule en chêne ».
On tire au hasard une boule dans le sac.

Probabilité de tirer une boule verte sachant qu'elle est en chêne : $P_C(V) = \frac{\text{card}(C \cap V)}{\text{card}(C)} = \frac{8}{10} = 0,8$

3. Arbres pondérés

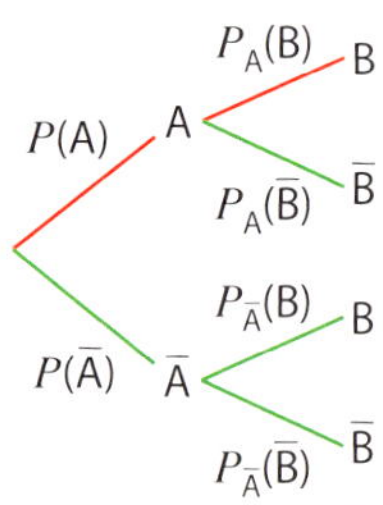

On peut représenter une expérience aléatoire par un arbre pondéré de probabilités.
Un arbre pondéré de probabilités est constitué de branches.
Les évènements élémentaires A, $\overline{A}$, B et $\overline{B}$ s'appellent des nœuds.
$\overline{A}$ est l'évènement contraire de A.

Règles de calcul dans un arbre pondéré de probabilités

- La somme des probabilités des branches issues d'un même nœud est égale a 1.
  Ici, on a par exemple $P(A) + P(\overline{A}) = 1$.
- La probabilité de l'évènement correspondant à un chemin (constitué de plusieurs branches) est égale au produit des probabilités inscrites sur chaque branche du chemin.
  Ici par exemple, la probabilité de l'évènement correspondant au chemin rouge est $P(A) \times P_A(B)$, ce qui est, par définition, égal à $P(A \cap B)$.
- La probabilité d'un évènement est la somme des probabilités des chemins menant à cet évènement.
  Ici, on a $P(B) = P(A \cap B) + P(\overline{A} \cap B) = P(A) \times P_A(B) + P(\overline{A}) \times P_{\overline{A}}(B)$.

Méthode 3 Calculer une probabilité à partir d'un tableau croisé d'effectifs

Marius achète une boîte de 500 petits fours surgelés. Ils sont ronds ou carrés. Certains sont au saumon, d'autres aux légumes.

La répartition est donnée dans le tableau croisé d'effectifs ci-contre.

	Rond (R)	Carré (C)	Total
Saumon (S)	150	200	350
Légumes (L)	50	100	150
Total	200	300	500

Marius choisit un petit four au hasard dans la boîte.

1. Déterminer la probabilité que le petit four soit aux légumes.
2. Déterminer la probabilité que le petit four soit rond et aux légumes.
3. Déterminer la probabilité que le petit four soit au saumon sachant qu'il est rond.

Solution commentée

1. On cherche $P(\text{L})$.
$P(\text{L}) = \dfrac{\text{card(L)}}{500} = \dfrac{150}{500} = 0{,}3$. La probabilité de prendre un petit four aux légumes est égale à 0,3.

2. On cherche $P(\text{R} \cap \text{L})$.
$P(\text{R} \cap \text{L}) = \dfrac{\text{card}(\text{L} \cap \text{R})}{500} = \dfrac{50}{500} = 0{,}1$. La probabilité que le petit four soit rond et aux légumes est égale à 0,1.

3. On cherche $P_R(\text{S})$.
$P_{\text{R}}(\text{S}) = \dfrac{\text{card}(\text{R} \cap \text{S})}{\text{card(R)}} = \dfrac{150}{200} = 0{,}75$. La probabilité que le petit four soit au saumon sachant qu'il est rond est égale à 0,75.

EXERCICE 11 p. 38

Méthode 4 Modéliser par un arbre pondéré

Dans un magasin bio, certains produits sont proposés en vrac, les autres sont déjà emballés. On note V l'évènement « Le produit est proposé en vrac ». Parmi les produits proposés, on trouve des produits élaborés localement et les autres proviennent de secteurs géographiques plus éloignés. On note L l'évènement « Le produit a été élaboré localement ».

On choisit un produit au hasard.

L'arbre de probabilités illustrant les ventes des différents produits selon leur type d'emballage puis leur provenance est proposé ci-contre.

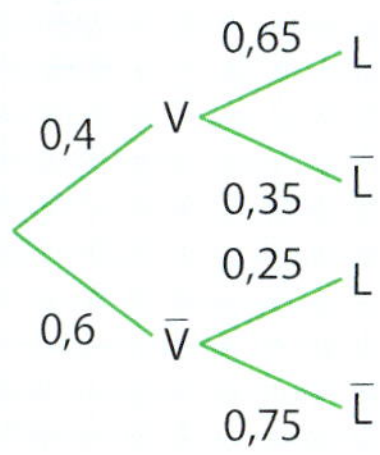

1. Déterminer la probabilité que le produit soit proposé en vrac.
2. Déterminer la probabilité que le produit soit proposé en vrac et élaboré localement.
3. Déterminer la probabilité que le produit soit élaboré localement sachant qu'il est proposé en vrac.
4. Déterminer la probabilité que le produit ait été élaboré localement.

Solution commentée

1. On cherche $P(\text{V})$. On lit sur la première famille de branches $P(\text{V}) = 0{,}4$.

2. On cherche $P(\text{V} \cap \text{L})$. Le chemin correspondant est V – L. Pour obtenir la probabilité d'un chemin, on fait le produit des probabilités notées sur le chemin : $P(\text{V} \cap \text{L}) = 0{,}4 \times 0{,}65 = 0{,}26$.

3. On cherche $P_{\text{V}}(\text{L})$. Il s'agit d'une probabilité conditionnelle, on se place au second niveau des branches. La probabilité cherchée est celle inscrite sur la branche partant de V et rejoignant L : $P_{\text{V}}(\text{L}) = 0{,}65$.

4. On cherche $P(\text{L})$. La probabilité cherchée est celle des deux branches V – L et $\overline{\text{V}}$ – L de l'arbre.
$P(\text{L}) = P(\text{V} \cap \text{L}) + P(\overline{\text{V}} \cap \text{L}) = 0{,}26 + 0{,}6 \times 0{,}25 = 0{,}41$

EXERCICE 17 p. 40

3. Indépendance

1. Évènements indépendants

Dans ce paragraphe, on considère une seule expérience aléatoire d'univers E.

Définition

On considère un évènement A de probabilité non nulle.
Un évènement B est indépendant de A lorsque $P_A(B) = P(B)$.

Propriété

- Si B est indépendant de A, alors A est indépendant de B et $P(A \cap B) = P(A) \times P(B)$.
- Si A et B sont indépendants, alors $\overline{A}$ et B, A et $\overline{B}$ ainsi que $\overline{A}$ et $\overline{B}$ sont indépendants.

Remarques

- $P_A(B) = P(B)$ signifie que la réalisation ou non de l'évènement A n'a pas d'influence sur la réalisation de l'évènement B.
- Il ne faut pas confondre évènements indépendants et évènements **incompatibles** : deux évènements sont incompatibles si et seulement si $P(A \cap B) = 0$, ce qui signifie que les évènements A et B ne peuvent pas se réaliser en même temps.

2. Succession d'expériences indépendantes

Dans ce paragraphe, on considère des expériences aléatoires qui se succèdent.

Définition

Des expériences aléatoires qui se succèdent sont **indépendantes** si le résultat de chacune n'influe pas sur le résultat des autres (par exemple, tirages avec remise).

Définition

On considère deux expériences aléatoires indépendantes qui se succèdent.
Si on note A un évènement élémentaire de la première expérience tel que $P(A) = p$ et B un évènement élémentaire de la deuxième tel que $P(B) = p'$, on peut représenter la **succession de ces expériences indépendantes** par l'arbre de probabilités ci-contre.

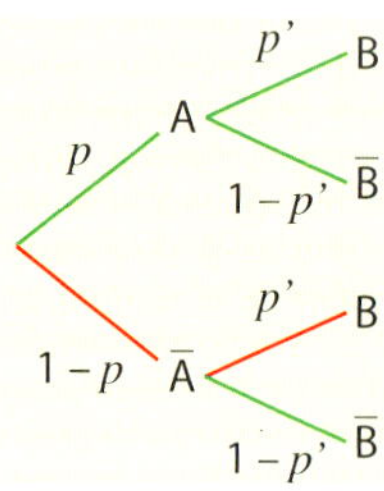

Remarque

Cette méthode de construction d'un arbre de probabilités permet également :
- de représenter la succession de trois, quatre, … expériences aléatoires indépendantes ;
- de représenter la répétition de manière indépendante d'une même expérience aléatoire.

Propriété

La probabilité de l'évènement correspondant à un chemin est égale au produit des probabilités de chaque branche du chemin.

Exemple

La probabilité que l'évènement « A ne se réalise pas puis B se réalise » se note $P(\overline{A}\,;B)$ et on a $P(\overline{A}\,;B) = (1-p) \times p'$ (en rouge sur l'arbre ci-dessus).

Méthode 5 Étudier l'indépendance de deux évènements

Un jeu de 32 cartes est constitué de quatre couleurs : pique, cœur, carreau et trèfle.

Dans chaque couleur il y a huit valeurs : 7, 8, 9, 10, Valet, Dame, Roi et As.

Un jeu consiste à tirer une carte au hasard dans le jeu de 32 cartes.

1. Les évènements R « Obtenir un roi » et C « Obtenir un cœur » sont-ils indépendants ?
2. Les évènements F « Obtenir la dame ou le roi de cœur » et C « Obtenir un cœur » sont-ils indépendants ?

Solution commentée

1. Dans un jeu de 32 cartes, il y a quatre rois : $P(\mathrm{R}) = \frac{4}{32} = \frac{1}{8}$.

Une seule carte est à la fois un roi et un cœur, c'est le roi de cœur. Dans un jeu de 32 cartes, il y a huit cœurs.

$P_{\mathrm{C}}(\mathrm{R}) = \frac{\mathrm{card}(\mathrm{C} \cap \mathrm{R})}{\mathrm{card}(\mathrm{C})} = \frac{1}{8}$

$P(\mathrm{R}) = P_{\mathrm{C}}(\mathrm{R})$, donc les évènements R et C sont indépendants.

2. Il y a deux cartes qui sont une dame ou un roi de cœur, donc $P(\mathrm{F}) = \frac{2}{32} = \frac{1}{16}$

et $P_{\mathrm{C}}(\mathrm{F}) = \frac{\mathrm{card}(\mathrm{C} \cap \mathrm{F})}{\mathrm{card}(\mathrm{C})} = \frac{2}{8} = \frac{1}{4}$.

$P(\mathrm{F}) \neq P_{\mathrm{C}}(\mathrm{F})$, donc les évènements F et C ne sont pas indépendants.

EXERCICE 27 p. 42

Méthode 6 Étudier une succession d'expériences indépendantes

Une urne opaque renferme cinq boules indiscernables au toucher numérotées de 1 à 5 dont deux sont rouges et trois sont vertes.

On tire au hasard une boule et on s'intéresse à son numéro, puis on remet la boule dans l'urne. On effectue alors un deuxième tirage au hasard et on considère la couleur de la boule.

On note T l'évènement « Obtenir le 3 » lors du premier tirage.

On note V l'évènement « Obtenir une boule verte » au deuxième tirage.

1. Expliquer pourquoi ces deux tirages aléatoires sont indépendants.
2. Déterminer la probabilité de l'évènement T puis celle de l'évènement V.
3. Que signifie $P(\mathrm{T} ; \overline{\mathrm{V}})$?
4. Construire un arbre illustrant la situation et en déduire $P(\mathrm{T} ; \overline{\mathrm{V}})$.

Solution commentée

1. Les deux tirages sont indépendants car il y a remise de la boule dans l'urne après le premier tirage.

2. $P(\mathrm{T}) = \frac{1}{5}$: la probabilité de tirer le 3 est $\frac{1}{5}$. $P(\mathrm{V}) = \frac{3}{5}$: la probabilité de tirer une boule verte est $\frac{3}{5}$.

3. $P(\mathrm{T} ; \overline{\mathrm{V}})$ est la probabilité d'obtenir « le trois au premier tirage puis une boule rouge au deuxième tirage ».

4.

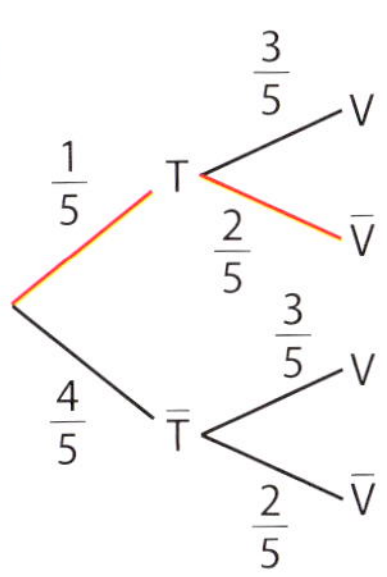

donc $P(\mathrm{T} ; \overline{\mathrm{V}}) = \frac{1}{5} \times \frac{2}{5} = \frac{2}{25}$: la probabilité de tirer une boule numérotée 3 en premier puis une boule rouge en second est de $\frac{2}{25}$.

EXERCICE 31 p. 42

Répéter en solo

L'essentiel

Fréquences conditionnelles et marginales

Un tableau croisé d'effectifs permet de calculer des fréquences conditionnelles. N est l'effectif total.

	A	$\overline{\text{A}}$	Total
B	$\text{card}(\text{A} \cap \text{B})$	$\text{card}(\overline{\text{A}} \cap \text{B})$	$\text{card}(\text{B})$
$\overline{\text{B}}$	$\text{card}(\text{A} \cap \overline{\text{B}})$	$\text{card}(\overline{\text{A}} \cap \overline{\text{B}})$	$\text{card}(\overline{\text{B}})$
Total	$\text{card}(\text{A})$	$\text{card}(\overline{\text{A}})$	N

- $f_{\text{B}}(\text{A}) = \dfrac{\text{card}(\text{A} \cap \text{B})}{\text{card}(\text{B})}$ est la fréquence conditionnelle de A parmi B, c'est une **fréquence conditionnelle en ligne**.
  $f_{\text{A}}(\text{B}) = \dfrac{\text{card}(\text{A} \cap \text{B})}{\text{card}(\text{A})}$ est la fréquence conditionnelle de B parmi A, c'est une **fréquence conditionnelle en colonne**.

- Les marges sont les totaux en ligne ou en colonne.
  La fréquence marginale de B est $\dfrac{\text{card}(\text{B})}{N}$.

Probabilités conditionnelles et arbre de probabilités

Soient A et B deux évènements d'un même univers avec $\text{B} \neq \varnothing$, donc $P(\text{B}) \neq 0$.
La probabilité de A sachant que B est réalisé est $P_{\text{B}}(\text{A}) = \dfrac{\text{card}(\text{A} \cap \text{B})}{\text{card}(\text{B})} = \dfrac{P(\text{A} \cap \text{B})}{P(\text{B})}$.

Arbre de probabilités

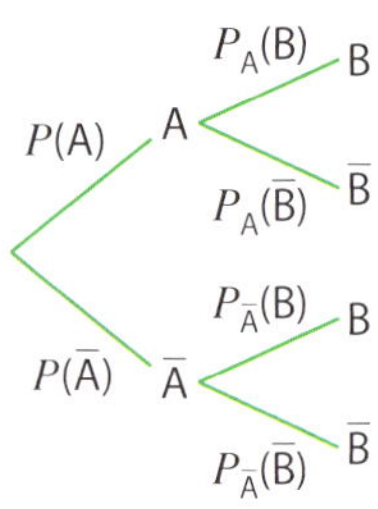

Évènements	Probabilités
$\text{A} \cap \text{B}$	$P(\text{A} \cap \text{B}) = P(\text{A}) \times P_{\text{A}}(\text{B})$
$\text{A} \cap \overline{\text{B}}$	$P(\text{A} \cap \overline{\text{B}}) = P(\text{A}) \times P_{\text{A}}(\overline{\text{B}})$
$\overline{\text{A}} \cap \text{B}$	$P(\overline{\text{A}} \cap \text{B}) = P(\overline{\text{A}}) \times P_{\overline{\text{A}}}(\text{B})$
$\overline{\text{A}} \cap \overline{\text{B}}$	$P(\overline{\text{A}} \cap \overline{\text{B}}) = P(\overline{\text{A}}) \times P_{\overline{\text{A}}}(\overline{\text{B}})$

À chaque nœud, la somme des probabilités est égale à 1 :

$$P(\text{A}) + P(\overline{\text{A}}) = 1$$

$$P_{\text{A}}(\text{B}) + P_{\text{A}}(\overline{\text{B}}) = 1$$

Évènements indépendants

- A et B sont deux évènements de probabilité non nulle d'un même univers.
  A et B sont indépendants signifie $P_{\text{A}}(\text{B}) = P(\text{B})$ qui est équivalent à $P_{\text{B}}(\text{A}) = P(\text{A})$.

- **A et B sont indépendants si seulement si :**
  - A et $\overline{\text{B}}$, $\overline{\text{A}}$ et B, $\overline{\text{A}}$ et $\overline{\text{B}}$ sont indépendants ;
  - $P(\text{A} \cap \text{B}) = P(\text{A}) \times P(\text{B})$.

Successions d'expériences aléatoires indépendantes

- Des expériences aléatoires qui se succèdent sont indépendantes si le résultat de chacune n'influe pas sur le résultat des autres.

- On peut représenter la succession de ces épreuves indépendantes par un arbre de probabilités.

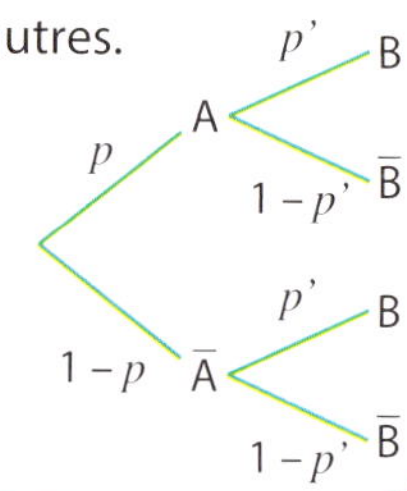

$P(\overline{\text{A}}\,;\,\text{B}) = (1 - p) \times p'$

QCM

Réponses au QCM p. 180

Pour chacune des questions, indiquer la ou les bonnes réponses.

Calculer et interpréter des fréquences conditionnelles ou marginales

	A	B	C
1. On fait un sondage auprès des 35 élèves d'une classe de Première afin de savoir quels sont les élèves qui ont leur code de la route. On obtient les résultats suivants. (voir tableau ci-dessous)	La fréquence marginale des élèves qui ont leur code est 0,4.	La fréquence conditionnelle des élèves qui ont leur code parmi les garçons est 0,625.	La fréquence conditionnelle des filles parmi les élèves qui ont le code est 0,375.
2. Une banque compte 200 clients qui peuvent avoir un livret A ou une assurance-vie. La fréquence marginale des clients ayant une assurance-vie est 0,35. La fréquence marginale des clients ayant un livret A est 0,4. La fréquence conditionnelle des clients ayant une assurance-vie parmi ceux qui ont un livret A est 0,375.	70 ont une assurance-vie.	75 ont un livret A.	40 % des clients n'ont ni assurance-vie ni livret A.

Tableau de la question 1 :

	Code	Pas code
Filles	6	8
Garçons	10	11

Construire et utiliser un tableau croisé pour calculer des probabilités

3. Un sac contient 250 jetons dont les caractéristiques sont données dans le tableau ci-dessous.

	Rond	Carré	Total
Rouge	15	35	50
Blanc	135	65	200
Total	150	100	250

On tire un jeton au hasard.
La probabilité qu'il soit rouge sachant qu'il est rond est :

A	B	C
0,1	$\frac{3}{50}$	$\frac{15}{50}$

Construire et utiliser un arbre pondéré représentant une expérience aléatoire

4. Une expérience aléatoire est résumée par l'arbre de probabilités incomplet ci-contre.
On a :

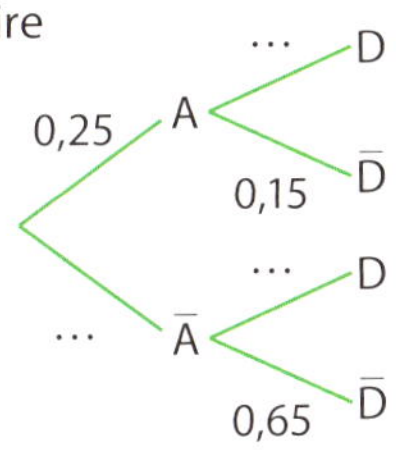

A	B	C
$P(A \cap \overline{D}) = 0{,}0375$	$P_{\overline{A}}(D) = 0{,}35$	$P(A \cap D) = 0{,}3$

Étudier l'indépendance de deux évènements et exploiter l'indépendance d'expériences aléatoires

	A	B	C
5. Vadim participe à un jeu composé d'un grattage et d'un tirage. Les deux phases du jeu sont indépendantes. Il a 1 % de chances de gagner au grattage. Au tirage il a 2 % de chances de gagner.	La probabilité qu'il ne gagne rien est 0,9702.	La probabilité qu'il gagne au grattage puis qu'il perde au tirage est 0,02.	La probabilité qu'il gagne exactement une fois est 0,0296.

Boîte à outils

TABLEUR

1 Comment compter dans un tableur ?

• Définir une **plage** d'une feuille de tableur : on sélectionne avec la souris la 1re cellule en haut à gauche jusqu'à la dernière cellule en bas à droite. Ici, la plage sélectionnée ci-contre se note A1:D4.

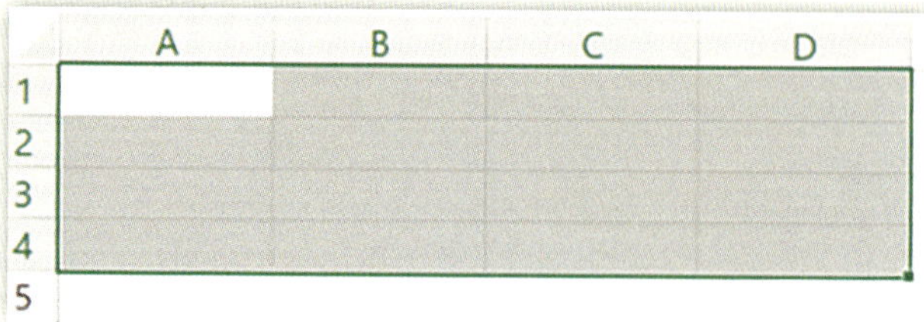

• Additionner des valeurs situées dans différentes cellules : on utilise la fonction SOMME en écrivant =somme(et en sélectionnant les cellules ou la plage que l'on souhaite).

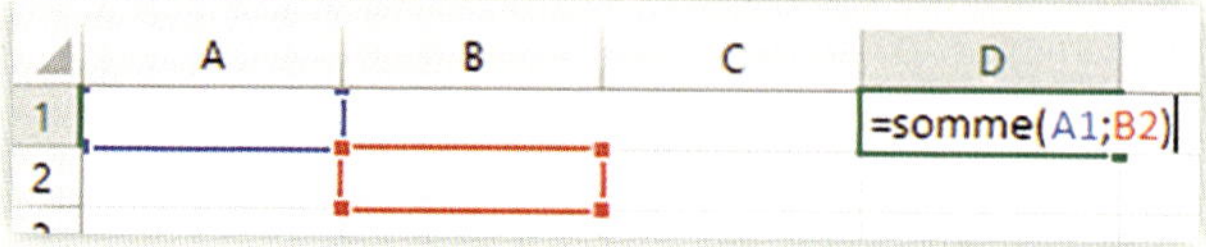

• Recopier une formule qui utilise une donnée spécifique et qui ne doit pas être modifiée par « recopie » de la formule : on peut **figer** la cellule, la ligne ou la colonne.
Dans ce cas on fait précéder l'élément à figer du symbole $. Ainsi A$2 permet de figer la ligne 2.

2 Comment tester dans un tableur ?

• Renvoyer un résultat qui dépend d'une condition (test logique). On utilise la fonction :

=SI(test logique ; réponse si le test est vrai ; réponse si le test n'est pas vérifié).

Dans le test logique on peut rencontrer des conditions simples : égalité =, différent <>, strictement supérieur >, inférieur ou égal <= …
Une condition peut elle-même être le résultat d'un test. Dans ce cas on parle de **tests imbriqués**.

• Vérifier si plusieurs conditions (tests logiques) sont simultanément vraies.
On utilise la fonction =ET(test 1 ; test 2 ; test 3 ; …). Cette condition peut être **imbriquée** dans une instruction conditionnelle.

Exemple : =SI(ET(A2=1;B2=3); "V" ; "F") renvoie V si les cellules A2 et B2 contiennent respectivement 1 **et** 3 et F dans **tous** les autres cas.

• Compter le nombre de cellules qui satisfont à un critère à l'intérieur d'une plage précise.
On utilise la fonction =NB.SI(plage de recherche ; critère).

Exemple : =NB.SI(A2:D10 ; "P") renvoie le nombre de cellules égales à P dans la plage A2:D10.

• Compter le nombre de cellules qui satisfont à plusieurs critères à l'intérieur de plusieurs plages précises.
On utilise la fonction :

=NB.SI.ENS(plage recherche critère 1 ; critère 1 ; plage de recherche critère 2 ; critère 2 ; …).

Exemple : =NB.SI.ENS(A2:A10;1;E2:E10;7 renvoie le nombre de cellules qui contiennent 1 dans la plage A2:A10 et qui contiennent 7, « à la même position », dans la plage E2:E10.

3 Comment simuler dans un tableur ?

• Simuler le choix d'un nombre entier, au hasard, compris entre deux bornes.
On utilise la fonction =ALEA.ENTRE.BORNES(plus petit entier ; plus grand entier).
Exemple : =ALEA.ENTRE.BORNES(1;6) renvoie un entier choisi au hasard et compris entre 1 et 6 (bornes incluses).

• Pour relancer une simulation, on utilise la **touche F9**.

Communiquer

30 min — Travail en groupe

Constituer des groupes de quatre élèves qui auront chacun un des rôles suivants.
Résoudre tous ensemble la situation donnée. Remettre une trace écrite de cette résolution.

Animateur
- responsable du niveau sonore du groupe
- distribue la parole pour que chacun s'exprime

Rédacteur en chef
- responsable de la trace écrite rédigée par tous les membres du groupe

Ambassadeur
- porte-parole du groupe, seul autorisé à communiquer avec le professeur et, éventuellement, d'autres groupes

Maître du temps
- responsable de l'avancement du travail du groupe
- veille au respect du temps imparti

Jean Le Rond d'Alembert, l'un des plus prestigieux savants du XVIIIe siècle, est réputé pour avoir dirigé, avec Denis Diderot, la rédaction de l'Encyclopédie ou dictionnaire raisonné des sciences, des arts et des métiers (éditée de 1751 à 1772).
Le jeu de « Croix ou Pile » consiste à lancer une pièce, une ou plusieurs fois, sur laquelle figure une croix sur l'une des faces. On s'arrête dès qu'on obtient une croix ou lorsque le nombre de lancers, fixé au préalable, est atteint.
Jean Le Rond d'Alembert présente dans l'encyclopédie deux raisonnements.

CROIX OU PILE, (*analyſe des haſards.*) Ce jeu, qui eſt très-connu, & qui n'a pas beſoin de définition, nous fournira les réflexions ſuivantes. On demande combien il y a à parier qu'on amenera *croix* en jouant deux coups conſécutifs. La réponſe qu'on trouvera dans tous les auteurs, & ſuivant les principes ordinaires, eſt celle-ci. Il y a quatre combinaiſons.

Premier coup.	Second coup.
Croix.	*Croix.*
Pile.	*Croix.*
Croix.	*Pile.*
Pile.	*Pile.*

De ces quatre combinaiſons, une ſeule fait perdre & trois font gagner; il y a donc 3 contre 1 à parier en faveur du joueur qui jette la pièce. S'il parioit en trois coups, on trouveroit huit combinaiſons, dont une ſeule fait perdre, & ſept font gagner; ainſi, il y auroit 7 contre 1 à parier.

Voyez COMBINAISON & AVANTAGE. Cependant cela eſt-il bien exact? Car, pour ne prendre ici que le cas de deux coups, ne faut-il pas réduire à une les deux combinaiſons qui donnent *croix* au premier coup? Car, dès qu'une fois *croix* eſt venu, le jeu eſt fini, & le ſecond coup eſt compté pour rien. Ainſi, il n'y a proprement que trois combinaiſons de poſſibles :

Croix, premier coup.
Pile, *Croix*, premier & ſecond coup.
Pile, *pile*, premier & ſecond coup.

Donc il n'y a que 2 contre 1 à parier. De même, dans le cas de trois coups, on trouvera :

Croix.
Pile, *croix.*
Pile, *pile*, *croix.*
Pile, *pile*, *pile.*

Donc il n'y a que 3 contre 1 à parier. Ceci eſt digne, ce me ſemble, de l'attention des calculateurs, & iroit à réformer bien des règles unanimement reçues ſur les jeux de haſard.

Expliquer les deux raisonnements de d'Alembert. Donner la bonne solution, pour un nombre maximum de lancers égal à deux (ou à trois puisque d'Alembert en parle aussi (« *S'il pariait en trois coups* »)).

Présentation orale

Jean Le Rond d'Alembert (1717-1783) est un mathématicien, physicien, philosophe et encyclopédiste français. Il est aussi connu pour ses recherches en probabilités. Daniel Bernoulli (1700-1782), également probabiliste, n'était pas toujours d'accord avec d'Alembert.

Effectuer des recherches sur les différends entre Bernoulli et d'Alembert, en probabilités, pour en faire une présentation orale de 5 minutes.

Défi

Un QCM est constitué de quatre questions. À chaque question, trois réponses sont proposées dont une seule est correcte. Un élève répond au hasard à tout le QCM.

Calculer la probabilité qu'il ait exactement deux réponses correctes.

Exercices différenciés

Niveau 1 Niveau 2

Calculer et interpréter des fréquences conditionnelles ou marginales

QUESTIONS FLASH

1. La répartition des élèves de Première et Terminale dans un lycée est la suivante.

	Générale	Techno	Total
Première	247	104	351
Terminale	153	96	249
Total	400	200	600

Calculer la fréquence marginale des élèves de filière technologique.

2. Les hôtels du bassin d'Arcachon se répartissent de la façon suivante.

	2☆	3☆	4☆	5☆	Total
Petit déjeuner compris	2	10	5	3	20
Petit déjeuner non compris	9	15	8	0	32
Total	11	25	13	3	52

Calculer la fréquence marginale des hôtels ayant quatre étoiles.

3. On considère le tableau d'effectifs suivant.

	A	$\overline{A}$	Total
B	400	575	975
$\overline{B}$	1 200	565	1 765
Total	1 600	1 140	2 740

Calculer la fréquence conditionnelle de $\overline{B}$ parmi la sous-population A.

4. Dans une classe de 35 élèves, 20 élèves font de l'espagnol.

15 élèves font de l'espagnol et ont choisi la spécialité SES.

Calculer la fréquence conditionnelle des élèves suivant la spécialité SES parmi les élèves qui font de l'espagnol.

Calculer des fréquences conditionnelles

1 Niveau 1 Dans une classe de Première, la répartition des 35 élèves se fait de la façon suivante.

	Filles	Garçons	Total
Spécialité maths	7	15	
Pas spécialité maths	8	5	
Total			

1. Recopier le tableau et compléter les marges.
2. Calculer la fréquence conditionnelle des garçons parmi les élèves ayant choisi la spécialité mathématique.
3. Calculer la fréquence conditionnelle des élèves ayant choisi la spécialité mathématique parmi les filles.

2 Niveau 2 Un laboratoire teste un vaccin sur un panel de volontaires. Pour cela, il recrute 175 volontaires. 90 d'entre eux ont été vaccinés. 120 volontaires ont développé la maladie parmi lesquels 80 n'étaient pas vaccinés.
1. Recopier le tableau ci-dessous en lui ajoutant les marges.

	Malade	Non malade
Vaccinés		
Non vaccinés		

2. Calculer la fréquence conditionnelle des volontaires ayant développé la maladie parmi ceux qui sont vaccinés. Arrondir au centième.
3. Calculer la fréquence conditionnelle des volontaires vaccinés parmi ceux qui n'ont pas développé la maladie. Arrondir au centième.

Calculer des fréquences marginales

3 Niveau 1 Dans une PME, l'effectif des employés se répartit de la façon suivante.

	Cadres	Employés
Parle anglais	25	52
Ne parle pas anglais	8	15

1. Recopier le tableau en y ajoutant les marges.
2. Calculer la fréquence marginale des employés parlant anglais.

4 Niveau 2 L'EFS (Établissement français du sang) a fait un bilan sur 2 000 donneurs.

	A	B	AB	O
Rhésus +	656	162	83	720
Rhésus –	144	38	17	180

1. Recopier le tableau et compléter les marges.
2. Calculer la fréquence marginale des personnes du groupe O.
3. Calculer la fréquence marginale des personnes de rhésus+.

5 Niveau 2 200 personnes travaillent dans une PME. Cette entreprise compte 20 % de cadres et 80 % d'employés. 30 % des cadres et 15 % des employés parlent anglais. Calculer la fréquence marginale des personnels parlant anglais.

UN EXERCICE
DEUX ÉNONCÉS

6 Dans un lycée, on a demandé aux élèves de préciser le moyen de transport qu'ils utilisent pour rentrer chez eux. On a obtenu les réponses suivantes qui ont été reportées dans une feuille de calcul d'un tableur.

	A	B	C	D	E
1		Lycéen	BTS	CPGE	Total
2	Voiture	35	50	10	
3	Train	40	20	20	
4	Total				

ÉNONCÉ 1
1. Quelle formule faut-il saisir en E2 puis étendre jusqu'en E3 pour obtenir l'effectif total de chaque ligne ?
2. Quelle formule faut-il saisir en B4 puis étendre jusqu'en D4 pour obtenir l'effectif total de chaque colonne ?
3. Quelle formule faut-il saisir en E4 pour obtenir l'effectif total ?
4. Recopier le tableau dans un tableur et saisir en F2 la formule permettant de calculer la fréquence marginale des élèves qui viennent au lycée en voiture.

ÉNONCÉ 2
1. a. Recopier le tableau dans un tableur et le compléter.
b. Recopier le tableau sur la plage A6:E9 puis supprimer les valeurs. Saisir en B7 la formule =B2/$E$4 et étendre la formule jusqu'en E9.
2. Pour la suite, arrondir si besoin au centième.
a. Indiquer la fréquence marginale des élèves prenant le train.
b. Indiquer la fréquence marginale des élèves en BTS.
c. Quelle formule doit-on saisir en B11 afin de calculer la fréquence conditionnelle des élèves qui prennent le train parmi ceux qui sont en CPGE ?

7 Une entreprise fait le constat que chaque année la grippe occasionne de nombreux arrêts de travail. La directrice décide de proposer, gratuitement, la possibilité de se faire vacciner à ses 1 500 employés. 880 acceptent de se faire vacciner. Au sortir de l'hiver, le bilan est le suivant : 40 % des employés ont eu la grippe. Parmi les employés qui n'ont pas souhaité se faire vacciner, 490 n'ont pas attrapé la grippe.

ÉNONCÉ 1
1. Recopier et compléter le tableau suivant.

	Vaccinés	Non vaccinés	Total
Grippe			
Pas grippe			
Total			

2. Déterminer la fréquence marginale des employés vaccinés. Arrondir au centième.
3. Déterminer la fréquence conditionnelle des employés qui n'ont pas attrapé la grippe parmi ceux qui n'étaient pas vaccinés. Arrondir au centième.

ÉNONCÉ 2
1. Déterminer la fréquence marginale des employés qui n'ont pas attrapé la grippe.
2. Déterminer la fréquence conditionnelle des employés n'ayant pas attrapé la grippe parmi ceux qui étaient vaccinés. Arrondir au centième.

8 Dans un lycée, les élèves ont la possibilité de manger à la cantine ou de déjeuner à l'extérieur.
Les 2 500 élèves se répartissent de la façon suivante.

	Filles	Garçons	Total
Cantines	800		2 000
Extérieur			
Total	1 200		2 500

ÉNONCÉ 1
1. Calculer la fréquence marginale de filles.
2. Calculer la fréquence conditionnelle de filles parmi les élèves qui mangent à la cantine.
3. Calculer la fréquence conditionnelle des élèves mangeant à la cantine parmi les filles. Arrondir au centième.

ÉNONCÉ 2
1. Calculer la fréquence conditionnelle de garçons parmi les élèves qui mangent à la cantine.
2. Déterminer la fréquence conditionnelle des filles parmi les élèves qui mangent à l'extérieur.
3. Déterminer la fréquence conditionnelle des élèves mangeant à l'extérieur parmi les garçons. Arrondir au centième.

9 Dans la population française, 45 % des habitants sont du groupe sanguin A, 42 % du groupe O, 9 % du groupe B. De plus, 38 % sont du groupe A rhésus+, 36 % sont du groupe O rhésus+, 8 % sont du groupe B rhésus +. Les autres sont du groupe AB, parmi lesquels 2,5 % sont rhésus +.

ÉNONCÉ 1
1. Déterminer la fréquence marginale des Français du groupe AB.
2. Déterminer la fréquence conditionnelle des Français ayant un rhésus – parmi les Français du groupe A. Arrondir au centième.

ÉNONCÉ 2
1. Calculer la fréquence marginale des Français ayant le rhésus +.
2. Calculer la fréquence conditionnelle des Français du groupe O parmi ceux ayant un rhésus +. Arrondir au centième.
3. Calculer la fréquence conditionnelle des Français du groupe AB parmi ceux ayant un rhésus –. Arrondir au centième.

Exercices différenciés

♪ Niveau 1 ♫ Niveau 2

Construire et utiliser un tableau croisé pour calculer des probabilités

QUESTIONS FLASH

1. Sur 106 élèves de Première, il y a 50 filles parmi lesquelles 10 jouent d'un instrument de musique. Quelle est la probabilité qu'un élève choisi au hasard joue d'un instrument de musique sachant que c'est une fille ?

2. Pour constituer un parterre de fleurs, on a planté 250 bulbes de tulipes parmi lesquels 75 sont des bulbes de tulipes rouges. On choisit un bulbe au hasard. En supposant que tous les bulbes permettent d'obtenir une fleur, déterminer la probabilité d'avoir une tulipe rouge.

3. Dans un sac, il y a 18 jetons. 12 sont ronds, les autres sont carrés. Sur ces jetons, on trouve une croix ou une étoile. 13 jetons ont une croix parmi lesquels 8 sont ronds.
Recopier et compléter le tableau ci-après.

	Rond	Carré	Total
Croix			
Étoile			
Total			

4. Un laboratoire pharmaceutique a effectué des tests sur 500 patients atteints d'une maladie. Certains ont été traités avec un médicament, d'autres avec un placébo. On a obtenu les résultats suivants.

	Médicament	Placébo	Total
Guéri	150	125	275
Non guéri	50	175	225
Total	200	300	500

On choisit un patient au hasard.
Déterminer la probabilité que ce soit un malade qui a pris le placébo et qui est guéri.

Calculer une probabilité à partir d'un tableau croisé d'effectifs

10 ♪ Un sachet contient 100 trombones.
Dans le sachet, il y a 10 grands trombones jaunes, 75 petits trombones et 65 trombones rouges.
1. Recopier et compléter le tableau.

	Petits ($\overline{G}$)	Grands (G)	Total
Jaunes (J)			
Rouges ($\overline{J}$)			
Total			

On prend un trombone au hasard.
2. Calculer la probabilité que le trombone soit rouge.
3. Calculer $P\left(\overline{J} \cap G\right)$ et interpréter le résultat.
4. Déterminer la probabilité que le trombone soit petit et jaune.

11 ♫ Le tableau ci-dessous donne la répartition de 1 500 hommes et femmes selon l'âge qu'ils avaient lorsqu'ils ont obtenu leur premier emploi.

	< 20 ans (A)	20-23 ans (B)	⩾ 24 ans (C)	Total
Femme (F)	180	350	270	800
Homme ($\overline{F}$)	200	120	380	700
Total	380	470	650	1 500

On choisit une personne au hasard.
1. Calculer $P\left(\overline{F} \cap A\right)$ et arrondir au centième. Interpréter le résultat.
2. Déterminer la probabilité que cette personne ait commencé à travailler avant 24 ans.

12 ♪ Dans un centre commercial, on interroge 150 clients. 115 ont reçu le catalogue du magasin, parmi eux, 60 ont acheté des articles en promotion. 15 clients n'ont pas acheté des articles en promotion et n'ont pas reçu le catalogue.
1. Recopier et compléter le tableau ci-dessous.

	Promotion (R)	Pas promotion ($\overline{R}$)	Total
Catalogue (C)			
Pas catalogue ($\overline{C}$)			
Total			150

2. On choisit un client au hasard.
a. Déterminer la probabilité qu'il ait acheté un article en promotion, sachant qu'il a lu le catalogue.
b. Déterminer la probabilité qu'il ait reçu le catalogue sachant qu'il n'a acheté aucun article en promotion.

13 ♫ Dans une pizzeria, il est possible de commander des pizzas avec une base tomate ou une base crème fraîche. La répartition en fonction de la taille de ces pizzas est donnée dans le tableau ci-dessous :

	Moyen (M)	Grande (G)	Total
Tomate (T)	22	53	75
Crème fraîche	16	19	35
Total	38	72	110

On prend une pizza vendue au hasard, les résultats seront arrondis au centième.
1. Calculer $P(M \cap T)$ et interpréter le résultat.
2. Calculer $P_M(T)$ et interpréter le résultat.
3. Calculer la probabilité de prendre une grande pizza sachant qu'elle a une base tomate.

UN EXERCICE
DEUX ÉNONCÉS

14 On lance deux dés parfaitement équilibrés et on effectue la somme des deux résultats obtenus.

ÉNONCÉ 1

1. a. Recopier et compléter le tableau ci-dessous qui donne la somme des deux dés.

dé 2 \ dé 1	1	2	3	4	5	6
1						
2						
3						
4						
5						
6						

b. Quelle est la probabilité d'obtenir une somme égale à 7 ?
c. Quelle est la probabilité d'obtenir une somme égale à 5 ?
2. On veut simuler, sur une feuille de tableur, 15 lancers des deux dés et calculer leur somme. Ouvrir le fichier *p039_chap2_ex14_enonce1.xlsx*.

	A	B	C	D
1	dé1	dé2	Somme des deux dés	Fréquence du 7
2				
3				
4				

a. Quelle formule doit-on écrite dans la cellule A2 puis recopier sur la plage A2:B16 pour simuler le lancer des deux dés ?
b. Quelle formule doit-on écrire dans la cellule C2 puis recopier jusqu'à la cellule C16 pour calculer la somme des deux dés ?
c. Dans la cellule D2 écrire la formule :

=NB.SI(C2:C16;7)/15

Qu'obtient-on dans cette cellule ?
Comparer avec le résultat de la question 1.b et commenter.

ÉNONCÉ 2

On souhaite simuler 10 000 lancers des deux dés à l'aide d'un tableur et calculer la valeur de la somme des deux dés selon la valeur du premier dé. Ouvrir le fichier *p039_chap2_ex14_enonce2.xlsx*.
1. a. Dans les colonnes A et B, simuler 10 000 lancers des deux dés.
b. Dans la colonne C, calculer la somme des résultats des deux dés.
2. a. Dans la cellule F2, écrire la formule :

=NB.SI.ENS($A$2:$A$10001;F$1;$C$2:$C$10001;$E2)/10000

b. La fonction NB.SI.ENS calcule dans la plage de valeurs ($C$2:$C$10001) le nombre de fois qu'apparaît la valeur de la cellule $E2 sachant que le dé 1 possède la valeur F$1 dans la plage de valeurs $A$2:$A$10001.
Traduire le résultat de cette cellule en termes de probabilité.
c. Recopier la formule sur la plage F2:K12.
d. Expliquer pourquoi les valeurs au-dessus de la diagonale F2:K7 et en dessous de la diagonale F7:K12 sont toujours nulles.
e. Compléter la marge droite du tableau (cellules L2 à L12) puis la cellule L13 pour avoir la somme des cellules L2 à L12.
f. En déduire une valeur approchée de la probabilité d'obtenir :
- une somme égale à 7 ;
- une somme égale à 7 sachant que la valeur du dé 1 est 3.

15 Dans une école de musique, il y a 50 personnes inscrites. Les musiciens peuvent participer à un cours de solfège. La répartition des musiciens par tranches d'âge est la suivante.

	Cours de solfège (S)	Pas de cours de solfège ($\bar{S}$)	Total
Moins de 18 ans (M)	20	10	30
18 ans ou plus ($\bar{M}$)	15	5	20
Total	35	15	50

On choisit une personne au hasard. On considère les évènements S : « La personne choisie participe au cours de solfège » et M : « La personne choisie est mineure ».

ÉNONCÉ 1

1. On sait que la personne choisie est majeure. Quelle est la probabilité qu'elle participe au cours de solfège ?
2. On sait que la personne choisie ne participe pas au cours de solfège, quelle est la probabilité qu'elle soit majeure ?
3. Quelle est la probabilité que la personne choisie ait moins de 18 ans et ne participe pas au cours de solfège.

ÉNONCÉ 2

1. Déterminer $P_S(M)$ et interpréter le résultat avec une phrase.
2. Calculer $P(S)$ et $P(S \cap M)$. Interpréter les résultats avec une phrase.
3. Retrouver, en utilisant la définition, la valeur de $P_S(M)$.
4. Déterminer $P_{\bar{M}}(S)$ et interpréter le résultat.

Exercices différenciés

Niveau 1 Niveau 2

Construire et utiliser un arbre pondéré représentant une expérience aléatoire

QUESTIONS FLASH

1. 75 % de la population française aime les animaux. Parmi eux, 60 % ont un jardin. Calculer la proportion de français qui aime les animaux et qui a un jardin.

2. Recopier l'arbre ci-contre et compléter les probabilités manquantes sur les différentes branches.

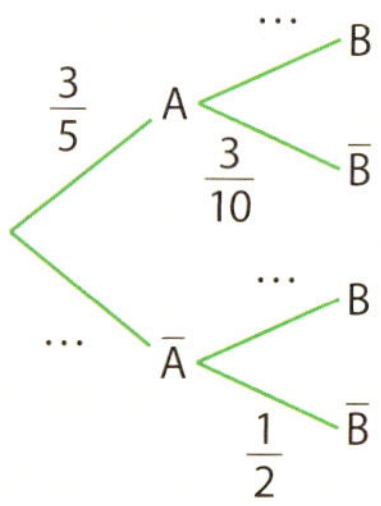

3. Un club d'athlétisme compte 150 licenciés. 30 licenciés participent à des compétitions. Parmi eux, on compte 20 enfants de moins de 12 ans.
On choisit un licencié au hasard. Quelle est la probabilité qu'il s'agisse d'un enfant de moins de 12 ans sachant qu'il participe à des compétitions.

4. A et B sont deux évènements d'un même univers tels que $P(\mathrm{A}) = 0{,}5$, $P(\mathrm{B}) = 0{,}6$ et $P(\mathrm{A} \cap \mathrm{B}) = 0{,}2$.
Calculer $P_{\mathrm{A}}(\mathrm{B})$ et $P_{\mathrm{B}}(\mathrm{A})$.

Modéliser par un arbre pondéré

16 Niveau 1 On donne un arbre pondéré.
Lire $P(\mathrm{A})$, $P_{\overline{\mathrm{A}}}(\mathrm{B})$ et $P_{\mathrm{A}}(\overline{\mathrm{B}})$.

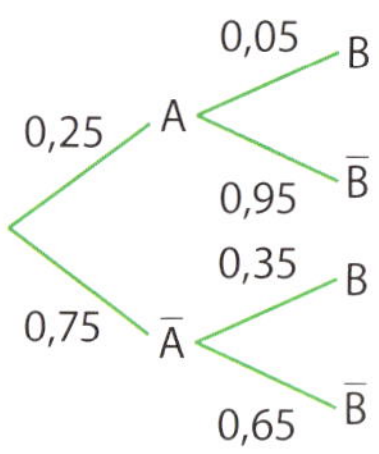

17 Niveau 2 Une coopérative commercialise des biscuits produits par deux entreprises différentes A et B.
Parmi les biscuits, certains présentent un défaut (casse, taille, ...).
On note D l'évènement « Le biscuit présente un défaut ».
On obtient l'arbre pondéré suivant.

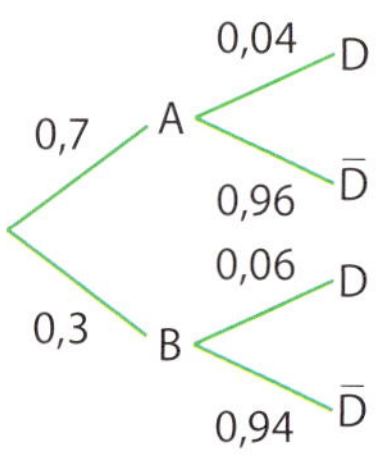

1. Donner la probabilité que le biscuit présente un défaut sachant qu'il est produit par l'entreprise A.
2. Donner $P_{\mathrm{B}}(\overline{\mathrm{D}})$ et interpréter le résultat obtenu.
3. Calculer $P(\mathrm{A} \cap \overline{\mathrm{D}})$ et interpréter le résultat obtenu.

18 Niveau 1 Dans un club de sportifs de haut niveau, 50 % des licenciés font de la kinésithérapie (K). Parmi les licenciés qui font de la kinésithérapie, 10 % font de la cryothérapie (C). Parmi ceux qui ne font pas de kinésithérapie, 1 % font de la cryothérapie. On désigne un sportif au hasard dans le club et on dispose de l'arbre ci-après.

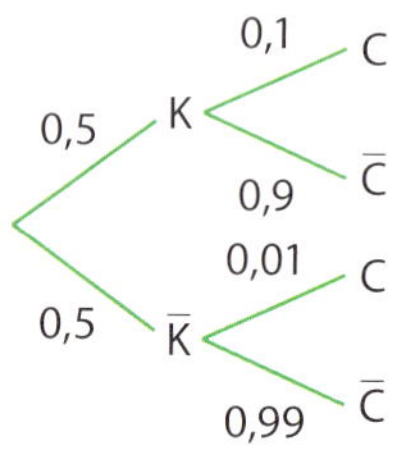

1. Quelle est la probabilité que le sportif désigné ne fasse pas de la cryothérapie sachant qu'il fait de la kinésithérapie ?
2. Calculer $P(\mathrm{K} \cap \mathrm{C})$ et interpréter le résultat.
3. Calculer la probabilité que le sportif désigné au hasard fasse de la cryothérapie.

19 Niveau 2 Lors de l'étude de la fiabilité d'un test de grossesse, on a obtenu les résultats suivants :
- 99 % des femmes enceintes obtiennent un résultat positif à leur test ;
- 96 % des femmes qui ne sont pas enceintes obtiennent un test négatif.

On choisit au hasard une femme parmi celles qui achètent ce test de grossesse.
On note E l'évènement « Être enceinte » et T l'évènement « Obtenir un test positif ». En 2020, le taux de femmes françaises enceintes était de 16,5 %.

1. Recopier et compléter l'arbre suivant.

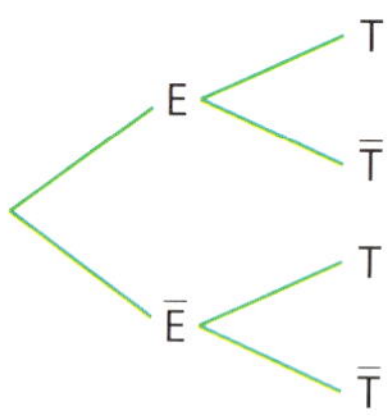

2. Calculer $P(\mathrm{T})$, arrondir au centième et interpréter le résultat.
3. Une femme a obtenu un test positif. Quelle est la probabilité qu'elle soit enceinte ? Arrondir au centième.

20 Une entreprise fabrique des pièces pour l'automobile. 60 % des pièces sont fabriquées par une machine A, les autres sont fabriquées par une machine B. Parmi les pièces produites par la machine A, 2 % sont défectueuses. Parmi les pièces produites par la machine B, 3 % sont défectueuses.
On prélève une pièce au hasard dans la production.
On considère les évènements :
A : « La pièce est produite par la machine A » ;
D : « La pièce est défectueuse ».
1. Construire un arbre pondéré de probabilités traduisant les données de l'exercice.
2. Déterminer la probabilité que la pièce soit défectueuse et ait été produite par la machine A.
3. Déterminer $P\left(\overline{A} \cap D\right)$ et interpréter le résultat.

21 Une association sportive lycéenne comporte 52 membres. Elle décide de faire une sortie canoé en fin d'année. Les réponses des élèves sont réunies dans le tableau ci-dessous.

	Souhaite participer	Ne souhaite pas participer
Fille	25	5
Garçon	20	2

On choisit un élève au hasard.
On note F l'évènement « Être une fille » et O l'évènement « Participer à la sortie ».
1. Déterminer la probabilité que l'élève participe à la sortie sachant que c'est une fille. Arrondir au centième.
2. Déterminer la probabilité que l'élève soit un garçon et ne participe pas à la sortie. Arrondir au centième.
3. Construire un arbre de probabilité traduisant les données de l'exercice, les probabilités sur les branches seront écrites sous forme de fractions.
4. Calculer $P(O \cap F)$ de deux façons différentes, arrondir au centième et interpréter le résultat.

22 Une agence de location de véhicules possède six utilitaires de 9 m^3 et quatre de 12 m^3. Le loueur constate que 12 % des 9 m^3 ont été éraflés, alors que seuls 6 % des 12 m^3 le sont. On suppose que tous les utilitaires sont loués. On note E l'évènement « Le véhicule est éraflé » et N l'évènement « Le véhicule est un 9 m^3 ».
On prend un véhicule utilitaire au hasard.
1. Traduire les données du problème à l'aide d'un arbre.
2. Déterminer la probabilité que l'utilitaire soit éraflé.

UN EXERCICE DEUX ÉNONCÉS

23 Un hebdomadaire propose deux types d'abonnements. Un abonnement numérique et un abonnement papier. On ne peut choisir que l'un des deux abonnements. Les abonnés ont la possibilité de souscrire à un abonnement complémentaire pour recevoir un supplément.
On note N l'évènement « Être abonné numérique » et S l'évènement « Être abonné au supplément ».
On dispose de l'arbre de probabilité ci-dessous.

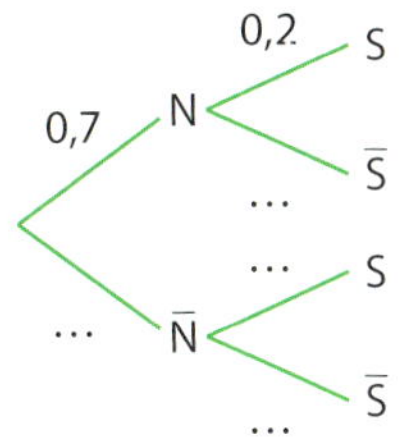

On choisit un abonné au hasard.

ÉNONCÉ 1
1. Déterminer la probabilité que l'abonné ait souscrit un abonnement papier.
2. Quelle est la valeur de $P_N(S)$? Interpréter le résultat.
3. Calculer $P(N \cap S)$. Interpréter le résultat.

ÉNONCÉ 2
12 % des abonnés n'ont ni abonnement numérique, ni supplément.
1. Déterminer la probabilité que l'abonné ne soit pas abonné au supplément sachant qu'il n'est pas abonné numérique.
2. Calculer $P\left(\overline{N} \cap S\right)$ et interpréter le résultat.
3. Déterminer la probabilité d'être abonné au supplément.

24 C'est l'heure du goûter. Manon a le choix entre un gâteau au chocolat ou une compote, avec une même probabilité de choisir l'un ou l'autre. Si elle prend un gâteau, la probabilité qu'elle dépose l'emballage dans la poubelle de recyclage est 0,4. Lorsqu'elle choisit une compote, elle recycle l'emballage dans 70 % des cas.
On note G l'évènement « Manon choisit un gâteau au chocolat », et R l'évènement « Manon recycle l'emballage ».

ÉNONCÉ 1
1. Déterminer la probabilité que Manon choisisse un gâteau au chocolat.
2. Déterminer la probabilité que Manon recycle l'emballage sachant qu'elle a choisi une compote.
3. Construire un arbre illustrant cette situation.
4. Déterminer la probabilité que Manon mange un gâteau au chocolat et ne recycle pas l'emballage.

ÉNONCÉ 2
1. Construire un arbre illustrant cette situation.
2. Calculer $P(G \cap R)$. Interpréter le résultat.
3. Calculer $P(R)$. Interpréter le résultat.
4. Calculer $P_R(G)$, arrondir au centième et interpréter le résultat.

Exercices différenciés

Niveau 1 Niveau 2

Étudier l'indépendance de deux évènements et exploiter l'indépendance d'expériences aléatoires

QUESTIONS FLASH

1. Écrire sous forme d'une seule fraction irréductible $\frac{12}{15} \times \frac{7}{16}$.

2. A et B sont deux évènements tels que $P(\text{A}) = 0{,}4$, $P(\text{B}) = 0{,}2$ et $P(\text{A} \cap \text{B}) = 0{,}6$. Les évènements A et B sont-ils indépendants ?

3. Soient A et B deux évènements de probabilité non nulle d'un même univers. A et B sont indépendants. $P(\text{A}) = 0{,}15$ et $P(\text{B}) = 0{,}5$. Calculer $P(\text{A} \cap \text{B})$ et $P(\overline{\text{A}} \cap \text{B})$.

4. A et B sont deux évènements indépendants d'un même univers tels que $P(\text{B}) = 0{,}3$ et $P(\text{A}) = 0{,}5$. Déterminer $P_{\text{A}}(\text{B})$.

Étudier l'indépendance de deux évènements

25 A et B sont deux évènements d'un même univers tels que $P(\text{A}) = 0{,}2$, $P(\text{B}) = 0{,}8$ et $P(\text{A} \cap \text{B}) = 0{,}16$.
1. A et B sont-ils indépendants ?
2. En déduire $P_{\text{A}}(\text{B})$ et $P_{\text{B}}(\text{A})$.

26 Dans un jeu de 32 cartes, on pioche une carte.
1. Quelle est la probabilité que ce soit un cœur ?
2. Quelle est la probabilité que ce soit un roi ?
3. Les évènements « Obtenir un roi » et « Obtenir un cœur » sont-ils indépendants ?

27 On lance un dé à six faces parfaitement équilibré. On note A l'évènement « Obtenir un 1 » et B l'évènement « Obtenir un 3 ».
1. Que vaut $P(\text{A})$?
2. Que vaut $P(\text{B})$?
3. Que vaut $P(\text{A} \cap \text{B})$?
4. Les évènements A et B sont-ils indépendants ?

28 Les maladies cardio-vasculaires sont l'une des principales causes de mortalité. Pour évaluer la situation en France, une enquête portant sur un échantillon de 1000 personnes âgées de 18 à 65 ans a été menée. On a obtenu les résultats suivants :
- 9 % des personnes sont atteintes d'une maladie cardio-vasculaire ;
- parmi les personnes atteintes d'une maladie cardio-vasculaire, 45 % pratiquent une activité physique régulière ;
- parmi les personnes non atteintes d'une maladie cardio-vasculaire, 60 % pratiquent une activité physique régulière.

On choisit au hasard une personne de l'échantillon. On note M l'évènement « La personne est atteinte d'une maladie cardio-vasculaire » et S l'évènement « La personne pratique une activité physique régulière ».
1. Calculer $P(\text{M} \cap \text{S})$. Interpréter le résultat.
2. Montrer que $P(\text{S}) = 0{,}5865$.
3. Calculer $P_{\text{S}}(\text{M})$, arrondir à 10^{-4} près.
4. Les évènements M et S sont-ils indépendants ?

Étudier une succession d'expériences indépendantes

29 Dans une urne opaque il y a deux boules rouges et une boule noire.
Déterminer la probabilité de tirer la boule noire deux fois de suite lorsque la boule tirée est remise dans l'urne entre les deux tirages.

30 Un club sportif met en vente des tickets de loterie. Cette loterie se compose d'un grattage et d'un tirage. Les deux actions sont indépendantes.
20 % des tickets sont gagnants au grattage.
La probabilité de gagner un lot au tirage est de 0,1.
On note G l'évènement « Gagner au grattage » et T l'évènement « Gagner au tirage ».
1. Calculer et interpréter $P(\text{G} ; \text{T})$.
2. Calculer et interpréter $P(\overline{\text{G}} ; \text{T})$.

31 Un garagiste possède un stock important de pneus. 2 % des pneus possèdent un défaut. Pour équiper les roues arrière d'un véhicule, le garagiste choisit un premier pneu au hasard et vérifie s'il possède ou non un défaut. Puis il en choisit un second au hasard et vérifie à nouveau s'il possède un défaut. Le stock de pneus est suffisamment important pour considérer que les choix des deux pneus sont indépendants.
On note D l'évènement « Le pneu possède un défaut ».
1. Calculer la probabilité que les deux pneus choisis possèdent un défaut.
2. Calculer la probabilité pour qu'aucun des deux pneus ne possède de défaut.

32 La conque est un mollusque qui peut donner des perles très rares. On estime qu'une seule conque sur 1 000 cacherait une perle.

1. On prélève deux conques au hasard dans l'océan. On suppose que les deux prélèvements sont indépendants l'un de l'autre.
Quelle est la probabilité qu'au moins une des deux conques ait une perle ?

2. On prélève trois conques au hasard dans l'océan. On suppose que les trois prélèvements sont indépendants deux à deux. Quelle est la probabilité qu'une seule conque ait une perle ?
Donner le résultat arrondi au centième de pourcent.

UN EXERCICE DEUX ÉNONCÉS

33 En période hivernale les virus de la grippe et de la rhinopharyngite sont particulièrement actifs. Dans une classe de première, 30 % des élèves ont attrapé la grippe et 40 % la rhinopharyngite.
On considère les évènements :
G : « L'élève a attrapé la grippe » ;
R : « L'élève a attrapé la rhinopharyngite ».
On suppose que les évènements G et R sont indépendants.
On choisit un élève au hasard dans cette classe.

ÉNONCÉ 1

1. Déterminer la probabilité qu'il ait attrapé la grippe.
2. Déterminer la probabilité qu'il ait attrapé la rhinopharyngite.
3. Calculer et interpréter $P(\mathrm{G} \cap \mathrm{R})$.

ÉNONCÉ 2

1. Déterminer la probabilité qu'il ait attrapé la grippe et qu'il n'ait pas attrapé la rhinopharyngite.
2. Déterminer la probabilité qu'il n'ait attrapé aucun des deux virus.
3. Déterminer la probabilité qu'il ait attrapé au moins l'un des deux virus.

34 Lors d'une sortie, des amis décident d'aller au cinéma puis d'aller manger au restaurant.
Il y a trois chances sur cinq qu'ils aillent voir un film d'action. Pour manger, il y a une chance sur quatre qu'ils aillent manger des sushis, deux chances sur trois qu'ils aillent manger une pizza, sinon ils vont manger autre chose. Le choix du restaurant est indépendant du choix du film. On considère les évènements :
F : « Ils voient un film d'action » ;
S : « Ils mangent des sushis » ;
I : « Ils mangent une pizza » ;
A : « Ils mangent autre chose qu'une pizza ou des sushis ».

ÉNONCÉ 1

1. Que valent $P(\mathrm{F})$, $P(\mathrm{S})$ et $P(\mathrm{I})$?
2. Déterminer la probabilité qu'ils aillent voir un film d'action et qu'ils mangent une pizza.
3. Calculer $P(\mathrm{F}\,;\mathrm{S})$ et interpréter le résultat.

ÉNONCÉ 2

1. Calculer $P(\mathrm{A})$.
2. Modéliser la succession de ces deux expériences aléatoires par un arbre pondéré.
3. Déterminer la probabilité qu'ils ne voient pas un film d'action et mangent des sushis.
4. Déterminer la probabilité qu'ils ne voient pas un film d'action et ne mangent pas de pizzas.
5. Déterminer la probabilité qu'ils voient un film d'action et ne mangent ni sushi ni pizza.
6. Calculer $P\left(\overline{\mathrm{F}}\,;\overline{\mathrm{S}}\right)$ et interpréter le résultat.

35 Elias, qui est particulièrement maladroit, fait tomber une fois sa tartine tous les matins. Il a 8 chances sur 10 qu'elle tombe du côté de la confiture.
On note C l'évènement « La tartine tombe du côté de la confiture ».

ÉNONCÉ 1

1. Que vaut $P(\mathrm{C})$?
2. Calculer $P(\mathrm{C}\,;\mathrm{C})$ et interpréter le résultat.
3. Calculer la probabilité que sa tartine tombe du côté de la confiture trois jours de suite.

ÉNONCÉ 2

1. Calculer $P\left(\overline{\mathrm{C}}\,;\mathrm{C}\right)$ et interpréter le résultat.
2. Calculer la probabilité que la tartine ne tombe pas du côté de la confiture trois jours de suite.
3. Calculer la probabilité que, trois jours de suite, la tartine tombe au moins une fois du côté de la confiture.

36 Une urne opaque contient 10 boules indiscernables au toucher : cinq boules rouges, deux vertes et trois jaunes. On note R l'évènement « Tirer une boule rouge », V l'évènement « Tirer une boule verte » et J l'évènement « Tirer une boule jaune ». On réalise deux fois l'épreuve qui consiste à tirer une boule puis à la remettre dans l'urne.

ÉNONCÉ 1

1. Pour chaque épreuve, déterminer les probabilités $P(\mathrm{R})$, $P(\mathrm{V})$ et $P(\mathrm{J})$.
2. Calculer la probabilité de tirer deux boules rouges.
3. Déterminer la probabilité de tirer deux boules vertes.

ÉNONCÉ 2

1. Calculer et interpréter $P(\mathrm{J}\,;\mathrm{J})$.
2. Déterminer la probabilité de tirer deux boules d'une même couleur.
3. Calculer et interpréter $P\left(\overline{\mathrm{R}}\,;\overline{\mathrm{J}}\right)$.

Exercices

VRAI / FAUX Justifier la réponse

1. Dans un groupe de 120 personnes, 72 sont des enfants et, parmi eux, 18 possèdent une montre, alors que dans l'ensemble du groupe, 36 personnes ont une montre.
Proposition 1 La fréquence marginale des porteurs de montres est 0,3.
Proposition 2 La fréquence conditionnelle des adultes parmi les personnes qui ne portent pas de montre est 0,25.

2. Une expérience aléatoire est associée à l'arbre suivant.

Proposition 3 $P(\text{A} \cap \text{B}) = \frac{24}{35}$.

Proposition 4 $P_{\overline{\text{A}}}(\text{B}) = \frac{3}{7}$.

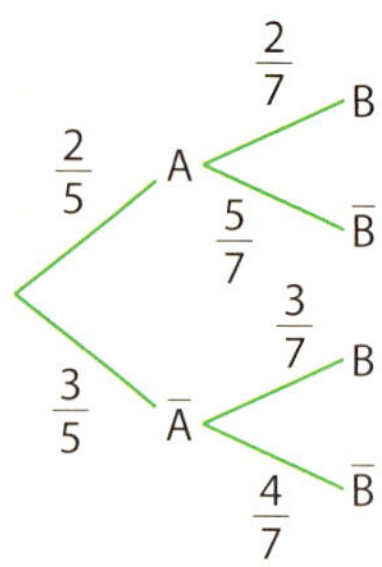

3. A et B sont deux évènements de probabilité non nulle d'un même univers.

Proposition 5 Si on a $P(\text{A}) = \frac{1}{3}$, $P(\text{B}) = \frac{1}{2}$ et $P(\text{A} \cap \text{B}) = \frac{1}{6}$, alors A et B sont indépendants.

4. Une pièce usinée peut posséder deux défauts. Un défaut de longueur dans 0,2 % des cas ou un défaut d'épaisseur dans 1 % des cas. Les deux défauts sont indépendants.
Proposition 6 La probabilité qu'elle possède les deux défauts est 2×10^{-5}.
Proposition 7 La probabilité qu'elle ne possède aucun défaut est 0,988.
Proposition 8 La probabilité qu'elle ne possède que le défaut d'épaisseur est $9{,}98 \times 10^{-3}$.

37 CDI ou CDD SES

Dans une entreprise, il y a des cadres et des ouvriers. Parmi les employés, certains sont en CDI d'autres sont en CDD. Le tableau d'effectifs est le suivant.

	Ouvriers	Cadres	Total
CDD	176	95	271
CDI	210	85	295
Total	386	180	566

Pour tous les résultats, arrondir au centième.
1. Donner le tableau des fréquences en y mentionnant les fréquences marginales.
2. Donner le tableau des fréquences conditionnelles en ligne.
3. Donner le tableau des fréquences conditionnelles en colonne.
4. À l'aide des tableaux précédents, indiquer :
a. la fréquence marginale des CDI dans l'entreprise ;
b. la fréquence conditionnelle des CDD parmi les ouvriers ;
c. la fréquence conditionnelle des cadres parmi les CDD.

38 Changement d'heure

On a effectué un sondage auprès de 860 personnes âgées de 14 à 65 ans.
Parmi les 212 personnes âgées de 14 à 25 ans, 75 % préfèrent l'heure d'hiver à l'heure d'été. 55 % des personnes interrogées préfèrent l'heure d'été.
1. Reproduire et compléter le tableau croisé d'effectifs.

	Heure d'été	Heure d'hiver	Total
14 – 25 ans			
25 – 65 ans			
Total			

2. Déterminer la fréquence marginale des personnes préférant l'heure d'hiver.
3. Déterminer la fréquence conditionnelle des personnes préférant l'heure d'été parmi les plus de 25 ans. Arrondir au centième.
4. Déterminer la fréquence conditionnelle des personnes de moins de 25 ans parmi ceux qui préfèrent l'heure d'été. Arrondir au centième.

39 Dans les arbres

Une expérience aléatoire est associée à l'arbre pondéré de probabilités ci-contre. A et B sont deux évènements de cette même expérience aléatoire.

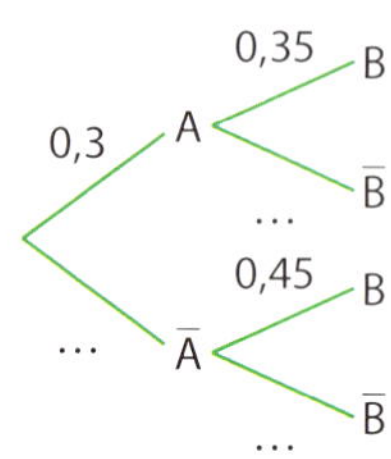

1. Reproduire et compléter l'arbre.
2. Calculer $P(\text{B})$.
3. Calculer $P_{\text{B}}(\overline{\text{A}})$.

40 TP PHYSIQUE-CHIMIE

Lors d'un TP de physique, les élèves doivent faire un montage électrique avec une résistance. Les résistances de 10 Ω et 20 Ω ont été rangées dans le même sac opaque. L'enseignant sait qu'il y a vingt résistances de 10 Ω et seize résistances de 20 Ω. 10 % des résistances de 10 Ω et 25 % des résistances de 20 Ω sont hors service.
Un élève prend une résistance au hasard dans le sac.
On note D l'évènement « La résistance est de 10 Ω » et H l'évènement « La résistance est hors service ».
1. Illustrer la situation à l'aide d'un arbre.
2. Quelle est la probabilité de tirer une résistance qui fonctionne ? Arrondir au centième.

41 **Aux fraises !**

Un primeur vend des fraises conditionnées dans des barquettes de 250 g. Elles peuvent provenir d'Espagne ou de France. Le primeur vend deux espèces de fraises différentes : des charlottes et des gariguettes.
La répartition des différents types de fraises est notée dans le tableau suivant.

	Charlottes	Gariguettes	Total
France	50	150	200
Espagne	200	140	340
Total	250	290	540

On prend une barquette de fraises au hasard. On considère les évènements :
F : « Les fraises sont produites en France » ;
C : « Les fraises sont des charlottes » ;
On arrondira les résultats au centième.
1. Calculer la probabilité que la barquette provienne de France.
2. Calculer $P(\text{F} \cap \text{C})$ et interpréter le résultat.
3. Calculer $P_{\text{F}}(\text{C})$ et interpréter le résultat.
4. Construire un arbre de probabilité, illustrant la situation, sur lequel figureront les probabilités précédemment calculées.
5. Calculer P(C), $P_{\overline{\text{C}}}(\text{F})$ et $P_{\text{C}}(\text{F})$ et interpréter les résultats.
6. Construire un autre arbre illustrant la situation.

42 **Mangez des pommes !**

Une usine de conditionnement de pommes achète ses pommes auprès de trois coopératives. 70 % des pommes viennent de chez Alfruit, 20 % viennent de chez Gerfruit, le reste provient de chez Verger-passion. Seules les pommes bien calibrées sont conditionnées, les autres sont déclassées et vendues en vrac. 70 % des pommes de chez Alfruit, 75 % de celles de Gerfruit et 80 % de celles de chez Verger-passion ont le bon calibre.
On prend une pomme au hasard dans les réserves de l'usine. On considère les évènements :
A : « La pomme vient de chez Alfruit » ;
G : « La pomme vient de chez Gerfruit » ;
V : « La pomme vient de chez Verger-passion » ;
C : « La pomme est bien calibrée ».
1. À l'aide de l'énoncé, déterminer les valeurs de $P(\text{A})$, $P(\text{G})$, $P_{\text{A}}(\text{C})$, $P_{\text{G}}(\text{C})$ et $P_{\text{V}}(\text{C})$.
2. Illustrer la situation avec un arbre.
3. Déterminer la probabilité que la pomme soit bien calibrée et provienne de chez Alfruit.
4. Calculer $P(\text{V} \cap \text{C})$ et interpréter le résultat.
5. Calculer $P\left(\text{G} \cap \overline{\text{C}}\right)$ et interpréter le résultat.
6. Déterminer la probabilité que la pomme soit bien calibrée.
7. Déterminer la probabilité que la pomme provienne de chez Gerfruit sachant qu'elle est mal calibrée.

43 **Faux positif ou faux négatif ?** SVT

Un virus touche 2 % de la population mondiale.
Il existe un test de dépistage. Ce test est positif dans 95 % des cas lorsque la personne est atteinte par le virus (sensibilité du test) et négatif dans 97 % des cas où la personne n'est pas atteinte par le virus (spécificité du test).
On choisit au hasard une personne dans la population mondiale. On considère les évènements :
V : « La personne est atteinte par le virus » ;
T : « La personne a un test positif ».
1. Réaliser un arbre pour illustrer cette situation.
2. Calculer $P\left(\overline{\text{V}} \cap \text{T}\right)$ et interpréter le résultat.
3. Calculer $P(\text{V} \cap \text{T})$ et interpréter le résultat.
4. Déterminer la probabilité que la personne ait un test positif.
5. a. Justifier par un calcul l'affirmation : « Si le test est positif, il n'y a qu'environ 40 % de « chances » que la personne soit atteinte par le virus ».
b. Déterminer la probabilité qu'une personne ne soit pas porteuse du virus sachant que son test est négatif. Arrondir au millième.

44 **Le roi de la glisse**

Un *shaper* fabrique des planches de surf en bois. Ces planches peuvent avoir deux défauts : un défaut de collage ou un défaut du bois. Sur les 200 planches qu'il a produites, il a obtenu les résultats suivants :

	Défaut du bois	Pas de défaut du bois
Défaut de collage	1	9
Pas de défaut de collage	19	171

1. Recopier le tableau et compléter les marges.
2. Déterminer la probabilité qu'il y ait un défaut de collage.
3. Déterminer la probabilité qu'il y ait un défaut de collage sachant qu'il y a un défaut du bois.
4. Les deux défauts sont-ils indépendants ?

45 **Tourner la roue**

Un jeu de kermesse consiste à faire tourner deux fois une roue parfaitement équilibrée et partagée en 12 parts égales.
Si on tombe deux fois sur le bleu, on gagne une trottinette. Si on tombe une seule fois sur le bleu, on gagne un flacon de produit à bulles de savon. Si on tombe une seule fois sur le vert (sans tomber sur le bleu), on gagne un sachet de bonbons. Si on tombe deux fois sur le rouge, on gagne une part de gâteau.
Déterminer la probabilité de gagner chacun des lots.

46 Problème de Monty Hall

Monty Hall (1921-2017) est un acteur canadien qui présentait un jeu télévisé permettant parfois de gagner une voiture. Le principe du jeu était le suivant. Le candidat est face à trois portes fermées numérotées 1 ; 2 et 3. Derrière l'une d'entre elles se cache une voiture, derrière chacune des deux autres portes, se cache une chèvre. Le candidat choisit une porte (sans l'ouvrir). Le présentateur ouvre alors une autre porte qui cache une chèvre et demande au candidat s'il veut ouvrir la porte qu'il a initialement choisie ou s'il veut en changer. Quelle stratégie peut-on conseiller au candidat ?

1. Pour étudier ce problème, expliquer pourquoi il suffit de raisonner ou de simuler seulement dans le cas où la voiture est cachée derrière la porte n°1.

2. Simulation sur tableur

On fait l'hypothèse que la voiture est cachée derrière la porte n°1. Ouvrir le fichier *p046_chap2_ex46.xlsx*.

	A	B	C	D	E	F
1	Porte cachant la voiture	Choix du candidat	Choix du présentateur	Le candidat modifie son choix	resultat si le candidat change	résultat si le candidat ne change pas
2	1					

a. Dans la cellule B2, simuler le tirage au hasard du numéro d'une porte par le candidat.

b. On a écrit dans la cellule C2 la formule suivante :

=SI(B2<2;ALEA.ENTRE.BORNES(2;3);SI(B2>2;2;3))

Expliquer le résultat obtenu dans la cellule C2.

c. On a commencé à écrire dans la cellule D2 la formule suivante :

=SI(B2>1; … ;SI(C2>2; … ; …))

Recopier et compléter la formule pour simuler le changement de porte décidé par le candidat, ce dernier éliminant évidemment la porte ouverte par le présentateur.

d. Dans chacune des cellules E2 et F2, écrire une formule affichant « 0 » si le candidat a perdu (il n'a pas trouvé la porte cachant la voiture) ou « 1 » si le candidat a gagné (il a trouvé la porte cachant la voiture).

e. Étirer A2:F2 jusqu'à réaliser 100 simulations. Dans la cellule E103, calculer la fréquence de gain lorsque le candidat change de porte au cours de chacune des 100 parties. Dans la cellule F103, calculer la fréquence de perte lorsque le candidat ne change pas de porte Que peut-on conseiller au candidat ?

3. Raisonnement à l'aide d'un arbre

On fera l'hypothèse que la voiture est cachée derrière la porte 1.

a. Construire un arbre de probabilité illustrant le jeu. Au premier rang, on trouvera le choix du candidat, au second rang on trouvera le choix du présentateur.

b. En déduire la probabilité de gagner lorsque le candidat change de numéro de porte en cours de partie puis lorsqu'il n'en change pas.

Retrouve-t-on les résultats de la simulation ?

47 Le paradoxe du chevalier de Méré HISTOIRE

Antoine Gombaud (1607-1684), dit le « chevalier de Méré » était un noble de la cour de Louis XIV féru de jeux et de martingales peu efficaces… Dans une lettre de Blaise Pascal à Pierre de Fermat, Pascal écrit : « il (le chevalier de Méré) avait très bon esprit, mais n'était pas géomètre ».

Le chevalier de Méré propose le problème suivant à Blaise Pascal : « Qu'est ce qui est le plus probable : obtenir au moins un six en quatre lancers d'un dé, ou obtenir au moins un double six en lançant vingt-quatre fois deux dés ? »

1. On lance un dé à six faces, parfaitement équilibré, quatre fois de suite. Les lancers sont indépendants.

a. Quel est le nombre d'issues possibles ?

b. On considère l'évènement S : « Obtenir au moins un six ». Définir l'évènement $\overline{S}$, calculer $P\left(\overline{S}\right)$ et en déduire $P(S)$.

2. On lance deux dés à six faces, parfaitement équilibrés, vingt-quatre fois de suite et on regarde le résultat de chaque face des dés. Les lancers sont indépendants.

a. Montrer que le nombre d'issus est 36^{24}.

b. On considère l'évènement D : « Obtenir au moins un double six ».

Définir l'événement $\overline{D}$, calculer $P\left(\overline{D}\right)$ et en déduire $P(D)$.

3. Quelle réponse peut-on faire au chevalier de Méré ?

48 La loi de Hardy-Weinberg SVT

Dans des cas simples, un gène peut être constitué de deux allèles, A et a. Chaque allèle se trouvant en deux exemplaires, un individu peut présenter les génotypes suivants : AA, Aa ou aa.

Un enfant recevra l'un des allèles de sa mère, l'autre de son père, de façon équiprobable. Ainsi un père AA et une mère Aa pourront donner naissance à un enfant AA ou Aa. On suppose que les couples se forment au hasard.

1. On suppose que les probabilités des génotypes des parents (mère ou père) sont les suivants :

$P(\text{AA}) = 0{,}6$ et $P(\text{aa}) = 0{,}1$.

a. Quelle est la probabilité qu'un enfant ait ses deux parents du type aa ?

b. Quelle est la probabilité qu'un enfant ait l'un de ses parents du type AA et l'autre du type Aa ?

2. On suppose qu'un enfant a ses deux parents du type Aa.

a. Quels peuvent être les génotypes de l'enfant ?

b. Construire un arbre pondéré donnant les probabilités des différents génotypes de l'enfant.

c. Quelle est la probabilité que l'enfant ait le même génotype que ses parents ?

CHAPITRE

3 Modèles linéaires

Ressources du chapitre
hachette-clic.fr/23bs1003

FOCUS MÉTIER

Yield Manager

Pernille est *yield manager* dans une grande entreprise commerciale européenne. En anglais, « *yield* » signifie « rendement ».
Son but est d'optimiser le rendement des entreprises qui vendent des biens ou des services non stockables, comme des chambres d'hôtel, des billets d'avion ou de train, des séjours linguistiques, des abonnements à différents clubs de sport, etc.
Pour cela, elle étudie le marché et les habitudes des consommateurs. En fonction des demandes elle fait fluctuer les prix, horaires, durées, lieux des services proposés.
Les modélisations mathématiques qu'elle utilise sont souvent à base de suites et de fonctions affines.

Des formations en lien avec le chapitre

- **Licence professionnelle tourisme, marketing ou gestion des établissements hôteliers et de restauration**
- **Bachelor (école de commerce ou de gestion)**
- **Diplôme d'ingénieur**
- **Diplôme d'école spécialisée dans le tourisme ou la gestion hôtelière**
- **Master dans le domaine du marketing ou du management du tourisme et de l'hôtellerie**

Automatismes hebdomadaires

En cas de besoin, voir les indispensables :

Calculs algébriques p. 176
Développements et factorisations p. 177
Équations et inéquations p. 178
Lectures graphiques p. 179

Gamme 1

1 Puissances

Recopier et compléter.

$10^4 \times 10^{-2} = \ldots$

2 Image

Soit f la fonction définie pour tout réel x par $f(x) = 3x + 5$.

Calculer l'image de -1 par la fonction affine f.

3 Antécédents

Calculer l'antécédent de -1 par la fonction f définie à la question précédente.

4 Équations

On donne le graphe de la fonction carré c.

Résoudre graphiquement l'équation $c(x) = 4$.

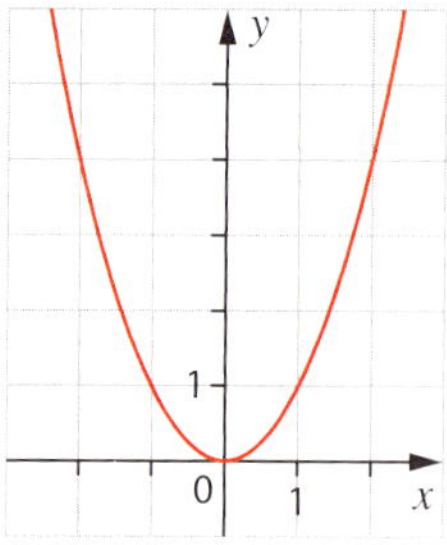

Gamme 2

1 Pourcentages

Calculer 20 % de 150 euros.

2 Identités remarquables

Développer $A = (x-1)^2 - 2(x-1)$.

Écrire le résultat de la façon la plus simple possible.

3 Équations

Résoudre dans $\mathbb{R}$ l'équation $x^2 - 36 = 0$.

4 Image

On donne ci-dessous la représentation graphique de la fonction carré.

Déterminer graphiquement l'image de -2.

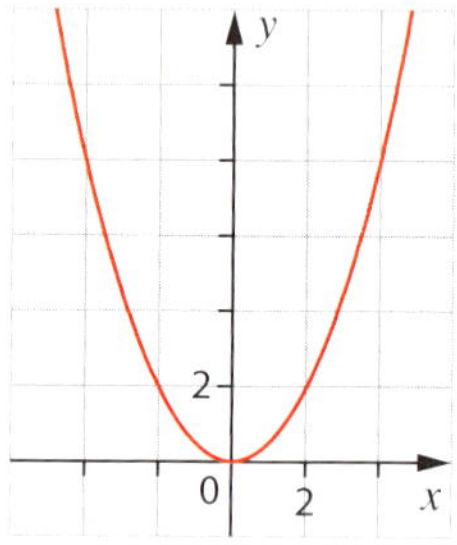

Gamme 3

1 Fractions

Calculer $A = \frac{1}{2} \times \frac{1}{4} - \frac{5}{6}$.

2 Factorisations

Factoriser $A = (x-2)^2 - 2(x-2)$.

Écrire le résultat de la façon la plus simple possible.

3 Inéquations

Résoudre dans $\mathbb{R}$ l'inéquation $2x - 1 \geqslant 4x + 2$.

4 Inéquations

On donne la représentation graphique de la fonction affine $x \mapsto -x + 2$.

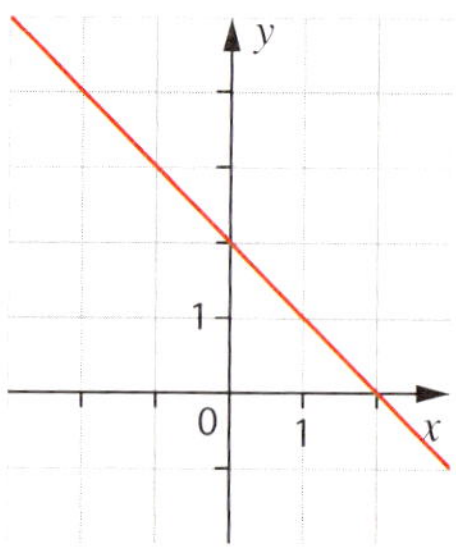

Déterminer graphiquement les abscisses des points de la droite qui ont une ordonnée strictement positive.

Situation 1 Des degrés

Objectif
Modéliser par une fonction affine.

Il existe plusieurs unités de mesure de la température. La plus utilisée est le degré Celsius (°C) mais certains pays (notamment les États-Unis) utilisent le degré Fahrenheit (°F).

1. On a utilisé un tableur pour établir une correspondance entre ces deux unités.
a. En utilisant le thermomètre ci-contre, compléter la cellule B4 de ce tableau.
b. On a écrit une formule en cellule C3. La recopier jusqu'à la cellule C6. Que constate-t-on ?

C3 fx =(B2-B3)/(A2-A3)

	A	B	C
1	Degrés Celsius	Degrés Fahrenheit	
2	20	68	
3	15	59	1,8
4	10		
5	5	41	
6	0	32	

2. **a.** Construire avec le tableur le nuage de points liant les températures en °F à celles en °C.
À l'aide de l'outil *Ajouter une courbe de tendance* (voir page 56), on obtient une droite et son équation de la forme $y = mx + p$. Quelle est cette équation ?
Que valent m et p ?
b. À quoi correspond la formule de la cellule C3 du tableur ?
c. L'eau bout à 100°C, quelle est la valeur exacte de la température d'ébullition de l'eau en °F ?
d. La température moyenne du corps humain est 98,6°F, quelle est la valeur exacte de cette température en °C ?

Situation 2 Érosion

Objectif
Introduire les suites arithmétiques.

Sous les assauts de l'océan Atlantique, une plage de sable fin du littoral aquitain recule de 0,5 m par an en moyenne. En 2020, on estimait la largeur de cette plage à 30 m à marée haute. On considère que cette diminution se poursuit de façon régulière tous les ans.
À l'aide de la calculatrice on a pu obtenir les tableaux de valeurs ci-dessous.
n est le nombre d'années écoulées depuis 2020. À chaque valeur de n, on associe le nombre $u(n)$, noté u_n dans le tableau, qui représente la largeur de la plage à cette période-là.

Suites | Graphique — Régler l'intervalle

n	u_n
0	30
1	29.5
2	29
3	28.5

Suites | Graphique — Régler l'intervalle

n	u_n
10	25
11	24.5
12	24
13	23.5

Suites | Graphique — Régler l'intervalle

n	u_n
20	20
21	19.5
22	19
23	18.5

Suites | Graphique — Régler l'intervalle

n	u_n
30	15
31	14.5
32	14
33	13.5

1. **a.** Selon cette modélisation, quelle sera la largeur de la plage en 2021 ? en 2030 ?
b. En quelle année la plage aura-t-elle diminué de moitié ?
c. La plage de sable fin peut-elle disparaître ?
2. **a.** À quoi correspond $u(0)$? Quelle est sa valeur ?
b. Que représente $u(20)$? Peut on l'écrire à l'aide de $u(19)$? à l'aide de $u(0)$?

Connaître le cours

1. Phénomènes continus

1. Définition d'une fonction affine

Définition

Une **fonction affine** f est une fonction définie pour tout nombre réel x par la relation $f(x) = mx + p$, où m et p sont des réels fixés.
On dit que la fonction f est définie sur $\mathbb{R}$, l'ensemble des nombres réels.

- Si $p = 0$, alors la relation devient $f(x) = mx$. La fonction f est une **fonction linéaire**.
- Si $m = 0$, alors la relation devient $f(x) = p$. La fonction f est une **fonction constante**.

Exemples

- La fonction f définie sur $\mathbb{R}$ par $f(x) = x - 5$ est une fonction affine, avec $m = 1$ et $p = -5$.
- La fonction g définie sur $\mathbb{R}$ par $g(x) = -2x$ est une fonction linéaire (donc affine), avec $m = -2$ et $p = 0$.
- La fonction k définie sur $\mathbb{R}$ par $k(x) = 8$ est une fonction constante (donc affine), avec $m = 0$ et $p = 8$.

2. Représentation graphique

Propriété

La représentation graphique d'une fonction affine est une droite.

Remarques

- Lorsque la fonction est **linéaire**, elle est représentée par une droite passant par l'**origine du repère**.
- Lorsque la fonction est **constante**, elle est représentée par une **droite parallèle à l'axe des abscisses**.

Exemple

On considère les trois fonctions f, g et h définies sur $\mathbb{R}$ par :

$$f(x) = 2x + 1,\ g(x) = -x + 2 \text{ et } h(x) = 5.$$

Sur le graphique ci-contre, la droite d_1 représente la fonction f, la droite d_2 la fonction g et la droite d_3 la fonction h.

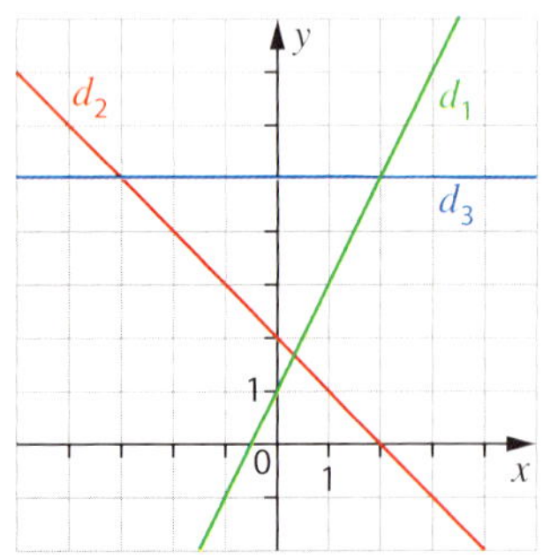

3. Coefficient directeur

Définition

Si $f(x) = mx + p$, alors m est le **coefficient directeur** (appelé aussi « pente ») de la droite représentative de f, et p est l'**ordonnée à l'origine**.

Propriété

Soient f une fonction affine définie par $f(x) = mx + p$ et d la droite qui la représente dans un repère.
Soient $A\ (x_A\ ;\ y_A)$ et $B\ (x_B\ ;\ y_B)$ deux points quelconques de d.

- $m = \dfrac{f(x_B) - f(x_A)}{x_B - x_A} = \dfrac{y_B - y_A}{x_B - x_A} = \dfrac{y_A - y_B}{x_A - x_B}$

  Lorsque $x_B - x_A = 1$, alors $y_B - y_A = m$.
- p est l'image de 0 par la fonction f, c'est donc l'ordonnée du point d'intersection de la droite représentative de f avec l'axe des ordonnées.

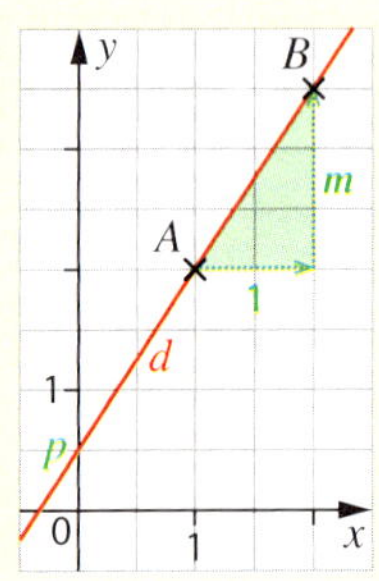

Méthode 1 Montrer qu'une fonction est affine

Les fonctions suivantes sont-elles affines ? Si elles le sont, déterminer m et p.

1. $g : x \mapsto 2x - 3$
2. $h : x \mapsto \frac{1}{x} - 3$
3. $f : x \mapsto \frac{3-5x}{2}$

Solution commentée

1. $g(x)$ est de la forme $g(x) = mx + p$, avec $m = 2$ et $p = -3$; la fonction g est donc affine.
2. $h(x)$ ne peut pas s'écrire sous la forme $mx + p$, donc h n'est pas une fonction affine.
3. On peut écrire $f(x) = \frac{3}{2} - \frac{5}{2}x$, $f(x)$ s'écrit donc sous la forme $mx + p$, avec $m = -\frac{5}{2}$ et $p = \frac{3}{2}$; la fonction f est donc affine.

EXERCICE 1 p. 58

Méthode 2 Représenter graphiquement une fonction affine

1. Représenter graphiquement la fonction définie sur $\mathbb{R}$ par $f(x) = \frac{1}{3}x + 4$ en déterminant l'image de deux nombres.
2. Construire la représentation graphique de la fonction définie sur $\mathbb{R}$ par $g(x) = -x + \frac{1}{3}$ en utilisant son coefficient directeur et son ordonnée à l'origine.

Solution commentée

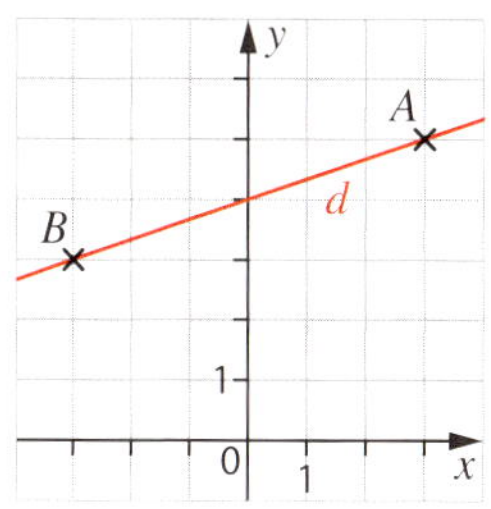

1. La fonction f est une fonction affine, donc sa représentation graphique est une droite d. Pour tracer cette droite, il suffit de trouver deux points appartenant à d.
$f(3) = \frac{1}{3} \times 3 + 4 = 5$; donc le point $A(3 ; 5)$ appartient à d.
$f(-3) = \frac{1}{3} \times (-3) + 4 = 3$; donc le point $B(-3 ; 3)$ appartient à d.
2. La fonction g est une fonction affine, donc sa représentation graphique est une droite d. Son ordonnée à l'origine est égale à $\frac{1}{3}$ donc le point $C\left(0 ; \frac{1}{3}\right)$ appartient à d.
Son coefficient directeur m est égal à -1.
Le point $D\left(0+1 ; \frac{1}{3} + m\right)$ appartient donc à d. On le construit comme sur la figure ci-contre.

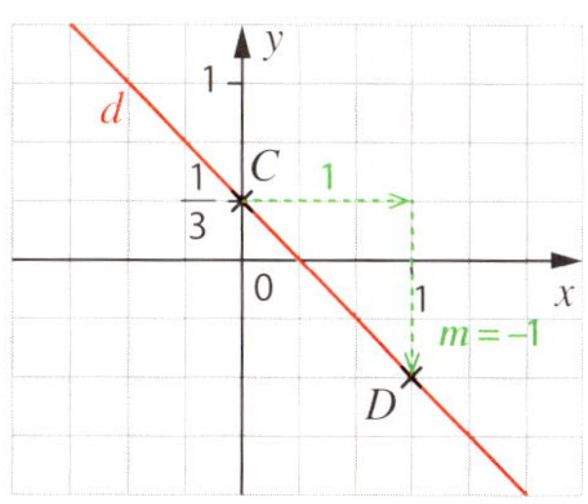

EXERCICE 6 p. 58

Méthode 3 Déterminer l'expression d'une fonction affine

f est une fonction affine telle que $f(1) = 4$ et $f(-3) = -8$.
Déterminer l'expression de $f(x)$.

Solution commentée

$f(x)$ peut s'écrire sous la forme $f(x) = mx + p$. On calcule $m = \frac{f(1) - f(-3)}{1-(-3)}$, ce qui donne $m = \frac{4-(-8)}{1+3}$ donc $m = 3$.

Pour calculer p, on remplace m par sa valeur dans l'égalité $f(1) = 4$ ou dans l'égalité $f(-3) = -8$.
$f(1) = 3 \times 1 + p$, donc $3 + p = 4$ et donc $p = 1$. Ainsi $f(x) = 3x + 1$.

EXERCICE 9 p. 59

2. Phénomènes discrets

1. Définition d'une suite numérique

Définition

On appelle **suite numérique** toute fonction $u : n \mapsto u(n)$ définie pour n entier naturel.
Les images $u(n)$ sont les **termes de la suite** et peuvent aussi être notées u_n (« u indice n »).
Les entiers naturels n sont appelés les **rangs** (ou les **indices**) des termes. Comme ils sont entiers, on dit qu'une suite modélise des **phénomènes discrets.**
La suite u se note également $(u(n))$ ou (u_n).

2. Suite arithmétique

Définition

Soit u une suite numérique.
On dit que u est une **suite arithmétique** s'il existe un nombre réel r tel que, pour tout entier naturel n, on a $u(n+1) = u(n) + r$ ou $u_{n+1} = u_n + r$. Cette relation est appelée **relation de récurrence de la suite arithmétique** et le nombre r est appelé la **raison** de la suite arithmétique.

Exemple

Soit la suite u définie par $u(0) = 17$ et $u(n+1) = u(n) - 3$ pour tout entier naturel n.
u est une suite arithmétique de raison -3 et de premier terme 17.
Le terme de rang 1 est $u(1) = 17 - 3 = 14$, c'est le deuxième terme de la suite.

Remarque

On passe toujours d'un terme à son suivant en ajoutant la raison r :

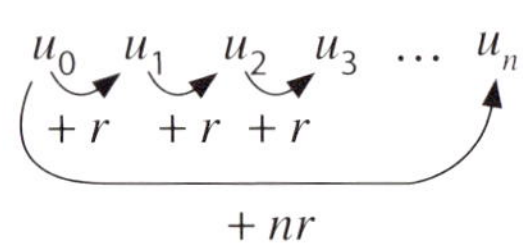

Propriété

$(u(n))$ est une suite arithmétique de raison r et de premier terme $u(0)$ si et seulement si, pour tout entier naturel n, on a $u(n) = u(0) + nr$ ou $u_n = u_0 + nr$.
$u(n) = u(0) + nr$ ou $u_n = u_0 + nr$ est appelée **forme explicite de la suite arithmétique.**
On dit alors que l'on a exprimé **le terme général $u(n)$ en fonction de n.**

Remarques

- La forme explicite permet de calculer directement la valeur de n'importe quel terme.
- Soit p un entier naturel. Pour tout entier $n \geqslant p$, $u(n) = u(p) + (n - p)r$.

3. Représentation graphique

Propriété

Pour une suite arithmétique de premier terme $u(0)$ et de raison r, l'expression $u(n) = u(0) + nr$ peut s'écrire $u(n) = f(n)$, où f est la fonction affine définie pour tout réel x par $f(x) = rx + u(0)$.
La représentation graphique d'une suite arithmétique est constituée de points alignés. L'écart horizontal entre deux points consécutifs est 1 et l'écart vertical est la raison r.

Pour $u(0) = 2$ et $r = -0{,}5$

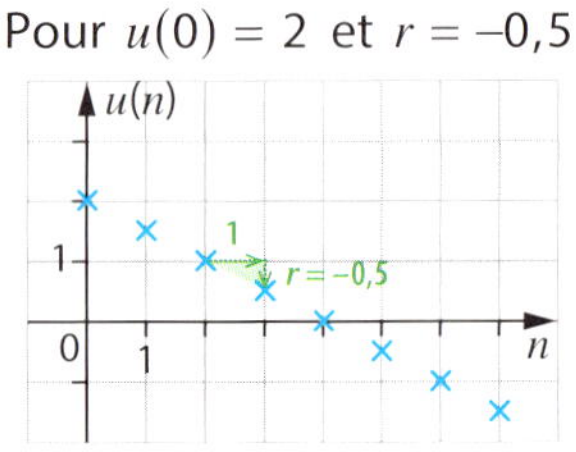

Méthode 4 Utiliser la relation de récurrence d'une suite

Soit $(u(n))$ la suite arithmétique définie par $u(0) = -7$, et pour tout entier naturel n, par :

$$u(n+1) = u(n) + 4.$$

1. Quelle est la valeur de la raison de cette suite ? De son premier terme ?
2. Calculer les termes de rang 1, de rang 2 puis le 5e terme de la suite.

Solution commentée

1. Le premier terme est $u(0) = -7$ et la raison est $r = 4$.

2. $u(1)$ est le terme de rang 1. On a $u(1) = u(0) + 4 = -7 + 4 = -3$.
$u(2)$ est le terme de rang 2. On a $u(2) = u(1) + 4 = -3 + 4 = 1$.
$u(4)$ est le 5e terme de la suite. $u(4) = u(3) + 4$. Or $u(3) = u(2) + 4 = 1 + 4 = 5$.
Donc $u(4) = 5 + 4 = 9$.

EXERCICE 16 p. 60

Méthode 5 Utiliser la forme explicite d'une suite

1. Soit la suite $(u(n))$ définie, pour tout entier naturel n, par $u(n) = 10n - 100$.
Calculer $u(1)$, le terme de rang 3, puis le 5e terme.
2. Soit la suite $(v(n))$ définie pour tout entier naturel n, par $v(n) = -2n - 3$.
Calculer $v(11)$, le terme de rang 15, puis le 20e terme.

Solution commentée

1. Soit la suite $(u(n))$ définie pour tout entier naturel n, par $u(n) = 10n - 100$.
$u(1) = 10 \times 1 - 100$, d'où $u(1) = -90$.
Le terme de rang 3 est $u(3) = 10 \times 3 - 100$, soit $u(3) = -70$.
Le 5e terme est $u(4) = 10 \times 4 - 100$, d'où $u(4) = -60$.

2. Soit la suite $(v(n))$ définie pour tout entier naturel n, par $v(n) = -2n - 3$.
$v(11) = -2 \times 11 - 3$, d'où $v(11) = -25$.
Le terme de rang 15 est $v(15) = -2 \times 15 - 3$ soit $v(15) = -33$.
Le 20e terme est $v(19)$, soit $v(19) = -2 \times 19 - 3 = -41$.

EXERCICE 22 p. 60

Méthode 6 Représenter graphiquement une suite arithmétique

On considère les suites arithmétiques a et b définies pour tout entier n par $a(n) = -3 + 3n$ et $b(n) = 5 - n$.

1. Représenter sur le même graphique les quatre premiers termes de ces deux suites.
2. Associer à chaque suite l'une des équations de droite suivantes :

$$y = -x + 5 \quad \text{et} \quad y = 3x - 3.$$

3. Lire graphiquement la valeur de n pour laquelle on a $a(n) = b(n)$.

Solution commentée

1. On place les points rouges pour la suite a et les points bleus pour la suite b.

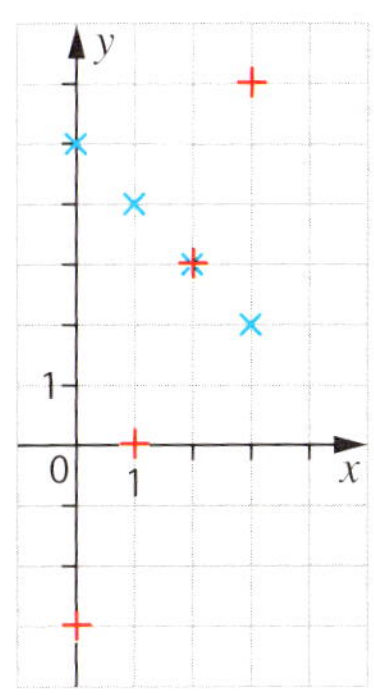

2. Les points de la représentation graphique de la suite a sont situés sur la droite d'équation $y = 3x - 3$ et ceux de la représentation graphique de la suite b sont situés sur la droite d'équation $y = -x + 5$

3. Graphiquement on voit que les points de coordonnées $(2 ; a(2))$ et $(2 ; b(2))$ sont confondus. Donc $a(n) = b(n)$ pour $n = 2$.

EXERCICE 33 p. 63

Répéter en solo

L'essentiel

Phénomènes continus $\mathbb{R} \to \mathbb{R}$

Définition d'une fonction affine

Une **fonction affine** f est une fonction définie pour tout nombre réel x par la relation :

$f(x) = mx + p$, où m et p sont des réels fixés.

- Si $p = 0$, alors $f(x) = mx$ et f est une **fonction linéaire**.
- Si $m = 0$, alors $f(x) = p$ et f est une **fonction constante**.

Représentation graphique d'une fonction affine

La représentation graphique d'une fonction affine f, définie pour tout réel x par $f(x) = mx + p$ est une droite d.

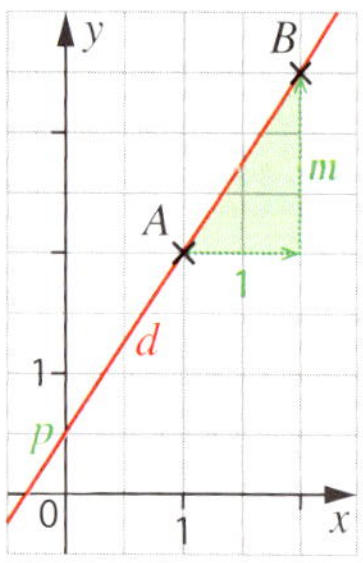

- m est le coefficient directeur (appelé aussi « pente ») de la droite d.

$m = \dfrac{f(x_B) - f(x_A)}{x_B - x_A} = \dfrac{y_B - y_A}{x_B - x_A} = \dfrac{y_A - y_B}{x_A - x_B}$,

avec $A(x_A\ ; y_A) \in d$ et $B(x_B\ ; y_B) \in d$.

Lorsque $x_B - x_A = 1$, alors $m = y_B - y_A$.

- p est l'ordonnée à l'origine.
p est l'image de 0 par la fonction f, c'est donc l'ordonnée du point d'intersection de la droite représentative de f avec l'axe des ordonnées.
- Si la fonction est linéaire, elle est représentée par une droite passant par l'origine du repère.
- Si la fonction est constante, elle est représentée par une droite parallèle à l'axe des abscisses.

Phénomènes discrets $\mathbb{N} \to \mathbb{R}$

Définition et notations d'une suite

Une suite est une fonction $u : \mathbb{N} \to \mathbb{R}$

$$n \mapsto u(n)$$

Le nombre réel $u(n)$ est aussi noté u_n ; c'est le terme de rang n, aussi appelé **terme général** de la suite.

Terme	$u(0) = u_0$	$u(1) = u_1$	$u(2) = u_2$	…	$u(n) = u_n$
Son rang	0	1	2	…	n
Sa position	1er terme	2e terme	3e terme	…	$(n+1)^{e}$ terme

La suite u est aussi notée « suite (u_n) » ou « suite $(u(n))$ ».

Définitions d'une suite arithmétique

- **Formule de récurrence**

Soit $u(0)$ un nombre réel. Une suite $(u(n))$ est arithmétique s'il existe un réel r tel que, pour tout entier naturel n, on a $u(n+1) = u(n) + r$.
$u(0)$ est le premier terme et r s'appelle **la raison** de la suite arithmétique.

$u(0) \xrightarrow{+r} u(1) \xrightarrow{+r} u(2) \xrightarrow{+r} u(3)\ \ldots\ u(n-1) \xrightarrow{+r} u(n) \xrightarrow{+r} u(n+1)\ \ldots$

- **Formule explicite**

$(u(n))$ est une suite arithmétique de 1er terme $u(0)$ et de raison r si et seulement si, pour tout entier naturel n, $u(n) = u(0) + nr$.

Représentation graphique d'une suite arithmétique

La représentation graphique d'une suite arithmétique est constituée de points alignés.

Pour $u(0) = -1$
et $r = 0{,}5$

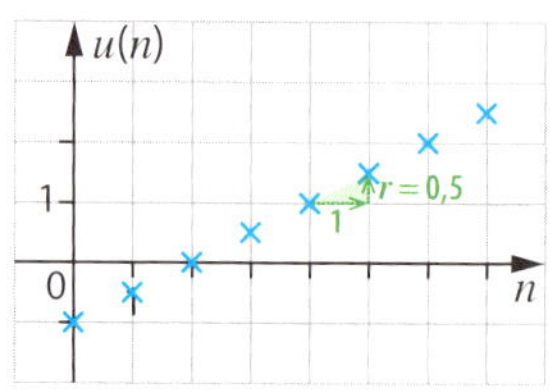

Pour $u(0) = 2$
et $r = -0{,}5$

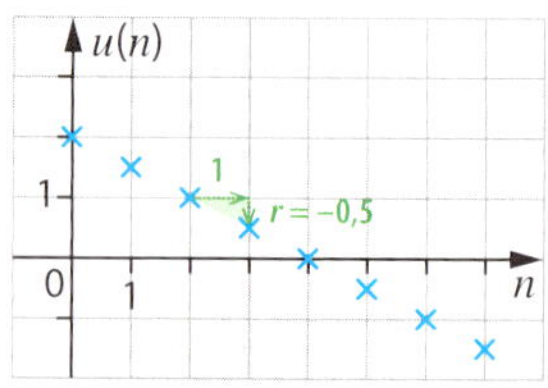

Version interactive du QCM

QCM

Réponses au QCM p. 180

Pour chacune des questions, indiquer la ou les bonnes réponses.

Reconnaître et modéliser un phénomène linéaire continu

	A	B	C
1. On considère la fonction affine f définie sur $\mathbb{R}$ par $f(x) = -2x + 2$. On a :	$f(-1) = 0$	L'antécédent de 0 est 1.	La droite représentant f passe par l'origine.
2. Un commerçant utilise une fonction pour déterminer immédiatement le nouveau prix de ses articles qui augmentent tous de 15 %. Il peut utiliser :	$x \mapsto x + 0{,}15$	$x \mapsto 0{,}15x$	$x \mapsto 1{,}15x$

Calculer des termes d'une suite arithmétique

	A	B	C
3. Une suite (u_n) est arithmétique de premier terme $u_0 = 3$ et de raison -5. On a alors :	$u_n = 3 - 5n$	$u_{n+1} = -5 + 3n$	$u_n = -2n$
4. Une suite (u_n) est définie par $u_{n+1} = u_n + 3$ et $u_0 = 2$. On a :	$u_5 = 14$	$u_{10} = 32$	$u_{100} = 305$
5. La suite arithmétique (v_n) est définie par $v_n = 3n + 3$ pour tout entier n. Trois termes consécutifs de la suite (v_n) sont :	0 ; 3 ; 6	102 ; 105 ; 108	91 ; 94 ; 97

Représenter graphiquement une suite arithmétique

	A	B	C
6. On représente trois termes d'une suite arithmétique de premier terme –2 et de raison 2. On peut obtenir :	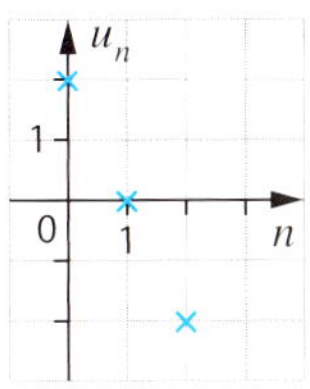	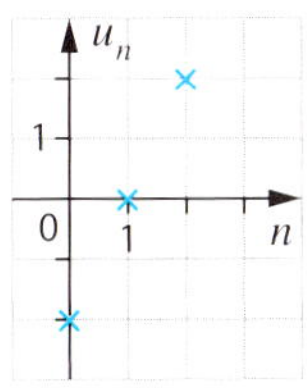	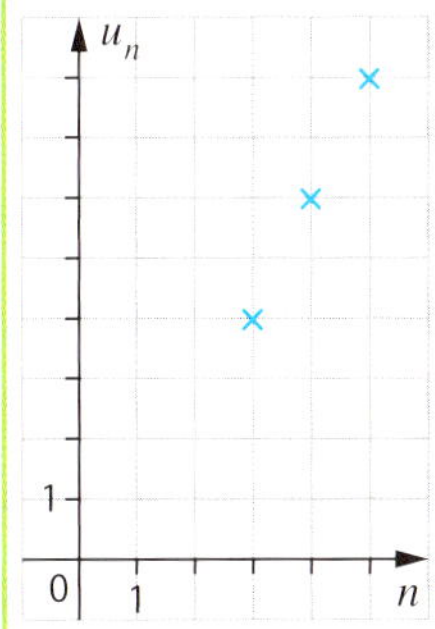
7. Ce graphique représente les trois premiers termes d'une suite arithmétique (u_n). On a : 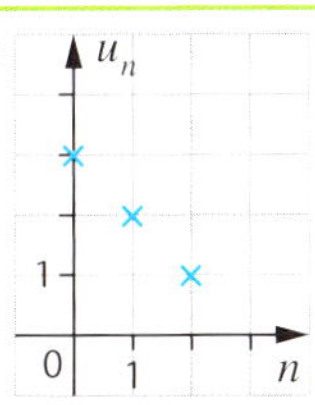	$u_n = 3 - n$	$u_n = -1 + 3n$	$u_n = 1 - 3n$

Modéliser un phénomène linéaire discret

	A	B	C
8. Une plante fleurit tous les ans en faisant 50 fleurs de plus d'une année sur l'autre. La première année (pour $n = 0$), la plante n'a pas de fleur. La suite arithmétique (u_n) modélisant cette situation est telle que, pour tout entier n, on a :	$u_{n+1} = 50 + u_n$	$u_n = n + 50$	$u_n = 50n$

1 Comment calculer les termes d'une suite avec un tableur ?

On considère une suite numérique $u : \mathbb{N} \rightarrow \mathbb{R}$.

n	0	1	…
$u(n)$	$u(0)$	$u(1)$	…

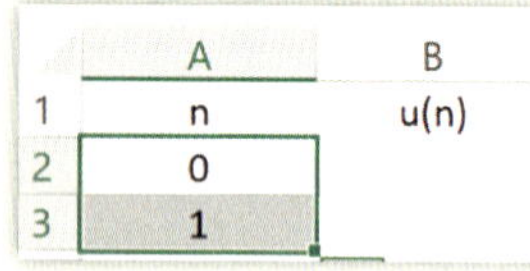

• Écrire le nombre 0 dans la cellule A2 et le nombre 1 dans la cellule A3. Sélectionner les cellules A2 et A3 et étirer vers le bas.

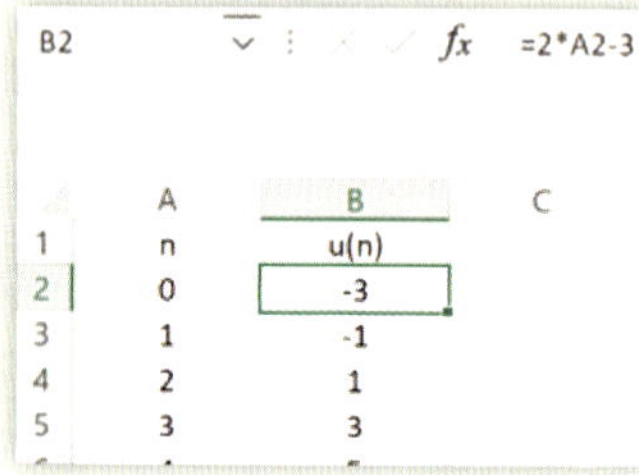

• Si $(u(n))$ est **définie par une formule explicite**, par exemple $u(n) = 2n - 3$: écrire dans la cellule B2 la formule `=2*A2-3` puis étirer vers le bas.

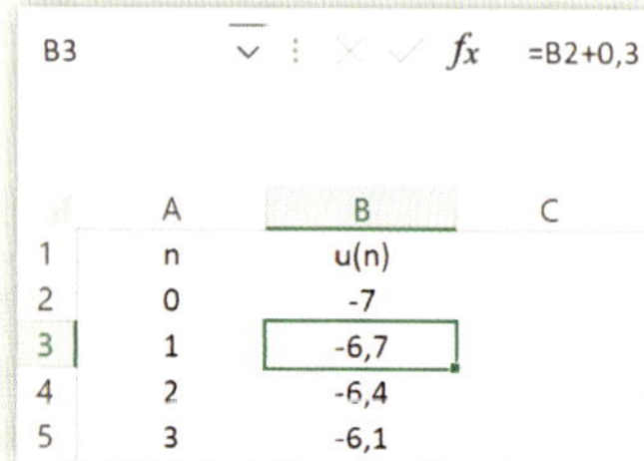

• Si $(u(n))$ est **définie par une relation de récurrence**, par exemple $u(0) = -7$ et $u(n+1) = u(n) + 0{,}3$: écrire dans la cellule B2 la valeur -7 et dans la cellule B3 la formule `=B2+0,3`, puis étirer vers le bas.

2 Comment tracer un nuage de points et afficher une courbe de tendance avec un tableur ?

Une fois le tableau de valeurs réalisé, sélectionner la plage des valeurs.

Cliquer sur Insertion puis sur 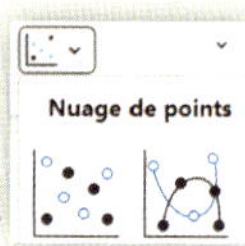

Pour faire apparaître la droite et son équation, cliquer droit sur l'un des points du nuage et sélectionner *Ajouter une courbe de tendance*. Cocher alors la case *Afficher l'équation sur le graphique*.

3 Comment tracer le nuage de points d'une suite arithmétique avec un logiciel de géométrie dynamique ?

• Afficher le tableur dans le menu *Affichage*.
• Compléter les colonnes n et $u(n)$ puis sélectionner les valeurs et cliquer sur *Créer* puis sur *Liste de points*.
• Le nuage apparaît dans la feuille graphique.

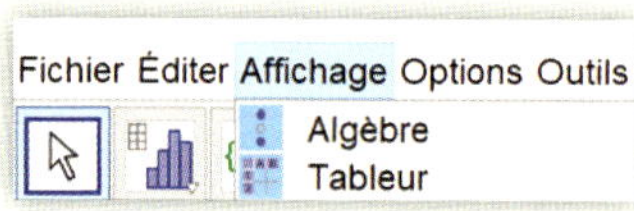

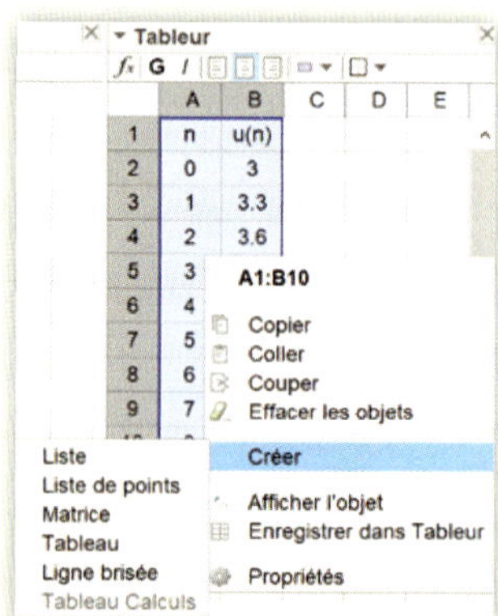

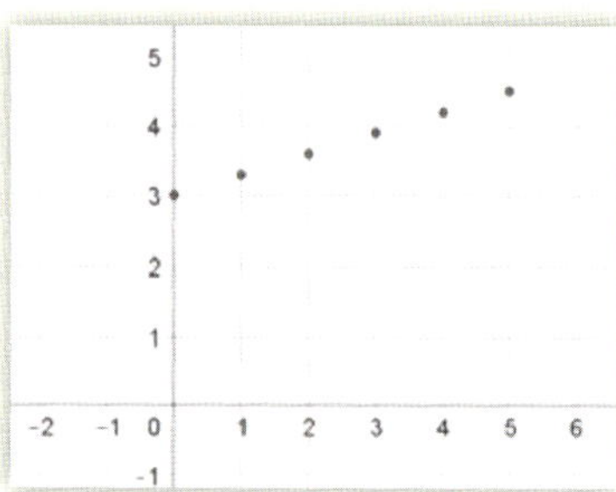

Communiquer

Travail en groupe

30 min

Constituer des groupes de quatre élèves qui auront chacun un des rôles suivants.
Résoudre tous ensemble la situation donnée. Remettre une trace écrite de cette résolution.

Animateur
- responsable du niveau sonore du groupe
- distribue la parole pour que chacun s'exprime

Rédacteur en chef
- responsable de la trace écrite rédigée par tous les membres du groupe

Ambassadeur
- porte-parole du groupe, seul autorisé à communiquer avec le professeur et, éventuellement, d'autres groupes

Maître du temps
- responsable de l'avancement du travail du groupe
- veille au respect du temps imparti

On étudie les émissions de CO_2 dans l'atmosphère chaque année de 1900 à 2000.
Sur la période 1900-1949, on dispose du graphique ci-contre. Chaque point du repère a pour abscisse le nombre d'années écoulées depuis 1900 et pour ordonnée la quantité correspondante de CO_2 émise (en millions de tonnes d'équivalents carbone d'origine fossile).
On dispose aussi des points $A(5\ ;\ 677{,}5)$ et $B(30\ ;\ 1065)$ et du tableau de données ci-dessous pour la période 1950-2000.

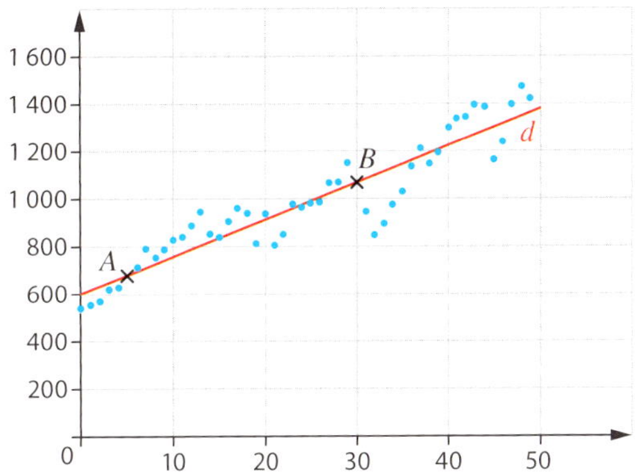

Nombre d'années écoulées depuis 1900	50	60	75	85	95	100
Emission de CO_2 pour l'année considérée (en millions de tonnes équivalent carbone)	1 600	2 600	4 600	5 400	6 400	6 600

Indiquer ce que modélise la droite d et calculer son équation. Expliquer pourquoi cette modélisation linéaire ne peut pas convenir pour la deuxième moitié du XXe siècle puis proposer une modélisation des émissions de CO_2 pour cette deuxième moitié. Expliciter les raisons de ce choix ainsi que ses limites.

Défi

« Mon premier » est le troisième terme de la suite arithmétique u de premier terme –1 et de raison 2.
« Mon deuxième » est la raison de la suite arithmétique v telle que $v_1 = \frac{1}{2}$ et $v_5 = \frac{17}{2}$.
« Mon troisième » est la forme explicite de la suite arithmétique w de raison « mon premier » et de premier terme « mon deuxième ».

« Mon tout » est la somme des neuf premiers termes de la suite w et constitue les trois chiffres du cryptogramme de ma carte bleue.

Présentation orale

La cryptographie (« écriture secrète ») est une des disciplines de la cryptologie s'attachant à protéger des messages secrets. La cryptographie est utilisée depuis l'antiquité, et l'une des utilisations les plus célèbres pour cette époque est le chiffrement de César, nommé en référence à Jules César qui l'utilisait pour ses communications secrètes.

Réaliser des recherches sur la méthode employée par César pour coder ses messages et sur le chiffrement affine, variante du chiffrement de César, pour en faire une présentation orale de 5 min.

Exercices différenciés

Niveau 1 Niveau 2

Reconnaître et modéliser un phénomène linéaire continu

QUESTIONS FLASH

1. On considère la fonction linéaire l définie par $l(x) = -4{,}2x$.
Calculer $l(-3)$.

2. On considère la fonction affine f définie pour tout x réel par $f(x) = 4x - 2$.
Quel est le coefficient directeur de la droite qui représente f ?

3. La fonction linéaire l est telle que $l(6) = -3$.
Quel est son coefficient directeur ?

4. La fonction affine h est définie pour tout x réel par $h(x) = 3x + p$ avec p un réel.
On sait de plus que $h(1) = 0$.
Quelle est la valeur de son ordonnée à l'origine ?

5. Une droite représentant une fonction affine f passe par les points $A(2\,;8)$ et $B(4\,;12)$.
Quel est le coefficient directeur de cette droite ?

6. Donner le coefficient directeur et l'ordonnée à l'origine de la droite ci-dessous.

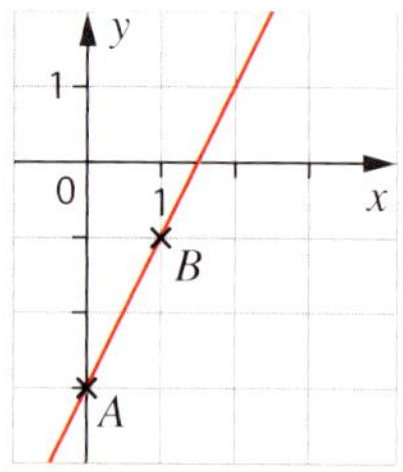

Montrer qu'une fonction est affine

1 Les fonctions suivantes sont-elles affines ? Si oui, déterminer m et p.

$f : x \mapsto -\dfrac{1}{2}x - 3$ $\qquad g : x \mapsto \sqrt{x} - 3$

$h : x \mapsto \dfrac{2-3x}{3}$ $\qquad t : x \mapsto \dfrac{2}{x-1}$

$s : x \mapsto 2\sqrt{2}$ $\qquad r : x \mapsto x + 1$

2 Les fonctions suivantes sont-elles affines ? Si oui, déterminer m et p.

$f : x \mapsto \sqrt{2}x - 1$ $\qquad g : x \mapsto \dfrac{(x-1)^2}{x-1} - 3$

$h : x \mapsto \dfrac{2-\sqrt{5x}}{2}$ $\qquad t : x \mapsto \dfrac{2-\sqrt{5}x}{2}$

$s : x \mapsto -1 - x$ $\qquad r : x \mapsto -2 \times 0{,}5x + 3$

3 On considère la fonction g définie pour tout nombre réel x par $g(x) = 5x + 2$.
1. Justifier que g est une fonction affine.
2. Calculer l'image de 8 par g.
3. Prouver que l'antécédent de 10 par g est strictement positif.

4 On considère la fonction affine h définie pour tout nombre réel x par $h(x) = -5x + 0{,}2$.
1. Calculer l'image de 0,5 par h.
2. Prouver que l'antécédent de 10 par h n'est pas un nombre entier.
3. Déterminer un nombre réel x tel que $h(x)$ soit un nombre entier.

Représenter graphiquement une fonction affine

5 On donne la fonction affine f définie pour tout réel x par $f(x) = 2x - 3$.
1. Recopier et compléter le tableau suivant.

x	-1	0	1	2	
$f(x)$					5

2. Parmi les points suivants, seuls deux appartiennent à la droite représentant la fonction affine f. Lesquels ?
• $A(5\,;7)$ • $B(-5\,;7)$ • $C(3\,;2{,}7)$ • $D(-4\,;-11)$.

6 On considère la fonction affine f définie pour tout réel x par $f(x) = -4x + 0{,}5$.
1. Représenter la fonction affine f dans un repère orthonormé. Placer les points $B(-1\,;4{,}5)$ et $C(3\,;-11{,}5)$.
2. Trouver un point Z aligné avec B et C et tel que $y_Z = -199{,}5$.

7 On donne la fonction affine h définie pour tout réel x par $h(x) = -4x - 3$.
a. Recopier et compléter le tableau suivant.

x	-1	0	1	2	
$h(x)$					-19

b. Parmi les points suivants, seuls deux appartiennent à la droite représentant la fonction affine h. Lesquels ?
$A(1\,;7)$; $B(-1\,;7)$; $C(0\,;-3)$; $D(-2\,;5)$.

8 On considère la fonction affine k définie pour tout réel x par $k(x) = \dfrac{1}{2}x - 2$.
1. Représenter la fonction affine k dans un repère orthonormé.
2. Trouver un point T aligné avec les points $R(-48\,;-26)$ et $S(-34{,}5\,;-19{,}25)$.

Déterminer l'expression d'une fonction affine

9 Déterminer l'expression de la fonction affine représentée par la droite passant par les points $A(2\,;6)$ et $B(8\,;12)$.

10 Déterminer l'expression de la fonction affine représentée par la droite passant par les points $A\left(1\,;\sqrt{2}+1\right)$ et $B\left(3\,;3\sqrt{2}+1\right)$.

11 Déterminer l'expression de la fonction affine f représentée par la droite passant par les points $A(-2\,;6)$ et $B(-8\,;12)$.

12 Déterminer l'expression de la fonction affine f représentée par la droite passant par les points $A\left(1;\frac{1}{3}\right)$ et $B\left(-1;-\frac{4}{3}\right)$.

UN EXERCICE DEUX ÉNONCÉS

13

Une nouvelle compagnie de Vaporetto (bateau-bus à Venise) propose trois façons de traverser la lagune.

- **Tarif 1** : 20 euros par traversée.
- **Tarif 2** : un forfait de 50 euros puis 10 euros par traversée.
- **Tarif 3** : un forfait de 150 euros qui permet d'effectuer 10 voyages au maximum puis 1 euro par traversée à partir de la onzième.

ÉNONCÉ 1

1. Combien paierait-on, avec chaque tarif, pour effectuer trois traversées ? Pour en effectuer dix ? Pour en effectuer douze ?
2. On note $f(x)$ le coût payé avec le tarif 1 et $g(x)$ celui payé avec le tarif 2, où x est le nombre de traversées de la lagune.
Exprimer $f(x)$ et $g(x)$ en fonction de x.
3. Combien de traversées peut-on faire avec les tarifs 1 et 2 si on paie 280 € ?

ÉNONCÉ 2

1. On note $f(x)$ le coût payé avec le tarif 1 et $g(x)$ celui payé avec le tarif 2, où x est le nombre de traversées de la lagune.
Exprimer $f(x)$ et $g(x)$ en fonction de x.
2. a. Représenter les fonctions f et g sur un même graphique. On prendra 1 cm pour 1 traversée sur l'axe des abscisses et 1 cm pour 30 € sur l'axe des ordonnées.
b. Combien de traversées faut-il effectuer au minimum pour que le tarif 2 soit plus avantageux ?
3. a. Tracer sur le graphique précédent la fonction représentant le tarif 3. Combien faut-il effectuer de traversées pour que ce dernier tarif soit plus avantageux ?
b. Le tarif 3 peut-il être modélisé par une fonction affine ? Justifier.

14 Un restaurant propose un menu à 20 €. Le responsable du restaurant remarque que, lorsqu'il baisse le prix du menu de 20 centimes, le nombre moyen de clients par jour augmente de cinq personnes.

ÉNONCÉ 1

1. Recopier et compléter le tableau suivant.

Nombre moyen de clients par jour	Prix du repas en €
60	20
	19,80
	19,60
	19,40

2. Reproduire ce tableau dans un tableur et tracer le nuage de points correspondant.
3. Créer une courbe de tendance du nuage de points et afficher son équation.
4. On note x le nombre moyen de personnes chaque jour dans le restaurant et $f(x)$ le prix du menu en euros. En utilisant le résultat de la question 3, déterminer $f(x)$ en fonction de x.
5. Quel sera le nombre moyen de clients si le responsable du restaurant affiche un prix du menu à 18 € 60 ?

ÉNONCÉ 2

1. Recopier et compléter le tableau suivant.

Nombre moyen de clients par jour	Prix du repas en €
60	20
	19,80
	19,60
	19,40

2. On note x le nombre moyen de personnes chaque jour dans le restaurant et $f(x)$ le prix du menu en euros. Déterminer les réels m et p tels que $f(x) = mx + p$.
3. Quel sera le nombre moyen de clients si le responsable du restaurant affiche un prix du menu à 18 € ?
4. Quel sera le prix du menu si le nombre moyen de personnes par jour atteint 120 personnes ?

Exercices différenciés

Niveau 1 Niveau 2

Calculer les termes d'une suite arithmétique

QUESTIONS FLASH

1. Soit la suite arithmétique dont les trois premiers termes sont -2 ; 5 ; 12.
Déterminer le terme suivant.

2. Soit la suite arithmétique c définie pour tout entier naturel n par $c(n) = -3n + 2$.
Calculer $c(5)$.

3. Soit la suite arithmétique b de deuxième terme 9 et de troisième terme 3.
Calculer le premier terme.

4. La suite arithmétique u définie pour tout entier naturel n est telle que $u(2) = 0{,}5$ et $u(3) = 0{,}75$.
Que vaut la raison de la suite u ?

5. La suite arithmétique k, définie pour tout entier naturel n, est telle que $k(1) = 9$ et $k(3) = 16$.
Que vaut $k(2)$?

6. Soit a la suite arithmétique définie pour tout entier naturel n par $a(n+1) = a(n) - 5$ et $a(1) = 2$.
Calculer $a(2)$.

Utiliser la relation de récurrence d'une suite

15 (Niveau 1) On donne ci-dessous les premiers termes de trois suites arithmétiques. Pour chacune d'entre elles, donner le premier terme, la raison et les trois termes suivants.

a. $3 ; -1 ; -5$

b. $1 ; \frac{3}{2} ; 2 ; \frac{5}{2}$

c. $4 ; \frac{10}{3} ; \frac{8}{3} ; 2$

16 (Niveau 2) 112,5 et 106,1 sont deux termes consécutifs d'une suite arithmétique (u_n).

1. Donner la raison de cette suite, la valeur du terme qui précède 112,5 et la valeur du terme qui suit 106,1.
2. On admet que $u_1 = 112{,}5$.
Donner alors u_0, u_2, u_3 et u_4.

17 (Niveau 1) Antoine doit travailler avec la suite arithmétique t définie pour tout entier naturel n, et telle que $t(1) = 2{,}5$ et $t(3) = 8{,}5$.

1. Calculer $t(2)$.
2. Déterminer la raison de la suite t.
3. Calculer le premier et le cinquième terme de cette suite.

18 (Niveau 2) 15 ; 11,5 ; 8 sont trois termes consécutifs d'une suite numérique (v_n).

1. Cette suite semble-t-elle être arithmétique ? Si oui, quelle serait sa raison ?
2. On sait désormais que $v_2 = 15$, $v_3 = 11{,}5$ et $v_4 = 8$.

a. En admettant que la suite v est bien arithmétique, calculer v_0, v_1 et v_5.

b. En admettant que la suite v est bien arithmétique, écrire la relation de récurrence de la suite v.

19 (Niveau 1) On considère la suite u définie par $u(1) = 5$ et, pour tout entier naturel n, par :

$$u(n+1) = -0{,}1 + u(n).$$

1. Cette suite est-elle arithmétique ? Si oui, quelle est sa raison ?
2. Calculer le premier terme de la suite.
3. Calculer le troisième et le quatrième terme de la suite.

20 (Niveau 2) On considère la suite (u_n) définie par $u_1 = 5$ et, pour tout entier naturel n, par :

$$u_{n+1} = 4 - (1 - u_n).$$

1. a. Montrer que la suite (u_n) est une suite arithmétique.
b. Déterminer la raison de la suite (u_n).
2. Calculer le premier terme de la suite.
3. Calculer les termes de rang 2, 3 et 4.

Utiliser la forme explicite d'une suite

21 (Niveau 1) Répondre à chaque affirmation par Vrai ou Faux en justifiant.
On considère la suite arithmétique $(g(n))$ définie par sa forme explicite $g(n) = -1{,}5n + 1{,}1$ pour tout entier naturel n.

a. Le premier terme de la suite est $-0{,}4$.

b. La raison de cette suite est négative.

c. Les termes de cette suite sont tous négatifs.

d. Le terme de rang 10 est supérieur ou égal à -13.

22 (Niveau 2) Répondre à chaque affirmation par Vrai ou Faux en justifiant.
On considère la suite (j_n) définie par la formule explicite $j_n = -26 + 11n$.

a. La suite (j_n) est arithmétique.

b. La raison de cette suite est négative.

c. $j_0 = -4$

d. Tous les termes de la suite sont positifs à partir du rang 3.

23 Une suite arithmétique u est définie par $u(n) = 5 + 3n$ pour tout entier naturel n.

1. Calculer le premier terme.
2. Calculer le terme de rang 3.
3. Pour quelle valeur de n a-t-on $u(n) = 26$?

24 Une suite arithmétique u est définie par $u_n = -\frac{1}{3}n + \frac{1}{2}$ pour tout entier naturel n.

1. Calculer le deuxième terme et le terme de rang 3.
2. Trouver le rang du terme égal à –8,5.
3. Montrer qu'il existe un terme de la suite (u_n) égal à –39,5. Quel est son rang ?

25 Une suite v est arithmétique de premier terme 20 et de raison –7.

1. Donner sa forme explicite.
2. Calculer ses trois premiers termes.
3. Quel est le premier terme négatif ?

26 Une suite v est arithmétique de premier terme –20 et de raison $\frac{4}{5}$.

1. Donner sa forme explicite.
2. Calculer ses trois premiers termes.
3. Quel est le rang du premier terme positif ?

UN EXERCICE DEUX ÉNONCÉS

27 Depuis l'an 2000 en France, l'espérance de vie à la naissance progresse de 0,25 an par an pour les hommes et de 0,15 an par an pour les femmes. En 2017, cette espérance de vie était de 79,4 ans pour les hommes et de 85,3 ans pour les femmes.

ÉNONCÉ 1

On note $u(n)$ l'espérance de vie d'une femme pour l'année $2017 + n$.

1. Justifier que l'espérance de vie pour les femmes peut être modélisée par la suite $(u(n))$ définie par $u(n) = 85{,}3 + 0{,}15n$.
2. Calculer l'espérance de vie pour les femmes en 2022.

ÉNONCÉ 2

On note v_n l'espérance de vie d'un homme pour l'année $2017 + n$.

1. Déterminer la forme explicite de la suite (v_n).
2. Calculer l'espérance de vie pour les hommes en 2022.

28

Deux loueurs de voitures concurrents utilisent les suites arithmétiques pour définir leurs tarifs.
Le loueur A facture 100 euros de prise en charge du véhicule puis 0,1 euro par km.
Le loueur B facture 40 euros de prise en charge du véhicule puis 0,25 euro par km.

ÉNONCÉ 1

On note n le nombre de km parcourus par un éventuel client de l'un des deux loueurs, $a(n)$ le prix payé par ce client pour les n km parcourus avec un véhicule du loueur A et $b(n)$ le prix payé par ce client pour les n km parcourus avec un véhicule du loueur B.

1. Justifier que pour tout entier naturel n on a :
$$a(n) = 100 + 0{,}1n \text{ et } b(n) = 40 + 0{,}25n.$$
2. Compléter la feuille de tableur du fichier *p061_chap3_ex28.xlsx*.

	A	B	C
1	n	a(n)	b(n)
2	0		
3	1		

3. En utilisant le tableur, déterminer à partir de combien de km le loueur A devient plus intéressant que le loueur B.

ÉNONCÉ 2

On note n le nombre de km parcourus par un éventuel client de l'un des deux loueurs, a_n le prix payé par ce client pour les n km parcourus avec un véhicule du loueur A et b_n le prix payé par ce client pour les n km parcourus avec un véhicule du loueur B.

1. Justifier que pour tout entier naturel n on a :
$$a_n = 100 + 0{,}1n \text{ et } b_n = 40 + 0{,}25n.$$
2. Déterminer le nombre exact de km que le client doit parcourir pour que le prix payé avec un véhicule du loueur A soit le même que celui payé avec un véhicule du loueur B.
3. En déduire une comparaison des tarifs de chaque loueur.
4. Un troisième loueur propose un tarif à 200 € avec kilométrage illimité. Alexandre doit faire l'aller-retour de Bordeaux à Paris ($2 \times 600 = 1\,200$ km). Quel tarif a-t-il intérêt à choisir ? Expliquer.

Représenter graphiquement une suite arithmétique

QUESTIONS FLASH

1. Sur le graphique ci-dessous, on a représenté trois droites d_1, d_2 et d_3.
Associer chaque droite à la suite arithmétique qu'elle définit.
• $u(n+1) = -2u(n)$; • $v(n) = 0{,}5n + 1$; • $w(n) = n - 3$.

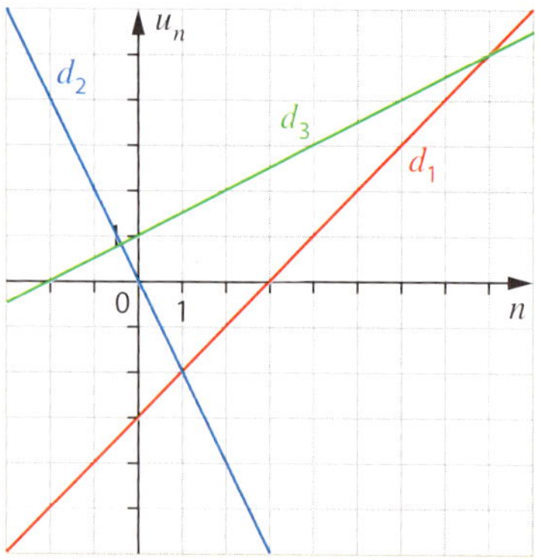

2. On a représenté dans un repère, les premiers termes de la suite arithmétique u.
On a obtenu les points de coordonnées (0 ; 1) et (6 ; – 2). Que valent $u(0)$ et $u(6)$?

3. On considère une suite arithmétique v et on a tracé ci-dessous la droite d qui contient tous les points de coordonnées $(n\ ;\ v(n))$ représentant la suite.

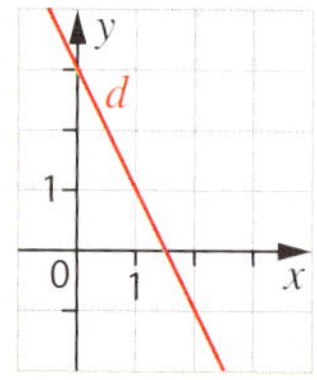

Quelle est la raison r et le premier terme de la suite v ?

4. On considère une suite arithmétique u et on a tracé ci-dessous la droite d qui contient tous les points représentant la suite, de coordonnées $(n\ ;\ u(n))$. Que vaut $u(2)$?

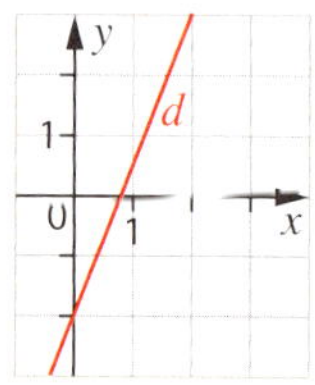

Représenter graphiquement une suite arithmétique

29 Répondre à chaque affirmation par Vrai ou Faux en justifiant.
On considère la suite arithmétique $(u(n))$ définie, pour tout entier naturel n, par :

$$u(n) = -2 + 3n.$$

On place dans un repère, les points représentant les termes de cette suite.
a. Les points sont alignés.
b. Le point de coordonnées (4 ; 2) est un point correspondant à un terme de la suite.
c. Le point de coordonnées (2 ; 4) est un point correspondant à un terme de la suite.
d. Il existe un point correspondant à un des termes de la suite situé sous l'axe des abscisses.

30 Répondre à chaque affirmation par Vrai ou Faux en justifiant.
On considère la suite arithmétique (u_n) définie pour tout entier naturel n par $u_n = -1 + \frac{n}{2}$.
On place dans un repère, les points représentant les termes de cette suite.
a. Les points sont alignés.
b. Le point de coordonnées (6 ; 2) est un point correspondant à un terme de la suite.
c. Le point de coordonnées (2 ; –2) est un point correspondant à un terme de la suite.
d. Il existe un point correspondant à un des termes de la suite situé sous l'axe des abscisses.

31 Sur le graphique ci-dessous, on a tracé la représentation graphique des fonctions affines $x \mapsto 2{,}5x - 3$ et $x \mapsto 0{,}2x + 0{,}5$.

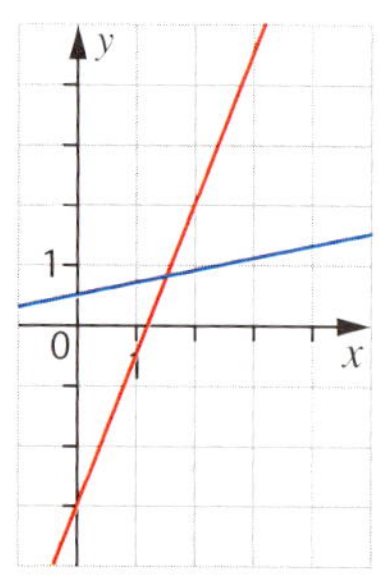

On considère les deux suites arithmétiques $(v(n))$ et $(w(n))$ définies pour tout entier naturel n par :

$$v(n) = -3 + 2{,}5n \text{ et } w(n) = 0{,}2n + 0{,}5.$$

1. Reproduire le graphique et placer les trois premiers termes de chaque suite.
2. a. Quelle est l'abscisse du point d'intersection des deux droites ?
b. Expliquer pourquoi le point d'intersection ne représente pas un terme d'une des deux suites.

32 On considère la fonction affine f définie par $f(x)=-2x+7$ et sa droite représentative dans un repère orthonormé. On considère la suite arithmétique (q_n), de premier terme q_0, dont les points de coordonnées $(n\,;q_n)$ appartiennent à d.

1. Tracer d.
2. Placer sur le graphique les trois premiers termes de la suite (q_n).
3. On considère la suite arithmétique (p_n) de premier terme $p_0=-3$ et de raison 3.
Tracer la droite qui contient tous les termes de la suite (p_n).
4. Déterminer la valeur de n telle que $p_n=q_n$.

33 On considère les suites arithmétiques u et v, définies pour tout entier naturel n, par :

$$u(n)=-1+n$$
$$\text{et } v(n+1)=-1+v(n) \text{ avec } v(0)=-1.$$

Placer sur le même graphique les quatre premiers termes des suites u et v.

34 On considère la suite arithmétique (u_n) définie, pour tout entier naturel n, par :

$$u_{n+1}=\frac{3}{2}+u_n.$$

1. a. On suppose que $u_0=-3$. Placer sur un graphique les trois premiers termes de la suite u.
b. Existe-t-il une valeur de n telle que $u_n=0$?
2. a. On suppose que $u_0=-4$. Placer, sur un autre graphique, les trois premiers termes de la suite u.
b. Prouver que, pour tout entier naturel n, on a $u_n\neq 0$.

UN EXERCICE DEUX ÉNONCÉS

35 On a proposé à Marcel deux contrats d'embauche pour une durée de deux ans.

• **Premier contrat** : un salaire mensuel de 1 000 € pour le premier mois, puis une augmentation mensuelle de 25 €.

• **Deuxième contrat** : un salaire mensuel de 1 200 € pour le premier mois, puis une augmentation mensuelle de 10 €.

ÉNONCÉ 1

1. Quel serait le salaire de Marcel quatre mois après son embauche avec le premier contrat ?
2. Quel serait le salaire de Marcel quatre mois après son embauche avec le second contrat ?
3. Dans un repère adapté, placer les cinq premiers points correspondants aux cinq premiers salaires mensuels de Marcel avec chacun de ces contrats.
4. Quel contrat semble proposer la meilleure évolution salariale à Marcel ? Justifier graphiquement.

ÉNONCÉ 2

1. Donner les relations de récurrence des suites arithmétiques (u_n) et (v_n) permettant de modéliser ces deux contrats. On définira précisément à quoi correspond n, u_n et v_n pour chaque contrat.
2. Dans un repère adapté, placer les premiers points correspondants aux termes de ces deux suites.
3. Y aura-t-il un mois où les deux contrats donneront le même salaire ?
4. À partir de quelle durée le premier contrat devient-il plus intéressant que le deuxième ?

36 Au mois de janvier 2020, Yoko a économisé 10,50 €. Au mois de février, elle a économisé 1,15 € de plus qu'en janvier, en mars, 1,15 € de plus qu'en février, etc.
Elle économise ainsi chaque mois 1,15 € de plus qu'au mois précédent.

ÉNONCÉ 1

On note $e(1)$ l'économie totale réalisée en janvier 2020, $e(2)$ l'économie totale réalisée en février 2020, $e(3)$ celle réalisée en mars 2020.

1. Comment sera notée l'économie réalisée au mois de décembre 2020 ?
2. La suite $(e(n))$ modélisant cette situation est-elle une suite arithmétique ?
Si oui préciser sa raison et son premier terme.
3. À l'aide d'un logiciel de géométrie, tracer dans un repère les points correspondant aux 15 premiers termes de la suite $(e(n))$. Justifier que ces points sont alignés.
4. Déterminer graphiquement l'économie réalisée au mois de décembre 2021.

ÉNONCÉ 2

On note e_1 l'économie totale réalisée en janvier 2020, e_2 l'économie totale réalisée en février 2020, e_3 celle réalisée en mars 2020.

1. Montrer que la suite (e_n) modélisant cette situation est une suite arithmétique et préciser sa raison et son premier terme.
2. Déterminer la forme explicite de la suite (e_n).
3. À l'aide d'un logiciel de géométrie dynamique, tracer dans un repère les points correspondant aux 15 premiers termes de la suite (e_n).
4. Déterminer l'équation réduite de la droite qui contient tous les points représentant la suite (e_n).
5. Déterminer le mois à partir duquel l'économie totale de Yoko sera supérieure ou égale à 30 €. Vérifier le résultat graphiquement.

Exercices différenciés

♪ Niveau 1 ♪♪ Niveau 2

Modéliser un phénomène linéaire discret

QUESTIONS FLASH

1. Parmi les suites de nombres ci-dessous, déterminer celles qui sont arithmétiques.
a. 0,2 ; 1,2 ; 2,2
b. –4 ; –8 ; –12
c. –4 ; –8 ; –16

2. On considère la suite arithmétique a définie pour tout entier naturel n par $a(n) = -n + 1$.
Déterminer le dixième terme.

3. On considère la suite arithmétique s définie pour tout entier naturel n par :
$s(n+1) = s(n) - 1$ et $s(0) = 8$.
Déterminer le troisième terme.

4. Déterminer la raison et le premier terme de la suite arithmétique définie pour tout entier naturel n par $u_n = 3 - 4n$.

5. Une population d'oiseaux augmente tous les mois de 20 individus. La population initiale est de 150 individus.
Combien y a-t-il d'oiseaux deux mois plus tard ?

6. Les nombres $u(0) = 3$; $u(1) = 7$ et $u(2) = 10$ peuvent-ils être les trois premiers termes d'une suite arithmétique ?

Utiliser la forme explicite

37 ♪ Oncle Archibald décide de verser 30 € chaque mois sur le compte du petit Georges.
Le petit Georges souhaite modéliser cette bonne initiative grâce à une suite arithmétique $(s(n))$, où $s(n)$ est la somme présente sur le compte au bout de n mois.
Le compte de petit Georges était vide avant le premier versement.
1. Quelle est l'expression de $s(n)$ au bout de n mois ?
2. Quelle sera la somme sur son compte au bout de deux ans ?

38 ♪♪ Au 1er janvier 2022, le compte d'Émilie se trouve en solde négatif à –2000 €. Pour remettre sont compte à zéro, Émilie décide d'y déposer chaque mois la somme de 300 €. On note (s_n) la suite arithmétique telle que s_n est la valeur du solde du compte d'Émilie n mois après le 1er janvier 2022.
1. Exprimer s_n en fonction de n.
2. Résoudre l'inéquation $s_n \geqslant 0$ et interpréter le résultat.

39 ♪ Une réserve d'eau contient 1 200 m^3 le 1er juin 2023. À la fin de chaque mois suivant, 20 m^3 se sont évaporés.
Quelle quantité d'eau restera-t-il dans la réserve le 1er octobre ?

40 ♪♪ Un magasin d'informatique liquide son stock d'ordinateurs en réalisant des promotions. Son stock initial le jour 0 est de 320 ordinateurs. Il en vend, grâce aux promotions appliquées, 32 par jour.
Déterminer le nombre de jours nécessaires pour que le stock du magasin soit divisé par cinq par rapport à son état initial.

Utiliser la relation de récurrence

41 ♪ Au 1er janvier 2021, la population d'une petite ville était de 1 320 habitants. Le maire estime qu'en moyenne, 30 personnes s'installent dans la ville chaque année.
On note $a(n)$ le nombre d'habitants de la ville l'année $2021 + n$, où n est un entier naturel.
1. Que vaut $a(0)$?
2. Exprimer $a(n+1)$ en fonction de $a(n)$.
3. En déduire la nature de la suite $(a(n))$.
4. Quel sera le nombre d'habitants en 2028 ?

42 ♪♪ Un escargot parcourt chaque jour une certaine distance. On note d_0 la distance qu'il parcourt le jour 0. On a $d_0 = 20$ m.
Le jour 1, il parcourt 2,5 m de plus que la veille. Le jour 2, il parcourt 2,5 m de plus que le jour 1 et ainsi de suite, le jour $n + 1$, il parcourt 2,5 m de plus que le jour n, où n est un entier naturel.
1. Exprimer d_{n+1} en fonction de d_n.
2. Quelle est la nature de la suite (d_n) ?
3. Calculer la distance totale parcourue par l'escargot les quatre premiers jours.
4. Combien de jours lui faut-il pour parcourir une distance supérieure ou égale à 150 m ?

43 ♪ Diane souhaite courir toutes les semaines. Elle se fixe comme défi de courir 500 m de plus chaque semaine. La première semaine, elle court 5 km.
1. Combien de kilomètres va-t-elle courir la troisième semaine ?
2. On note $d(n)$ la distance que Diane parcourt la n-ième semaine. Exprimer $d(n + 1)$ en fonction de $d(n)$.
3. Calculer $d(9)$. Interpréter le résultat dans le contexte de l'exercice.

44 Diane court chaque semaine à compter du 1er jour de l'année. Elle s'impose un programme qui fixe la distance d_n parcourue, en km, en fonction du nombre n de semaines après le début de l'année.
On sait que $d_1 = 6$ et, pour tout entier naturel $n \geqslant 1$, $d_{n+1} = d_n + 0,5$.
1. Quelle distance parcourt-elle la première semaine ?
2. Quelle distance parcourt-elle en plus d'une semaine à l'autre ?
3. Calculer la distance parcourue la 10e semaine.
4. À partir de quelle semaine Diane aura-t-elle parcouru pour la première fois une distance supérieure ou égale à 15 km ?

UN EXERCICE DEUX ÉNONCÉS

45 Julie a reçu 40 € pour son anniversaire. Elle décide de placer cet argent sur un compte et d'y ajouter tous les mois une partie de son argent de poche mensuel qui s'élève à 10 €.

ÉNONCÉ 1
1. Si elle épargne chaque mois la moitié de son argent de poche mensuel, quelle suite arithmétique permet de modéliser son placement ? On notera $s(n)$ la somme présente sur le compte au bout de n mois, où n est un entier naturel et $s(0) = 40$.
2. Combien aura-t-elle placé au bout de 3 mois ?
3. Combien de mois lui faut-il pour doubler la somme reçue pour son anniversaire ?

ÉNONCÉ 2
1. Si elle épargne chaque mois 20 % de son argent de poche mensuel, quelle suite arithmétique permet de modéliser son placement ?
2. Combien aura-t-elle placé au bout de six mois ?
3. Combien de mois lui faut-il pour tripler la somme reçue pour son anniversaire ?

46 Un objet lâché d'une certaine hauteur à Paris, sans vitesse initiale et qui tombe en chute libre, parcourt approximativement 4,9 m pendant la première seconde (on néglige le frottement de l'air). Pendant la deuxième seconde, il parcourt 9,8 m de plus que pendant la première seconde ; pendant la troisième seconde, il parcourt 9,8 m de plus que pendant la deuxième seconde, et ainsi de suite à chaque seconde supplémentaire, la distance parcourue est supérieure de 9,8 m à celle parcourue pendant la seconde précédente.

ÉNONCÉ 1
On note $d(n)$ la distance parcourue pendant la n-ième seconde, où n est un entier naturel non nul.
On a $d(1) = 4,9$.
1. Calculer $d(2)$, $d(3)$ et $d(4)$.
2. Quelle est la nature de la suite $(d(n))$?
3. Quelle distance parcourt l'objet pendant la cinquième seconde ?
4. Calculer la distance totale parcourue pendant les quatre premières secondes.

ÉNONCÉ 2
On note d_n la distance parcourue pendant la n-ième seconde, où n est un entier naturel non nul.
On a $d_1 = 4,9$.
1. Calculer d_2, d_3 et d_4.
2. Quelle est la nature de la suite (d_n) ?
3. Parmi les trois formes explicites ci-dessous, trouver la seule qui correspond à la suite (d_n).
• $d_n = 9,8$ • $d_n = 4,9 + 9,8n$ • $d_n = -4,9 + 9,8n$
4. Calculer la distance totale parcourue pendant les cinq premières secondes.

47 Un artisan propose de réaliser le forage d'un puits selon le tarif suivant : le 1er mètre foré coûte 100 euros, le 2e coûte 110 euros, le 3e coûte 120 euros, et ainsi de suite, chaque mètre supplémentaire coûtant 10 euros de plus que le précédent.

ÉNONCÉ 1
On note $p(n)$ le prix en euros du n-ième mètre foré, où n est un entier non nul. On note $p(1) = 100$.
1. a. Exprimer $p(n+1)$ en fonction de $p(n)$.
b. Quelle est la nature de la suite $(p(n))$?
2. Calculer $p(2)$, $p(3)$ et $p(4)$.
3. Un particulier veut faire réaliser un forage de quatre mètres dans son jardin.
Combien va-t-il payer ?

ÉNONCÉ 2
On note p_n le prix en euros du n-ième mètre foré, où n est un entier non nul. On note $p_1 = 100$.
1. a. Exprimer p_{n+1} en fonction de p_n.
b. Quelle est la nature de la suite (p_n) ?
2. Exprimer p_n en fonction de n.
3. Quel est le coût du 15e mètre ?

VRAI / FAUX Argumenter à l'oral

1. On considère la suite (w_n) définie par $w_0 = 0$ et, pour tout entier naturel n, par :

$$w_{n+1} - w_n = \frac{1}{5}.$$

Proposition 1 $w_2 = 0{,}4$
Proposition 2 La suite (w_n) est arithmétique.
Proposition 3 Le cinquième terme est $w_5 = 1$.
Proposition 4 La forme explicite de (w_n) est $w_n = \frac{n}{5}$.
Proposition 5 La fonction affine associée à cette suite est linéaire.
Proposition 6 Si $n \geqslant 100$, alors $w_n > 20$.

2. Proposition 7 Le cinquième terme de la suite arithmétique de raison 3 et de premier terme $-\frac{1}{2}$ est 11.

3. On considère la suite arithmétique (u_n) de raison –4 et de premier terme 5.
Proposition 8 Le coefficient directeur de la droite qui contient tous les points de coordonnées $(n\,;u_n)$ est 5.

4. Proposition 9 Les termes d'une suite arithmétique ne peuvent pas être tous égaux.

48 On considère les trois points suivants, dans un repère orthonormé :

$A(1\,;6)$, $B(-2\,;2)$ et $C(0\,;4)$.

1. Déterminer la fonction affine k dont la représentation graphique passe par les points A et C.
2. A-t-on $k(-2) = 2$?
Qu'en déduit-on pour le point B ?
3. Existe-t-il une fonction affine h telle que $h(1) = 6$, $h(-2) = 2$, et $h(0) = 4$?
Justifier la réponse.

49 Collecte de fonds CITOYENNETÉ

Pour collecter des fonds, une association caritative revend à un prix fixe des pantalons fabriqués par des bénévoles. Les frais de l'opération sont fixes et ils s'élèvent à 1 200 €.
La vente de 250 pantalons a rapporté 800 € à l'association, une fois les frais déduits.
On appelle x le nombre de pantalons vendus, et $B(x)$ le bénéfice net (en €) de la vente des pantalons pour l'association.

1. Exprimer $B(x)$ en fonction de x.
2. Quel sera le bénéfice de l'association si elle vend 400 pantalons ?
3. Combien de pantalons doit vendre l'association pour que son bénéfice soit supérieur ou égal à 0 ?
4. Combien de pantalons doit vendre l'association pour que son bénéfice soit supérieur ou égal à 3 000 € ?

50 On considère la fonction affine définie par $f(x) = 3x - 1$. La représentation graphique de cette fonction permet de représenter les termes de la suite arithmétique w définie pour tout entier naturel n.

1. Que vaut $w(1)$?
2. Que vaut $w(2)$?
3. Quelle est la raison de la suite w ? Donner sa forme explicite.
4. Existe-t-il un entier n tel que $w(n) = 14$?
5. Existe-t-il un entier n tel que $w(n) = 22$?

51 Le plongeur PHYSIQUE-CHIMIE

On admet que la pression P (exprimée en bars) exercée sur un plongeur immergé en fonction de sa profondeur h (exprimée en mètres) peut se modéliser par une fonction affine.
Si le plongeur est à 20 m sous l'eau, il subit une pression de 3 bars. S'il descend à 40 m, il subit une pression de 5 bars.
Quelle est la pression exercée sur le plongeur à 70 m de profondeur ?

52 Les motifs ci-dessous sont construits en respectant toujours la même règle.

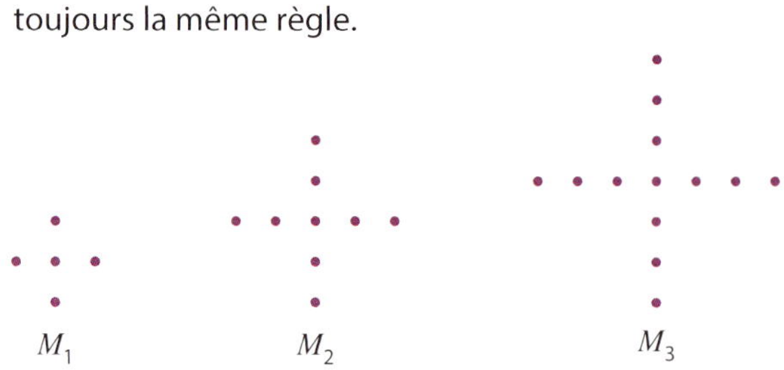

1. Construire les deux motifs M_4 et M_5.
2. Le motif M_1 possède cinq points.
Combien de points possède le dixième motif ?
3. Quel est le rang du motif qui contient 69 points ?

53 Avec un tableur, on souhaite calculer les premiers termes de deux suites arithmétiques u et v définies pour tout entier naturel n par :

$$u_{n+1} = u_n + 3{,}4 \text{ et } v_n = 123 - 10n .$$

	A	B	C
1	Indice *n*	Suite (un)	Suite (vn)
2	0	4	123
3	1	=B2+3,4	
4	2		
5	3		
6	4		
7	5		

1. Combien vaut v_0 ?
2. Expliquer la formule écrite dans la cellule B3.
3. Parmi les formules ci-dessous, déterminer celle(s) qui, écrite(s) dans la cellule C3, permet(ent) en la (ou les) recopiant vers le bas, de compléter la colonne C.

- =123-10*A2
- =123-10*A3
- =C2-10

4. Compléter les deux colonnes B et C et déterminer u_6 et v_6.
5. Déterminer le rang n à partir duquel $u_n > v_n$.

54 La suite arithmétique u est telle que $u_1 = 5$ et $u_2 = 15$.

1. Choisir la bonne réponse parmi celles proposées. Cette suite est représentée graphiquement par une droite passant par :

ⓐ le point de coordonnées (5 ; 1) ;
ⓑ le point de coordonnées (1 ; 5) ;
ⓒ le point de coordonnées (5 ; 15).

2. Choisir la bonne réponse parmi celles proposées. La droite représentant les termes de la suite arithmétique u :

ⓐ est une droite qui « descend » ;
ⓑ coupe l'axe des ordonnées en-dessous de l'axe des abscisses ;
ⓒ passe par l'origine.

3. Quelle est la raison de la suite u ?
4. Choisir la bonne réponse parmi celles proposées. Pour tout entier n, la forme explicite de la suite est :

ⓐ $u_n = 10n$
ⓑ $u_n = 10n - 5$
ⓒ $u_n = 10n + 5$

5. Les points $A(6 ; 55)$, $B(10 ; 95)$, et $C(12 ; 115)$ sont-ils alignés ?
6. Justifier que les points $E(3 ; 25)$, $F(8 ; 75)$, et $H(15 ; 135)$ ne sont pas alignés.
7. Donner les coordonnées d'un point K aligné avec les points $A(6 ; 55)$ et $L(20 ; 195)$.

55 **Récurrence vs explicite**

Partie 1.

On considère la suite arithmétique (u_n) de premier terme $u_0 = -13$ et de raison 7,5.
Abdel souhaite calculer avec un tableur les vingt premiers termes de la suite (u_n).

	A	B
1	Indice *n*	Suite (un)
2	0	
3	1	
4		

1. Justifier que la colonne A doit être complétée jusqu'à la cellule A21.
2. Quel nombre sera écrit dans cette cellule A21 ?
3. Dans la cellule B2, Abdel écrit la formule : =-13+7,5*A2.
Justifier que la formule convient.
4. Lorsque Abdel copie la formule jusqu'à la cellule A21, quelle valeur contient-elle ?
5. Quel terme de la suite contient la cellule B21 ?
6. Quel calcul doit-on effectuer pour vérifier cet affichage ?

Partie 2.

Nina s'intéresse à la même suite qu'Abdel et a préparé une autre feuille de tableur comme ci-dessous :

	A	B
1	Indice *n*	Suite (un)
2	0	-13
3	1	=B2+7,5
4		

1. Quel nombre sera écrit dans la cellule B3 ?
2. Nina a écrit dans la cellule B3 la formule : =B2+7,5
Justifier que la formule, recopiée jusqu'à la cellule B21, permet de calculer les vingt premiers termes de la suite (u_n).
3. Nina veut calculer le 43e terme de la suite. Combien trouve-t-elle ?

56 **La balle** PHYSIQUE-CHIMIE

Erwan lâche une balle du haut d'un escalier d'une hauteur de 3 m. Lorsque la balle rebondit, elle perd 20 cm à chaque rebond.
On note (u_n) la suite dont le terme u_n est la hauteur (en cm) de la balle au n-ième rebond.

1. Calculer u_1.
2. Déterminer la forme explicite de la suite.
3. Quelle est la hauteur de la balle au 5e rebond ?
4. Déterminer le premier rebond dont la hauteur est inférieure à 5 cm.

57 **Le rentier** ÉCONOMIE

Un rentier est une personne qui possède un revenu fixe mensuel sans travailler (par exemple le loyer d'un appartement qu'il loue).

Un rentier voit sa rente augmenter tous les mois de 10 euros. Le premier janvier 2022, sa rente (en euros) était égale à $r_1 = 850$ €.

1. Calculer r_2 et interpréter ce nombre à l'aide d'une phrase.
2. Modéliser la rente par une suite arithmétique (r_n), où r_n représente la rente reçue le mois n (avec n entier naturel non nul).
3. Représenter graphiquement les six premiers termes de la suite (r_n).
4. Quelle est l'expression de la fonction affine f dont la représentation graphique contient les points de la suite (r_n) ?
5. À l'aide de cette fonction et en résolvant une équation, déterminer le nombre de mois que devra attendre le rentier pour que sa rente s'élève à 2 000 euros par mois.

58 **Les impôts** ÉCONOMIE

En France, pour le calcul de l'impôt sur le revenu, on utilise la grille de barème suivante, valable depuis l'année 2021.

Barème progressif applicable aux revenus de 2021	
Tranches (en euros)	Taux d'imposition à appliquer sur la tranche correspondante (ou tranche marginale d'imposition)
[0 ; 10 225]	0 %
]10 225 ; 26 070]	11 %
]26 070 ; 74 545]	30 %
]74 545 ; 160 336]	41 %
]160 336 ; +∞[	45 %

Philippe vit seul et possède un revenu annuel imposable de 30 000 €.

Pour calculer le montant de son impôt, il procède de la manière suivante :

- **première tranche** de 0 à 10 225 : le taux étant à 0 %, le montant de l'impôt sur cette tranche est de $\frac{0}{100} \times 10\ 225 = 0$.
- **deuxième tranche** de 10 226 à 26 070 : le taux étant à 11 % le montant de l'impôt sur cette tranche est de $\frac{11}{100} \times (26\ 070 - 10\ 225) = 1\ 742{,}95$.
- **troisième tranche** de 26 071 à 74 545 : le taux étant à 11 %, le montant de l'impôt sur cette tranche est de $\frac{30}{100} \times (30\ 000 - 26\ 070) = 1\ 179$

Le montant de l'impôt de Philippe est donc égal à :

$$0 + 1\ 742{,}95 + 1\ 179 = 2\ 921{,}95 \text{ €}$$

1. Calculer le montant de l'impôt de Cathy dont le revenu annuel imposable est de 54 000 €.
2. Le service des impôts met à disposition des contribuables le graphique ci-dessous.

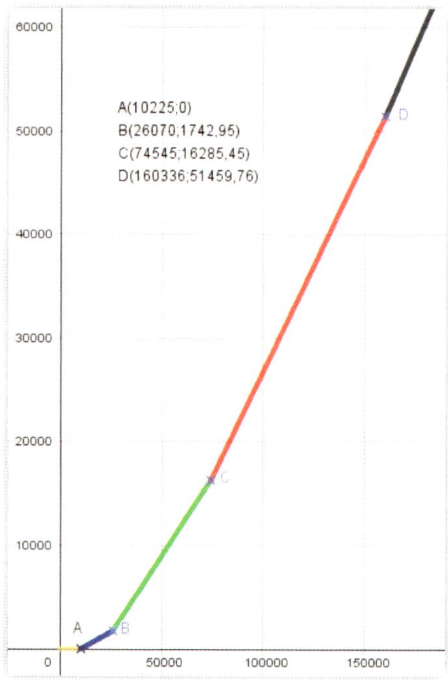

Expliquer comment on pourrait retrouver avec le graphique le montant de l'impôt de Philippe.

3. Calculer l'expression de la fonction affine correspondant à la tranche]26 070 ; 74 545] et retrouver le montant de l'impot de Cathy.

59 **Énigme**

Le professeur de mathématiques propose une énigme à ses élèves :

« Je suis une suite arithmétique définie sur les entiers naturels.

Mon premier terme est le seul nombre premier pair.

Ma raison est l'opposé du triple du premier terme. »

Les élèves lui posent alors quatre questions :

Q1 : Cette suite a-t-elle ses termes de plus en plus grands ?

Q2 : Cette suite a-t-elle tous ses termes positifs ?

Q3 : Le dixième terme de cette suite est-il un multiple de 10 ?

Q4 : Le 4e terme est-il le carré d'un nombre entier ?

Justifier que les réponses aux quatre questions sont négatives.

Ressources du chapitre
hachette-clic.fr/23bs1004

CHAPITRE

4 Évolution des modèles linéaires

FOCUS MÉTIER

Chargé de clientèle banque

Un chargé de clientèle va étudier les ressources financières de ses clients pour déterminer le montant maximal que ceux-ci peuvent emprunter pour acheter un bien. Il étudie aussi comment optimiser leur épargne en diversifiant les produits financiers en fonction de leurs besoins.
Lamia est chargée de clientèle dans une grande banque française. Elle s'occupe d'accueillir les clients de son agence bancaire. C'est un métier à la fois technique et commercial. Son but est de comprendre les besoins de ses clients pour leur proposer des solutions adaptées à leurs besoins et à leurs moyens financiers.
Lamia utilise dans son travail des modélisations sous forme de suites qui permettent à un particulier d'acheter une maison ou une voiture sans devoir attendre des années pour économiser l'argent nécessaire pour un achat comptant.

Des formations en lien avec le chapitre

- BTS du secteur de la banque ou du commerce
- BUT commercial ou dans la gestion financière des entreprises
- Licence professionnelle mention banque, assurance, finance
- Master ou diplôme d'école de commerce banque, chargé de clientèle

Automatismes hebdomadaires

En cas de besoin, voir les indispensables :

Calculs algébriques p. 176
Développements et factorisations p. 177
Équations et inéquations p. 178
Lectures graphiques p. 179

Gamme 1

1 Fractions

Recopier et compléter.

$\frac{5}{2}+\frac{2}{5}=\ldots$

2 Identités remarquables

Développer $(2n-1)^2$.

3 Formules

On donne la formule $E_c=\frac{1}{2}mv^2$.

Exprimer m en fonction de E_c et de v.

4 Antécédents

On considère la représentation graphique d'une fonction f sur l'intervalle $[-4\,;3]$.

Combien d'antécédents possède le nombre 4 ?

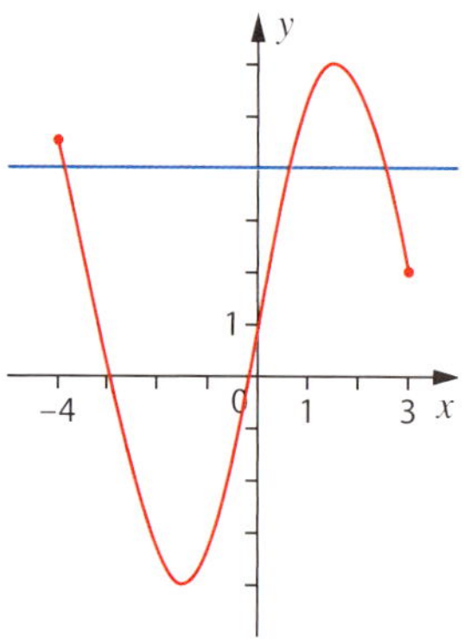

Gamme 2

1 Puissances

Recopier et compléter.

$2\times2^3\times2^4=\ldots$

2 Image

Calculer l'image de –7 par la fonction affine g définie par $g(x)=-x+3$.

3 Équations

Résoudre dans $\mathbb{R}$ l'équation $\sqrt{x}=400$.

4 Image

La courbe représentative de la fonction racine carrée est tracée ci-dessous.

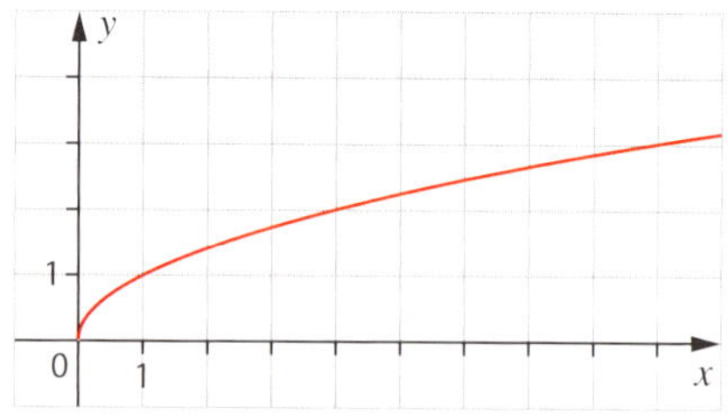

Déterminer graphiquement une valeur approchée de l'image de 3 par cette fonction.

Gamme 3

1 Pourcentages

Quand on achète un litre de lait 1,20 €, seulement 6 centimes reviennent au producteur.

Quel pourcentage du prix d'achat cela représente-t-il ?

2 Développements

Développer et simplifier l'expression :

$$I=(3x+2)(3x-2).$$

3 Antécédents

Calculer l'antécédent de –7 par la fonction affine f définie par $f(x)=-4x+1$.

4 Inéquations

On a tracé ci-contre la droite représentant une fonction affine g.

Résoudre graphiquement l'inéquation $g(x)\leqslant1$.

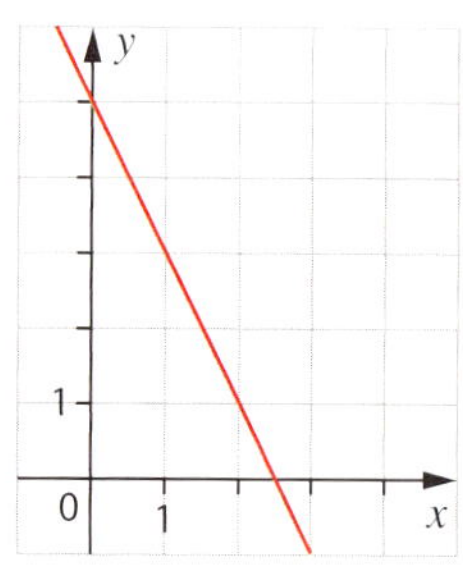

Situation 1 Des aires

Objectif
Réinvestir les variations des fonctions affines

$OABC$ est un rectangle tel que $OA = 4$ et $OC = 6$.
M est un point qui se déplace sur le segment $[OA]$.
On pose $OM = x$ avec $0 \leqslant x \leqslant 4$.

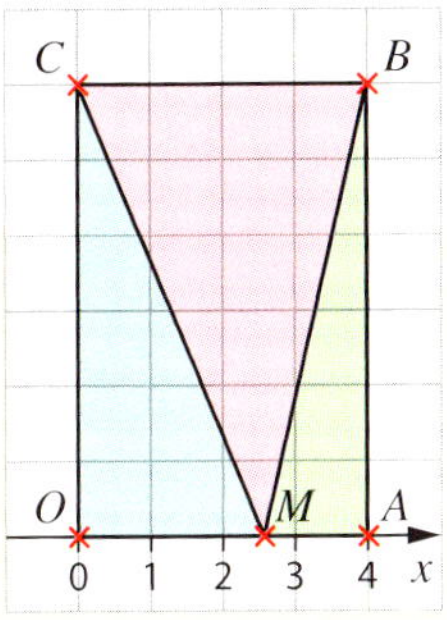

1. On note $f(x)$ l'aire du triangle OCM.

a. Pour tout x compris entre 0 et 4, montrer que $f(x) = mx + p$ où m et p sont des réels fixés à déterminer. Quelle est la nature de la fonction f ?

b. Quand les valeurs de x augmentent, que font les valeurs de $f(x)$? Que peut-on conjecturer sur le sens de variation de f ?

2. On note $g(x)$ l'aire du triangle MAB.

a. Pour tout x compris entre 0 et 4, montrer que $g(x) = mx + p$, où m et p sont des réels fixés à déterminer. Quelle est la nature de la fonction g ?

b. Quand les valeurs de x augmentent, que font les valeurs de $g(x)$? Que peut-on conjecturer sur le sens de variation de g ?

3. On note $h(x)$ l'aire du triangle MCB.

a. Pour tout x compris entre 0 et 4, montrer que $h(x) = mx + p$, où m et p sont des réels fixés à déterminer. Quelle est la nature de la fonction h ?

b. Quand les valeurs de x augmentent, que font les valeurs de $h(x)$? Que peut-on conjecturer sur le sens de variation de h ?

Situation 2 Jardin à la française

Objectif
Introduire les variations des suites arithmétiques

Un jardinier veut planter, contre un fossé, des rosiers « en carré » puis les entourer par une bordure de pierres rouges comme ci-contre.

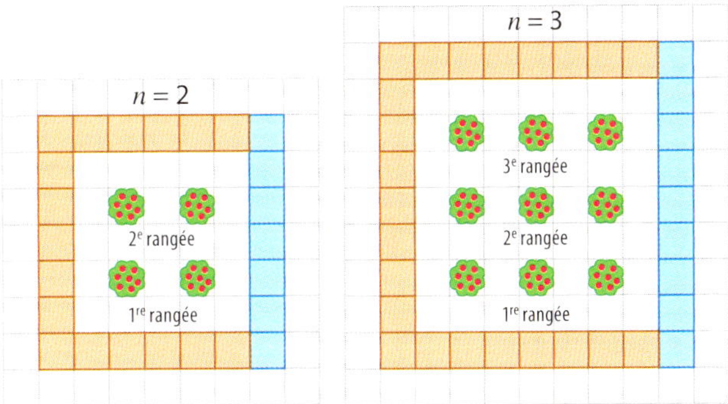

1. Le nombre $u(n)$ de pierres nécessaires dépend du nombre de rangées n dans le carré de rosiers. On admet que la suite $(u(n))$ est définie pour tout entier naturel n par $u(n) = 6n + 5$.

a. Schématiser sur un quadrillage, les pierres et les rosiers lorsqu'il y a $n = 4$ rangées dans le carré de rosiers.

b. Combien de pierres faut-il pour entourer un carré constitué de 5 rangées de rosiers ? Et 6 rangées de rosiers ?

c. Quelle est la nature de la suite $(u(n))$? Quelle est sa raison ?

d. Pour tout nombre entier naturel n, comparer $u(n+1)$ et $u(n)$.

e. Quand les valeurs de n augmentent, que font les valeurs de $u(n)$? Que peut-on conjecturer concernant le sens de variation de la suite $(u(n))$?

2. Le mois 0, le jardinier met 2 000 € sur un compte réservé exclusivement à l'entretien du jardin. Il décide de dépenser 30 € chaque mois suivant. Soit $(v(n))$ la suite qui donne la somme d'argent présente sur le compte lorsque n mois se sont écoulés.

a. Quelle est la nature de la suite $(v(n))$?

b. Pour tout entier naturel n, exprimer $v(n+1)$ en fonction de $v(n)$, puis comparer $v(n+1)$ et $v(n)$.

c. Que peut-on en déduire concernant le sens de variation de la suite $(v(n))$?

1. Sens de variation des fonctions affines

Définitions

On considère une fonction f définie sur un intervalle I. On dit que :

- f est **croissante** sur I lorsque, pour tous réels a et b de I tels que $a \leqslant b$, on a $f(a) \leqslant f(b)$ (f conserve l'ordre : quand les valeurs de x augmentent, les valeurs de $f(x)$ augmentent également) ;
- f est **décroissante** sur I lorsque, pour tous réels a et b de I tels que $a \leqslant b$, on a $f(a) \geqslant f(b)$ (f inverse l'ordre : quand les valeurs de x augmentent, les valeurs de $f(x)$ diminuent).

Propriété

Soit f une fonction affine définie sur $\mathbb{R}$ par $f(x) = mx + p$.

- Si **m est positif**
Quand les valeurs de x augmentent, les valeurs de $f(x)$ augmentent également.
La fonction f est croissante sur $\mathbb{R}$.
- Si **m est négatif**
Quand les valeurs de x augmentent, les valeurs de $f(x)$ diminuent.
La fonction f est décroissante sur $\mathbb{R}$.

Remarque

Cas particulier : si **m est nul**, quelle que soit la valeur de x, $f(x)$ est égale à un même nombre .
La fonction est **constante** sur $\mathbb{R}$ (à la fois croissante et décroissante).

Exemples

- $m > 0$

$f(x) = 5{,}5\,x - 3$

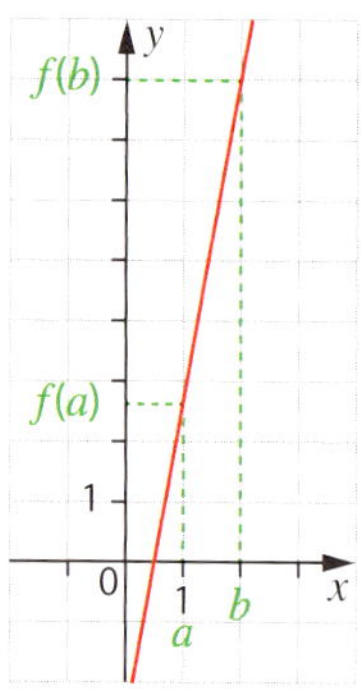

$a \leqslant b \Leftrightarrow f(a) \leqslant f(b)$
La fonction f est **croissante** sur $\mathbb{R}$.

- $m < 0$

$g(x) = 3 - 2x$

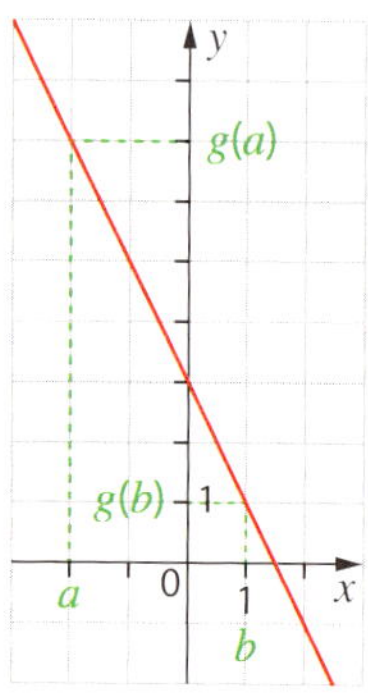

$a \leqslant b \Leftrightarrow g(a) \geqslant g(b)$
La fonction g est **décroissante** sur $\mathbb{R}$.

- $m = 0$

$h(x) = 2{,}5$

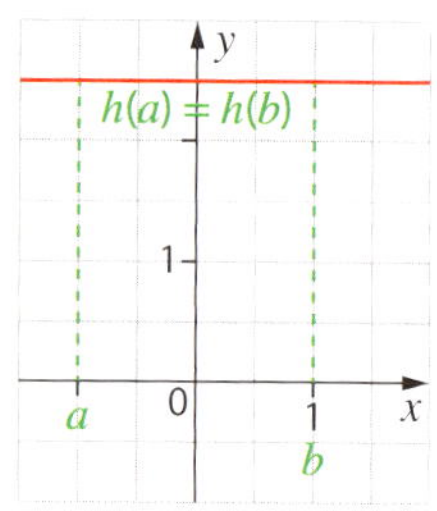

La fonction h est **constante** sur $\mathbb{R}$.

Remarque

Lorsqu'on connaît deux réels différents x_1 et x_2 et leurs images par une fonction affine f, le signe du **taux d'accroissement** $\dfrac{f(x_1) - f(x_2)}{x_1 - x_2}$, égal au **coefficient directeur** m, donne le sens de variation de f.

Exemple

Soit la fonction affine g passant par les points $A(3\,;4)$ et $B(-4\,;1)$.

Son taux d'accroissement est $m = \dfrac{4-1}{3-(-4)}$, c'est-à-dire $\dfrac{3}{7}$ qui est positif.

Ainsi la fonction g est croissante.

Méthode 1 Déterminer le sens de variation d'une fonction affine

1 Soit f la fonction affine définie sur $\mathbb{R}$ par $f(x) = 4 - x$.
Quel est le sens de variation de la fonction f ? Écrire son tableau de variation.

2 g est une fonction affine et croissante sur $\mathbb{R}$ telle que $g(2) = -2$.

a. Est-il possible que $g(4) = -3$?

b. Donner une valeur possible de $g(4)$.

c. On sait désormais que $g(4) = 8$. Calculer le coefficient m tel que $g(x) = mx + p$. Pouvait-on prévoir son signe ?

Solution commentée

1 La fonction f est affine, avec $m = -1$. m est négatif, donc la fonction f est décroissante sur $\mathbb{R}$.
On peut écrire son tableau de variation.

x	$-\infty$		$+\infty$
$f(x)$		↘	

2 a. Comme g est croissante, et $2 \leqslant 4$, alors $g(2) \leqslant g(4)$. Or $g(2) = -2$, et $-3 < -2$, donc $g(4)$ ne peut pas être égal à -3.

b. On peut prendre pour $g(4)$ toute valeur supérieure à -2. Par exemple $g(4) = 5$.

c. Grâce à $g(2) = -2$ et $g(4) = 8$, on peut calculer le coefficient m.

$m = \dfrac{g(4) - g(2)}{4 - 2}$, donc $m = \dfrac{8 - (-2)}{2} = \dfrac{10}{2} = 5$. Donc $m = 5$.

Comme g est croissante, on savait que m est un réel positif.

EXERCICE 1 p. 80

Méthode 2 Déterminer un seuil pour une fonction affine

Un petit bassin peut contenir 2,14 m^3 d'eau.

Le bassin contient initialement 100 litres. On le remplit avec un tuyau qui débite 8,5 litres par minute.

On note t le temps (exprimé en minutes) et $V(t)$ le volume d'eau (exprimé en litres) contenu dans le bassin au bout de t minutes.

1 Exprimer $V(t)$ en fonction de t.

2 Tracer la courbe représentative de la fonction V.

3 Déterminer le temps t où le bassin va déborder.

Solution commentée

1 En une minute, le tuyau débite 8,5 litres, donc en t minutes, le tuyau débite $8{,}5t$ litres. De plus, initialement, le bassin contient 100 litres.
Au bout de t minutes, le volume $V(t)$ est donc $V(t) = 8{,}5t + 100$.

2

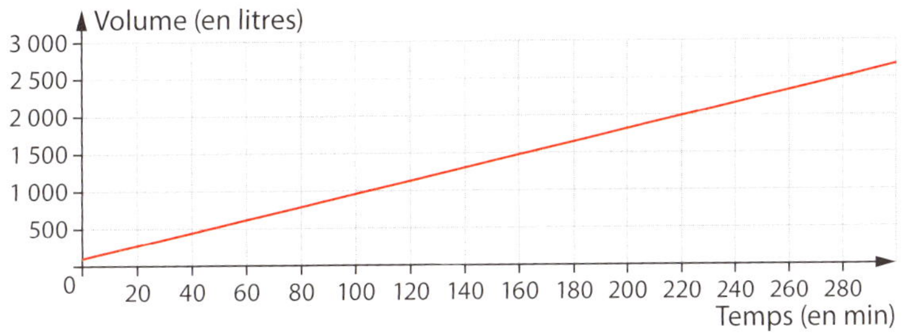

3 Le bassin a une contenance de 2,14 m^3, soit 2 140 litres. Le bassin déborde lorsque $V(t) > 2\,140$.

$8{,}5t + 100 > 2\,140 \Leftrightarrow 8{,}5t > 2\,040 \Leftrightarrow t > \dfrac{2\,040}{8{,}5} \Leftrightarrow t > 240$

Le bassin déborde au bout de 240 minutes, soit 4 heures.

EXERCICE 15 p. 82

2. Sens de variation des suites arithmétiques

1. Suite croissante ou décroissante

Définition

Soit $u : n \mapsto u(n)$ une suite définie pour tout entier naturel n.

• Quand les valeurs de n augmentent, si les valeurs de $u(n)$, notées u_n , augmentent aussi, on dit que la suite u est **croissante**. On a alors $u(n+1) \geqslant u(n)$ pour tout entier naturel n.

• Quand les valeurs de n augmentent, si les valeurs de $u(n)$, notées u_n, diminuent, on dit que la suite u est **décroissante**. On a alors $u(n+1) \leqslant u(n)$ pour tout entier naturel n.

2. Variation des suites arithmétiques

Propriété

Soit u une suite arithmétique de premier terme $u(0)$ et de raison r.
On a alors $u(n+1) = u(n) + r$, ce qui s'écrit aussi $u_{n+1} = u_n + r$.

• Si r est positif, alors u est croissante.

• Si r est négatif, alors u est décroissante.

Remarque

Si $r = 0$, alors la suite u est **constante** (à la fois croissante et décroissante).

Interprétation graphique

On considère une suite arithmétique de premier terme $u(0)$ et de raison r.
Pour tout entier naturel n, $u(n) = rn + u(0)$, ce qui s'écrit aussi $u_n = rn + u_0$.
Les points $(n ; u(n))$ représentant la suite appartiennent à la droite d'équation $y = rx + u(0)$.
La suite u et la fonction affine f définie sur $\mathbb{R}$ par $f(x) = rx + u(0)$ ont le même sens de variation.

• Si $r \geqslant 0$:

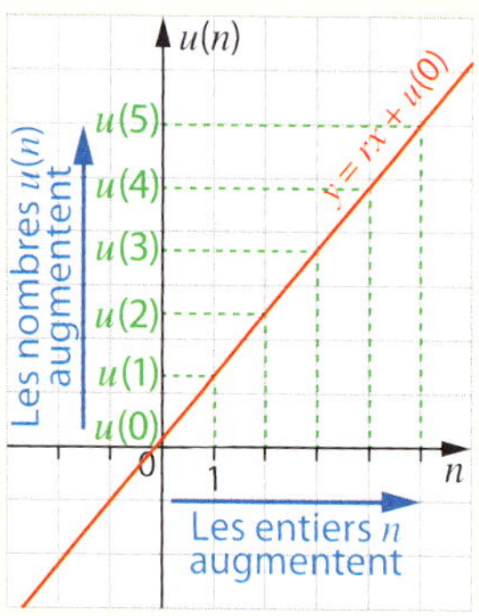

La suite u est croissante.
Pour tout entier naturel n, $u(n+1) \geqslant u(n)$, ce qui s'écrit aussi $u_{n+1} \geqslant u_n$.

• Si $r \leqslant 0$:

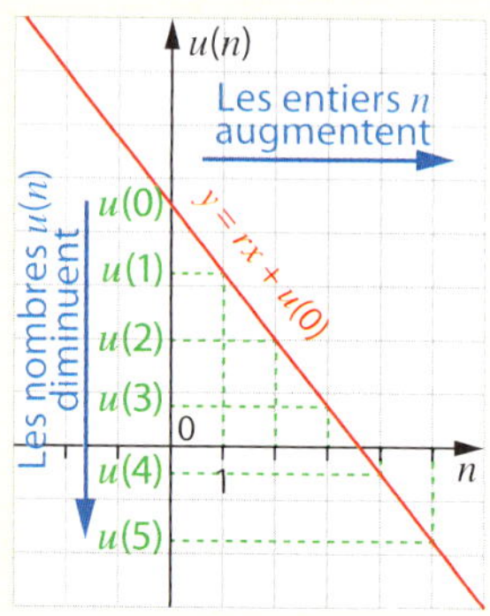

La suite u est décroissante.
Pour tout entier naturel n, $u(n+1) \leqslant u(n)$, ce qui s'écrit aussi $u_{n+1} \leqslant u_n$.

• **Cas particulier** : si $r = 0$, la suite est constante.

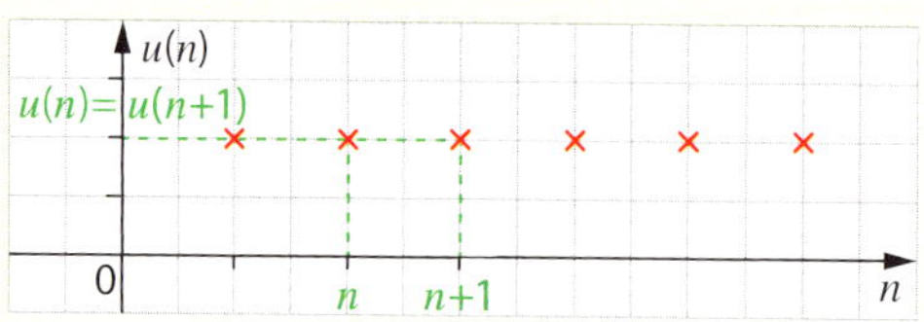

Méthode 3 Déterminer le sens de variation d'une suite arithmétique

Soient les suites arithmétiques $(u(n))$ et $(v(n))$ telles que $u(n) = 3n - 2$ et $v(n) = -2n + 5$.

1. Quel est le sens de variation des suites $(u(n))$ et $(v(n))$?
2. On note $(w(n))$ la suite arithmétique définie pour tout entier naturel n par $w(n) = u(n) + v(n)$.
   a. Donner la forme explicite de la suite w.
   b. En déduire le sens de variation de la suite w.

Solution commentée

1. La raison de la suite arithmétique $(u(n))$ est 3.
3 est positif, donc la suite arithmétique $(u(n))$ est croissante.
La raison de la suite arithmétique $(v(n))$ est –2.
–2 est négatif donc la suite arithmétique $(v(n))$ est décroissante.

2. a. $w(n) = 3n - 2 + (-2n + 5)$
$= 3n - 2 - 2n + 5$
$= n + 3$

b. La suite $(w(n))$ est une suite arithmétique de raison 1, qui est positif, elle est donc croissante.

EXERCICE 5 p. 80

Méthode 4 Déterminer un seuil pour une suite arithmétique

Une banque propose à Jennifer de placer, à partir du 1er janvier 2023, une somme de 3 000 € sur un compte rémunéré au taux simple annuel de 5 %.

Le taux simple annuel signifie que chaque 1er janvier des années suivant 2023, la somme présente sur le compte augmentera de 5 % de la somme initiale.

On note n le nombre d'années après 2023 et $u(n)$ la somme d'argent présente sur le compte le 1er janvier après n années de placement. On a alors $u(0) = 3\ 000$.

1. Montrer que, pour tout entier naturel n, $u(n + 1) = u(n) + 150$.
2. Déterminer le nombre d'années que doit attendre Jennifer pour disposer d'une somme au moins égale à 4 500 €.

Solution commentée

1. Au 1er janvier après n années de placement, la somme d'argent est égale à $u(n)$.
Au 1er janvier après $n + 1$ années de placement, la somme d'argent est égale à $u(n + 1)$.
Cette somme d'argent est égale à la somme d'argent de l'année précédente à laquelle on ajoute 5 % de la somme initiale.

Or 5 % de la somme initiale vaut $\frac{5}{100} \times 3\ 000 = 150$.

On a donc $u(n + 1) = u(n) + 150$.

2. La suite $(u(n))$ est une suite arithmétique de raison 150 et de premier terme $u(0) = 3\ 000$.
On a donc, pour tout entier naturel n, $u(n) = 3\ 000 + 150n$.
On cherche le plus petit entier n tel que $u(n) \geqslant 4500$.
$u(n) \geqslant 4\ 500 \Leftrightarrow 3\ 000 + 150n \geqslant 4\ 500$
$\Leftrightarrow 150n \geqslant 1\ 500$
$\Leftrightarrow n \geqslant 10$
Jennifer devra attendre 10 ans pour disposer d'une somme supérieure ou égale à 4 500 €.

EXERCICE 19 p. 82

Variation des fonctions affines

$f(x) = mx + p$ pour tout réel x, avec $m = \dfrac{f(x_1) - f(x_2)}{x_1 - x_2}$

- Si m est positif, alors la fonction f est croissante sur $\mathbb{R}$. Quand les valeurs de x augmentent, les valeurs de $f(x)$ augmentent aussi.
Pour tous réels a et b,
$a \leqslant b \Leftrightarrow f(a) \leqslant f(b)$

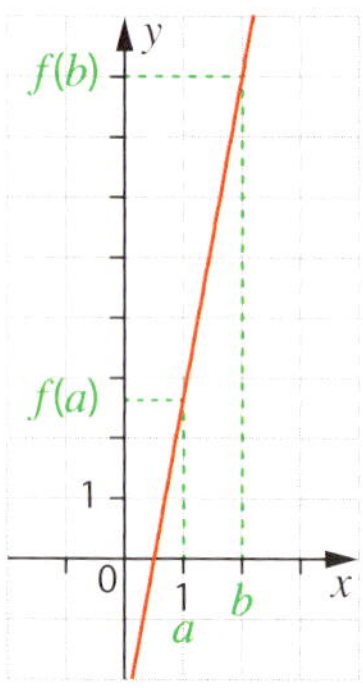

- Si m est négatif, alors la fonction f est décroissante sur $\mathbb{R}$. Quand les valeurs de x augmentent, les valeurs de $f(x)$ diminuent.
Pour tous réels a et b,
$a \leqslant b \Leftrightarrow f(a) \geqslant f(b)$

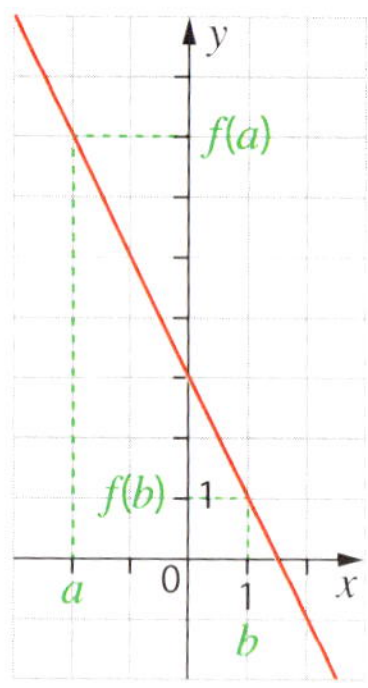

- Si m est nul, alors la fonction f est constante sur $\mathbb{R}$ (à la fois croissante et décroissante). Quelle que soit la valeur de x, $f(x)$ est égale à un même nombre p.

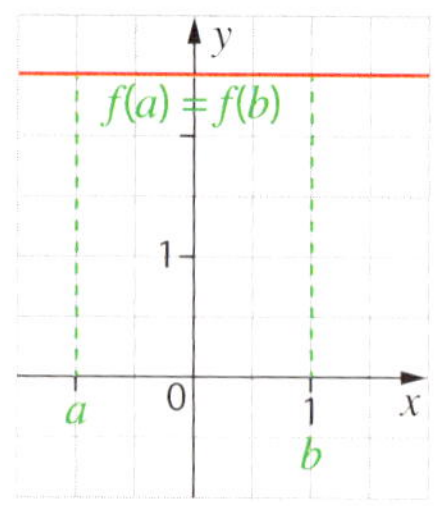

Variation des suites arithmétiques

u suite arithmétique de premier terme $u(0) = u_0$ et de raison r.
$u(n+1) = u(n) + r$, noté aussi $u_{n+1} = u_n + r$.

- Si r est positif, alors u est croissante.

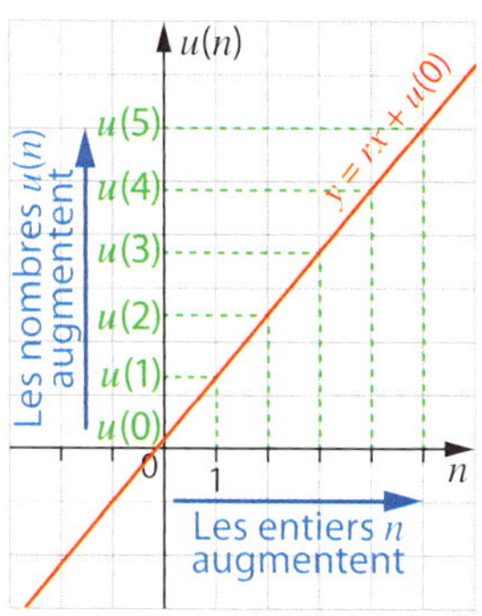

Pour tout entier naturel n, $u(n+1) \geqslant u(n)$, ce qui s'écrit aussi $u_{n+1} \geqslant u_n$.

- Si r est négatif, alors u est décroissante.

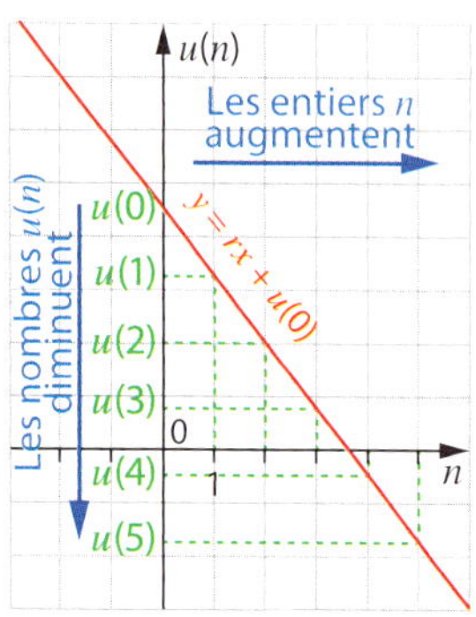

Pour tout entier naturel n, $u(n+1) \leqslant u(n)$, ce qui s'écrit aussi $u_{n+1} \leqslant u_n$.

- Si r est nul, alors u est constante.

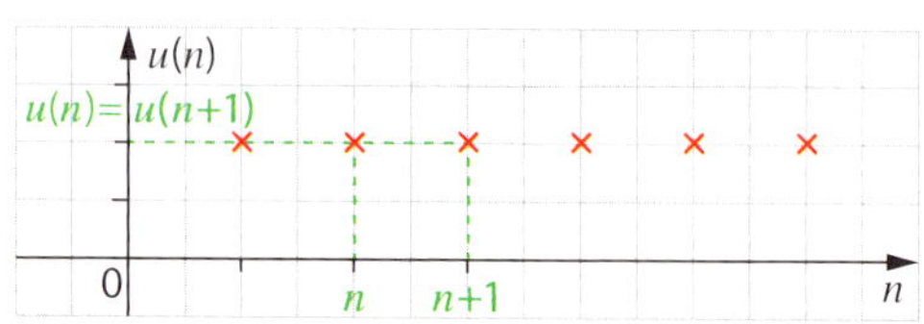

Pour tout entier naturel n, $u(n+1) = u(n)$, ce qui s'écrit aussi $u_{n+1} = u_n$.

Version interactive du QCM

QCM

Réponses au QCM p. 180

Pour chacune des questions, indiquer la ou les bonnes réponses.

Déterminer le sens de variation des suites arithmétiques et des fonction affines

	A	B	C
1. Les suites croissantes sont :	$u_0 = -1$ $u_{n+1} = u_n - 3$	$v_0 = 1$ $v_{n+1} = v_n - 2$	$w_0 = -1$ $w_{n+1} = w_n + 2$
2. La suite arithmétique de premier terme –5 et de raison $\frac{1}{2}$:	est croissante	est décroissante	n'est ni croissante, ni décroissante
3. Soit f une fonction affine décroissante. On a alors :	$f(0) \leqslant f(1)$	$f(-3) \geqslant f(-4)$	$f(-1) \geqslant f(1)$
4. Soit (u_n) une suite arithmétique croissante. On suppose que $u_4 = 6$. On a :	$u_1 \leqslant 6$	$u_2 \geqslant 6$	$u_7 \geqslant 6$
5. On a tracé les droites représentant trois fonctions affines f, g et h ci-dessous. 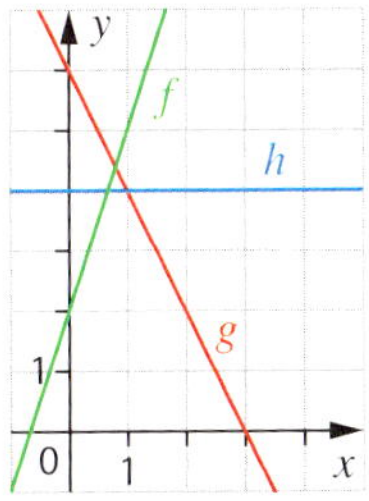	g est décroissante	f est décroissante	h n'est ni croissante ni décroissante

Déterminer un seuil pour une fonction affine et pour une suite arithmétique

	A	B	C
6. Soit la suite arithmétique u de premier terme $u_0 = 4$ et de raison 4. $u_n > 100$ dès que :	$n \geqslant 25$	$n > 14$	$n \geqslant 24$
7. Coline a placé 1 000 € à la banque cet été. Pendant ses études, elle va donner une heure de cours de maths par semaine. Sachant qu'elle demande 20 € par heure, elle aura doublé son capital :	au bout de 6 mois	au bout d'un an	au bout de 50 semaines
8. Soit f la fonction affine définie par : $f(x) = 3x - 4$. On a alors :	$f(10) \geqslant 100$	$f(30) \geqslant 100$	$f(100) \geqslant 100$
9. Soit g la fonction affine définie par : $g(x) = -3x + 4$. On a :	$g(10) \leqslant 100$	$g(32) \leqslant -100$	$g(50) < -100$
10. Soit h la fonction affine définie par : $h(x) = -x - 10$. On a :	$h(10) \geqslant 0$	$h(-10) > 0$	$h(-10) \geqslant 0$

1 Comment calculer les termes d'une suite arithmétique définie par une relation de récurrence avec un tableur ?

On considère la suite arithmétique définie par $u_0 = 5$ et, pour tout entier naturel n, par sa relation de récurrence $u_{n+1} = u_n + 2{,}5$.

• Commencer par créer la colonne A des entiers naturels.
Écrire dans les cellules A2 et A3 les nombres 0 et 1.
Sélectionner les deux cellules et étirer vers le bas.
Les valeurs 3, 4… se calculent automatiquement dans la colonne A.

	A
1	n
2	0
3	1
4	

On peut également écrire la valeur 0 dans la cellule A2 et écrire dans la cellule A3 la formule =A2+1 que l'on recopie dans les cellules de la colonne A.

• Créer la colonne B des valeurs de u_n.
Écrire dans la cellule B2 le terme u_0 de la suite.
Écrire dans la cellule B3 la formule =B2+2,5 .
Recopier cette formule vers le bas.

	A	B
1	n	u(n)
2	0	5
3	1	=B2+2,5

2 Comment calculer les termes d'une suite arithmétique définie par une formule explicite avec un tableur ?

On considère la suite arithmétique définie, pour tout entier naturel n, par sa formule explicite $u_n = -6n - 4{,}2$.

• Créer la colonne A des entiers naturels n (voir ci-dessus).
• Écrire dans la cellule B2 la formule =-6*A2-4,2 .
• Recopier cette formule vers le bas.

	A	B
1	n	u(n)
2	0	=-6*A2-4,2
3	1	

3 Comment tracer la courbe représentative d'une fonction affine avec un logiciel de géométrie ?

On considère la fonction affine f définie, pour tout réel x, par $f(x) = -3x + 4{,}2$.

• Écrire dans la barre de saisie l'expression de la fonction.
La courbe se trace automatiquement.

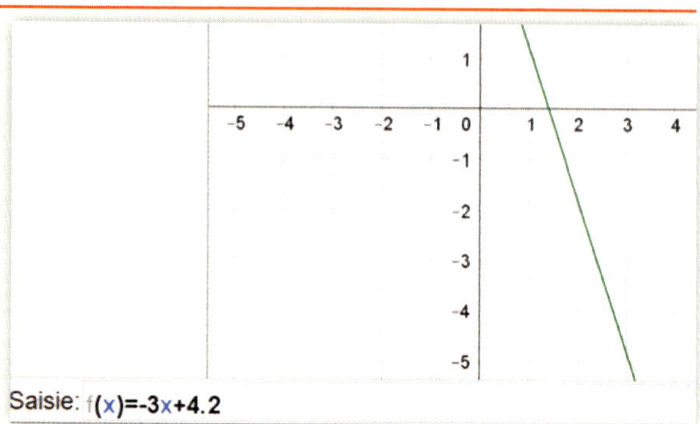

4 Comment représenter le nuage de points d'une suite arithmétique avec un logiciel de géométrie ?

On considère la suite arithmétique définie, pour tout entier naturel n, par $u_n = 0{,}5n + 3$.

• Écrire dans le tableur d'un logiciel de géométrie dynamique les entiers naturels n et les termes de la suite (u_n) correspondants.
• Sélectionner toutes les valeurs, cliquer droit et choisir *Créer / Liste de points.*

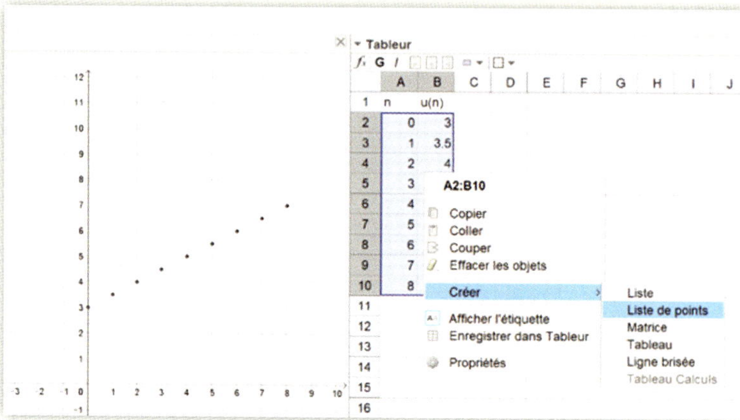

30 min Travail en groupe

Constituer des groupes de quatre élèves qui auront chacun un des rôles suivants.
Résoudre tous ensemble la situation donnée. Remettre une trace écrite de cette résolution.

Animateur
- responsable du niveau sonore du groupe
- distribue la parole pour que chacun s'exprime

Rédacteur en chef
- responsable de la trace écrite rédigée par tous les membres du groupe

Ambassadeur
- porte-parole du groupe, seul autorisé à communiquer avec le professeur et, éventuellement, d'autres groupes

Maître du temps
- responsable de l'avancement du travail du groupe
- veille au respect du temps imparti

L'évolution de la population de trois espèces animales est modélisée ci-dessous :
- **Gorilles** : le nombre u_n de gorilles est : $u_n = 100\ 000 - 1220n$, où n est le nombre d'années écoulées depuis 1980. Une génération de gorilles est estimée à 22 ans.
- **Chameaux sauvages** : la suite (v_n) suivante donne le nombre de chameaux sauvages lors de l'année $1985 + n$, on a $v_0 = 640$ et $v_{n+1} = v_n - 11$. Une génération de chameaux sauvages est estimée à 16 ans.
- **Rhinocéros du Népal** : le nombre d'individus a évolué régulièrement entre 2015 et 2022 : l'écart du nombre d'individus entre deux années consécutives est constant. Le nombre de rhinocéros est passé de 645 à 757 sur cette période.

Selon l'Union internationale pour la conservation de la nature (UICN), le critère suivant permet d'affirmer qu'une espèce est « en danger critique » et qu'elle est confrontée à un risque extrêmement élevé d'extinction à l'état sauvage :
La réduction des effectifs est supérieure ou égale à 80 % sur trois générations, la période de temps devant inclure à la fois le passé et l'avenir, lorsque la réduction ou ses causes n'ont peut-être pas cessé OU ne sont peut-être pas comprises OU ne sont peut-être pas réversibles.

Pour chaque espèce, en exploitant les informations données, présenter l'évolution de chacune des trois espèces (modèle mathématique employé, résultats, représentations graphiques, etc.) et conjecturer l'avenir de chacune.

Défi

Je suis une suite de nombres dont le premier terme est 3. Mes cinq premiers termes sont les cinq premiers termes d'une suite arithmétique de raison 4. À partir de mon sixième terme, et jusqu'à mon dixième, mes termes sont ceux d'une suite arithmétique dont la raison est égale à la raison précédente multipliée par –3. À partir de mon onzième terme, mes termes sont ceux d'une suite arithmétique dont la raison est égale à la raison précédente divisée par –2.

Aurai-je de nouveau un terme égal à 3 ?

Présentation orale

Une légende veut que le mathématicien, astronome et physicien allemand Karl Friedrich Gauss (1777-1855), surnommé le prince des mathématiciens, découvre à 6 ans une méthode permettant de calculer la somme des 100 premiers entiers naturels :

$$1 + 2 + 3 + \ldots + 100.$$

Rechercher comment s'y est pris Gauss et comment on peut généraliser le calcul de cette somme jusqu'à n'importe quel entier n pour en faire une présentation orale de 5 min.

Déterminer le sens de variation des suites arithmétiques et des fonctions affines

QUESTIONS FLASH

1. Soit f la fonction affine définie par $f(x) = 100 - x$. Quelle est la valeur du coefficient directeur de la droite représentant la fonction f ?

2. Soit g la fonction affine définie par $g(x) = -3x + 4$. Quel est le sens de variation de la fonction g ?

3. Soit v la suite arithmétique de raison 0,123. Quel est le sens de variation de la suite v ?

4. Soit u la suite arithmétique telle que $u_0 = -4$ et $u_1 = -5$.
a. Quelle est la raison de la suite u ?
b. Quel est le sens de variation de la suite u ?

Déterminer le sens de variation d'une fonction affine

1 Soit g la fonction affine telle que $g(2) = 2$ et $g(4) = -2$.
1. Placer dans un repère deux points de la droite $\mathscr{D}$ représentant g.
2. Conjecturer le sens de variation de g.
3. Vérifier que $g(x) = -2x + 6$. Justifier la conjecture de la question **2**.
4. Donner les coordonnées du point d'intersection de la droite $\mathscr{D}$ avec l'axe des ordonnées.

2 Soit h la fonction affine telle que $h(1) = 2$ et $h(-4) = -2$.
1. Déterminer $h(x)$ en fonction de x.
2. Quel est le sens de variation de h ?
3. Déterminer les valeurs de x telles que $h(x) \geqslant 0$.
4. Sans calcul, donner le signe du nombre $h(150)$.

3 Soit f une fonction affine croissante, d'ordonnée à l'origine 10.
1. Parmi les quatre expressions suivantes, déterminer les deux seules pouvant définir f.
(a) $10x - 10$ (b) $10x + 10$ (c) $-10x + 10$ (d) $x + 10$
2. On sait désormais que $f(-1) = 0$. Quelle est la seule expression possible pour $f(x)$?
3. Donner l'expression d'une fonction affine décroissante, d'ordonnée à l'origine 10.

4 **1.** Donner l'expression d'une fonction affine f décroissante et dont l'ordonnée à l'origine de sa courbe représentative est 3.
2. On donne la fonction affine k telle que $k(x) = 2{,}5x + 3$. Expliquer pourquoi cette fonction ne peut pas être une bonne réponse à la question **1**.
3. On donne la fonction affine l définie pour tout réel x par $l(-5) = 15$ et $l(-2) = -6$. Calculer le coefficient directeur de la droite qui représente l et en déduire que l est décroissante.
4. La fonction l peut-elle être une bonne réponse à la question **1** ?

Déterminer le sens de variation d'une suite arithmétique

5 Répondre à chaque affirmation par Vrai ou Faux en justifiant la réponse.
On considère la suite $(t(n))$ définie par la relation de récurrence : $t(n+1) = t(n) + 11$ et $t(0) = -15$.
a. La raison de la suite $(t(n))$ est -15.
b. La raison de de la suite $(t(n))$ est négative.
c. Les termes de la suite $(t(n))$ sont tous négatifs.
d. La suite est croissante.

6 Répondre à chaque affirmation par Vrai ou Faux en justifiant la réponse.
On considère la suite (r_n) définie pour tout entier naturel n par $r_n = -5n + 101$.
a. $r_1 > 100$.
b. La suite (r_n) est arithmétique.
c. La suite (r_n) est croissante.
d. La suite (r_n) possède des termes négatifs.

7 **1.** Donner un exemple d'une suite arithmétique $(p(n))$ croissante.
2. On considère la suite $(q(n))$ définie, pour tout entier naturel n, par $q(n) = 0{,}15 - n$.
Quel est le sens de variation de $(q(n))$?
3. Donner un exemple de deux suites arithmétiques, l'une décroissante et l'autre constante, avec pour chacune, le premier terme égal à 0,15.
4. Parmi les deux suites choisies à la question précédente, une seule peut avoir des termes négatifs. Laquelle ?

8 **1.** Parmi les trois suites arithmétiques définies ci-dessous, déterminer celles qui sont décroissantes.
(a) $u_n = n + 1$ (b) $v_n = -n + 1$ (c) $z_{n+1} = -3 + z_n$
2. On pose $z_0 = -2$. Justifier que tous les termes de la suite (z_n) sont négatifs.
3. Donner un exemple d'une suite arithmétique croissante dont le premier terme est négatif.
4. Peut-on avoir une suite arithmétique croissante dont tous les termes sont négatifs ? Justifier.

9 ♪ On considère une suite arithmétique u définie pour tout entier naturel n et telle que :

$$u(3) = -5 \text{ et } u(7) = 15.$$

1. Conjecturer le sens de variation de cette suite.
2. Calculer sa raison et justifier la réponse à la question précédente.
3. Calculer le premier terme de cette suite.
4. Quel est le premier terme de la suite qui est strictement positif ?

10 ♫ On considère une suite arithmétique v définie pour tout entier naturel n et telle que :

$$v_3 = \frac{1}{3} \text{ et } v_5 = -\frac{2}{3}.$$

1. Conjecturer le sens de variation de cette suite.
2. Calculer sa raison et justifier la réponse à la question précédente.
3. Calculer le premier terme de cette suite.
4. Quel est le premier terme de la suite qui est strictement négatif ?

UN EXERCICE DEUX ÉNONCÉS

11 À partir du premier janvier 2020, un transporteur routier décide de modéliser le prix (en euros) de la prise en charge de la marchandise qu'il transporte par une suite arithmétique $(p(n))$, de raison 5 et telle que $p(0) = 55$, où n est un entier naturel représentant le nombre d'années écoulées depuis 2020. Une étude de marché montre que, dans le même temps, le nombre annuel de commandes de transport de marchandises peut se modéliser par la suite arithmétique $(c(n))$, de raison -100 et telle que $c(0) = 3\,000$.

ÉNONCÉ 1 ♪

1. Déterminer le sens de variation de la suite $(p(n))$ et interpréter ce résultat.
2. Calculer la valeur de $c(1)$ et interpréter ce résultat.
3. Déterminer le sens de variation de la suite $(c(n))$ et interpréter le résultat.
4. Quelle est la forme explicite de chacune des suites ?
5. À quel prix le transporteur va facturer la prise en charge de la marchandise en 2026 et combien y aura-t-il de commandes cette année-là ?

ÉNONCÉ 2 ♫

1. Déterminer le sens de variation des suites (p_n) et (c_n) et interpréter ce résultat.
2. a. En quelle année le nombre de commandes aura diminué de moitié ?
   b. Quel sera alors le prix de la prise en charge des marchandises appliquée par le transporteur ?
3. Existe-t-il une année où le prix de la prise en charge de la marchandise pourrait être égal à 80 € ?
4. Existe-t-il une année où le nombre de commandes pourrait être égal à 0 ?

12 Dans un gratte-ciel comportant 100 étages, il y a un escalier allant du rez-de-chaussée (étage 0) jusqu'au dernier étage. Cet escalier est composé de 21 marches par étage.
Simon est au dernier étage et sa sœur Lilas au bas de l'escalier.
Ils partent au même instant afin de se rejoindre : Simon descend 5 marches par seconde et Lilas en monte 2 par seconde.

ÉNONCÉ 1 ♪

On note respectivement $s(0)$, $s(1)$, $s(2)$, … $s(n)$ et $l(0)$, $l(1)$, $l(2)$, … $l(n)$ le nombre de marches qui séparent Simon et Lilas du bas de l'immeuble à 0 seconde $(n = 0)$, une seconde $(n = 1)$, deux secondes $(n = 2)$, … n secondes après leur départ.

1. Que valent $s(0)$ et $l(0)$?
2. Déterminer $s(1)$, $s(2)$, $l(1)$ et $l(2)$.
3. Quel semble être le sens de variation des suites $(s(n))$ et $(l(n))$?
4. On a calculé à l'aide d'un tableur les termes des suites $(s(n))$ et $(l(n))$.

	A	B	C
1	*n*	*s(n)*	*l(n)*
2	0	...	...
3	1	...	...
4	2	...	...
5	3	2085	6

299	297	615	594
300	298	610	596
301	299	605	598
302	300	600	600
303	301	595	602
304	302	590	604
305	303	585	606

En utilisant les copies d'écran ci-dessus, déterminer le nombre de secondes qu'il faut à Simon et Lilas pour se rencontrer dans l'escalier.

ÉNONCÉ 2 ♫ 💻

On note respectivement s_0, s_1, s_2, … s_n et l_0, l_1, l_2, … l_n le nombre de marches qui séparent Simon et Lilas du bas de l'immeuble, au départ $(n = 0)$, une seconde après leur départ $(n = 1)$, deux secondes après leur départ $(n = 2)$, … n secondes après leur départ.

1. Déterminer la forme explicite des suites (s_n) et (l_n).
2. Quel est le sens de variation de ces suites ?
3. Sur un tableur, calculer les 221 premiers termes de ces suites.
   Déterminer au bout de combien de minutes et secondes Simon se trouvera à 700 marches au-dessus de Lilas.
4. Retrouver le résultat de la question précédente par un calcul.

Déterminer un seuil pour une fonction affine et pour une suite arithmétique

QUESTIONS FLASH

1. On considère la fonction affine f définie pour tout réel x par $f(x) = 3x + 1$.
Donner un nombre réel x tel que $f(x) \leqslant 0$.

2. On a tracé ci-dessous la droite représentant une fonction affine f.
Déterminer graphiquement les solutions de l'inéquation $f(x) \leqslant 0$.

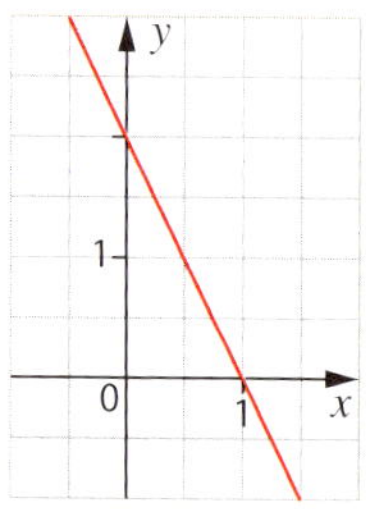

3. On considère la suite arithmétique définie, pour tout entier naturel n, par $u(n) = -6n + 18$.
Déterminer à partir de quel rang tous les termes de la suite sont négatifs.

4.

a

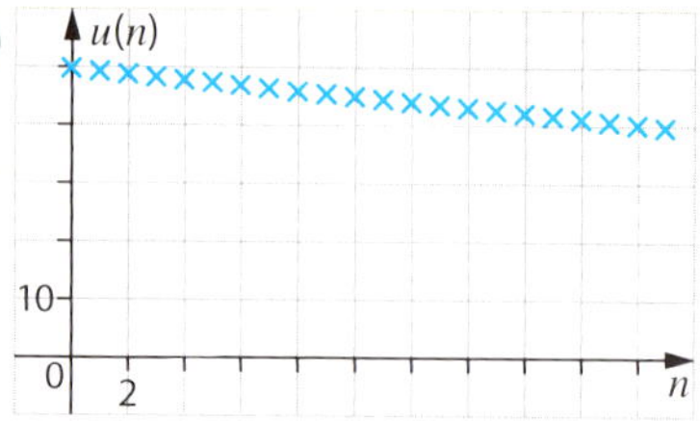

b

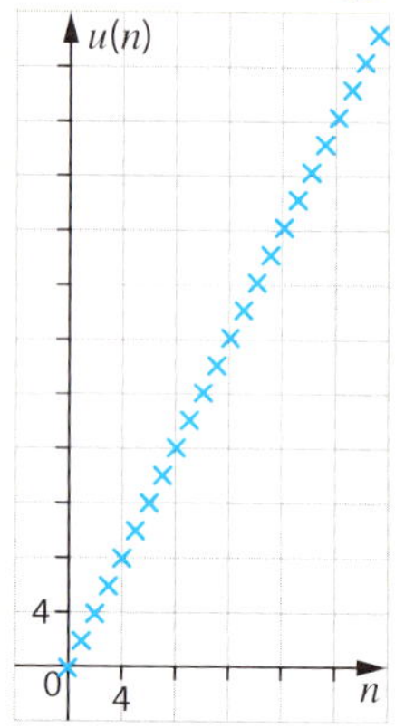

Une suite arithmétique $(u(n))$, définie pour tout entier naturel n, est telle que $u(n) \geqslant 40$ dès que $n \geqslant 20$.
Lequel de ces graphiques peut représenter la suite ?

Déterminer un seuil pour une fonction affine

13 (Niveau 1) On considère la fonction affine f définie pour tout réel x par $f(x) = -3x + 9$.
1. Déterminer un nombre réel x tel que $f(x) \geqslant 0$.
2. Déterminer un réel x tel que $f(x) \leqslant 0$.
3. Déterminer tous les réels x tels que $f(x) \geqslant 0$.

14 (Niveau 2) On considère la fonction affine f définie pour tout réel x par $f(x) = -\frac{1}{2}x + 8$.
1. Déterminer un nombre réel x tel que $f(x) \geqslant 0$.
2. Déterminer un réel x tel que $f(x) \leqslant 0$.
3. Déterminer tous les réels x tels que $f(x) \geqslant 0$.

15 (Niveau 1) Un objet mobile se déplace à la vitesse $v(t)$ (exprimée en m/s) où t est le temps (exprimé en s).
On suppose que, pour tout réel $t \geqslant 0$, on a :
$$v(t) = 2t + 3.$$
Déterminer l'instant t à partir duquel le mobile se déplacera avec une vitesse supérieure ou égale à 24 m/s.

16 (Niveau 2) Un objet mobile se déplace à la vitesse $v(t)$ (exprimée en m/s) où t est le temps (exprimé en s).
À l'instant $t = 1$, le mobile a une vitesse égale à 6 m/s.
À l'instant $t = 5$, le mobile a une vitesse de 3 m/s.
On suppose que $v(t)$ est une fonction affine du temps.
Déterminer l'instant t auquel la vitesse du mobile sera égale à 0.

Déterminer un seuil pour une suite arithmétique

17 (Niveau 1) On considère la suite arithmétique définie, pour tout entier naturel n, par $u(n) = -3n + 4$.
1. Quel est le sens de variation de la suite $(u(n))$?
2. Déterminer le plus petit entier naturel n tel que $u(n) \leqslant -100$.

18 (Niveau 2) On considère la suite arithmétique définie, pour tout entier naturel n, par $u_n = 4n + 1$.
1. Quel est le sens de variation de la suite (u_n) ?
2. Déterminer le plus petit entier naturel n_0 tel que $u_{n_0} \geqslant 80$ et le plus petit entier naturel n_1 tel que $u_{n_1} \leqslant 50$.

19 (Niveau 1) En 2023, la population d'une espèce d'oiseaux d'un parc naturel est égale à 4 500 individus. La population augmente chaque année de 163 oiseaux.
On note n le nombre d'années écoulées depuis 2023.
Déterminer la première année où le nombre d'oiseaux du parc naturel sera supérieur ou égal à 6 000.

20 (Niveau 2) Dans une solution expérimentale, on dénombre 2 400 bactéries à l'instant 0. Le nombre de bactéries augmente de 60 chaque minute. On note n le nombre de minutes après l'instant 0 et u_n le nombre de bactéries présentes après n minutes. Déterminer combien de minutes il faut attendre pour que le nombre de bactéries présentes soit supérieur ou égal à 4 000.

21 On considère les deux suites arithmétiques u et v définies, pour tout entier naturel n, par $u(n) = 3n + 1$ et $v(n) = -2n + 10$.
Déterminer le rang à partir duquel $u(n) \geqslant v(n)$.

22 On considère la suite arithmétique v telle que $v_3 = 10$ et $v_4 = 12$ et la suite arithmétique w de premier terme $w_0 = 100$ et de raison -2.
Déterminer le rang à partir duquel $v_n \geqslant w_n$.

UN EXERCICE DEUX ÉNONCÉS

23 On construit une série de « pyramides » à l'aide d'allumettes toutes identiques. On dispose de 200 allumettes.
L'objectif de cet exercice est de déterminer combien d'étages il est possible de réaliser avec ces 200 allumettes.

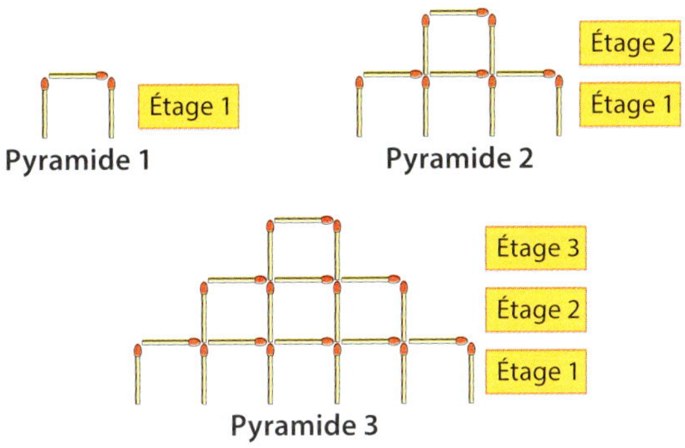

ÉNONCÉ 1
On note $(l(n))$ la suite qui définit le nombre d'allumettes à l'étage 1 de la pyramide n, avec $n \geqslant 1$.
1. Justifier que la suite $(l(n))$ est arithmétique et donner son premier terme et sa raison.
2. Combien y a-t-il d'allumettes à l'étage 1 de la pyramide 4 ?
3. Déterminer le nombre total d'allumettes de la Pyramide 4 en utilisant les termes de la suite $(l(n))$.
4. Calculer le nombre total d'allumettes de la Pyramide 9, le nombre total d'allumettes de la Pyramide 10, puis conclure.

ÉNONCÉ 2
On note (l_n) la suite qui définit le nombre d'allumettes à l'étage 1 de la pyramide n, avec $n \geqslant 1$.
1. Justifier que la suite (l_n) est arithmétique et donner son premier terme et sa raison.
2. Déterminer la forme explicite de la suite (l_n).
3. Déterminer le nombre total d'allumettes de la Pyramide 4 en utilisant les termes de la suite (l_n).
4. Conjecturer le nombre total d'allumettes de la pyramide n en utilisant les termes de la suite (l_n).
5. Déterminer l'entier naturel qui permet de déterminer combien d'étages il est possible de réaliser avec 200 allumettes.

24 Thomas Malthus, économiste anglais du XIXe siècle, a émis l'hypothèse suivante sur l'évolution de la population en Angleterre :
« La production agricole anglaise permet de nourrir 400 000 habitants de plus chaque année. »
La population anglaise en 1800 est égale à 8,3 millions d'habitants. On admet que cette population peut être totalement nourrie par la production agricole anglaise.

ÉNONCÉ 1
1. Combien de personnes (en millions) peuvent être nourries par la production agricole en 1801 ?
2. On note $a(n)$ le nombre de personnes (en millions) pouvant être nourries par la production agricole n années après 1800, où n est un nombre entier naturel. Quelles sont les valeurs de $a(0)$ et de $a(1)$?
3. Donner la relation de récurrence de la suite $a(n)$ puis en déduire sa formule explicite.
4. a. Combien de personnes la production agricole pourra-t-elle nourrir en 1810 ?
b. En quelle année la production agricole pourra-t-elle nourrir 20 millions d'habitants ?
5. En quelle année la production agricole pourra-t-elle nourrir plus du triple de personnes par rapport à 1800 ?

ÉNONCÉ 2
La population anglaise augmente de 2 % par an.
On a réalisé la feuille de tableur suivante.

	A	B	C	D
1	Année	1800	1801	1802
2	Population anglaise (en millions)	8,3	8,466	8,63532
3	Nombre de personnes pouvant être nourries par la production agricole (en millions)	8,3	8,7	9,1

1. Quelle formule a été écrite dans la cellule C2 ?
2. Quelle formule a été écrite dans la cellule C3 ?
3. On note a_n le nombre de personnes (en millions) pouvant être nourries par la production agricole n années après 1800, où n est un nombre entier naturel. Donner la relation de récurrence de la suite (a_n) puis en déduire sa formule explicite.
4. En 1879, la population anglaise est de 39,7 millions d'habitants. En 1880, elle est de 40,5 millions d'habitants.
a. À quelles valeurs de l'entier n correspond chacune de ces deux années ?
b. Calculer le nombre de personnes pouvant être nourries par la production agricole lors de ces deux années.
5. Quelle prévision permettait de réaliser le modèle de Malthus ?

VRAI / FAUX Argumenter à l'oral

1. On considère les suites arithmétiques :
• s de premier terme 11 et de raison -2 ;
• t telle que $t_0 = 0$ et $t_{n+1} = t_n + 0,5$ pour tout entier naturel n.

Proposition 1 La suite s est décroissante.
Proposition 2 La suite t est décroissante.
Proposition 3 Les termes de la suite s sont représentés dans un repère par des points appartenant à la droite d'équation $y = 11x - 2$.

2. On considère la suite arithmétique u de premier terme $u_0 = -62$ et de raison $r = 5$.

Proposition 4 Le premier rang n tel que $u_n \geqslant 0$ est 12.
Proposition 5 La droite d d'équation $y = 5x - 62$ contient tous les points de la suite (u_n).
Proposition 6 La droite d d'équation $y = 5x - 62$ coupe l'axe des abscisses en un point d'abscisse négative.

25 **Achat d'un piano** ÉCONOMIE

Depuis le 01/01/2022, Frédéric a décidé de placer sur un compte une même somme d'argent tous les premiers de chaque mois. Il ne retire pas d'argent sur ce compte tant qu'il n'y a pas une somme suffisante pour acheter le piano de ses rêves qui coûte 11 500 €.
Ce compte comportait la somme de 8 500 euros fin décembre 2021.
On note $c_0 = 8\,500$, c_1 le montant sur le compte après le premier versement effectué le 01/01/2022, c_2 le montant sur le compte après le deuxième versement effectué le 01/02/2022, etc.
1. Après le versement du 01/04/2022, le montant c_4 est égal à 9 500 euros. Quel est le montant du versement mensuel ?
2. Exprimer c_{n+1} en fonction de c_n.
3. Justifier que la suite c est croissante.
4. Placer dans un repère les cinq points représentant les cinq premiers termes de cette suite c.
5. En déduire graphiquement au bout de combien de mois Frédéric pourra acheter son piano.

26 **À l'équilibre** ÉCONOMIE

Un artisan fabrique des petites statuettes en bois. Suivant les contraintes de l'offre et de la demande, il a constaté que l'offre (la quantité théorique de statuettes qu'il souhaite proposer à la vente selon le prix x affiché en euros) est donnée par la fonction o définie, pour tout réel x, par $o(x) = 15x$.
La demande (la quantité théorique de statuettes que les consommateurs sont susceptibles d'acheter selon le prix x affiché en euros) est donnée par la fonction d définie pour tout réel x par $d(x) = -x + 200$.
1. Représenter dans le même repère les fonctions affines « offre » et « demande ».
2. a. Quel est le sens de variation de la fonction « demande » ?
b. Quelle est l'explication économique de ce phénomène ?
3. On appelle « prix d'équilibre » le prix pour lequel « offre » et « demande » coïncident.
a. Déterminer graphiquement ce prix.
b. Calculer le prix pour lequel la demande sera nulle.

27 **Évolution de populations** SVT

La population A d'une espèce de mammifères augmente chaque année de 3 %. Le nombre d'individus dans la population A était de 4 600 en 2010.
L'évolution d'une population B de reptiles est modélisée à l'aide d'une suite (u_n). On note u_n le nombre d'individus de cette population lors de l'année $2010 + n$.
On a $u_n = 110n + 5100$.
On a utilisé un tableur et la feuille de calcul suivante, où les résultats ont été arrondis à l'unité près.

	A	B	C	D	E	F	G	H
1	Année	2010	2011	2012	2013	2014	2015	2016
2	Population A	4600	4738	4880	5027	5177	5333	5493
3	Population B	5100	5210	5320	5430	5540	5650	5760

	A	I	J	K	L	M	N	O
1	Année	2017	2018	2019	2020	2021	2022	2023
2	Population A	5657	5827	6002	6182	6367	6559	6755
3	Population B	5870	5980	6090	6200	6310	6420	6530

1. Quelles formules a-t-on écrites dans les cellules C2 et C3 pour les recopier vers la droite ?
2. Décrire l'évolution de ces deux populations.
3. Justifier la réponse à la question précédente pour la population B en s'appuyant sur la modélisation mathématique donnée.
4. En utilisant les résultats donnés par le tableur, déterminer en quelle année la population A sera pour la première fois supérieure à la population B.

28 **Démographie** GÉOGRAPHIE

On a représenté sur le graphique ci-dessous, l'évolution de la population de deux villes A et B à partir de janvier 2022. La ville A est représentée en rouge et la ville B en vert.
Sur l'axe des abscisses, on lit les mois et sur l'axe des ordonnées le nombre d'habitants en milliers.

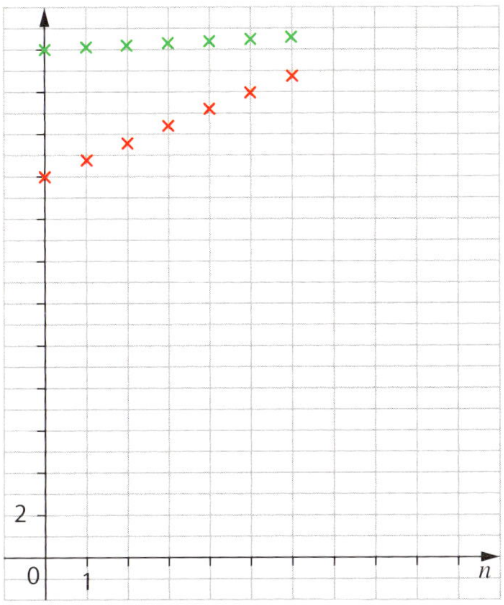

1. En supposant que la croissance de ces deux populations est linéaire, lire graphiquement au bout de combien de mois la population de la ville A aura dépassé celle de la ville B.
2. On modélise ces deux croissances à l'aide de deux suites arithmétiques.
On donne, pour la ville B, $u(n) = 0{,}1n + 24$.
Quelle est la forme explicite de la suite (v_n) définissant la population de la ville A ?
3. Vérifier la réponse à la première question en utilisant les suites définies précédemment et en résolvant une inéquation.

29 **Les vacances à vélo**

Marcus, en vacances, décide de visiter la région à vélo. Chaque jour, il enfourche son vélo et parcourt 10 km de plus que le jour précédent. Le premier jour, il pédale sur 30 km.
1. Parmi les quatre suites ci-dessous, deux modélisent la situation : lesquelles ?
(a) (u_n) définie par $u_{n+1} = 10u_n$, avec $u_0 = 30$
(b) (v_n) définie par $v_{n+1} = 10 + v_n$, avec $v_0 = 30$
(c) (x_n) définie par $x_n = 30 + 10n$, avec $n \in \mathbb{N}$
(d) (w_n) définie par $w_n = 20 + 10n$, avec $n \in \mathbb{N}$
2. Son amie Wendie fait aussi du vélo. La suite qui modélise le nombre de kilomètres parcourus en fonction du jour n est définie par $g_n = 105 - 15n$, avec g_0 correspondant au nombre de km effectués le premier jour.
a. Justifier que les suites modélisant le nombre de kilomètres parcourus par Marcus et Wendie ont des sens de variation contraires.
b. Existe-t-il un jour où Marcus et Wendie font autant de kilomètres l'un que l'autre ?
c. Tracer dans le même repère les droites d'équation $y = 30 + 10x$ et $y = 105 - 15x$.
Donner le sens de variation des fonctions affines associées aux deux droites précédentes.
d. Quel résultat retrouve-t-on en lisant les coordonnées du point d'intersection de ces deux droites ?
3. Marcus et Wendie passent six jours en vacances et font chaque jour du vélo. Lequel des deux aura fait le plus de kilomètres en six jours ?

30 **1.** Associer chacune des propositions numérotées (1) à (7) à l'une des propositions numérotées (a) à (g) qui lui correspond. Toutes les suites mentionnées sont des suites arithmétiques.

(1) Mon premier terme est –1 et mon quatrième est –10.
(2) Je suis une suite de raison -3 et de premier terme $a_0 = 2$.
(3) $w_{n+1} = w_n + 3$ et $w_1 = 1$.
(4) $u_n = 182n - 862$ pour tout n entier naturel.
(5) $z_n = -182n + 862$ pour tout n entier naturel.
(6) $v_{n+1} = v_n - 3$ et $v_1 = 16$.
(7) Je suis une suite (l_n) telle que $l_{10} = 5l_2$.

(a) Mon troisième terme est –4 et mon sixième est –13.
(b) Mon premier terme négatif est le sixième.
(c) Je suis telle que mon terme de rang zéro vaut 0.
(d) Je suis de raison –3 et de premier terme négatif.
(e) Mon premier terme négatif est de rang 7.
(f) Mon premier terme positif est le sixième.
(g) Je suis croissante avec tous mes termes strictement positifs.

2. Créer un exercice sur le même modèle avec trois autres suites.

31 On considère la suite (a_n) définie par $a_0 = 0$ et $a_{n+1} = 2a_n + 1$.
1. Calculer les termes a_1 et a_2.
2. Calculer $a_2 - a_1$ et $a_1 - a_0$. La suite (a_n) est-elle arithmétique ?
3. Les termes de cette suite sont presque tous impairs sauf un : lequel ?
4. Proposer un changement dans l'énoncé pour que tous les termes de la suite (a_n) soient impairs.

32 **Bactéries** ALGO SVT

Une population P de bactéries est constituée à l'instant $n = 0$ de 200 000 individus.
Chaque seconde, 4 000 bactéries disparaissent.

1. Modéliser cette évolution grâce à une suite, notée (u_n), en précisant sa nature et son premier terme.
2. Dans le même temps, une seconde population L de bactéries est constituée à l'instant $n = 0$ de 100 000 individus. Chaque seconde, 5 000 bactéries apparaissent. Modéliser cette évolution grâce à une suite (v_n), en précisant sa nature et son premier terme.
3. Recopier et compléter la fonction Python ci-dessous afin qu'elle détermine le nombre de bactéries de chaque population présentes à l'instant n.

```
def nombre_bacteries(n):
    return ...
```

4. Donner les équations des droites auxquelles appartiennent les termes de chaque suite.
5. En résolvant une inéquation, déterminer le temps n nécessaire pour que le nombre de bactéries de la population L devienne supérieur ou égal à celui de la population P.
6. Vérifier avec la fonction Python précédente.

33 **Ne pas oublier la descente et l'anorak !**

Une montgolfière est située à une altitude de 100 mètres. À cette altitude, la température de l'air est de 20 °C.
Les passagers souhaitent monter le plus haut possible mais le pilote, inquiet, leur rappelle deux règles :
• on perd environ 1 °C chaque fois qu'on s'élève de 75 mètres ;
• on brûle environ 2,5 kg de gaz chaque fois qu'on s'élève de 100 mètres.
Sachant que le pilote ne peut pas brûler plus de 15 kg de gaz car il doit garder le reste pour assurer la descente, quelle température fera-t-il quand ils atteindront l'altitude maximale ?

34 ALGO

On considère une suite arithmétique (u_n) de premier terme -96 et de raison 5.
Recopier et compléter la fonction Python ci-dessous pour qu'elle affiche le plus petit rang n à partir duquel $u_n \geqslant 0$.

```
def seuil():
    u=...
    k=0
    while u<...:
        u=...
        k=k+1
    return ...
```

35 Soit (u_n) la suite définie pour tout entier naturel n par $u_n = an + b$ avec a et b deux réels constants.

1. Calculer u_{n+1} en fonction de n.
2. Calculer $u_{n+1} - u_n$.
3. En déduire la nature de la suite (u_n) puis sa raison et son premier terme.

36 ALGO

On a écrit la fonction Python ci-dessous.

```
def seuil(N):
    u=20
    k=0
    while u>N:
        u=u-0.5
        k=k+1
    return k
```

1. Donner le premier terme et la raison de la suite arithmétique utilisée dans la fonction.
2. Un utilisateur écrit l'instruction suivante et obtient le résultat suivant.

```
>>> seuil(3)
34
```

Interpréter le résultat donné par l'algorithme.

37 **Cadence industrielle** ÉCONOMIE

Au mois de janvier 2022, un constructeur automobile a construit 15 500 voitures.
Sa production augmente de 600 unités par mois tout au long des années suivantes.

1. Modéliser la production de ce constructeur grâce à une suite (p_n). Quelle est la nature de cette suite ?
2. a. Donner la forme explicite de la suite (p_n).
b. Donner les sixième et douzième termes.
c. En déduire les productions en juin et décembre 2022.
3. En quel mois de quelle année, le constructeur fabriquera-t-il pour la première fois une production supérieure ou égale à 30 000 unités ?
4. Quelle sera la production au mois de décembre 2025 ?
5. À partir de janvier 2026, les dirigeants prévoient de fabriquer 150 unités de moins que le mois de décembre 2025, puis de maintenir cette évolution pendant les deux années suivantes.
a. Modéliser la production de ce constructeur par une suite (t_n) dont on donnera la raison et le premier terme à partir du mois de janvier 2026.
b. Au bout de combien de mois la production passera-t-elle en dessous des 40 000 unités ?

Ressources du chapitre
hachette-clic.fr/23bs1005

CHAPITRE

5 Modèles exponentiels

FOCUS MÉTIER

Épidémiologiste

Dominique est épidémiologiste dans un CHU. Elle étudie les maladies à travers différentes données : par exemple, le lieu, la population, les facteurs de risque favorisant l'apparition de certaines pathologies. Grâce à des analyses statistiques, aux suites géométriques et aux fonctions exponentielles, Dominique peut suivre l'évolution de certains virus et faire des simulations de propagation à plusieurs échelles (métropolitaine, régionale, nationale, internationale).

Elle détermine en particulier le taux de reproduction de l'épidémie noté R_0.

Son rôle est donc de surveiller, mais aussi d'alerter si nécessaire les services et autorités sanitaires, populations, médias, services de santé ministériels… Les résultats de ses analyses conduisent à la prise de mesures correspondant à la situation.

Des formations en lien avec le chapitre

- Diplôme d'ingénieur spécialité génie biologique
- Master en épidémiologie, en recherche clinique, en génie cellulaire, en santé publique
- Doctorat en santé publique et épidémiologie
- Doctorat en médecine

Automatismes hebdomadaires

En cas de besoin, voir les indispensables :

Calculs algébriques p. 176
Développements et factorisations p. 177
Équations et inéquations p. 178
Lectures graphiques p. 179

Gamme 1

1 Puissances

Recopier et compléter.

$3^7 \times 3^{-4} = 3^{\cdots}$

2 Identités remarquables

Factoriser l'expression $x^2 - 9$.

3 Équations

Résoudre $x^2 = 16$.

4 Variations

Quel est le sens de variation sur [0 ; 1,2] de la fonction dont la courbe représentative est donnée ci-dessous ?

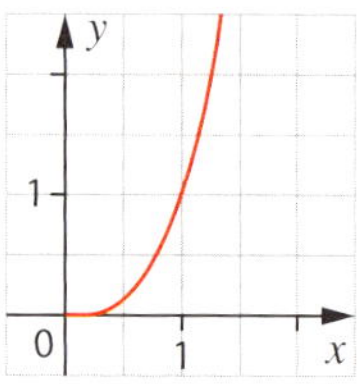

Gamme 2

1 Pourcentages

Un produit coûte 120 €. Il augmente de 10 %.

Calculer son prix après augmentation.

2 Développements

Développer l'expression $(n-3)(n+4)-(n+1)^2$.

3 Formules

On donne $u = 3n - 4$.

Exprimer n en fonction de u.

4 Image

Déterminer graphiquement, dans le nuage de points ci-contre, l'ordonnée du point d'abscisse 3.

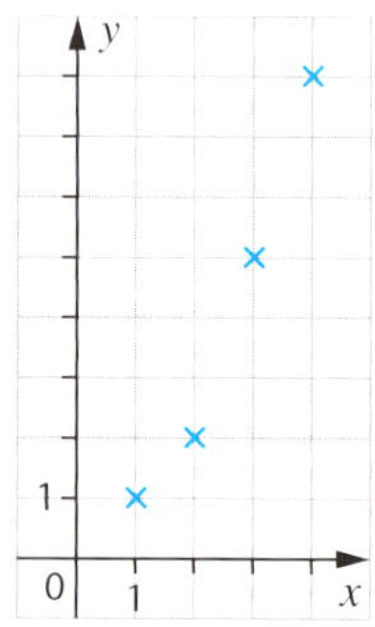

Gamme 3

1 Puissances

Recopier et compléter.

$\frac{5^6}{5^{-2}} = 5^{\cdots}$

2 Image

Recopier et compléter.

$f(x) = 2x^2 - 3x + 4$

On a $f(4) = \ldots$

3 Équations

Résoudre $3x^2 + 3 = 30$.

4 Image

Déterminer graphiquement $f(0)$

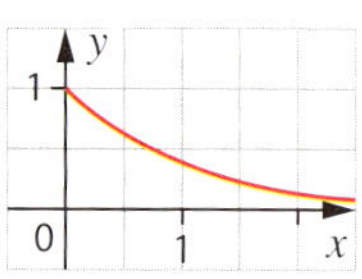

Gamme 4

1 Pourcentages

Le prix d'un produit est passé de 90 € à 81 €.

Calculer le pourcentage de la baisse de prix.

2 Factorisations

Factoriser l'expression $(2n-3)(n-4)-(2n-3)^2$.

3 Équations

n est un entier naturel.

Résoudre $3n - 10 = 53$.

4 Antécédents

Déterminer graphiquement le nombre d'antécédents de 1 par la fonction dont la courbe est tracée ci-contre.

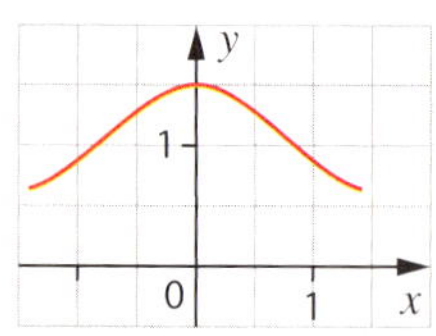

Pour construire le cours

Situation 1 Augmentation salariale

Objectif
Introduire les suites géométriques

Camille vient de trouver son premier emploi au cours de l'année 2022. Son salaire est de 1 450 € par mois. Son contrat précise que son salaire doit subir une augmentation de 2,3 % chaque année dès l'année 2023.
On note $u(0) = 1\,450$ et $u(n)$ le montant du salaire de Camille n années après 2022.

1. Calculer $u(1)$ et interpréter le résultat pour Camille.
2. Camille souhaite savoir comment va évoluer son salaire au cours des années à venir. Pour cela, son employeur a réalisé la simulation sur un tableur, donnée ci-dessous (fichier *p089_chap5_situation1.xlsx* à télécharger).

	A	B	C
1	Années	*n*	*u(n)*
2	2022	0	1450
3	2023	1	
4	2024	2	
5	2025	3	

a. Quelle formule faut-il écrire dans la cellule C3 pour retrouver le résultat de la question **1** ?

b. Recopier la formule précédente dans la colonne C pour déterminer le salaire de Camille en 2030. On arrondira au centime d'euro près.

3. Exprimer $u(9)$ en fonction de $u(8)$. Réécrire cette relation avec les notations u_9 et u_8.
4. Exprimer $u(9)$ en fonction de $u(0)$. Réécrire cette relation avec les notations u_9 et u_0.
5. Exprimer $u(n+1)$ en fonction de $u(n)$. Réécrire cette relation avec les notations u_{n+1} et u_n.
6. Exprimer $u(n)$ en fonction de $u(0)$. Réécrire cette relation avec les notations u_n et u_0.

Situation 2 Taux de reproduction d'un virus

Objectif
Introduire les fonctions exponentielles

Lors de la propagation d'une maladie contagieuse, on détermine un coefficient de reproduction de la maladie, noté R. Ce coefficient signifie que lorsqu'une personne est contaminée, elle est contagieuse pendant une semaine, période pendant laquelle elle transmet la maladie à R personnes en moyenne. Chacune de ces personnes vont, à leur tour, transmettre, la maladie à R personnes la semaine suivante et ainsi de suite… On admet qu'une personne ne peut être contaminée que par une seule autre personne.
On considère une population de 1 000 personnes et un coefficient de reproduction $R = 1{,}25$.
On note $u_0 = 1\,000$ et u_n le nombre de personnes contaminées lors de la n-ième semaine.

1. Un épidémiologiste a simulé à l'aide d'un logiciel de géométrie dynamique, l'évolution du nombre de personnes contaminées chaque semaine.
Quelle formule a-t-il écrite dans la cellule B3 puis recopiée vers le bas ?

	A	B
1	n	u_n
2	0	1000
3	1	1250
4	2	1562.5
5	3	1953.13
6	4	2441.41
7	5	3051.76

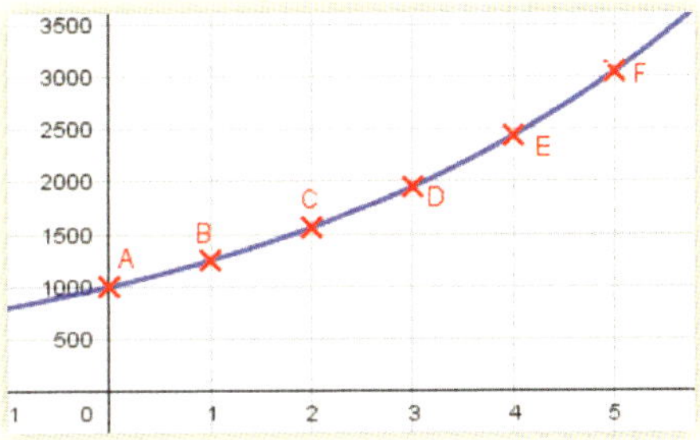

2. Quelle est l'expression de u_n en fonction de n ?
3. Pour avoir des données plus précises, l'épidémiologiste prolonge son étude et écrit dans la barre de saisie du logiciel la formule suivante : $f(x) = 1\,000 \times 1{,}25^x$ avec x réel positif.
Lire graphiquement une valeur approchée du nombre de personnes contaminées au bout d'une semaine et demie puis de deux semaines et demie.

Connaître le cours

1. Phénomènes discrets

1. Suites géométriques

Définitions et notations

Soit q un nombre réel strictement positif. Une suite (u_n) est une **suite géométrique** si et seulement si, pour tout entier naturel n, $u_{n+1} = q \times u_n$.
q est appelée la **raison** de la suite géométrique (u_n).
$u_{n+1} = q \times u_n$ s'appelle la **relation de récurrence** de la suite géométrique.

Exemple

On considère la suite (u_n) définie par $u_0 = 3$ et, pour tout entier naturel n, $u_{n+1} = 2{,}5u_n$.
La suite (u_n) est une suite géométrique de premier terme 3 et de raison 2,5.
On a alors $u_1 = 2{,}5 \times u_0 = 2{,}5 \times 3 = 7{,}5$. On a $u_2 = 2{,}5 \times u_1 = 2{,}5 \times 7{,}5 = 18{,}75$.

Propriété

(u_n) est la suite géométrique de premier terme $u_0 > 0$ et de raison $q > 0$ si et seulement si, pour tout entier naturel n, on a $u_n = u_0 \times q^n$.
$u_n = u_0 \times q^n$ s'appelle la **formule explicite** de la suite géométrique.

Remarque

On passe d'un terme au suivant en multipliant par la raison q :

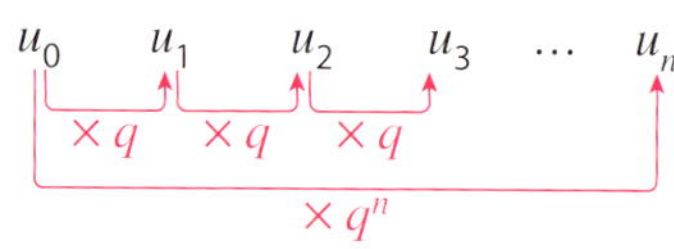

Propriété

Soit (u_n) une suite géométrique de raison $q > 0$. Soit r un entier naturel.
Pour tout entier naturel $n \geqslant r$, on a la formule explicite $u_n = u_r q^{n-r}$.

Exemples

- On considère la suite géométrique (u_n) de premier terme $u_0 = 5$ et de raison $q = 3{,}2$.
  Pour tout entier naturel n, on a $u_n = u_0 q^n = 5 \times 3{,}2^n$.
- On considère la suite géométrique (u_n) telle que $u_6 = 13$ et de raison $q = 5{,}3$.
  Pour tout entier naturel $n \geqslant 6$, on a $u_n = u_6 q^{n-6} = 13 \times 5{,}3^{n-6}$.

2. Représentation graphique

Définition

Une suite géométrique (u_n) se représente par un nuage de points de coordonnées $(n\,;u(n))$.
Une suite géométrique a une croissance appelée **croissance exponentielle**.

Exemples

- $u_0 = 2$ et $q = 1{,}5$

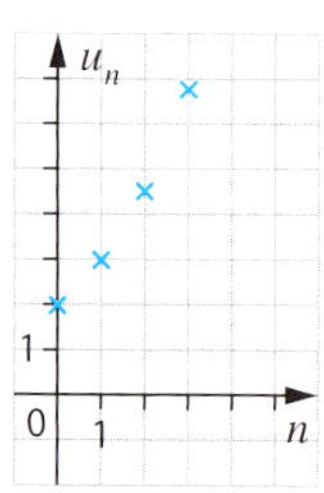

- $u_0 = 6$ et $q = 0{,}5$

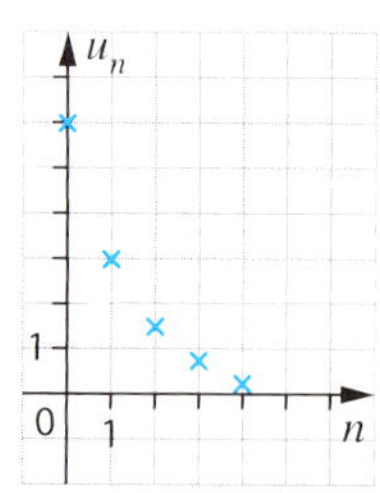

Méthode 1 Utiliser la relation de récurrence

1 On considère la suite géométrique de premier terme $u_0 = 4$ et de raison $q = 2$.

a. Écrire la relation de récurrence de la suite (u_n).

b. Calculer u_3.

2 On considère la suite géométrique de premier terme $v_0 = 2$ et de raison $q = 0{,}5$.

a. Écrire la relation de récurrence de la suite (v_n).

b. Calculer v_3.

Solution commentée

1 a. La relation de récurrence de la suite (u_n) est $u_{n+1} = 2u_n$.
b. Pour calculer u_3, on doit calculer les termes u_1 et u_2 :
$u_1 = 2u_0 = 8$; $u_2 = 2u_1 = 16$; $u_3 = 2u_2 = 32$.

2 a. La relation de récurrence de la suite (v_n) est $v_{n+1} = 0{,}5v_n$.
b. Pour calculer v_3, on doit calculer les termes v_1 et v_2 :
$v_1 = 0{,}5v_0 = 1$; $v_2 = 0{,}5v_1 = 0{,}5$; $v_3 = 0{,}5v_2 = 0{,}25$.

EXERCICE 1 p. 98

Méthode 2 Utiliser la formule explicite

1 On considère la suite géométrique de premier terme $u_0 = 2{,}5$ et de raison $q = 3{,}2$.

a. Écrire la formule explicite de la suite (u_n).

b. Calculer une valeur approchée arrondie au centième de u_8.

2 On considère la suite géométrique telle que $v_4 = 6$ et de raison $q = 0{,}1$.

a. Écrire la formule explicite de la suite (v_n).

b. Calculer v_7.

Solution commentée

1 a. La formule explicite de la suite (u_n) est $u_n = u_0q^n = 2{,}5 \times 3{,}2^n$.
b. On calcule u_8 avec la calculatrice : $u_8 = 2{,}5 \times 3{,}2^8 \approx 27\ 487{,}79$.

2 a. La formule explicite de la suite (v_n) est $v_n = v_4q^{n-4} = 6 \times 0{,}1^{n-4}$.
b. $v_7 = 6 \times 0{,}1^{7-4} = 6 \times 0{,}1^3 = 0{,}006$.

EXERCICE 7 p. 98

Méthode 3 Représenter graphiquement une suite géométrique avec un tableur

On considère les suites géométriques suivantes.

- (u_n) est la suite géométrique de premier terme $u_0 = 2{,}5$ et de raison $q = 1{,}5$.
- (v_n) est la suite géométrique de premier terme $v_0 = 25$ et de raison $q = 0{,}6$.

Représenter, à l'aide d'un tableur et sur un même graphique, ces deux suites géométriques.

Solution commentée

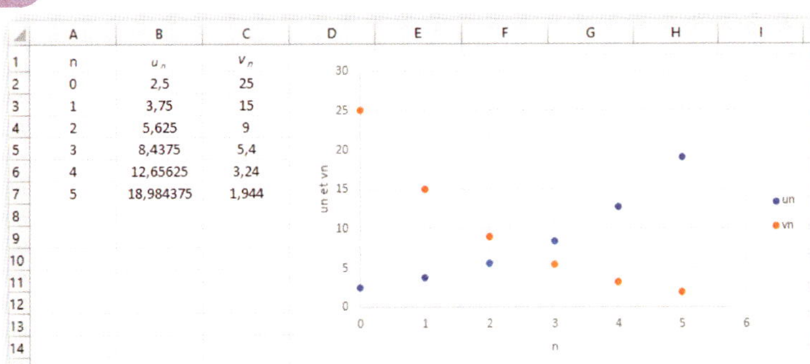

n	u_n	v_n
0	2,5	25
1	3,75	15
2	5,625	9
3	8,4375	5,4
4	12,65625	3,24
5	18,984375	1,944

Correction en vidéo

EXERCICE 13 p. 99

2. Phénomènes continus

1. Fonctions $x \mapsto a^x$

Définition

Soit a un réel strictement positif.
La fonction f définie sur $[0\,;+\infty[$ par $f(x) = a^x$ est appelée **fonction exponentielle de base a.**
Cette fonction est le prolongement à tout nombre réel x positif de la suite géométrique (u_n), de premier terme $u_0 = 1$ et de raison a définie pour tout entier naturel n par $u_n = a^n$.

Remarques

- Pour tout réel $a > 0$ et tout réel $x \geqslant 0$, on a $a^x > 0$.
- Les valeurs de a^x se calculent en général avec la calculatrice.

Exemples

- La fonction f définie pour tout réel x positif par $f(x) = 2{,}7^x$ est la fonction exponentielle de base 2,7.
$f(0) = 2{,}7^0 = 1$; $f(1{,}2) = 2{,}7^{1{,}2} \approx 3{,}29$.
- La fonction g définie pour tout réel x positif par $g(x) = 0{,}4^x$ est la fonction exponentielle de base 0,4.
$g(0) = 0{,}4^0 = 1$; $g(3{,}5) = 0{,}4^{3{,}5} \approx 0{,}04$.

2. Propriétés algébriques

Propriétés

- Pour tout réel a strictement positif, $a^0 = 1$.
- Pour tous réels x et y avec $x \geqslant y \geqslant 0$, on a :

$$a^x \times a^y = a^{x+y} \qquad \frac{a^x}{a^y} = a^{x-y} \qquad \left(a^x\right)^y = a^{xy}$$

3. Représentation graphique

Propriété

Soit a un réel strictement positif.
Avec un logiciel de géométrique dynamique, on peut tracer la courbe représentative de la fonction f définie pour tout réel $x \geqslant 0$ par $f(x) = a^x$.

Exemples

$f(x) = 1{,}6^x$
$g(x) = 1^x$
$h(x) = 0{,}3^x$

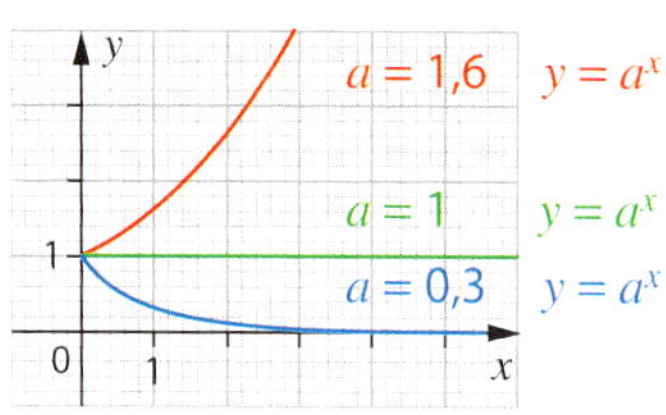

4. Racine n-ième d'un nombre réel positif

Propriété

Soit a un réel strictement positif et n un entier naturel non nul.
L'équation $b^n = a$, d'inconnue b, admet une unique solution positive : $b = a^{\frac{1}{n}}$.
$a^{\frac{1}{n}}$ s'appelle la **racine n-ième de a.** On la note aussi $a^{\frac{1}{n}} = \sqrt[n]{a}$.

Méthode 4 Utiliser une fonction exponentielle

1 On considère la fonction f définie pour tout réel $x \geqslant 0$ par $f(x) = 1{,}3^x$.
Compléter le tableau de valeurs suivant. Arrondir les résultats au centième.

x	0	0,5	1	1,5	2
$f(x)$					

2 On considère la fonction g définie pour tout réel $x \geqslant 0$ par $g(x) = -2 \times 0{,}7^x$.
Compléter le tableau de valeurs suivant. Arrondir les résultats au centième.

x	0	0,2	0,4	0,8	1
$g(x)$					

Solution commentée

1

x	0	0,5	1	1,5	2
$f(x)$	1	1,14	1,3	1,48	1,69

2

x	0	0,2	0,4	0,8	1
$g(x)$	−2	−1,86	−1,73	−1,50	−1,4

EXERCICE 27 p. 102

Méthode 5 Utiliser les propriétés algébriques

1 Dans chaque cas, écrire le résultat sous la forme $4{,}5^x$, où x est un nombre réel positif.

a. $4{,}5^{2{,}4} \times 4{,}5^{3{,}5}$ b. $\dfrac{4{,}5^{5{,}2}}{4{,}5^{3{,}1}}$ c. $\dfrac{4{,}5^{5{,}7} \times 4{,}5^{3}}{4{,}5^{2{,}1}}$

2 Dans chaque cas, écrire le résultat sous la forme $2{,}1^x$, où x est un nombre réel.

a. $(2{,}1^{3{,}2})^{1{,}2}$ b. $\left(\dfrac{2{,}1^{5{,}3}}{2{,}1^{2}}\right)^{2{,}4}$ c. $(2{,}1^3 \times 2{,}1^{4{,}5})^{1{,}5}$

Solution commentée

1 a. $4{,}5^{2{,}4} \times 4{,}5^{3{,}5} = 4{,}5^{2{,}4+3{,}5} = 4{,}5^{5{,}9}$ b. $\dfrac{4{,}5^{5{,}2}}{4{,}5^{3{,}1}} = 4{,}5^{5{,}2-3{,}1} = 4{,}5^{2{,}1}$ c. $\dfrac{4{,}5^{5{,}7} \times 4{,}5^{3}}{4{,}5^{2{,}1}} = \dfrac{4{,}5^{8{,}7}}{4{,}5^{2{,}1}} = 4{,}5^{6{,}6}$

2 a. $(2{,}1^{3{,}2})^{1{,}2} = 2{,}1^{3{,}2\times1{,}2} = 2{,}1^{3{,}84}$ b. $\left(\dfrac{2{,}1^{5{,}3}}{2{,}1^{2}}\right)^{2{,}4} = (2{,}1^{3{,}3})^{2{,}4} = 2{,}1^{7{,}92}$

c. $(2{,}1^3 \times 2{,}1^{4{,}5})^{1{,}5} = (2{,}1^{7{,}5})^{1{,}5} = 2{,}1^{7{,}5\times1{,}5} = 2{,}1^{11{,}25}$

EXERCICE 29 p. 102

Méthode 6 Utiliser la courbe représentative d'une fonction exponentielle

La courbe représentative de deux fonctions exponentielles f et g, définies pour tout réel $x \geqslant 0$ par $f(x) = 1{,}2^x$ et $g(x) = -1{,}5 \times 0{,}3^x$ ont été tracées ci-contre.
Associer chaque fonction à sa courbe représentative.

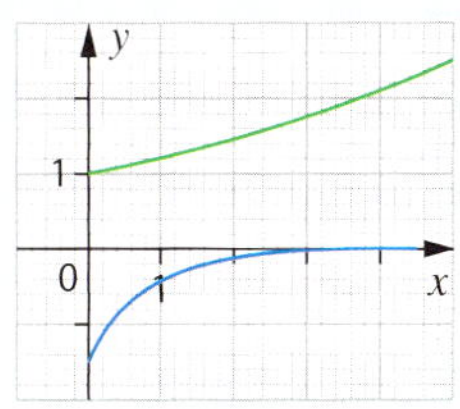

Solution commentée

On a $f(0) = 1{,}2^0 = 1$ et $g(0) = -1{,}5 \times 0{,}3^0 = -1{,}5$.
La courbe verte est celle de la fonction f et la courbe bleue est celle de la fonction g.

EXERCICE 31 p. 102

Méthode 7 Calculer la racine n-ième d'un nombre réel positif

Calculer une valeur approchée au centième des nombres suivants.

a. $3^{\frac{1}{4}}$ b. $5{,}25^{\frac{1}{5}}$ c. $64^{\frac{1}{3}}$

Solution commentée

À l'aide de la calculatrice, on trouve :

a. $3^{\frac{1}{4}} \approx 1{,}32$ b. $5{,}25^{\frac{1}{5}} \approx 1{,}39$ c. $64^{\frac{1}{3}} = 4$

EXERCICE 35 p. 103

L'essentiel

Phénomènes discrets $\mathbb{N} \to \mathbb{R}$

Relation de récurrence pour une suite géométrique

u_0 et q sont deux réels donnés strictement positifs.

$$u_{n+1} = q \times u_n$$

q s'appelle la raison de la suite géométrique (u_n).

Formule explicite d'une suite géométrique

Si on connaît u_0, alors $u_n = u_0 \times q^n$.

Si on connaît u_r, alors, pour tout $n \geqslant r$, on a :

$$u_n = u_r \times q^{n-r}.$$

Représentation d'une suite géométrique

Une suite géométrique (u_n) se représente par un nuage de points de coordonnées $(n\,;u_n)$.

$u_0 = 2$ et $q = 1{,}5$

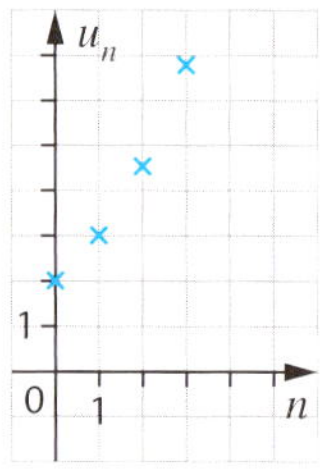

$u_0 = 6$ et $q = 0{,}5$

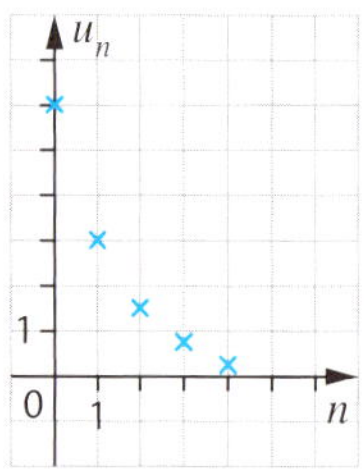

Phénomènes continus $\mathbb{R} \to \mathbb{R}$

Fonctions exponentielles de base a

Soit a un réel strictement positif.

La fonction exponentielle de base a est définie sur $[0\,;+\infty[$ par :

$$f(x) = a^x$$

f est le prolongement à tout nombre réel x de la suite géométrique (u_n), de premier terme $u_0 = 1$ et définie pour tout entier naturel n par $u_n = a^n$.

Représentation graphique des fonctions exponentielles

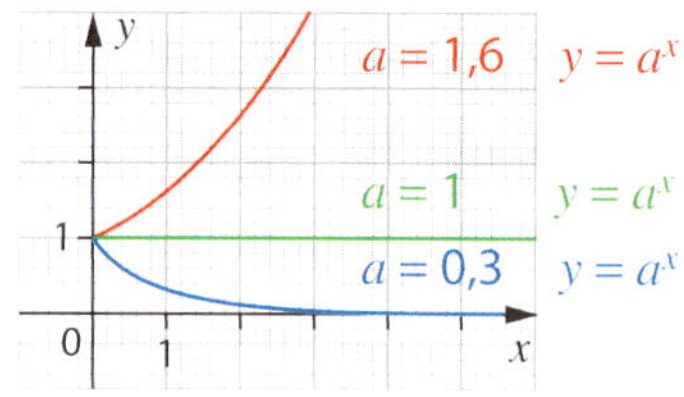

Propriétés algébriques des fonctions exponentielles

- Pour tout réel $a > 0$: $a^0 = 1$
- Si $x \geqslant y \geqslant 0$:

$$a^x \times a^y = a^{x+y} \qquad \frac{a^x}{a^y} = a^{x-y}$$

$$(a^x)^y = a^{xy}$$

Racine n-ième d'un réel $a > 0$

L'équation $b^n = a$, d'inconnue b, admet une unique solution positive : $b = a^{\frac{1}{n}}$.

$a^{\frac{1}{n}}$ s'appelle la racine n-ième de a.

On note aussi $a^{\frac{1}{n}} = \sqrt[n]{a}$.

Version interactive du QCM

QCM

Réponses au QCM p. 180

Pour chacune des questions, indiquer la ou les bonnes réponses.

Calculer les termes d'une suite géométrique

	A	B	C
1. Le troisième terme de la suite géométrique de premier terme $u_0 = 2$ et de raison $q = 4$ est :	$u_3 = 2 \times 4^3$	$u_2 = 2 \times 4^2$	32
2. La suite géométrique telle que $u_0 = 3$, $u_1 = 21$ et $u_2 = 147$ a pour raison :	$q = 7$	$q = 18$	$q = 8$
3. Si (u_n) est une suite géométrique de raison 2 et telle que $u_3 = 1$, alors $u_8 =$	8	16	32

Modéliser par une suite géométrique

	A	B	C
4. Un manteau coute 90 €. Son prix augmente chaque année de 2,5 %. On peut modéliser le prix du manteau au bout de n années par la suite (u_n) définie par :	$u_0 = 90$ $u_{n+1} = 90 + 2{,}5u_n$	$u_0 = 90$ $u_{n+1} = 1{,}025u_n$	$u_n = 90 \times 1{,}025^n$
5. Un village qui compte 2 000 habitants voit sa population diminuer annuellement de 1,4 %. Au bout de n années, le nombre u_n d'habitants du village sera de :	$u_n = 2000 \times 0{,}014^n$	$u_n = 2000 \times 0{,}86^n$	$u_n = 2000 \times 0{,}986^n$

Calculer avec une fonction exponentielle

	A	B	C
6. $f(x) = 3{,}2^x$ $(f(2))^3 =$	$6{,}4^3$	$3{,}2^5$	$3{,}2^6$
7. $g(x) = 5{,}1^x$ On a donc $g(3) \times g(2{,}5)$	$= 5{,}1^{5,5}$	$= 5{,}5^{5,1}$	$\approx 7791{,}8$
8. Si $a = 64$, alors $a^{\frac{1}{3}} =$	8	4	2

Modéliser par une fonction exponentielle

	A	B	C
9. La fonction f qui modélise la disparition d'un antibiotique dans le sang est définie par $f(x) = 1{,}4 \times 0{,}8^x$. La courbe représentative de f est :	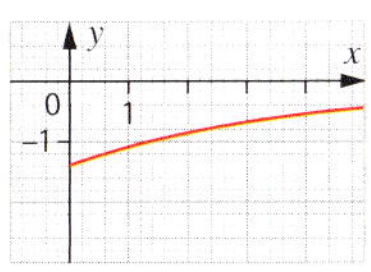	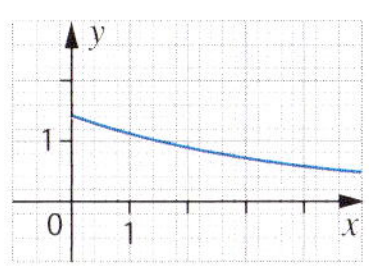	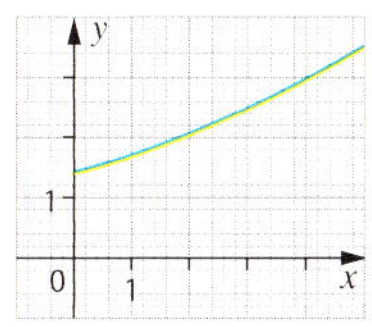
10. La fonction qui modélise l'évolution du capital présent sur un compte rémunéré à 4 % est définie par $f(t) = 3\,000 \times 1{,}04^t$, où $f(t)$ est en euros et t en années. La courbe représentative de f est :	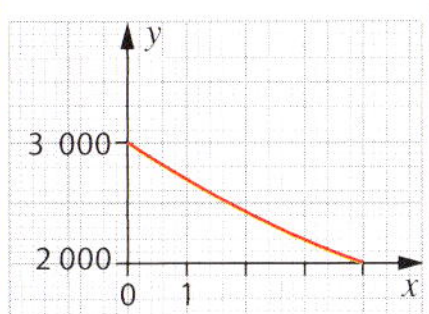	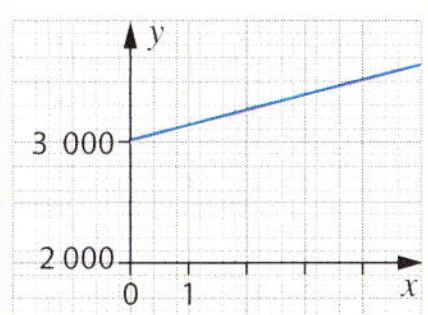	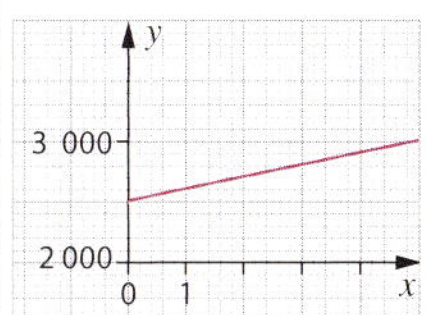

Boîte à outils

TABLEUR
LOGICIEL DE GÉOMÉTRIE

1 Comment représenter les termes d'une suite géométrique avec un tableur ?

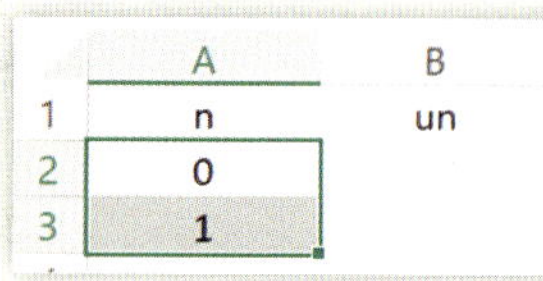

- Écrire dans la colonne A les valeurs de l'entier naturel n.
- Écrire 0 et 1 dans les deux premières cellules, les sélectionner et tirer vers le bas.

Si la suite est définie par une relation de récurrence : $u_0 = 3$ et $u_{n+1} = 0{,}7u_n$.
- Écrire le terme u_0 dans la cellule B2.
- Dans la cellule B3, écrire la formule =0,7*B2.
- Étirer la cellule B3 vers le bas pour recopier les termes de la suite (u_n).

Si la suite est définie par une formule explicite : $u_n = 4 \times 1{,}1^n$.
- Écrire dans la cellule B2 la formule =4*1,1^A2.
- Étirer la cellule B2 vers le bas pour recopier les termes de la suite (u_n).

2 Comment représenter les termes d'une suite géométrique avec un logiciel de géométrie dynamique ?

- Afficher le tableur dans le menu.

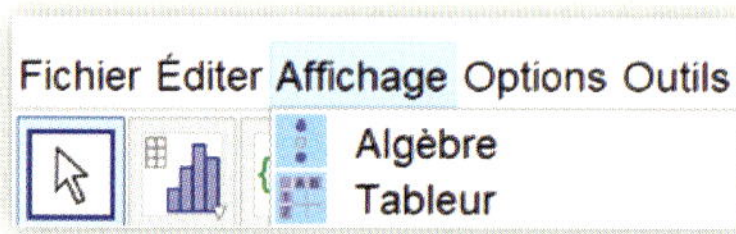

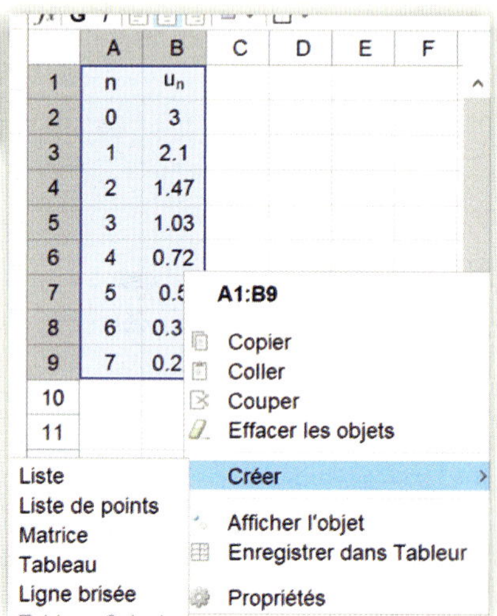

- Compléter les colonnes n et u_n comme avec un tableur classique puis sélectionner les valeurs, faire un clic droit et cliquer sur *Créer* puis sur *Liste de points*.
- Le nuage de points apparaît dans la feuille graphique.

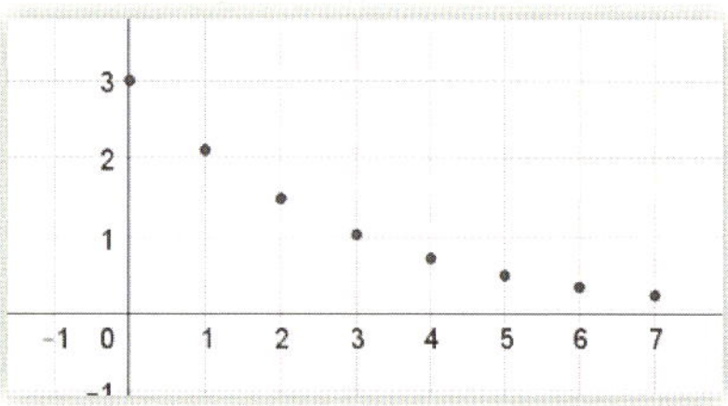

3 Comment tracer la courbe représentative d'une fonction exponentielle de base a avec un logiciel de géométrie dynamique ?

- Écrire dans la barre de saisie l'expression suivante.

- Déplacer si besoin, le repère et la courbe à l'aide de l'icone 
- Modifier éventuellement l'échelle des axes avec un clic droit puis choisir *axeX : axeY* et enfin l'échelle voulue.

L'échelle 1 : 2 signifie qu'une unité sur l'axe des abscisses est deux fois plus grande que l'unité de l'axe des ordonnées.

L'échelle 10 : 1 signifie qu'une unité sur l'axe des abscisses est dix fois plus petite que l'unité de l'axe des ordonnées.

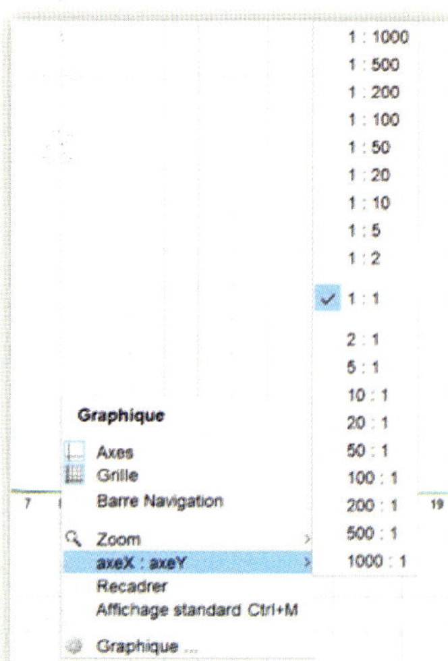

Communiquer

Travail en groupe

30 min

Constituer des groupes de quatre élèves qui auront chacun un des rôles suivants.
Résoudre tous ensemble la situation donnée. Remettre une trace écrite de cette résolution.

Animateur
- responsable du niveau sonore du groupe
- distribue la parole pour que chacun s'exprime

Rédacteur en chef
- responsable de la trace écrite rédigée par tous les membres du groupe

Ambassadeur
- porte-parole du groupe, seul autorisé à communiquer avec le professeur et, éventuellement, d'autres groupes

Maître du temps
- responsable de l'avancement du travail du groupe
- veille au respect du temps imparti

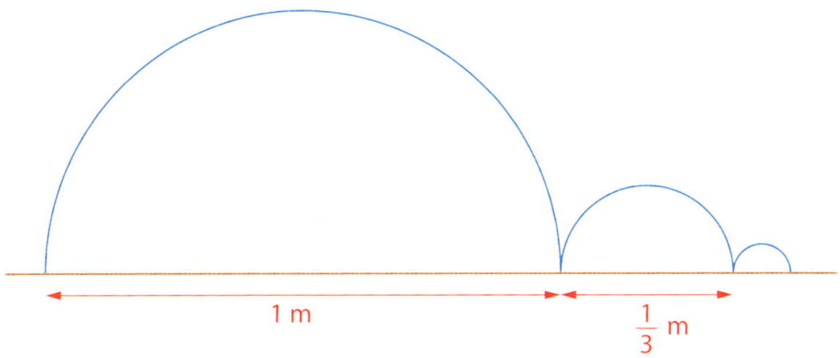

Une puce aimerait se cacher dans le pelage d'un chat couché à 2 mètres d'elle. Elle fait un premier saut en avant de 1 mètre. Puis elle enchaîne d'autres sauts (tous ses sauts seront sur une même ligne droite).
Mais, à cause de la fatigue, chacun de ses sauts a une longueur égale au tiers du saut précédent.

La puce va-t-elle pouvoir se cacher dans le pelage du chat ?

Défi

On considère la fonction f définie, pour tout réel $x \geqslant 0$, par $f(x) = 3{,}2^x$.
On veut tracer la courbe représentative de la fonction f sur l'intervalle $[0\,;15]$ dans un repère orthonormé d'unité 1 cm sur chaque axe.
On dispose pour cela d'une bande de papier rectangulaire, de largeur 15 cm permettant de tracer l'axe des abscisses.

Quelle doit être la longueur de la bande de papier pour que toute la courbe rentre dans cette bande ? Comparer cette longueur à la distance Terre-Station spatiale internationale, qui est de 350 km.

Présentation orale

Parmi toutes les fonctions définies par $f(x) = a^x$, où a est un réel strictement positif, l'une d'entre elles est très connue et principalement utilisée en mathématiques : $f(x) = \mathrm{e}^x$, où e est un nombre réel environ égal à 2,71828182.
La fonction exponentielle de base e est liée à une autre fonction appelée logarithme népérien découverte par John Napier (1550 ; 1617), mathématicien écossais, dont le nom francisé est Néper.

Réaliser des recherches sur le lien entre exponentielle de base e et logarithme népérien pour en faire une présentation orale de 5 min.

Exercices différenciés

♪ Niveau 1 ♪♪ Niveau 2

Calculer les termes d'une suite géométrique

QUESTIONS FLASH

1. Calculer $5 \times 3{,}2^0$.
2. Calculer 3×5^3.
3. Calculer $20 \times 0{,}1^4$.
4. Calculer $4 \times 100^{0{,}5}$.
5. On considère la suite géométrique de premier terme $u_0 = 6$ et de raison 3. Calculer u_1.
6. La suite géométrique u est telle que $u_8 = 32$ et $u_9 = 96$. Quelle est sa raison ?

Utiliser la relation de récurrence

1 ♪ On considère la suite géométrique de premier terme $u_0 = 5$ et de raison $q = 3$.
1. Écrire la relation de récurrence de la suite (u_n).
2. Calculer u_1 et u_2.

2 ♪♪ On considère la suite géométrique de premier terme $u_0 = 2$ et de raison $q = 1{,}5$.
1. Écrire la relation de récurrence de la suite (u_n).
2. Calculer u_1 et u_2.

3 ♪ On considère la suite géométrique de premier terme $v_0 = 64$ et de raison $q = \frac{1}{2}$.
1. Écrire la relation de récurrence de la suite (v_n).
2. Calculer v_1, v_2, v_3 et v_4.

4 ♪♪ On considère la suite géométrique telle que $v_2 = 81$ et de raison $q = \frac{1}{3}$.
1. Écrire la relation de récurrence de la suite (v_n).
2. Calculer v_3, v_4, v_5 et v_6.

5 ♪ Dans chaque cas ci-dessous, la suite (u_n) est géométrique.
Déterminer sa raison et le terme u_2.
a. $u_0 = 3$; $u_1 = 12$.
b. $u_0 = 6$; $u_1 = 18$.
c. $u_0 = 25$; $u_1 = 5$.
d. $u_0 = 20$; $u_1 = 100$.
e. $u_0 = 1$; $u_3 = 27$.
f. $u_0 = 2$; $u_3 = 250$.
g. $u_1 = 8$; $u_3 = 2$.
h. $u_3 = 2$; $u_4 = 18$.

6 ♪♪ Dans chaque cas ci-dessous, la suite (u_n) est géométrique.
Déterminer sa raison et le terme u_2.
a. $u_0 = 2$; $u_1 = 10$.
b. $u_0 = 5$; $u_1 = 20$.
c. $u_0 = 2$; $u_1 = 7$.
d. $u_0 = 10$; $u_1 = 3$.
e. $u_3 = 3$; $u_5 = 48$.
f. $u_4 = \frac{1}{2}$; $u_6 = \frac{1}{50}$.
g. $u_1 = \frac{1}{4}$; $u_3 = \frac{9}{4}$.
h. $u_4 = 1$; $u_5 = 27$.

Utiliser la formule explicite

7 ♪ On considère la suite géométrique de premier terme $u_0 = 2$ et de raison $q = 4$.
1. Écrire la formule explicite de la suite (u_n).
2. Calculer u_3 et u_7.

8 ♪♪ On considère la suite géométrique de premier terme $u_0 = 3$ et de raison $q = \frac{1}{5}$.
1. Écrire la formule explicite de la suite (u_n).
2. Calculer u_3 et u_7.

9 ♪ Les suites ci-dessous sont définies pour tout entier naturel n et sont des suites géométriques.
Déterminer leur premier terme et leur raison.
a. $u_n = 3 \times 0{,}5^n$
b. $v_n = 4 \times 1{,}2^n$
c. $w_n = 5{,}2 \times 0{,}3^n$
d. $t_n = 3{,}4 \times \frac{2^n}{3^n}$

10 ♪♪ Les suites ci-dessous sont définies pour tout entier naturel n et sont des suites géométriques.
Déterminer leur premier terme et leur raison.
a. $u_n = \left(\frac{1}{4}\right)^n$
b. $v_n = 2^{n+1}$
c. $w_n = 5{,}2 \times \frac{3^n}{5^n}$
d. $t_n = \frac{6}{3{,}2^n}$

11 ♪ On considère la suite géométrique telle que $u_2 = 5$ et $q = 2$.
1. Écrire la formule explicite de la suite (u_n).
2. Calculer u_5 et u_8.

12 ♪♪ On considère la suite géométrique telle que $u_5 = \frac{1}{3}$ et $q = \frac{1}{2}$.
1. Écrire la formule explicite de la suite (u_n).
2. Calculer u_8 et u_{12}. Écrire le résultat sous la forme d'une fraction irréductible.

Représenter graphiquement une suite géométrique

13 Représenter graphiquement les quatre premiers termes de la suite géométrique de premier terme $u_0 = 8$ et de raison $q = \frac{1}{2}$.

14 Représenter graphiquement les quatre premiers termes de la suite géométrique de premier terme $u_0 = 27$ et de raison $q = \frac{1}{3}$.

15 On a tracé ci-dessous les premiers termes d'une suite géométrique.

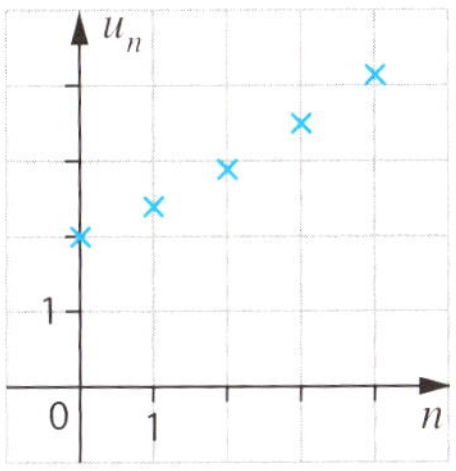

1. Lire graphiquement la valeur de u_0.
2. Quels termes de la suite ont été tracés ?
3. En justifiant la réponse, dire, en utilisant le graphique, si les propositions ci-dessous sont vraies ou fausses.
   a. $u_3 \geqslant u_4$.
   b. $u_4 \geqslant 4$.
   c. $q \geqslant 3$
4. Expliquer pourquoi les points ne sont pas alignés.

16 On a tracé ci-dessous les premiers termes d'une suite géométrique.

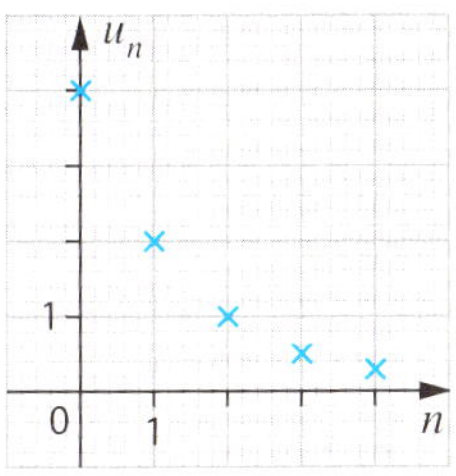

1. Lire graphiquement la valeur de u_0 et de u_1.
2. Déterminer la raison q de la suite géométrique.
3. Déterminer u_4 avec la valeur de q trouvée à la question précédente. Le graphique semble-t-il confirmer cette valeur ?
4. Répondre par Vrai ou Faux aux affirmations suivantes, en justifiant la réponse :
   a. $u_5 < 0$.
   b. Tous les termes de la suite sont strictement positifs.

UN EXERCICE DEUX ÉNONCÉS

17 On considère la suite géométrique (u_n) définie par $u_0 = 20$ et, pour tout entier naturel n, par $u_{n+1} = 0,4u_n$.
On a commencé à remplir la feuille de tableur ci-contre.

	A	B
1	n	u_n
2	0	20
3	1	
4		

ENONCÉ 1

1. Quelle formule faut-il écrire dans la cellule B3 et recopier vers le bas, pour calculer les termes de la suite (u_n) ?
2. Écrire la formule explicite de la suite (u_n).
3. Quelle est la valeur de u_5 ?
4. Vérifier avec le logiciel.

ENONCÉ 2

1. Compléter la feuille de tableur jusqu'au terme de la suite de rang 10.
2. La valeur affichée par le tableur dans la cellule B12 est-elle une valeur exacte ?
3. Déterminer la valeur exacte de u_{10}.

18 On considère la suite géométrique (u_n) de premier terme $u_0 = 2$ et de raison $q = 1,3$. On a représenté les termes de la suite (u_n) à l'aide d'un tableur.

	A	B
1	n	u_n
2	0	2
3	1	2,6
4	2	3,38
5	3	4,394
6	4	5,7122
7	5	7,4259
8	6	9,6536
9	7	12,55
10	8	16,315
11	9	21,209
12	10	27,572
13		

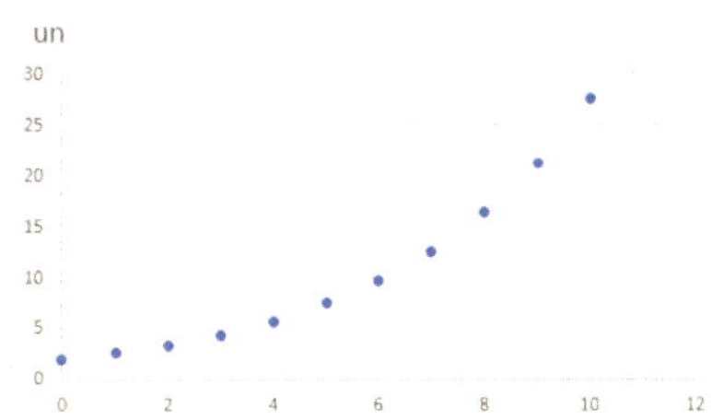

ENONCÉ 1

1. Quelle est la valeur de u_1 ?
2. Donner deux formules qui ont pu être écrites dans la cellule B3 puis recopiées vers le bas, pour calculer les termes de la suite (u_n).
3. Conjecturer le signe de tous les termes de (u_n).
4. Calculer, en justifiant la démarche, la valeur exacte du terme u_5 et la comparer avec la valeur affichée par le tableur.

ENONCÉ 2

1. Donner deux formules qui ont pu être écrites dans la cellule B3 puis recopiées vers le bas, pour calculer les termes de la suite (u_n).
2. Conjecturer le signe de tous les termes de (u_n).
3. Démontrer, en justifiant précisément, la conjecture de la question 2.
4. Calculer une valeur approchée au millième de u_{11}.

Exercices différenciés

Niveau 1 · Niveau 2

Modéliser par une suite géométrique

QUESTIONS FLASH

1. Un compte bancaire rapporte 3 % par an. Si on place sur le compte la somme de 4 000 €, quel calcul permet de déterminer la somme présente sur le compte au bout de deux ans ?

2. Une éprouvette contient 30 000 bactéries à l'instant $n = 0$ (n exprimé en minutes). Chaque minute, le nombre de bactéries double. Quel calcul permet de déterminer le nombre de bactéries présentes dans l'éprouvette au bout de 6 minutes ?

3. Dans une petite ville de 8 500 habitants en 2022, on constate que le nombre d'habitants diminue chaque année de 7 %. On veut modéliser la population de cette ville par une suite géométrique, où u_n est le nombre d'habitants de la ville chaque année $2022 + n$.
Quels sont le premier terme u_0 et la raison de la suite (u_n) ?

Utiliser la relation de récurrence

19 (Niveau 1) On modélise le développement, chaque minute, d'une famille de microbes par une suite géométrique (u_n) de premier terme $u_0 = 12\ 000$, de raison q et où u_n est le nombre de microbes au bout de n minutes.
Sur un tableur, on affiche les premiers termes de la suite (u_n).

	A	B
1	n	u_n
2	0	12000
3	1	12180
4	2	12362,7
5	3	12548,1405
6	4	12736,3626
7	5	12927,408

1. Quelle est la valeur de la raison q ?
2. On a écrit dans la cellule B3, puis recopiée vers les bas, la formule =B2*1,015.
Quelle définition de la suite a-t-on utilisée ?
3. Quelle est la valeur du cinquième terme de la suite (u_n) ? À quoi correspond son arrondi à l'unité dans le contexte de l'exercice ?

20 (Niveau 2) On modélise la tension U_n (exprimée en volts) à l'instant n (exprimé en minutes) aux bornes d'un condensateur par la suite (U_n) de premier terme $U_0 = 5$ et de raison $q = 0{,}8$.
1. Écrire la relation de récurrence de la suite (U_n).
2. On a réalisé la capture d'écran d'une feuille de tableur suivante.

	A	B
1	n	U_n
2	0	5
3	1	4
4	2	3,2
5	3	2,56
6	4	2,048

a. Quelle formule a-t-on écrite dans la cellule B3 puis recopiée vers le bas ?
b. Quelle est la tension aux bornes du condensateur à l'instant 4 min ?
3. Calculer la valeur du huitième terme de la suite (U_n) ? À quoi correspond-il dans le contexte de l'exercice ?

Utiliser la formule explicite

21 (Niveau 1) En 2022, le taux d'inflation en France était de 5,6 %. L'inflation est le pourcentage d'augmentation annuelle des prix. On suppose que le taux d'inflation reste constant pour chaque année suivante.
En 2022, un produit coûtait 150 €.
On note P_n le prix du produit lors de l'année $2022 + n$.
On a donc $P_0 = 150$.
1. Justifier que, pour tout entier naturel n, on a :
$$P_n = 150 \times 1{,}056^n.$$
2. Quel sera le prix de ce produit en 2028 si le taux d'inflation reste constant chaque année ? Arrondir au centime d'euro.
3. Déterminer, avec une calculatrice, la première année à partir de laquelle le prix du produit sera supérieur ou égal à 240 €.

22 (Niveau 2) Un patient dont la peau a été accidentellement brûlée doit subir une greffe sur une surface de 15 cm^2.
On lui prélève 30 mm^2 de peau saine que l'on met en culture. La culture permet d'augmenter de 16 % la surface de peau chaque jour.
On note u_n la surface (en mm^2) de la peau obtenue après n jours de culture.
1. Que vaut u_0 ?
2. Montrer que la suite (u_n) est une suite géométrique dont on donnera la raison.
3. Calculer, à l'aide d'un logiciel ou d'une calculatrice, le nombre de jours que le patient doit attendre pour que la greffe soit possible.

23 Un capital de 20 000 € est placé au taux annuel de 3,5 %. Cela signifie que le montant sur le compte augmente chaque année de 3,5 %. On note c_0 le capital de départ et c_n le capital obtenu après n années.

1. Quelle est la nature de la suite (c_n) ?
2. Exprimer c_n en fonction de n.
3. Quel est le capital obtenu au bout de 10 ans ? Arrondir au centime d'euro.
4. a. Reproduire sur une calculatrice la feuille de calcul ci-contre et retrouver le résultat de la question 3.

	A	B
1	n	u_n
2	0	20000
3	1	
4	2	
5	3	

b. Quel est le capital obtenu au bout de 15 ans ? Arrondir le résultat au centime d'euro.

24 En 2022, la consommation d'électricité liée aux usages du numérique en France était de 56 térawattheures (TWh).
On admet que cette consommation augmente de 4 % par an depuis 2022.
Pour tout entier naturel n, on note u_n la consommation d'électricité liée aux usages du numérique en France, exprimée en térawattheure, pour l'année 2022 + n.
Ainsi, $u_0 = 56$.

1. Calculer la consommation d'électricité, exprimée en TWh, liée aux usages du numérique en 2023.
2. a. Déterminer la nature de la suite (u_n) et donner ses éléments caractéristiques.

b. Pour tout entier naturel n, exprimer u_n en fonction de n.

c. On admet que chaque année, la consommation d'électricité en France, tous usages confondus, est égale à 480 TWh. Est-il exact d'affirmer qu'en 2030, plus de 20 % de la consommation d'électricité sera liée aux usages du numérique ? Justifier la réponse

UN EXERCICE DEUX ÉNONCÉS

25 En informatique, on appelle pourcentage de compression le pourcentage de réduction de la taille (en kilo-octets, noté Ko) d'un fichier après compression.

ÉNONCÉ 1

1. Un fichier a une taille initiale de 800 Ko.
Après compression, il mesure 664 Ko. Montrer que le pourcentage de compression est de 17 %.
2. On note t_n la taille du fichier après n compressions successives au pourcentage de compression de 17 %, où n est un entier naturel.

a. Que vaut t_0 ?

b. Exprimer t_{n+1} en fonction de t_n.

3. Déterminer la formule explicite de la suite (t_n).
4. Calculer la taille du fichier après six compressions successives. Arrondir au Ko.

ÉNONCÉ 2

Un fichier a une taille initiale de 1 200 Ko.
Après deux compressions successives au même pourcentage de compression, sa taille n'est plus que de 768 Ko.

1. Montrer que le pourcentage de compression appliqué à chaque compression est égal à 20 %.
2. On note t_n la taille du fichier après n compressions successives de 20 %, où n est un entier naturel.

a. Exprimer t_{n+1} en fonction de t_n.

b. Déterminer la formule explicite de la suite (t_n).

3. Calculer la taille du fichier après quatre compressions successives.
4. En utilisant un tableur ou une calculatrice, déterminer le nombre de compressions nécessaires pour que la taille du fichier soit strictement inférieure à 200 Ko.

26 Au 1er janvier 2022, la France compte 67,8 millions d'habitants (source Insee). C'est 0,3 % de plus qu'en 2021.
On suppose que ce pourcentage d'augmentation reste constant chaque année après 2022. On note u_n le nombre d'habitants (en millions) en France lors de l'année 2022 + n.

ÉNONCÉ 1

1. Quelle est la valeur de u_0 ?
2. Montrer que (u_n) est une suite géométrique de premier terme u_0 et de raison q à déterminer.
3. Déterminer l'expression de u_n en fonction de n.
4. Déterminer le nombre d'habitants en France en 2033. Arrondir le résultat au dixième de millions d'habitants.

ÉNONCÉ 2

1. Montrer que (u_n) est une suite géométrique de premier terme u_0 et de raison q à déterminer.
2. On a tracé ci-dessous les huit premiers termes de la suite (u_n).

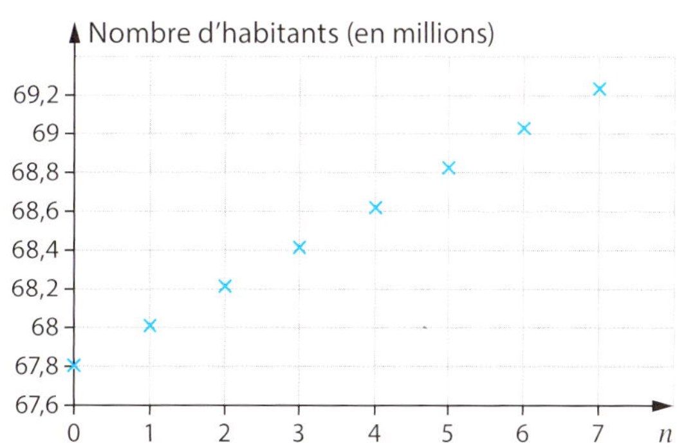

Les points du graphique sont-ils alignés ? Justifier.

3. Exprimer u_n en fonction de n.
4. Déterminer, à l'aide d'un tableur ou d'une calculatrice, la première année à partir de laquelle le nombre d'habitants en France sera strictement supérieur à 71 millions.

Exercices différenciés

Niveau 1 Niveau 2

Calculer avec une fonction exponentielle

QUESTIONS FLASH

1. Calculer $3^2 \times 3^2$.

2. On considère la fonction f définie pour tout réel x positif par $f(x) = 3{,}5^x$.
Calculer $f(0)$.

3. On considère la fonction g définie pour tout réel x positif par $g(x) = 0{,}5^x$.
Calculer $g(1)$.

4. Parmi les deux courbes représentatives ci-dessous, quelle est celle de la fonction f définie pour tout réel x par $f(x) = 1{,}2^x$?

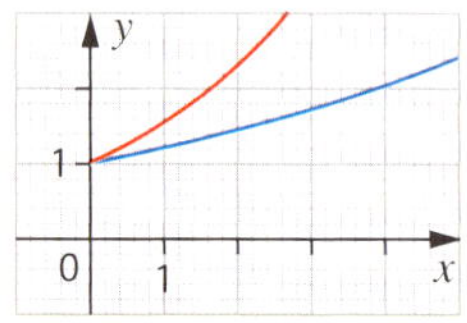

Utiliser une fonction exponentielle

27 On considère la fonction f définie pour tout réel x positif par $f(x) = 9^x$.
1. Que valent $f(0)$ et $f(1)$?
2. Donner une valeur approchée, arrondie au centième, des réels suivants :
$$f(0{,}1)\ ;\ f(0{,}8)\ ;\ f(1{,}1)\ ;\ f(1{,}5).$$
3. Calculer $f(0{,}5)$.

Comparer avec $\sqrt{9}$.

28 On considère la fonction f définie pour tout réel x positif par $f(x) = 16^x$.
1. Que valent $f(0)$ et $f(3)$?
2. Donner une valeur approchée, arrondie au centième, des réels suivants :
$$f(0{,}1)\ ;\ f(0{,}8)\ ;\ f(1{,}1)\ ;\ f(1{,}5).$$
3. Calculer $f(0{,}5)$.

Comparer avec $\sqrt{16}$ et expliquer ce résultat.

Utiliser les propriétés algébriques

29 Dans chaque cas, écrire le résultat sous la forme $1{,}5^x$, où x est un nombre réel positif puis donner une valeur approchée au centième du résultat ou le résultat exact si cela est possible.

a. $1{,}5^2 \times 1{,}5^{2{,}5}$ b. $1{,}5^{3{,}1} \times 1{,}5^{1{,}9}$

c. $\dfrac{1{,}5^{5{,}3}}{1{,}5^{2{,}3}}$ d. $(1{,}5^{3{,}1})^2$

30 Dans chaque cas, écrire le résultat sous la forme $0{,}45^x$, où x est un nombre réel positif puis donner une valeur approchée au centième du résultat ou le résultat exact si cela est possible.

a. $0{,}45^{2{,}3} \times 0{,}45^{1{,}7}$ b. $0{,}45^{1{,}1} \times 0{,}45^{0{,}9}$

c. $\dfrac{0{,}45^{2{,}3}}{0{,}45^{1{,}5}}$ d. $(0{,}45^{1{,}1})^{1{,}1}$

Utiliser la courbe représentative d'une fonction exponentielle

31 On considère la fonction exponentielle de base $a = 2{,}3$.
1. Donner l'expression de $f(x)$ en fonction de x.
2. On a tracé ci-dessous la courbe représentative de la fonction f.

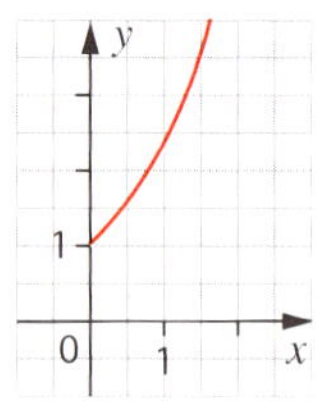

Répondre par Vrai ou Faux aux affirmations suivantes sans justifier la réponse. On pourra utiliser le graphique ou l'expression de $f(x)$.

a. $f(0{,}5) \geqslant 1$ b. $f(1{,}5) \leqslant 3$

c. $f(1) = 2{,}3$ d. $f(4) > 12$

32 On considère une fonction f définie pour tout réel $x \geqslant 0$ par $f(x) = ka^x$, où k et a sont deux nombres réels et $a > 0$. La courbe représentative $\mathscr{C}$ de f est donnée ci-dessous.

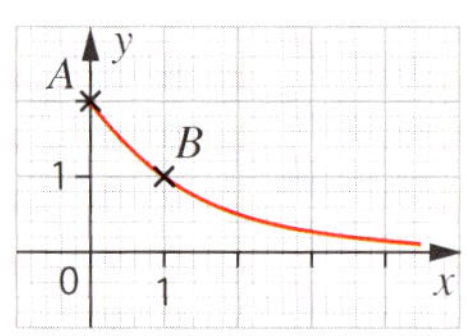

Les points $A(0\ ;\ 2)$ et $B(1\ ;\ 1)$ appartiennent à $\mathscr{C}$.
1. Déterminer l'expression de $f(x)$.
2. Répondre par Vrai ou Faux aux affirmations suivantes sans justifier la réponse. On pourra utiliser le graphique ou l'expression de $f(x)$.

a. $f(2) = \dfrac{1}{2}$

b. $f(1{,}5) < 1$

c. $f(3) = \dfrac{1}{4}$

d. $f(0{,}5) < 1$

Calculer la racine n-ième d'un réel positif

33 1. Quel est le calcul effectué avec la suite de commandes ci-dessous saisies sur une calculatrice ? Quel est le résultat obtenu ?

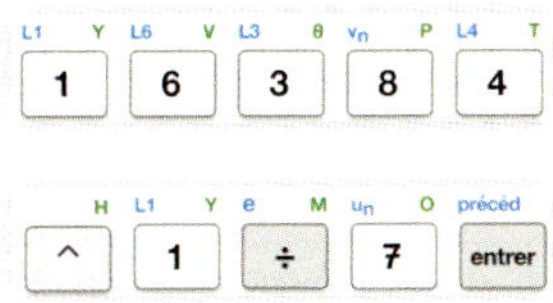

2. Quel est le calcul effectué avec l'écriture ci-dessous saisie sur une calculatrice ?

$390625^{1÷8}$

Quel est le résultat obtenu ?

34 Calculer, avec une calculatrice, les nombres suivants. On donnera soit la valeur exacte, soit une valeur approchée au centième.

a. $19\,686^{\frac{1}{9}}$ b. $625^{\frac{1}{4}}$ c. $\sqrt[5]{312\,500\,000}$

d. $2\,197^{\frac{1}{3}}$ e. $\sqrt[3]{2\,256}$ f. $5\,463\,987^{\frac{1}{6}}$

35 Dans chaque cas suivant, calculer une valeur approchée au centième, ou la valeur exacte si cela est possible, des nombres suivants.

a. $\sqrt[3]{5}$ b. $81^{\frac{1}{4}}$ c. $7{,}2^{\frac{1}{5}}$

d. $100^{\frac{1}{2}}$ e. $36^{\frac{1}{10}}$ f. $\sqrt[8]{1\,200}$

36 Résoudre dans $]0\,;+\infty[$ les équations suivantes. Donner une valeur approchée au centième de la solution ou la valeur exacte si cela est possible.

a. $x^6 = 23$ b. $x^3 = 8$ c. $x^4 = 32$

d. $x^{10} = 100$ e. $2x^7 = 320$ f. $3x^3 = 132$

UN EXERCICE DEUX ÉNONCÉS

37 On considère la fonction exponentielle f définie pour tout réel $x \geqslant 0$ par :

$$f(x) = 4{,}2 \times 1{,}1^x.$$

ÉNONCÉ 1

1. Recopier et compléter le tableau de valeurs suivant. Arrondir, si besoin, les résultats au dixième.

x	0	0,5	1	1,5	1,7	2	2,5	3
$f(x)$								

2. Construire sur du papier millimétré, la courbe représentative de la fonction f dans un repère orthonormé.
3. Résoudre graphiquement l'équation $f(x) = 5$.

ÉNONCÉ 2

1. Dans un repère orthonormé, tracer sur du papier millimétré, la courbe représentative de la fonction f sur l'intervalle $[0\,;6]$. On calculera l'image de plusieurs nombres réels dont on donnera une valeur approchée au dixième si besoin.
2. Résoudre graphiquement l'équation $f(x) = 7$.
3. Résoudre graphiquement l'inéquation $f(x) \leqslant 6$.

38 On considère la fonction exponentielle f définie, pour tout réel $x \geqslant 0$, par $f(x) = -3 \times 0{,}3^x$.
On a tracé la courbe représentative $\mathscr{C}_f$ de la fonction f dans un repère orthonormé ci-dessous.

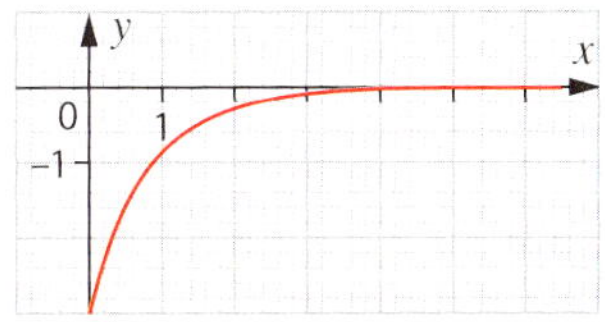

ÉNONCÉ 1

1. Expliquer, en justifiant à l'aide d'une remarque du cours sur a^x, que $\mathscr{C}_f$ est située sous l'axe des abscisses.
2. Justifier graphiquement que $f(1) > -1$ et le prouver par le calcul.
3. Résoudre graphiquement et avec la précision permise par le graphique l'inéquation $f(x) \geqslant -2$.

ÉNONCÉ 2

1. Justifier que, pour tout réel $x \geqslant 0$, $f(x) < 0$.
2. Résoudre graphiquement et avec la précision permise par le graphique l'inéquation $f(x) \leqslant -1$.
3. Existe-t-il un réel x tel que $f(x) \geqslant -0{,}1$? Justifier. On peut utiliser la calculatrice.

39 Soit a un réel strictement positif et n un entier naturel non nul. On pose $\alpha = a^{\frac{1}{n}}$.

ÉNONCÉ 1

1. On prend $n = 2$ et $a = 20$.
a. Écrire la valeur exacte de α et en donner une valeur approchée au centième.
b. Calculer α^2.
c. En déduire une autre écriture de α.
2. On prend $n = 3$ et $a = 100$. Écrire la valeur exacte de α et en donner une valeur approchée au centième.

ÉNONCÉ 2

1. On prend $n = 2$.
a. Écrire la valeur exacte de α en fonction de a.
b. Calculer α^2.
c. En déduire une autre écriture de α.
2. On prend $n = 3$.
a. Écrire la valeur exacte de α en fonction de a.
b. Calculer α^3.
c. En déduire une autre écriture de α.

Exercices différenciés

Niveau 1 Niveau 2

Modéliser par une fonction exponentielle

QUESTIONS FLASH

1. À partir du 1er janvier 2022, on modélise l'évolution du nombre d'habitants d'un pays au cours du temps t (exprimé en nombre d'années écoulées depuis le 1er janvier 2022) par la fonction f définie, pour tout réel $t \geqslant 0$, par $f(t) = 23{,}5 \times 1{,}1^t$.
$f(t)$ est exprimé en millions.
a. Quel est le nombre d'habitants au 1er janvier 2022 ?
b. Quel est le nombre d'habitants au milieu de l'année 2024 ?

2. La température d'un four est de 1 200 °C à l'instant $t = 0$ (t exprimé en minutes). À cet instant, on éteint le four.
On note $C(t)$ la température du four (en degrés Celsius) t minutes après son extinction.
On suppose que $C(t) = 1\,200 \times 0{,}9^t$.
a. Quelle est la température du four au bout de 7 minutes ? Donner le résultat arrondi au degré près.
b. On a représenté ci-dessous la courbe représentative de la fonction C.

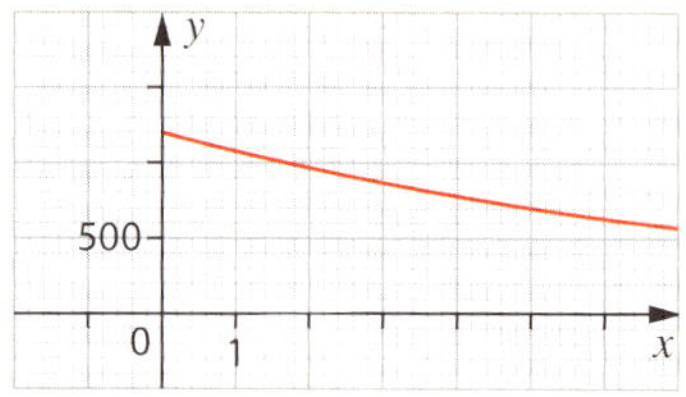

Déterminer graphiquement le temps que met le four pour que sa température soit inférieure ou égale à 800° C.

Utiliser une fonction exponentielle

40 On injecte pour la première fois une certaine quantité d'un médicament dans le sang d'un patient, à l'instant $t = 0$ (exprimé en heures). On note $Q(t)$ (exprimée en mg), la quantité de médicament présente dans le sang du patient au bout de t heures.
On suppose que $Q(t) = 6 \times 0{,}71^t$.
1. Déterminer la quantité de médicament initialement injectée au patient.
2. Quelle quantité de médicament restera-t-il dans le sang du patient au bout de 2 heures ? Donner une valeur approchée au dixième de mg.
3. Quelle quantité de médicament restera-t-il dans le sang du patient au bout de 3 heures et demie ? Donner une valeur approchée au dixième de mg.

41 On injecte pour la première fois 8 mg d'un médicament dans le sang d'un patient, à l'instant $t = 0$ (exprimé en heures). On note $Q(t)$ (exprimée en mg), la quantité de médicament présente dans le sang du patient au bout de t heures.
On suppose que $Q(t) = k \times 0{,}61^t$, où k est un nombre réel positif.
1. Déterminer la valeur du réel k.
2. Quelle quantité de médicament restera-t-il dans le sang du patient au bout d'une heure ?
3. Quelle quantité de médicament restera-t-il dans le sang du patient au bout de 1,5 heure ? Donner une valeur approchée au dixième de mg.
4. Quelle quantité de médicament restera-t-il dans le sang du patient au bout de 3 heures et 45 minutes ? Donner une valeur approchée au dixième de mg.

Utiliser la courbe représentative d'une fonction exponentielle

42 Les os contiennent du carbone 14 qui disparaît lentement au cours du temps à partir de la mort de l'individu. Connaître le pourcentage de carbone 14 dans un os permet de déterminer le nombre d'années qui se sont écoulées depuis la mort de l'individu. On modélise le pourcentage de carbone 14 restant dans un os t années après la mort d'un individu, par la fonction f définie pour tout réel $t \geqslant 0$ par $f(t) = 100 \times 0{,}99991^t$.
1. Quel est le pourcentage de carbone 14 restant dans un os 2000 ans après la mort de l'individu ? Arrondir au dixième.
2. On a tracé la courbe représentative de la fonction f.

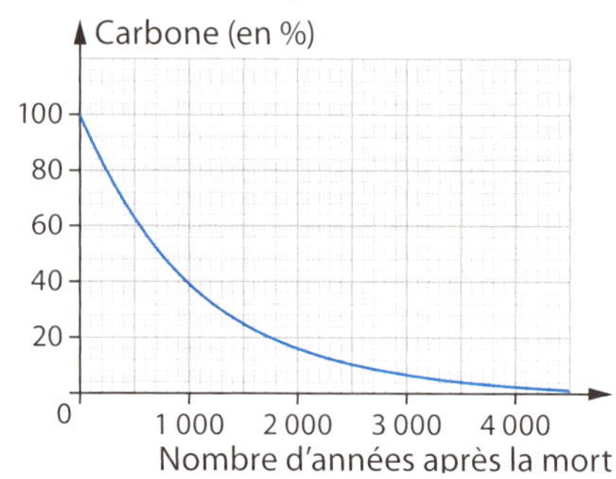

Déterminer graphiquement depuis combien de temps un individu est mort lorsqu'on trouve 20 % de carbone 14 dans ses os.

43 Le bois contient du carbone 14 qui disparaît lentement au cours du temps à partir de la mort de l'arbre. Modéliser l'évolution du nombre de noyaux de carbone 14 dans un fragment de bois au cours du temps permet de déterminer le nombre d'années qui se sont écoulées depuis la mort de l'arbre. Dans un échantillon de bois issu d'un prélèvement effectué dans la grotte de Lascaux, on a modélisé le nombre de noyaux de carbone 14 restant dans l'échantillon, t années après la mort de l'arbre, par la fonction N définie pour tout réel $t \geqslant 0$ par $N(t) = 120\ 000 \times 0{,}99988^t$.

1. Combien de noyaux de carbone 14 y avait-il dans l'échantillon de bois lors de la mort de l'arbre ?

2. Combien reste-t-il de noyaux de carbone 14 trois mille années après la mort de l'arbre ? Arrondir le résultat au noyau près.

3. On a tracé la courbe représentative de la fonction N.

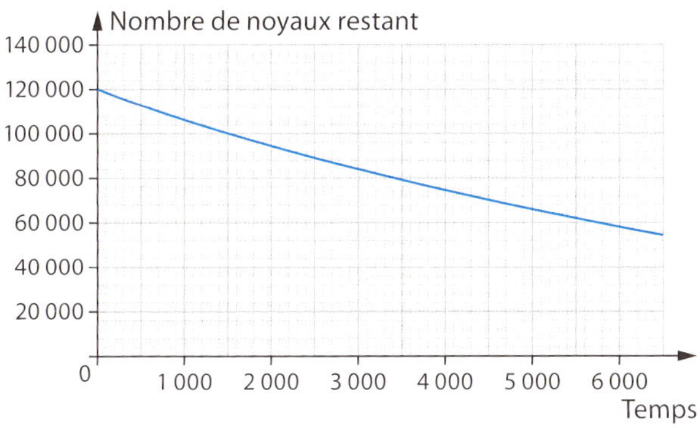

On appelle demi-vie du carbone 14 le temps t_0 nécessaire pour qu'il ne reste plus que la moitié du nombre de noyaux de carbone 14 initial.
Déterminer graphiquement une valeur approchée de la demi-vie du carbone 14.

UN EXERCICE DEUX ÉNONCÉS

44 On place 5 000 € sur un compte rémunéré. On note $C(t)$ le capital obtenu (en €) au bout de t années, où t est un nombre réel positif.
On suppose que $C(t) = 5000 \times 1{,}05^t$.
On a tracé ci-dessous la courbe représentative de la fonction C.

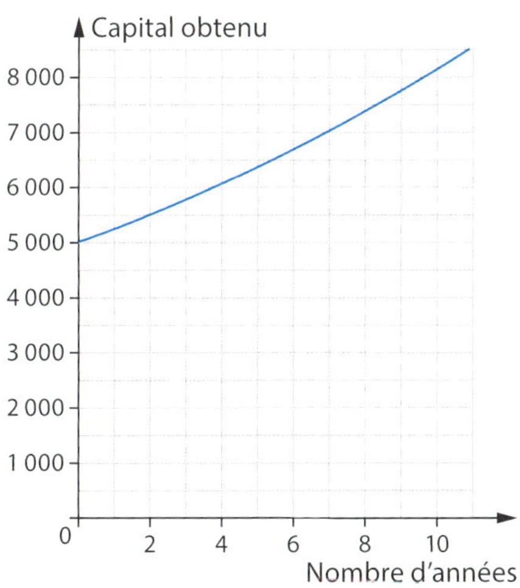

ÉNONCÉ 1

1. Calculer le capital obtenu au bout de trois ans. Arrondir à l'euro près.

2. Calculer le capital obtenu au bout de quatre ans et demi. Arrondir à l'euro près.

3. Déterminer graphiquement le nombre d'années nécessaire pour disposer d'un capital d'au moins 7 000 €.

ÉNONCÉ 2

1. Calculer le capital obtenu au bout de six mois. Arrondir à l'euro près.

2. Calculer le capital obtenu au bout de 7 ans. Arrondir à l'euro près.

3. À partir de la 8e année, un impôt de 10 % est prélevé sur le capital obtenu sur la période $]7\,;t]$ pour tout $t > 7$.

a. On note $M(8)$ le capital obtenu au bout de 8 années. Montrer que :

$$M(8) = C(7) + 0{,}9(C(8) - C(7)).$$

b. Déterminer l'expression de la nouvelle fonction, notée $M(t)$ qui donne le capital obtenu pour tout réel $t > 7$.

45 Un article est vendu en magasin en 2022, au prix $P_0 = 250$ €. En 2023, le prix de l'article augmente de 1,5 %. En 2024, il augmente encore de 3,2 % et en 2025, il augmente de 4,6 %.

ÉNONCÉ 1

1. Calculer les prix P_1 de l'article en 2023, P_2 en 2024 et P_3 en 2025. Arrondir si besoin au centime d'euro.

2. Calculer le pourcentage p d'augmentation global de l'article entre 2022 et 2025.

3. On note q le pourcentage moyen annuel d'augmentation de l'article entre 2022 et 2025.
On admet que $(1+q)^3 = 1+p$.

a. Déterminer une valeur approchée de $1+q$ arrondie au millième.

d. En déduire une valeur approchée du pourcentage moyen annuel q.

ÉNONCÉ 2

1. Calculer les prix P_1 de l'article en 2023, P_2 en 2024 et P_3 en 2025. Arrondir si besoin au centime d'euro.

2. On suppose que l'article a subi dix augmentations successives au cours des 10 années depuis 2022. On note q % le pourcentage moyen annuel d'augmentation de l'article entre 2022 et 2032 : q est donc le numérateur d'une fraction de dénominateur 100.

a. Donner l'expression du prix de l'article au bout des 10 années en fonction de q.

b. Déterminer une valeur approchée au millième de la solution de l'équation $x^{10} = 1{,}248$ avec $x > 0$.

c. On suppose que le prix de l'article au bout de 10 années d'augmentation est de 312 €.
Calculer la valeur de q. On utilisera la valeur approchée de la question **2.b**.

VRAI / FAUX Argumenter à l'oral

1. On considère la suite géométrique de raison 2 et de premier terme $u_0 = 1$.
Proposition 1 Le terme de rang 3 vaut 8.

2. La suite géométrique (v_n) est telle que $v_6 = 40$ et $v_7 = 30$.
Proposition 2 La raison de (v_n) est égale à $\frac{4}{3}$.

3. Proposition 3 L'expression de la fonction exponentielle f de base 3,5 est $f(x) = x^{3,5}$.

4. Proposition 4 $1^{\frac{1}{5}} = 1$

5. Proposition 5 Le carré du nombre $a = 2^{1,5}$ est égal à 8.

6. On considère la fonction f définie pour tout réel $x \geqslant 0$ par $f(x) = -2,5 \times 0,9^x$.
Proposition 6 $f(2) \geqslant 0$

46 Efficacité d'un antibiotique SVT

Un laborantin a réalisé une culture de bactéries. Il dénombre 70 000 bactéries à l'instant $n = 0$. Il injecte un antibiotique et relève chaque jour n le nombre de bactéries encore présentes. L'antibiotique provoque une disparition quotidienne de 15 % de bactéries.
On note u_n le nombre de bactéries au bout de n jours. On pose $u_0 = 70\ 000$.

1. Justifier que (u_n) est une suite géométrique dont on précisera la raison q.
2. Exprimer u_n en fonction de n.
3. Calculer u_{10}, arrondir à l'unité et interpréter le résultat.
4. À l'aide d'un tableur ou d'une calculatrice, déterminer au bout de combien de jours le nombre de bactéries sera strictement inférieur à 200.

47 Gestion forestière ÉCONOMIE

Une forêt contient 10 000 arbres en 2022. Chaque année, 3 % des arbres sont abattus ou disparaissent pour des raisons naturelles.
On note u_n le nombre d'arbres présents dans la forêt lors de l'année $2022 + n$, où n est un entier naturel.

1. Que vaut u_0 ?
2. Donner l'expression de u_{n+1} en fonction de u_n. Quelle est la nature de la suite (u_n) ?
3. Exprimer u_n en fonction de n.
4. Calculer le nombre d'arbres présents dans la forêt en 2030.

48 La légende de Sissa LETTRES

Une légende entoure l'invention du jeu d'échec. À la demande d'un roi indien, un sage appelé Sissa invente ce jeu qui ravit le roi. Pour récompense, le roi est prêt à accorder au sage ce qu'il veut. Alors celui-ci fait une demande qui lui semble modeste : « Déposez un grain de blé sur la première case de l'échiquier, 2 grains sur la deuxième case, 4 grains sur la troisième et ainsi de suite en doublant le nombre de grains de blé sur chaque case suivante ».
On note u_n le nombre de grains de blé sur la case n, où n est un entier naturel compris entre 1 et 64 (un échiquier comporte 64 cases).
On a donc $u_1 = 1$.

1. Que valent u_2 et u_3 ?
2. Déterminer l'expression de u_{n+1} en fonction de u_n puis celle de u_n en fonction de n.
3. Dans un tableur, compléter les colonnes A et B jusqu'au rang $n = 64$.

	A	B
1	n	u_n
2	1	1
3	2	
4	3	

4. Quelle formule doit-on écrire dans la cellule B66 pour calculer le nombre total de grains de blé sur l'échiquier ?
5. Un grain de blé a un poids moyen de 0,05 gramme. Calculer, en tonnes, le poids correspondant au nombre de grains calculé à la question 4.
6. La production mondiale actuelle de blé est d'environ 685 millions de tonnes (bien plus importante qu'au temps du roi). Le roi pourra-t-il honorer sa promesse ?

49 Emballement climatique SVT

Des scientifiques étudient l'évolution d'un glacier. Des mesures régulières depuis 1900 ont été réalisées. La première mesure faite en 1900 montrait que le glacier mesurait 25,6 km de long.
Par la suite, des relevés ont été effectués tous les 20 ans et ont permis de modéliser la longueur du glacier $f(t)$ (exprimée en km) en fonction du nombre d'années t écoulées depuis 1900 par $f(t) = 25,6 - 0,2 \times 1,025^t$.

La valeur absolue de la vitesse instantanée de disparition de la longueur du glacier à l'instant t, se note $v(t)$ (exprimé en km/année).
Elle est définie par $v(t) = 0{,}0049 \times 1{,}025^t$.

1. Déterminer la valeur absolue de la vitesse instantanée de disparition de la longueur du glacier en 1940 et en 2020. Arrondir au millième.

2. On appelle valeur absolue de l'accélération moyenne de la disparition du glacier entre les instants t_1 et t_2 le nombre :

$$a = \frac{v(t_2) - v(t_1)}{t_2 - t_1}$$

a est exprimée en km/année^2.

a. Déterminer la valeur absolue de l'accélération moyenne de la disparition du glacier entre 1940 et 2020. Arrondir le résultat au millième.

b. Calculer une valeur approchée de la longueur du glacier en 2040. Donner le résultat arrondi au dixième de km.

c. Déterminer la valeur absolue de l'accélération moyenne de la disparition du glacier entre les années 2020 et 2040. Arrondir le résultat au millième.

d. Quelle est, en pourcentage, l'augmentation de l'accélération entre 1940 et 2020 et de l'accélération entre 2020 et 2040 ?

50 Médecine du travail SVT

Le 31/01/2022, on a comptabilisé 26 maladies et accidents professionnels au mois de janvier dans une entreprise. Un médecin du travail estime que le nombre de maladies et d'accidents professionnels diminuera chaque mois de 6 % à partir de février 2022.

1. Calculer le nombre de maladies et d'accidents professionnels attendus par le médecin en février 2022. Arrondir le résultat à l'unité.

2. On modélise le nombre de maladies et d'accidents professionnels ayant lieu le n-ième mois après janvier 2022 par une suite (u_n). Ainsi, $u_0 = 26$.

a. Quelle est la nature de la suite (u_n) ?

b. Quelle est la raison de la suite (u_n) ?

c. Pour tout entier naturel n, exprimer u_n en fonction de n.

d. Calculer le nombre de maladies et d'accidents professionnels prévisibles en juillet 2022.

3. Pour avoir des estimations plus précises, le médecin modélise le nombre de maladies et accidents professionnels dans l'entreprise par la fonction f définie, pour tout réel $x \geqslant 0$, par $f(x) = 26 \times 0{,}94^x$.
Déterminer le nombre de maladies et accidents professionnels dans l'entreprise un mois et demi après le 31/01/2022.

4. Le médecin estime que descendre à 12 maladies et accidents professionnels par mois est un bon objectif.

a. Représenter la courbe représentative de la fonction f à l'aide d'un logiciel ou d'une calculatrice.

b. À partir de quelle date cet objectif sera-t-il atteint ?

51 Anticorps maternels SVT

Lors de la grossesse, un fœtus reçoit des anticorps transmis par sa mère. À la naissance, ces anticorps maternels sont progressivement remplacés par ceux de l'enfant.
On modélise la concentration en anticorps maternels dans le sang de l'enfant à l'aide de la fonction f définie sur l'intervalle $[0\,;12]$ par $f(x) = k \times 0{,}75^x$, où k est un nombre réel positif.
Le nombre $f(x)$ représente la concentration en anticorps maternels, exprimée en g/L.
Le nombre x est l'âge de l'enfant exprimé en mois.
On a représenté la courbe représentative de la fonction f ci-dessous.

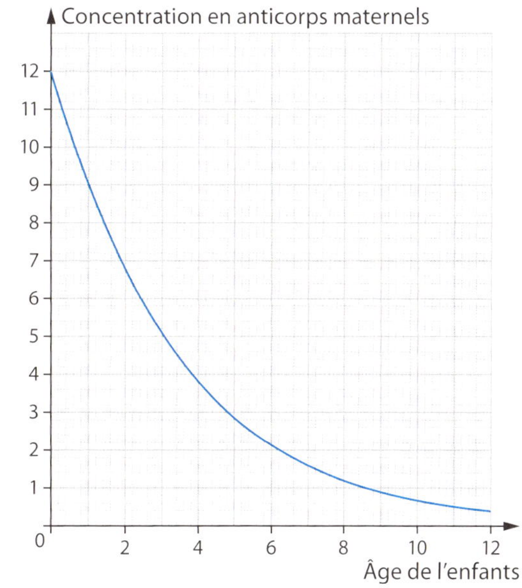

1. Déterminer grâce au graphique, la valeur du réel k.

2. Calculer la concentration en anticorps maternels dans le sang de l'enfant à l'âge de 3 mois. Arrondir le résultat au centième.

3. Déterminer graphiquement à partir de quel mois le nombre d'anticorps maternels sera inférieur strictement à 1 g/L.

52 Expression d'une fonction

On considère la fonction f définie pour tout réel x positif par $f(x) = ka^x$.
k et a sont deux réels strictement positifs. On suppose que $f(0) = 5$ et que la courbe représentative de la fonction f passe par le point de coordonnées $(2\,;0{,}2)$.

1. Déterminer les valeurs de k et de a.

2. Calculer la valeur exacte de $f(3)$.

53 Effectif d'un lycée CITOYENNETÉ

Le 1er septembre 2022, un lycée compte 1 200 élèves. Une étude statistique montre que chaque 1er septembre suivant :

- l'effectif d'anciens élèves diminue de 5 % ;
- 180 nouveaux élèves s'inscrivent.

On cherche à modéliser cette situation par une suite (u_n), où pour tout entier naturel n, u_n représente le nombre d'élèves le 1er septembre de l'année $2022 + n$.
On pose $u_0 = 1200$.

1. Calculer u_1 et u_2.
2. La suite (u_n) est-elle une suite géométrique ?
3. Justifier que pour tout entier naturel n on a :
$$u_{n+1} = 0{,}95u_n + 180.$$
4. Reproduire la feuille de tableur suivante.

	A	B
1	n	un
2	0	1200
3	1	
4		

Quelle formule faut-il écrire dans la cellule B3 puis recopier vers le bas, pour calculer les termes de la suite (u_n) ?
Recopier et compléter la feuille de tableur jusqu'au rang $n = 4$.

5. On pose, pour tout entier naturel n :
$$v_n = u_n - 3\ 600.$$
a. Combien vaut v_0 ?
b. On a complété la feuille de tableur par la colonne C suivante.

	A	B	C
1	n	un	vn
2	0	1200	-2400
3	1	1320	-2280
4	2	1434	-2166

Quelle formule a-t-on écrite dans la cellule C2 puis recopiée vers le bas,
c. Calculer $\frac{v_1}{v_0}$ et $\frac{v_2}{v_1}$.
Que peut-on conjecturer pour la suite (v_n) ?

6. a. On admet la conjecture précédente. Exprimer alors v_n en fonction de n.
b. En déduire l'expression de u_n en fonction de n.
c. Combien y aura-t-il d'élèves inscrits dans le lycée au 1er septembre 2030 ? Arrondir le résultat à l'élève près.

54 Raison négative

Une suite géométrique peut avoir une raison négative. Par exemple, on considère la suite géométrique de premier terme $u_0 = 5$ et de raison $q = -2$.

1. Calculer u_1, u_2, u_3 et u_4.
2. Que peut-on dire du signe de u_n pour tout entier naturel n ? On distinguera les cas n pair et n impair.

55 Injection SVT

Lorsqu'on injecte un médicament dans le sang, on modélise la concentration de médicament dans le sang à l'instant t, par la fonction f définie pour tout réel $t \geqslant 0$ (exprimé en heures) par $f(t) = 1{,}8t \times 0{,}6^t$.
$f(t)$ est exprimé en mg/L. On a représenté ci-dessous la courbe représentative de la fonction f.

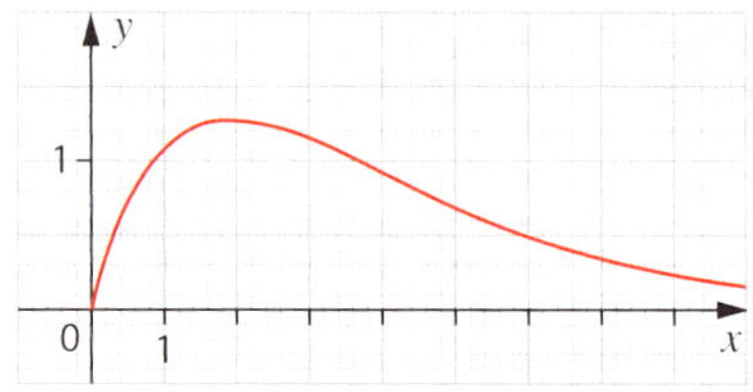

1. Calculer la concentration de médicament présente dans le sang au bout de 1 heure.
2. Calculer la concentration de médicament présente dans le sang au bout de 2 heures et demie.
3. a. Déterminer graphiquement la concentration maximale de médicament présente dans le sang.
b. À quel moment la concentration maximale de médicament dans le sang est-elle atteinte ? Donner une valeur approchée avec la précision permise par le graphique.
4. Lorsque la concentration de médicament devient strictement inférieure à 0,1 mg/L, on doit injecter une nouvelle dose de médicament.
On a écrit la fonction Python suivante.

```python
def medicament():
    t=2
    while 1.8*t*0.6**t>=0.1:
        t=t+0.1
    return t
```

On utilise cette fonction en écrivant dans la console l'instruction suivante.

```
>>> medicament()
10.299999999999998
```

Interpréter ce résultat dans le contexte de l'exercice. Arrondir le résultat donné par la fonction à la demi-heure près.

56 Le nombre e

Tout le monde connaît le célèbre nombre π :
$$\pi \approx 3{,}1415926535\ldots$$
Il existe un autre nombre célèbre, noté e, tel que $e \approx 2{,}71828182\ldots$
Comme π, e possède une infinité de décimales qui n'ont aucune régularité.
Ce nombre e permet de définir une fonction exponentielle très utilisée en mathématiques :
$$f(x) = e^x.$$

1. Utiliser la calculatrice pour tracer la courbe représentative de la fonction f.
2. Conjecturer le domaine de définition de la fonction exponentielle de base e.

Ressources du chapitre
hachette-clic.fr/23bs1006

CHAPITRE

6 Évolution des modèles exponentiels

FOCUS MÉTIER

Géologue

Samuel est géologue. Détective moderne qui déchiffre les secrets de la Terre, Samuel ramasse des fragments de roche, des fossiles, prélève du gaz au sommet d'un volcan. Du microscope à la photographie aérienne, il s'intéresse aussi bien à un échantillon de terre qu'à un gisement d'uranium. Examiner la composition d'un métal permet, par exemple, d'émettre des hypothèses sur les risques de pollution qu'il peut engendrer dans une région. Pour cela, il modélise la matière par des suites géométriques ou des fonctions exponentielles et étudie leurs évolutions au cours du temps.

Des formations en lien avec le chapitre

- **École d'ingénieurs spécialisée en géologie, école d'ingénieurs des mines**
- **Master mention géoressources, géorisques et géotechnique**
- **Master sciences de la Terre et des planètes, environnement**

Automatismes hebdomadaires

En cas de besoin, voir les indispensables :

Calculs algébriques p. 176 — Développements et factorisations p. 177
Équations et inéquations p. 178 — Lectures graphiques p. 179

Gamme 1

1 Puissances

Recopier et compléter.

$1{,}5^2 \times 1{,}5^3 = 1{,}5^{\cdots}$

2 Factorisations

Factoriser $(x-1)(x-3)-(x-1)^2$.

3 Équations

Résoudre $\sqrt{x} = 3$.

4 Signe

On a représenté la courbe d'une fonction f. Déterminer graphiquement l'intervalle sur lequel $f(x) \leqslant 0$.

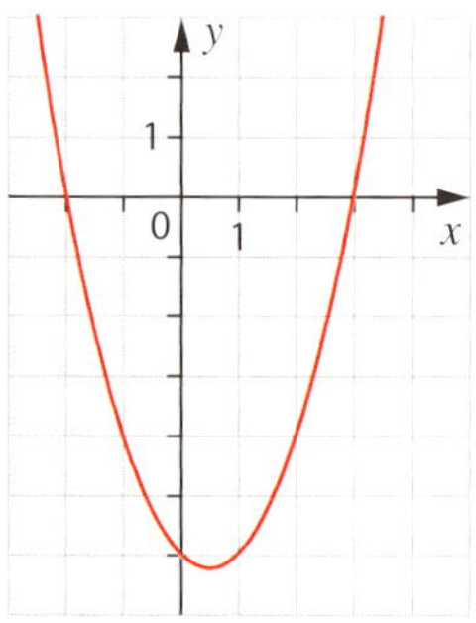

Gamme 2

1 Fractions

Calculer $\dfrac{15}{50} - \dfrac{11}{100}$.

2 Identités remarquables

Développer $\left(-\dfrac{1}{2}x+1\right)^2$.

3 Antécédents

Calculer l'antécédent du nombre -5 par la fonction f définie pour tout réel x par $f(x) = -2x-5$.

4 Équations

On a représenté la courbe d'une fonction f. Donner graphiquement le nombre de solutions de l'équation $f(x) = 0$.

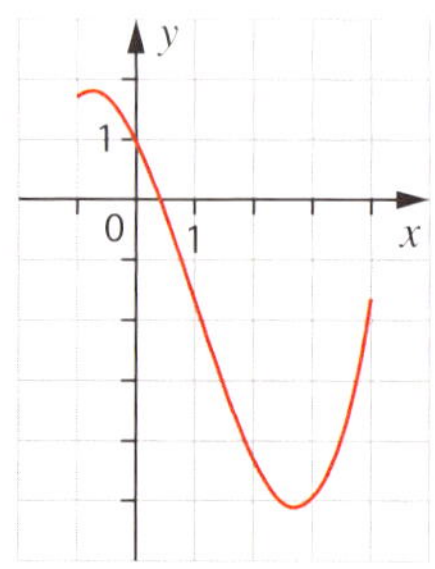

Gamme 3

1 Pourcentages

Une quantité $Q = 300$ augmente de 50 %. Quelle est sa valeur après l'augmentation ?

2 Image

Calculer l'image de $-\sqrt{3}$ par la fonction f définie pour tout réel x par $f(x) = 2x^2 - 1$.

3 Inéquations

Résoudre l'inéquation $-2x + 4 \geqslant 3$.

4 Variation

Donner les intervalles sur lesquels la fonction f représentée ci-contre est croissante.

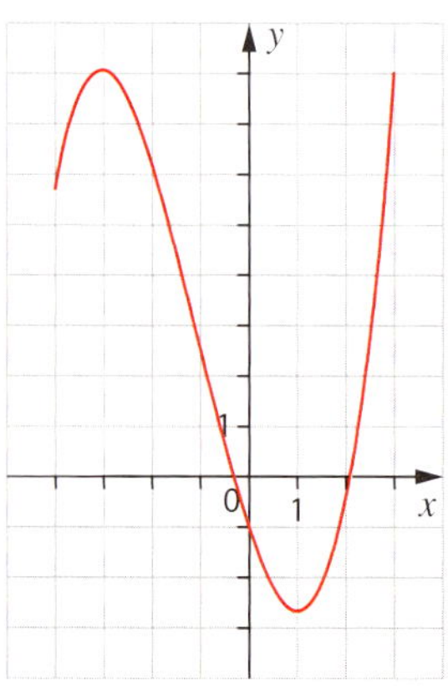

Gamme 4

1 Fractions

Calculer $\dfrac{35}{100} \times 1000$.

2 Identités remarquables

Factoriser l'expression $(2x-1)^2 - x^2$.

3 Équations

Résoudre l'équation d'inconnue p :

$$1 + \frac{p}{100} = 1{,}3.$$

4 Image

Déterminer graphiquement l'image du nombre -1 par la fonction f dont la courbe est représentée ci-dessous.

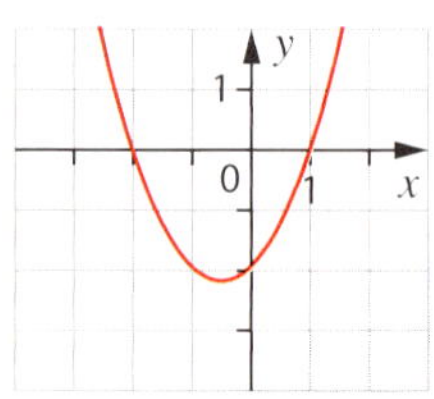

Situation 1 La piscine

Objectif
Introduire le sens de variation d'une suite géométrique et d'une fonction exponentielle

Une maison possède une piscine. L'eau du bassin doit contenir du chlore qui joue le rôle de désinfectant. Avant la mise en service de sa piscine prévue début de juin, le propriétaire a versé du chlore dans le bassin.
Le relevé de chlore présent dans l'eau au moment précis de la mise en service affiche 1 mg/L.

1 On note u_n la quantité (en mg/L) de chlore n jours après la mise en service de la piscine.
Pour tout n, $u_n > 0$.
L'évolution de la quantité de chlore est modélisée par la suite (u_n) de premier terme $u_0 = 1$ et définie, pour tout entier naturel n, par $u_{n+1} = 0{,}97u_n$.

a. Recopier et compléter le tableau de valeurs suivant. Arrondir au centième.

n	0	1	2	3	4	5	6	7	8
u_n									

b. Recopier et compléter la phrase suivante :
« Lorsque les valeurs de n augmentent, les valeurs de u_n … ».

c. Que peut-on conjecturer sur le sens de variation de la suite (u_n) ?

d. Justifier que, pour tout entier naturel n, $u_{n+1} \leqslant u_n$.

2 Après des mesures plus précises, le propriétaire propose de modéliser la quantité de chlore par la fonction f définie pour tout réel x positif par $f(x) = 0{,}97^x$, où $f(x)$ est exprimée en mg/L et x désigne la durée (en jours pas nécessairement entiers) après la mise en service.

a. Quelle est la nature de la fonction f ?

b. Recopier et compléter le tableau de valeurs suivant.

x	0	0,5	1	1,5	2	2,5	3	3,5	4
$f(x)$									

c. Recopier et compléter la phrase suivante :
« Lorsque les valeurs de x augmentent, les valeurs de $f(x)$ … ».

d. Que peut-on conjecturer concernant le sens de variation de la fonction f ?

Situation 2 Le taux d'inflation

Objectif
Introduire le taux moyen d'évolution

L'inflation est l'augmentation, en pourcentage, de l'ensemble des prix dans un pays.

1 En 2022, l'inflation était de 5,2 % en France. On suppose que, pour les années suivantes, le taux d'inflation reste constant et égal à 5,2 % chaque année.
Un article coûtait 20 € fin 2022. Quel sera son prix fin 2023 ? Arrondir au centime près.

2 On considère désormais que l'on ne connaît pas le taux d'inflation pour chaque année entre fin 2022 et fin 2030. On suppose qu'un article qui coûtait 80 € fin 2022 coûtera 114 € fin 2030.

a. Quel est le pourcentage d'augmentation du prix de cet article entre fin 2022 et fin 2030 ?

b. On suppose que cet article a augmenté de t % chaque année à partir de fin 2022. (t % s'appelle le taux d'augmentation annuel moyen de l'article).
Expliquer pourquoi on a l'égalité $114 = 80 \times \left(1 + \frac{t}{100}\right)^8$.

c. Montrer que $1 + \frac{t}{100} = 1{,}425^{\frac{1}{8}}$.

d. En déduire l'arrondi au dixième du nombre $\frac{t}{100}$. Écrire ce nombre sous la forme d'un pourcentage.
Interpréter ce résultat dans le contexte de l'exercice.

1. Sens de variation des modèles exponentiels

1. Sens de variation des suites géométriques

Propriété

Soit (u_n) la suite géométrique de premier terme $u_0 > 0$ et de raison $q > 0$.

- Si $0 < q < 1$, alors la suite (u_n) est strictement décroissante.

Lorsque les valeurs de n augmentent, les valeurs de u_n diminuent.

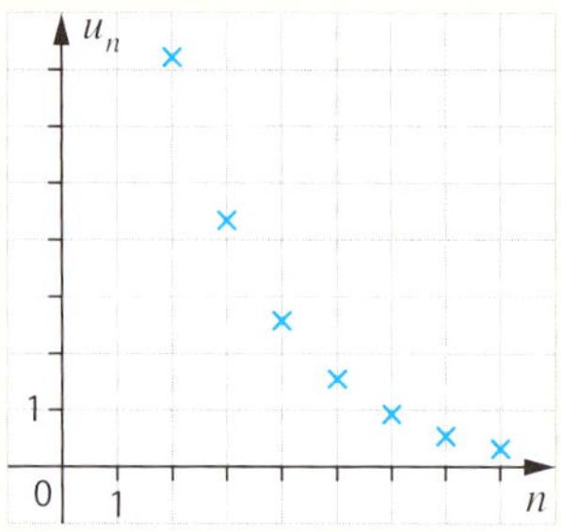

- Si $q = 1$, alors la suite (u_n) est constante.

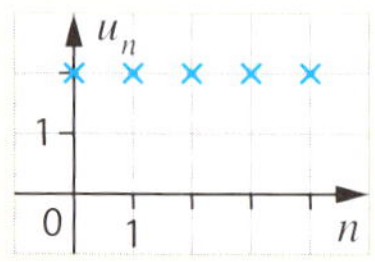

- Si $q > 1$, alors la suite (u_n) est strictement croissante.

Lorsque les valeurs de n augmentent, les valeurs de u_n augmentent.

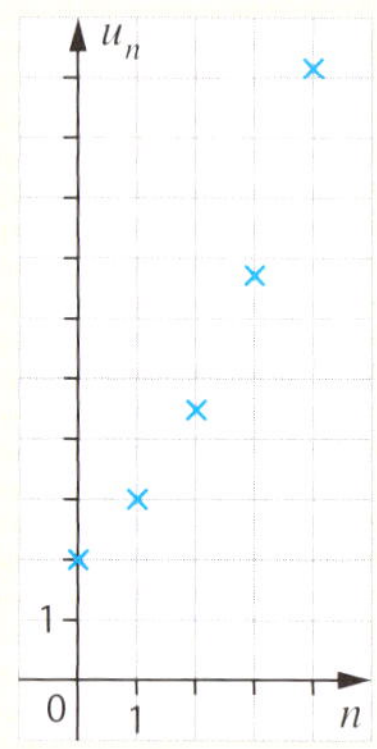

2. Sens de variation des fonctions exponentielles

Propriété

Soit a un réel strictement positif.

- Si $a > 1$, alors la fonction f définie par $f(x) = a^x$ est strictement croissante sur $[0\,;+\infty[$.
- Si $0 < a < 1$, alors la fonction f définie par $f(x) = a^x$ est strictement décroissante sur $[0\,;+\infty[$.
- Si $a = 1$, alors la fonction f définie par $f(x) = 1^x = 1$ est constante sur $[0\,;+\infty[$.

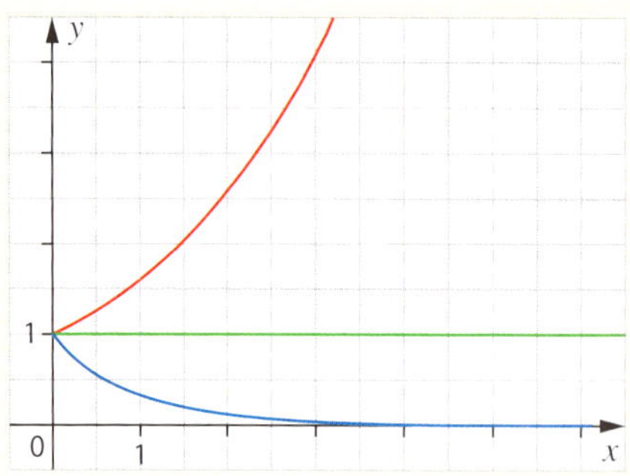

Propriété

Soit k un réel non nul.

- Si $k > 0$, alors les fonctions f et g définies par $f(x) = a^x$ et $g(x) = ka^x$ ont le même sens de variation.
- Si $k < 0$, alors les fonctions f et g définies par $f(x) = a^x$ et $g(x) = ka^x$ ont des sens de variation contraires.

Méthode 1 Déterminer le sens de variation d'une suite géométrique

Déterminer le sens de variation des suites géométriques définies ci-dessous.

1 (u_n) est la suite géométrique de premier terme $u_0 = 4$ et de raison $q = \frac{1}{5}$.

2 (v_n) est la suite géométrique définie, pour tout entier naturel n, par $v_n = \frac{3^n}{4^n}$.

3 (w_n) est la suite géométrique définie, pour tout entier naturel n, par $w_n = 0{,}3 \times 1{,}1^n$.

4 (t_n) est la suite géométrique définie par $t_0 = 5$ et, pour tout entier naturel n, par $t_{n+1} = 0{,}4t_n$.

Solution commentée

1 $u_0 > 0$.
La raison de la suite (u_n) est $q = \frac{1}{5}$.
Or $0 < \frac{1}{5} < 1$, donc la suite (u_n) est strictement décroissante.

2 $v_0 > 0$.
Pour tout entier naturel n, on a $v_n = \frac{3^n}{4^n} = \left(\frac{3}{4}\right)^n$.
La raison de (v_n) est donc $\frac{3}{4}$.
Or $0 < \frac{3}{4} < 1$, donc la suite (v_n) est strictement décroissante.

3 $w_0 > 0$.
La suite (w_n) est définie par sa formule explicite. Sa raison est $q = 1{,}1$.
Or $1{,}1 > 1$, donc la suite (w_n) est strictement croissante.

4 $t_0 > 0$.
La suite (t_n) est définie par sa relation de récurrence. Sa raison est $q = 0{,}4$.
Or $0 < 0{,}4 < 1$, donc la suite (t_n) est strictement décroissante.

EXERCICE 2 p. 120

Méthode 2 Déterminer le sens de variation d'une fonction exponentielle

Déterminer le sens de variation des fonctions exponentielles suivantes.

1 $f(x) = 0{,}7^x$ **2** $g(x) = -3 \times 2{,}6^x$ **3** $h(x) = \frac{5^x}{8^x}$ **4** $p(x) = 5\left(\frac{1}{0{,}4}\right)^x$

Solution commentée

1 La fonction f est une fonction exponentielle de base 0,7.
Or $0 < 0{,}7 < 1$, donc la fonction f est strictement décroissante sur $[0\,;+\infty[$.

2 La fonction exponentielle de base $2{,}6 > 1$ est strictement croissante sur $[0\,;+\infty[$.
On a $g(x) = -3 \times 2{,}6^x$ avec $-3 < 0$. Donc la fonction g a un sens de variation contraire à celui de la fonction exponentielle de base 2,6.
La fonction g est donc strictement décroissante sur $[0\,;+\infty[$.

3 $h(x) = \frac{5^x}{8^x} = \left(\frac{5}{8}\right)^x$. La fonction h est une fonction exponentielle de base $\frac{5}{8} = 0{,}625$.
Or $0 < 0{,}625 < 1$, donc la fonction h est strictement décroissante sur $[0\,;+\infty[$.

4 La fonction exponentielle de base $\frac{1}{0{,}4} > 1$ est strictement croissante sur $[0\,;+\infty[$.
On a $p(x) = 5 \times \left(\frac{1}{0{,}4}\right)^x$, avec $5 > 0$. La fonction p a donc le même sens de variation que celui de la fonction exponentielle de base $\frac{1}{0{,}4}$. La fonction p est donc strictement croissante sur $[0\,;+\infty[$.

EXERCICE 18 p. 122

2. Taux d'évolution moyen

1. Évolutions successives

Définition

On appelle **taux d'évolution** tout nombre décimal positif.
Le plus souvent, un taux s'écrit sous la forme d'une fraction de dénominateur 100 ou sous la forme d'un pourcentage.

Exemple

$\frac{3}{100} = 0,03 = 3\ \%$ est un taux de 3 %.

Propriété

On considère une quantité P et un taux d'évolution de t %.

- Lorsque P subit n augmentations successives de t %, alors la nouvelle valeur de P est égale à $P \times \left(1+\frac{t}{100}\right)^n$.
- Lorsque P subit n diminutions successives de t %, alors la nouvelle valeur de P est égale à $P \times \left(1-\frac{t}{100}\right)^n$.

Exemple

Une quantité $P = 250$ subit cinq diminutions successives de 2 %.
La nouvelle valeur de P est égale à $250 \times \left(1-\frac{2}{100}\right)^5 \approx 225,98$.

2. Taux d'évolution moyen

Propriété et définition

Soit P une quantité et T % un taux d'évolution.

- P subit une augmentation de T % équivaut à P subit n augmentations successives de taux constant égal à $\left(1+\frac{T}{100}\right)^{\frac{1}{n}} - 1$.
  Une valeur approchée décimale de ce nombre (le plus souvent écrite sous la forme d'un pourcentage) s'appelle le **taux moyen d'augmentation** au cours des n augmentations successives.
- P subit une diminution de T % équivaut à P subit n diminutions successives de taux constant égal à $1-\left(1-\frac{T}{100}\right)^{\frac{1}{n}}$.
  Une valeur approchée décimale de ce nombre (le plus souvent écrite sous la forme d'un pourcentage) s'appelle le **taux moyen de diminution** au cours des n diminutions successives.

Exemple

Le prix d'un article est de 150 €. Quatre ans plus tard, son prix est de 187,50 €.
Quelle a été l'augmentation moyenne annuelle de l'article ?

L'article a augmenté d'un taux égal à $\frac{187,50}{150} - 1 = 0,25 = 25\ \% = T\ \%$.

Le taux moyen annuel d'augmentation de l'article est de $\left(1+\frac{25}{100}\right)^{\frac{1}{4}} - 1 \approx 0,0574$.

La taux moyen annuel est donc d'environ 5,74 %.

Méthode 3 Calculer des évolutions successives

Un compte bancaire est rémunéré au taux annuel de 3,2 % d'intérêts composés (les intérêts s'ajoutent chaque année au capital). Une somme de 4 000 € est placée sur le compte le 1er janvier 2022.

1. De quelle somme pourra-t-on disposer le 1er janvier 2023 ?
2. De quelle somme pourra-t-on disposer le 1er janvier 2027 ?
3. On utilise la feuille de calcul ci-contre. On cherche l'année 2022 + n où on pourra disposer d'une somme supérieure ou égale à 5 000 € sur le compte. Le nombre 5 000 s'appelle un seuil pour la suite (u_n). Reproduire et compléter la feuille de tableur et déterminer l'année correspondante.

	A	B
1	n	u_n
2	0	4000
3	1	
4	2	
5	3	

Solution commentée

1. La somme disponible sur le compte le 1er janvier 2023 sera la somme du 1er janvier 2022 augmentée de 3,2 % :

$$4\,000 \times \left(1 + \frac{3,2}{100}\right) = 4\,128.$$

On pourra disposer d'une somme de 4 128 € le 1er janvier 2023.

2. La somme placée sur le compte rémunéré le 1er janvier 2022 est récupérée le 1er janvier 2027, soit cinq années après son placement initial.
La somme de 4 000 € subit cinq augmentations successives au taux de 3,2 %.
Sa valeur au bout des cinq années sera donc égale à :

$$4\,000 \times \left(1 + \frac{3,2}{100}\right)^5 \approx 4\,682,29.$$

On pourra disposer au 1er janvier 2027 d'une somme de 4 682,29 €.

3. On complète la feuille de tableur en écrivant dans la cellule B3 la formule `=B2*1,032` et on obtient la feuille ci-contre.
L'année où on pourra disposer d'une somme supérieure ou égale à 5 000 € sur le compte correspond à $n = 8$, soit l'année 2022 + 8 = 2030.

	A	B
1	n	u_n
2	0	4000
3	1	4128
4	2	4260,096
5	3	4396,41907
6	4	4537,10448
7	5	4682,29183
8	6	4832,12516
9	7	4986,75317
10	8	5146,32927
11	9	5311,01181

EXERCICE 30 p. 124

Méthode 4 Calculer un taux moyen d'évolution

Au début de l'année 2015, on dénombrait 3,1 millions de chômeurs en France. Au début de l'année 2022, on en dénombrait 2,3 millions. (*Source : Insee*)

1. Calculer le taux de diminution du nombre de chômeurs entre début 2015 et début 2022. Arrondir au dixième de pourcent.
2. Calculer le taux de diminution moyen annuel du nombre de chômeurs de début 2015 à début 2022. Arrondir au dixième de pourcent.

Solution commentée

1. $1 - \frac{2,3}{3,1} \approx 0,258$

Le taux de diminution du nombre de chômeurs entre début 2015 et début 2022 est de 0,258 = 25,8 % = T %.

2. De 2015 à 2022, il y a 7 diminutions successives du nombre de chômeurs. Le taux moyen annuel de diminution du nombre de chômeurs entre début 2015 et début 2022 est donc $1 - \left(1 - \frac{25,8}{100}\right)^{\frac{1}{7}} \approx 0,042$.

Le taux moyen annuel de diminution du nombre de chômeurs entre 2015 et 2022 est d'environ 4,2 %.

EXERCICE 36 p. 124

Répéter en solo

L'essentiel

Variation des suites géométriques de premier terme u_0 positif et de raison $q > 0$

- Si $0 < q < 1$, alors la suite (u_n) est strictement décroissante.
Lorsque les valeurs de n augmentent, les valeurs de u_n diminuent.

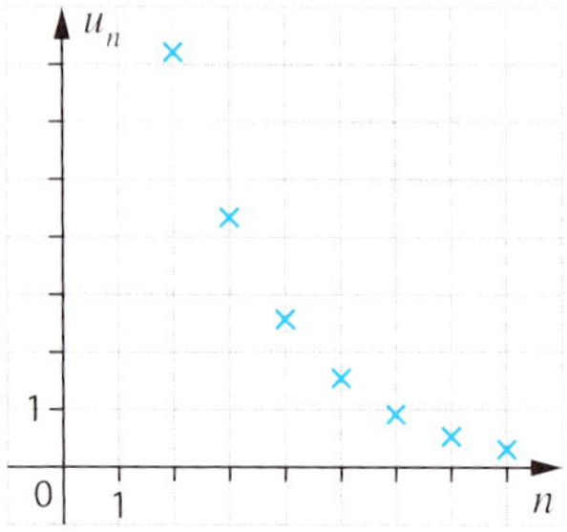

- Si $q = 1$, alors la suite (u_n) est constante.

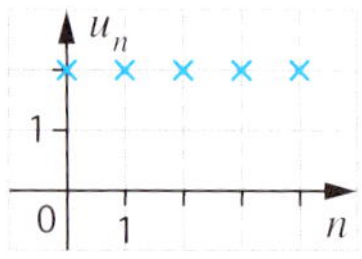

- Si $q > 1$, alors la suite (u_n) est strictement croissante.
Lorsque les valeurs de n augmentent, les valeurs de u_n augmentent.

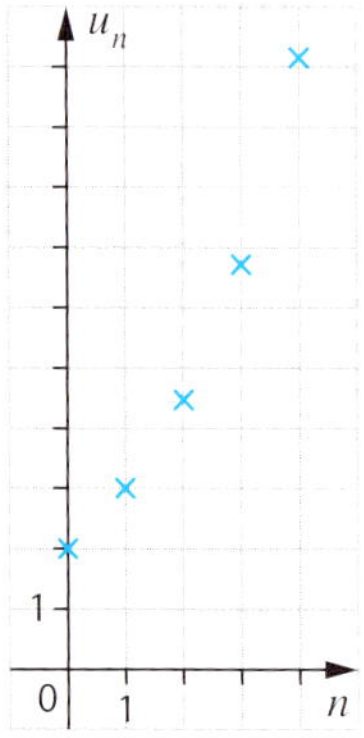

Augmentations successives

On considère une quantité P et un taux d'évolution de t %.

- Lorsque P subit n augmentations successives de t %, alors la nouvelle valeur de P est égale à $P \times \left(1+\frac{t}{100}\right)^n$.
- Lorsque P subit n diminutions successives de t %, alors la nouvelle valeur de P est égale à $P \times \left(1-\frac{t}{100}\right)^n$.

Variation des fonctions exponentielles

Soit a un réel strictement positif.

- Si $a > 1$, alors la fonction f définie par $f(x) = a^x$ est strictement croissante sur $[0\,;+\infty[$.
- Si $0 < a < 1$, alors la fonction f définie par $f(x) = a^x$ est strictement décroissante sur $[0\,;+\infty[$.
- Si $a = 1$, alors la fonction f définie par $f(x) = 1^x = 1$ est constante sur $[0\,;+\infty[$.

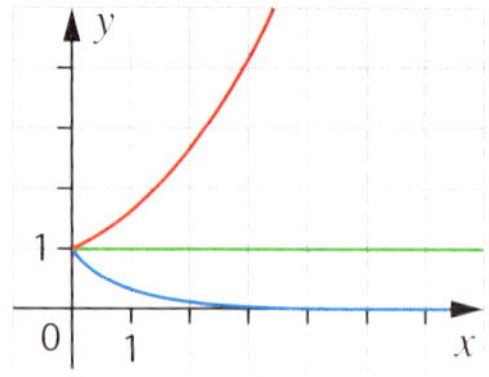

Soit k un réel non nul.

- Si $k > 0$, alors les fonctions f et g définies par $f(x) = a^x$ et $g(x) = ka^x$ ont le même sens de variation.
- Si $k < 0$, alors les fonctions f et g définies par $f(x) = a^x$ et $g(x) = ka^x$ ont des sens de variation contraires.

Taux d'évolution moyen

Soit P une quantité.

- P subit une augmentation de taux $\frac{T}{100}$ équivaut à P subit n augmentations successives de taux moyen égal à $\left(1+\frac{T}{100}\right)^{\frac{1}{n}} - 1$, arrondi à une valeur décimale souvent exprimée en %.
- P subit une diminution de taux $\frac{T}{100}$ équivaut à P subit n diminutions successives de taux moyen égal à $1-\left(1-\frac{T}{100}\right)^{\frac{1}{n}}$, arrondi à une valeur décimale souvent exprimée en %.

Version interactive du QCM

QCM

Réponses au QCM p. 180

Pour chacune des questions, indiquer la ou les bonnes réponses.

Étudier et utiliser les variations d'une suite géométrique

	A	B	C
1. On considère la suite géométrique (u_n) de premier terme $u_0 = 7$ et de raison $q = 0{,}2$. La suite (u_n) est :	croissante	décroissante	constante
2. On considère la suite géométrique (v_n) de premier terme $v_0 = \frac{1}{3}$ et de raison 1,1. La suite (v_n) est :	décroissante	croissante	constante
3. On considère la suite géométrique (u_n) de premier terme $u_0 = \frac{1}{4}$ et de raison $q = 2$. On a alors :	$u_3 = 2$	$u_5 \leqslant u_8$	$u_5 \geqslant u_8$
4. La suite géométrique de premier terme $u_0 = 3$ et de raison $q = 0{,}9$ vérifie :	$u_3 \leqslant u_6$	$u_7 \geqslant u_5$	$u_4 \leqslant u_2$

Étudier et utiliser les variations d'une fonction exponentielle

	A	B	C
5. La fonction définie pour tout réel x positif par $f(x) = 1{,}1^x$ est :	croissante sur $[0\,;+\infty[$	décroissante sur $[0\,;+\infty[$	constante sur $[0\,;+\infty[$
6. La fonction h définie, pour tout réel x positif, par $h(x) = 3 \times 0{,}4^x$ est :	croissante sur $[0\,;+\infty[$	décroissante sur $[0\,;+\infty[$	constante sur $[0\,;+\infty[$
7. On considère la fonction g définie pour tout réel x positif par $g(x) = 0{,}1^x$. On a :	$g(1) \geqslant g(3)$	$g(0) \geqslant g(5)$	g est croissante sur $[0\,;+\infty[$
8. La fonction h définie pour tout réel x positif par $h(x) = -2{,}1 \times 3{,}2^x$ est :	croissante sur $[0\,;+\infty[$	décroissante sur $[0\,;+\infty[$	constante sur $[0\,;+\infty[$

Résoudre un problème de seuil et calculer un taux d'évolution moyen

	A	B	C
9. On considère la suite géométrique (u_n) de premier terme $u_0 = 1$ et de raison $q = 0{,}7$. On peut affirmer que :	$u_5 \geqslant 1$	$u_5 \leqslant u_3$	$u_5 = 0{,}16807$
10. Le nombre d'élèves d'un lycée augmente chaque mois de septembre de 2 %. Il y a 850 élèves en septembre 2023. Le nombre d'élèves dans le lycée en septembre 2030 est :	$850 \times 0{,}02^7$	$850 \times 1{,}02^7$	≈ 976
11. Le nombre de malades d'un hôpital est passé de 3 200 à 4 550 en 4 ans. Pour calculer le taux moyen annuel d'augmentation, on effectue :	$1-\left(1+\frac{27}{64}\right)^{\frac{1}{4}}$	$1-\left(1-\frac{4550}{3200}\right)^{\frac{1}{4}}$	$\left(1+\frac{27}{64}\right)^{\frac{1}{4}}-1$
12. Soit f la fonction définie, pour tout réel x positif, par $f(x) = 0{,}3^x$. On a $0{,}3^x \leqslant 0{,}3^{10}$ dès que :	$x \geqslant 10$	$x \leqslant 10$	$x \geqslant 0$

Boîte à outils

TABLEUR
LOGICIEL DE GÉOMÉTRIE

1 Comment tracer la courbe représentative d'une fonction avec un logiciel de géométrie dynamique ?

On veut tracer la courbe représentative de la fonction f définie pour tout réel $x \geqslant 0$ par $f(x) = 0{,}4 \times 0{,}9^x$.
• Écrire son expression dans la barre de saisie.

```
Saisie: f(x)=0.4*0.9^x
```

On s'aperçoit que la fonction est aussi définie pour des valeurs négatives de x.

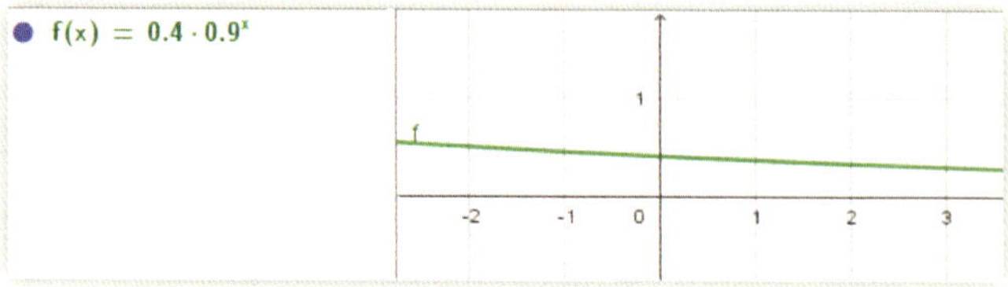

Pour avoir la courbe uniquement pour $x \geqslant 0$:
• Commencer par écrire dans la barre de saisie le mot fonction.
Une boîte de dialogue à compléter s'ouvre :

```
Saisie: Fonction( <Fonction>, <x initial>, <x final> )
```

• Cliquer sur le mot <Fonctions> qui se surligne en bleu et compléter avec l'expression de la fonction.

```
Saisie: Fonction(0.4*0.9^x, <x initial>, <x final> )
```

• Appuyer sur la touche tabulation du clavier : le mot <x initial> se surligne en bleu.
• Écrire le nombre 0.

```
Saisie: Fonction(0.4*0.9^x, 0, <x final>)
```

• Appuyer sur la touche tabulation du clavier. Le mot <x final> se surligne en bleu.
• Écrire le nombre 100 par exemple, car on ne peut pas écrire $+\infty$.
La courbe de la fonction se trace dans une autre couleur mais sur [0 ; 100] cette fois.

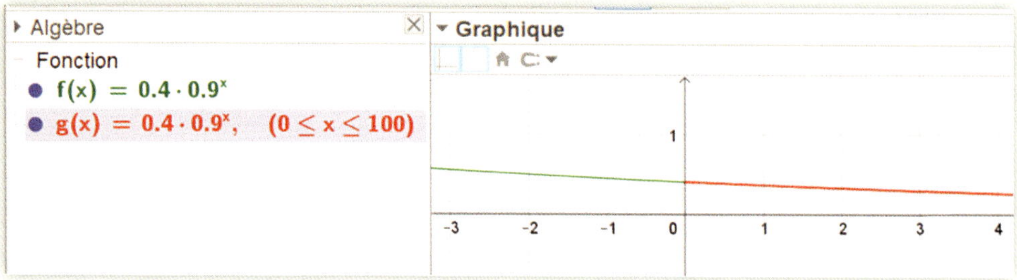

On peut effacer la courbe verte en décochant dans la fenêtre *Algèbre* de gauche la fonction f.

2 Comment trouver un seuil avec un tableur ?

On considère la suite géométrique (u_n) de premier terme 5 et de raison 0,4.
On veut trouver le premier nombre entier naturel n tel que $u_n \leqslant 0{,}01$.
0,01 s'appelle un seuil pour la suite.

• Écrire les termes de la suite dans une feuille de tableur comme ci-contre.

	A	B
1	n	un
2	0	5
3	1	2
4	2	0,8
5	3	0,32
6	4	0,128
7	5	0,0512
8	6	0,02048
9	7	0,008192
10	8	0,0032768
11	9	0,00131072

• Chercher dans la colonne B le premier terme inférieur ou égal à 0,01 : c'est le terme de la cellule B9.
On regarde alors la cellule correspondante de la colonne A.
C'est la cellule A9 qui a la valeur 7.

Le premier terme tel que $u_n \leqslant 0{,}01$ est donc le terme de rang 7.

Travail en groupe

30 min

Constituer des groupes de quatre élèves qui auront chacun un des rôles suivants.
Résoudre tous ensemble la situation donnée. Remettre une trace écrite de cette résolution.

Animateur
- responsable du niveau sonore du groupe
- distribue la parole pour que chacun s'exprime

Rédacteur en chef
- responsable de la trace écrite rédigée par tous les membres du groupe

Ambassadeur
- porte-parole du groupe, seul autorisé à communiquer avec le professeur et, éventuellement, d'autres groupes

Maître du temps
- responsable de l'avancement du travail du groupe
- veille au respect du temps imparti

Deux bonhommes de neige sont côte à côte dans un jardin. On mesure la hauteur des bonhommes au même instant :
- le plus grand des deux mesure 2 mètres et il est au soleil ;
- le plus petit mesure 1,20 mètre et il est à l'ombre.

Le grand, qui est au soleil, perd chaque heure 15 % de sa hauteur. Le petit, qui est à l'ombre, fond moins vite et perd chaque heure 5 % de sa hauteur.

Déterminer au bout de combien d'heures et de minutes les deux bonhommes de neige auront la même hauteur.

Défi

Une bactérie se dédouble toutes les secondes et remplit une boîte de culture en une minute.
Une laborantine en place quatre dans la boîte.

Combien de temps vont-elles mettre pour remplir la boîte ?

Présentation orale

Leonhard Euler (1707-1783) est un mathématicien suisse qui a travaillé sur de nombreux domaines de la physique. Il a notamment étudié les fonctions exponentielles de base a.
Un nombre particulier, noté e $\approx 2{,}718\ldots$ (e comme Euler) est la base d'une fonction exponentielle très utilisée en mathématiques.

Réaliser des recherches sur la fonction exponentielle de base e et sur ses variations pour en faire une présentation orale de 5 min.

Niveau 1 — Niveau 2

Étudier et utiliser les variations d'une suite géométrique

QUESTIONS FLASH

1. Quel est le sens de variation de la suite géométrique de premier terme u_0 positif et de raison $q = 0{,}7$?

2. Quel est le sens de variation de la suite géométrique de premier terme u_0 positif définie pour tout entier naturel n par $u_{n+1} = \frac{1}{10}u_n$?

3. Quel est le sens de variation de la suite (u_n) définie pour tout entier naturel n par $u_n = 2{,}5^n$?

4. On considère la suite géométrique de premier terme $u_0 = 5$ et de raison $q = 0{,}99$.
Comparer u_5 et u_9.

Déterminer le sens de variation d'une suite géométrique

1 Déterminer le sens de variation des suites géométriques ci-dessous.
1. (u_n) est définie par $u_0 = 6{,}1$ et, pour tout entier naturel n, par $u_{n+1} = 0{,}8u_n$.
2. (u_n) est définie, pour tout entier naturel n, par $u_n = 3 \times 0{,}1^n$.
3. (u_n) est définie, pour tout entier naturel $n \geqslant 6$, par $u_n = u_6 \times 2{,}1^{n-6}$, avec $u_6 > 0$.

2 Déterminer le sens de variation des suites géométriques ci-dessous.
1. (u_n) est définie par $u_0 = 1{,}1$ et, pour tout entier naturel n, par $u_{n+1} = \frac{2u_n}{3}$.
2. (u_n) est définie, pour tout entier naturel n, par $u_n = 3 \times \left(\frac{1}{0{,}3}\right)^n$.
3. (u_n) est définie, pour tout entier naturel n, par $u_n = 4 \times \frac{2^n}{5^n}$.

3 On considère la suite géométrique (v_n) telle que $v_0 = 5$ et $v_1 = 12$.
1. Déterminer la raison q de la suite (v_n).
2. Justifier que $v_7 \geqslant v_5$.

4 On considère la suite géométrique (v_n) telle que $v_0 = \frac{1}{2}$ et $v_1 = \frac{1}{3}$.
1. Déterminer la raison q de la suite (v_n).
2. Justifier que $v_7 \leqslant v_5$.

5 On considère la suite géométrique (u_n) de raison $q > 0$ telle que $u_0 = 6$ et $u_2 = 24$.
1. Déterminer la raison q de la suite (u_n).
2. Quel est le sens de variation de la suite (u_n) ?
3. Calculer u_4.

6 On considère la suite géométrique (u_n) telle que $u_1 = 2$ et $u_4 = 54$.
1. Déterminer la raison q de la suite (u_n).
2. Quel est le sens de variation de la suite (u_n) ?
3. Justifier que $u_{40} \leqslant u_{55}$.

7 Chaque nuage de points est représenté ci-contre dans une même couleur.
Quel est celui qui représente la suite géométrique définie pour tout entier naturel n par $u_n = 4 \times 0{,}5^n$?

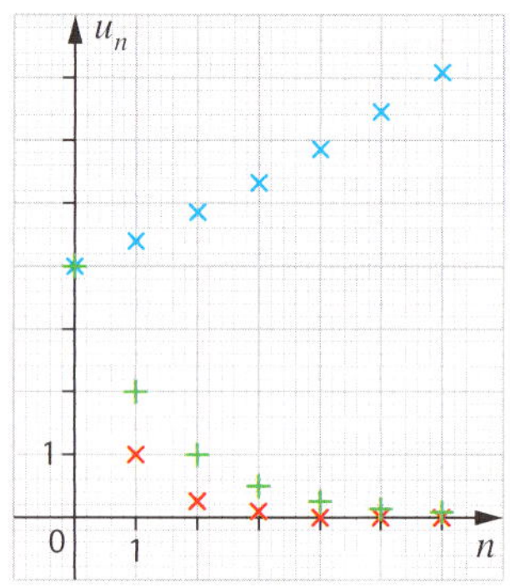

8 Chaque nuage de points est représenté ci-contre dans une même couleur.
Quel est celui qui représente la suite géométrique définie pour tout entier naturel n par $u_n = 0{,}5 \times 1{,}2^n$?

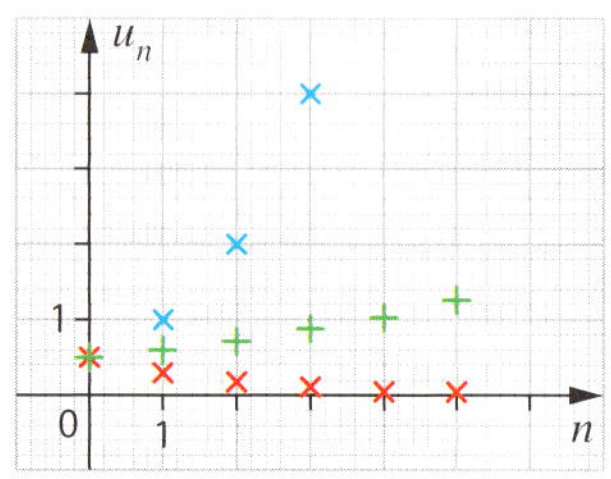

9 On considère la suite géométrique (u_n) définie, pour tout entier naturel n, par $u_n = 2{,}5^n$.
1. Quel est le sens de variation de la suite (u_n) ?
2. Peut-on trouver un entier naturel n tel que $u_n \leqslant 2$? Justifier la réponse.

10 On considère la suite géométrique (u_n) définie, pour tout entier naturel n, par $u_n = 4 \times \left(\frac{1}{4}\right)^n$.
1. Quel est le sens de variation de la suite (u_n) ?
2. Démontrer que, pour tout entier naturel n, on a $u_n \leqslant 4$.

11 On considère la suite (u_n) définie, pour tout entier naturel n, par $u_n = 3 \times 2^{n+1}$.

1. Calculer u_0.
2. Montrer que (u_n) est une suite géométrique dont on précisera le premier terme et la raison.
3. Déterminer le sens de variation de la suite (u_n).
4. Sans calcul, comparer u_5 et u_9

12 On considère la suite (v_n) définie pour tout entier naturel n par $v_n = \frac{1}{3} \times \frac{2^{n+1}}{3^n}$.

1. Calculer v_0.
2. Montrer que (v_n) est une suite géométrique dont on précisera le premier terme et la raison.
3. Déterminer le sens de variation de la suite (v_n).
4. Donner la formule explicite de la suite (v_n)
5. Sans calcul, comparer, en justifiant, les nombres $\left(\frac{2}{3}\right)^{11}$ et $\left(\frac{2}{3}\right)^{15}$.

13 On considère la suite géométrique de premier terme $u_0 = 5$ et de raison 3.
Expliquer pourquoi on peut affirmer que, pour tout entier naturel n, on a $u_n \geqslant 5$.

14 On considère la suite géométrique de premier terme $v_0 = \frac{1}{2}$ et de raison 0,1.
Expliquer pourquoi on peut affirmer que, pour tout entier naturel n, on a $v_n \leqslant 1$.

UN EXERCICE DEUX ÉNONCÉS

15 La pyrale est une chenille invasive qui s'attaque aux buis (arbustes communs sur le territoire français).
Un massif forestier de l'Hérault en est victime depuis plusieurs années. Les agents de l'ONF (Office national des forêts) ont réalisé les relevés statistiques suivants dans le massif :

• en 2022, 60 000 pieds de buis étaient en vie ;
• chaque année, 8 % des pieds de buis disparaissent à cause de la pyrale.

On note u_n le nombre de pieds de buis encore vivants l'année $2022 + n$.
L'ONF a commencé à remplir une feuille de tableur pour étudier l'évolution du nombre de buis dans le massif.

	A	B
1	n	u_n
2	0	
3	1	
4	2	

ÉNONCÉ 1

1. Que vaut u_0 ?
2. a. Montrer que, pour tout entier naturel n, $u_{n+1} = 0{,}92u_n$.
b. En déduire que la suite (u_n) est une suite géométrique dont on donnera la raison.
3. Quel est le sens de variation de la suite ? Comment l'interpréter dans le contexte de l'exercice ?
4. En utilisant le tableur, prévoir le nombre de buis encore vivants en 2035.

ÉNONCÉ 2

1. Montrer que la suite (u_n) est une suite géométrique dont on donnera le premier terme et la raison.
2. Quel est le sens de variation de la suite ? Comment l'interpréter dans le contexte de l'exercice ?
3. Compléter la feuille de tableur et déterminer la première année où le nombre de buis sera inférieur ou égal à 25 % du nombre de buis de l'année 2022.

16 Une rumeur se propage au sein d'une communauté de personnes de la manière suivante : lorsqu'une personne a connaissance de la rumeur, elle la propage à l'instant suivant à deux autres personnes.
On suppose que le nombre de personnes de la communauté est suffisamment grand pour qu'une personne soit atteinte une seule fois par la rumeur.
On note u_n le nombre de personnes qui apprennent la rumeur à l'instant n. On suppose qu'à l'instant 0, 10 000 personnes apprennent la rumeur. On a donc $u_0 = 10\ 000$.

ÉNONCÉ 1

1. Combien de personnes apprennent la rumeur à l'instant $n = 1$?
2. Montrer que (u_n) est une suite géométrique dont on précisera la raison.
3. Combien de personnes apprendront la rumeur à l'instant $n = 8$?
4. Quel est le sens de variation de la suite (u_n) ? Comment l'interpréter dans le contexte de l'exercice ?

ÉNONCÉ 2

1. Montrer que (u_n) est une suite géométrique dont on précisera la raison.
2. Calculer le nombre de personnes qui apprendront la rumeur à l'instant $n = 8$.
3. Des études sociologiques montrent qu'en fait, 75 % des personnes qui connaissent la rumeur ne la partagent pas avec d'autres.
On note v_n le nombre de personnes qui apprennent la rumeur à l'instant n avec cette nouvelle modélisation.
a. Justifier que (v_n) est une suite géométrique dont on précisera la raison.
b. Le nombre de personnes qui apprendront la rumeur sera-t-il croissant ou décroissant ? Justifier.
4. Déterminer le nombre de personnes qui apprendront la rumeur à l'instant $n = 8$. Arrondir au nombre de personnes près.

Niveau 1 Niveau 2

Étudier et utiliser les variations d'une fonction exponentielle

QUESTIONS FLASH

1. Quel est le sens de variation de la fonction f définie pour tout réel x positif par $f(x) = 0{,}9^x$?

2. La fonction h est définie pour tout réel positif x par $h(x) = -2 \times 0{,}4^x$.
Sans aucun calcul, comparer $h(3)$ et $h(4)$.

3. Quel est le sens de variation de la fonction f définie pour tout réel x positif par $f(x) = -3 \times 1{,}9^x$?

4. Soit a un réel strictement positif. La fonction h, définie pour tout réel positif x par $h(x) = 3a^x$, est croissante sur $[0 ; +\infty[$.
Donner une valeur possible pour a.

Déterminer le sens de variation d'une fonction exponentielle

17 (Niveau 1) Déterminer le sens de variation des fonctions exponentielles définies pour tout réel $x \geqslant 0$ ci-dessous.

a. $f(x) = 3{,}2^x$ **b.** $g(x) = 2 \times 0{,}4^x$
c. $h(x) = -2 \times 1{,}5^x$ **d.** $u(x) = -0{,}4 \times 0{,}7^x$

18 (Niveau 2) Déterminer le sens de variation des fonctions exponentielles définies pour tout réel $x \geqslant 0$ ci-dessous.

a. $f(x) = -1{,}2^x$ **b.** $g(x) = -2 \times 0{,}1^x$
c. $h(x) = \dfrac{1{,}5^x}{3^x}$ **d.** $u(x) = -0{,}4 \times \dfrac{2{,}5^{2x+1}}{2{,}5^x}$

19 (Niveau 1) On considère la fonction f définie pour tout réel x positif par $f(x) = 1{,}5^x$. Parmi les courbes ci-dessous, déterminer la courbe représentative de la fonction f.

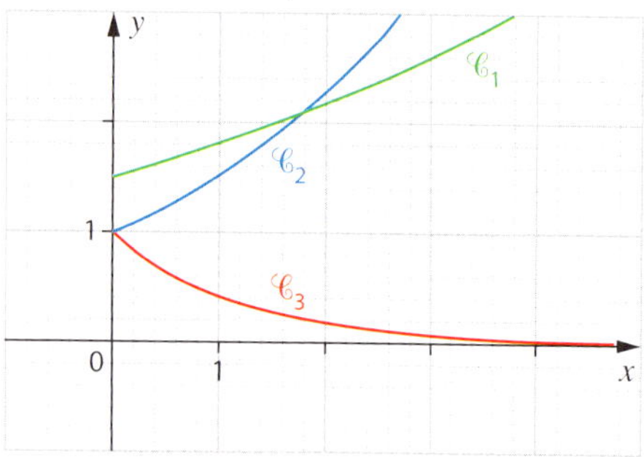

20 (Niveau 2) On considère la fonction g définie pour tout réel x positif par $g(x) = -1{,}5 \times 0{,}4^x$.
Parmi les courbes ci-dessous, déterminer la courbe représentative de la fonction g.

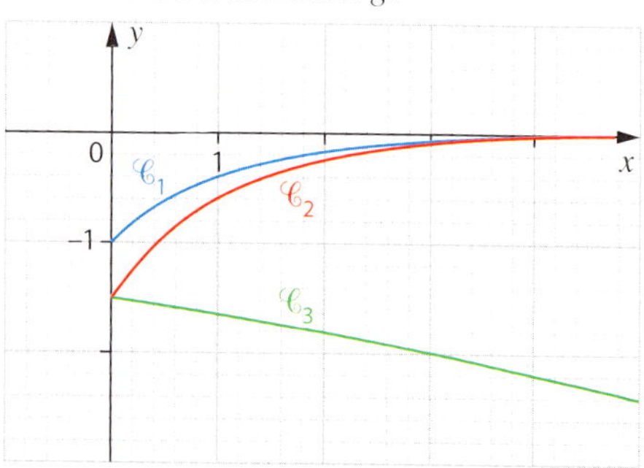

21 (Niveau 1) Soit b un réel strictement positif.
La fonction h, définie pour tout réel positif x par $h(x) = 0{,}4b^x$, est croissante.

1. a. b peut-il être égal à 2 ?
Justifier.
b. b peut-il être égal à 0,4 ?
Justifier.
2. Quelle valeur de b doit-on prendre pour que la fonction h soit constante ?
Quelle est alors la valeur de $h(x)$ pour tout réel positif x ?

22 (Niveau 2) Soit k un réel et a un réel strictement positif.
On considère la fonction h, définie, pour tout réel positif x, par $h(x) = ka^x$.
On sait que $h(0) = -3$ et que la fonction h est croissante sur $[0 ; +\infty[$.

1. Déterminer la valeur de k.
2. Donner une valeur possible pour a qui réponde aux hypothèses faites sur la fonction h.

23 (Niveau 1) On considère la fonction exponentielle f de base $\dfrac{1}{10}$ définie sur $[0 ; +\infty[$.

1. Donner l'expression de $f(x)$.
2. Quel est le sens de variation de la fonction f ?
3. Quel est le sens de variation de la fonction h définie, pour tout réel positif x, par $h(x) = 5{,}5f(x)$?
4. Quel est le sens de variation de la fonction g définie, pour tout réel positif x, par $g(x) = -\dfrac{1}{2}f(x)$?

24 (Niveau 2) On considère la fonction exponentielle f de base 2,7.

1. Donner l'expression de $f(x)$.
2. Quel est le sens de variation de la fonction f ?
3. Sans calcul, comparer $f(10)$ et $f(11)$.
4. Soit n un entier naturel.
Sans calcul, comparer $f(n)$ et $f(n+1)$.
5. Montrer que le nombre $\dfrac{f(n+1)}{f(n)}$ est constant, quelle que soit la valeur de l'entier naturel n.

25 On considère la fonction f définie pour tout réel x positif par $f(x) = 2 \times 0{,}4^x$.

1. Quel est le sens de variation de f sur $[0\,;+\infty[$?

2. En déduire que, pour tout réel x positif, on a $f(x) \leqslant 2$.

3. Résoudre l'équation $f(x) = 3$.

26 On considère la fonction g définie, pour tout réel x positif, par $g(x) = -0{,}2 \times 0{,}7^x$.

1. Quel est le sens de variation de g sur $[0\,;+\infty[$?

2. En déduire que, pour tout réel x positif, on a $-0{,}2 \leqslant g(x) < 0$.

3. Résoudre l'inéquation $g(x) \leqslant 1$.

UN EXERCICE DEUX ÉNONCÉS

27 Un constructeur de voitures électriques affiche son chiffre d'affaires (CA, en milliards d'euros) chaque année, du 1er janvier 2018 au 1er janvier 2021, dans le tableau ci-dessous.

Année	2018	2019	2020	2021
CA	18,763	21,947	25,681	47,53

ÉNONCÉ 1

1. Tracer un repère d'unité 2 cm pour une année sur l'axe des abscisses et 1 cm pour 5 milliards d'euros sur l'axe des ordonnées.
Représenter les données du tableau dans ce repère. On associera l'année 2018 à l'abscisse 0 et on arrondira le chiffre d'affaires de chaque année au milliard.

2. Par quel type de fonction pourrait-on modéliser l'évolution de ce nuage de points ? Quel semble être le sens de variation de cette fonction ?

3. On choisit de modéliser l'évolution du chiffre d'affaires par la fonction f définie sur $[0\,;3]$ par :

$$f(x) = 18{,}763 \times 1{,}17^x,$$

où x est le temps (en années) écoulé depuis le 1er janvier 2018.

a. Calculer $f(1)$ et $f(2)$.
La modélisation semble-t-elle correcte ?

b. Calculer $f(1{,}5)$ et interpréter le résultat dans le contexte de l'exercice.

c. Calculer $f(3)$.
Que peut-on dire de la modélisation choisie ?

ÉNONCÉ 2

On choisit de modéliser l'évolution du chiffre d'affaires par la fonction f définie sur $[0\,;3]$ par :

$$f(x) = 18{,}763 \times 1{,}17^x,$$

où x est le temps (en années) écoulé depuis le 1er janvier 2018.

1. a. Calculer $f(1)$ et $f(2)$.
La modélisation semble-t-elle correcte ?

b. Calculer $f(3)$.
La modélisation choisie est-elle correcte ?

2. On choisit de modéliser l'évolution du chiffre d'affaires à partir du 1er janvier 2020 par une nouvelle fonction g définie sur $[2\,;3]$ par $g(x) = ka^x$, où k et a sont deux nombres réels strictement positifs et x le temps (en années) écoulé depuis le 1er janvier 2018.
$g(2)$ et $g(3)$ sont les chiffres d'affaires donnés les 1ers janvier 2020 et 2021.

a. Expliquer pourquoi $a > 1$.

b. Calculer $g(2)$ et $g(3)$ en fonction de k et a.

c. Calculer $\dfrac{g(3)}{g(2)}$. En déduire la valeur de a arrondie au centième.

d. En déduire la valeur de k arrondie au millième.

e. En déduire l'expression de $g(x)$.

3. Calculer $g(2{,}75)$ et interpréter le résultat dans le contexte de l'exercice.

28 L'énergie photovoltaïque voit son coût d'installation baisser de façon importante depuis plusieurs années, ce qui engendre une forte croissance de ce secteur d'activité.
L'évolution de la puissance solaire photovoltaïque (en gigawatts) installée dans le monde, au 31 décembre de chaque année, est modélisée par une fonction exponentielle f, définie sur $[0\,;7]$ par :

$$f(x) = 108 \times 1{,}17^x,$$

où x est le temps (en années) écoulé depuis le 31 décembre 2018.

ÉNONCÉ 1

1. Recopier et compléter le tableau ci-dessous. Arrondir au GW près.

31 décembre de l'année	2018	2019	2020
Puissance photovoltaïque en GW			

31 décembre de l'année	2021	2022	2023
Puissance photovoltaïque en GW			

2. a. Tracer un repère d'unité 2 cm pour une année sur l'axe des abscisses et 1 cm pour 10 GW sur l'axe des ordonnées. On associera le 31 décembre 2018 à l'abscisse 0 et 100 GW à l'ordonnée 0.

b. Représenter les données du tableau dans ce repère.

3. Justifier que la puissance photovoltaïque est croissante.

4. Quelle devrait être la puissance photovoltaïque au 31 décembre 2025 ? Arrondir au GW.

5. Calculer $f(2{,}5)$ et interpréter le résultat dans le contexte de l'exercice.

ÉNONCÉ 2

1. À l'aide de la calculatrice, tracer la courbe représentative de la fonction f.

2. Justifier que la puissance photovoltaïque est croissante.

3. Calculer la puissance photovoltaïque au 30 juin 2022. Arrondir le résultat au GW.

4. Avec le graphique, déterminer la date où la puissance photovoltaïque produite sera égale à 277 GW.

Exercices différenciés

Niveau 1 Niveau 2

Résoudre un problème de seuil et calculer un taux d'évolution moyen

QUESTIONS FLASH

1. Un objet est vendu 200 €. Il subit une première augmentation de 10 % puis le nouveau prix subit une seconde augmentation de 10 %.
Quel est le dernier prix de l'objet ?

2. Soit (u_n) une suite géométrique de premier terme $u_0 = 5$ et de raison $q = 1{,}5$.
Justifier que, pour tout entier naturel n, $u_n \geqslant 5$.

3. Soit f la fonction exponentielle de base 0,8.
Justifier que pour tout réel $x \geqslant 1$, on a $f(x) \leqslant 0{,}8$.

4. On a calculé avec un tableur les premiers termes d'une suite géométrique (u_n).
Quel est le premier rang à partir duquel $u_n < 0{,}1$?

	A	B
1	n	u_n
2	0	1
3	1	0,5
4	2	0,25
5	3	0,125
6	4	0,0625
7	5	0,03125
8	6	0,015625
9	7	0,0078125

Calculer des évolutions successives

29 Le salaire de Mathieu augmente cette année de 2 %. L'an prochain, il augmentera de 3 %.
Mathieu gagne actuellement 1 800 € par mois. Quel sera son salaire après les deux augmentations ?

30 Léa vend des habits. Elle décide de faire des soldes pour vider le stock. Pour tout pantalon acheté, elle offre une réduction de son prix de 15 %. Si le client achète un autre article, Léa offre une seconde réduction de 20 % sur le prix du pantalon.
Un pantalon coûte 80 €. Un client achète le pantalon et une cravate à 40 €.
Combien va-t-il payer les deux articles ?

31 Le prix du repas de la cantine d'un lycée coute 4,50 € en 2022. Il augmente chaque année de 1,3 %.
Quel sera le prix du repas de la cantine 5 ans après ?
Arrondir au centime d'euro.

32 Le nombre de chômeurs d'un pays est de 3,4 millions. Pendant trois mois, il augmente chaque mois de 2,5 % puis de 1,2 % chaque mois durant les quatre mois qui suivent. Combien y aura-t-il de chômeurs au bout des sept mois ?

33 Dans une solution chimique, on compte N_0 bactéries à l'instant $n = 0$. À chaque instant n, où n est un entier naturel, le nombre de bactéries diminue de 4 %.
À l'instant $n = 8$, le nombre de bactéries est de 7214.
Que vaut N_0 ? Arrondir à l'unité.

34 Le 1er janvier 2022, on dénombre 500 malades dus à un virus. Le nombre de malades augmente de 10 % chaque mois.
En utilisant une calculatrice, déterminer le nombre de mois pour que l'on dénombre environ 805 malades.

Calculer un taux moyen d'évolution

35 Le chiffre d'affaires annuel de l'entreprise de Lilian était de 60 000 € au 31 décembre 2022.
Au 31 décembre 2023, il était de 62 400 €.
Le service des impôts demande à Lilian de lui communiquer le taux d'augmentation mensuel moyen de son chiffre d'affaires.
1. Calculer le pourcentage d'augmentation entre les deux chiffres d'affaires.
2. Calculer le taux mensuel moyen d'augmentation du chiffre d'affaires de Lilian.
Donner le résultat sous forme d'un pourcentage arrondi au centième.

36 Le chiffre d'affaires annuel de l'entreprise de Johana était de 70 000 € au 31 décembre 2015.
Pendant trois ans, son chiffre d'affaires a progressé de 4 % par an puis pendant les quatre années suivantes, il a encore progressé de 4,5 % par an.
Calculer le taux annuel moyen d'augmentation du chiffre d'affaires de Johana pendant les sept années.
Donner le résultat sous forme d'un pourcentage arrondi au dix-millième.

37 Le nombre d'habitants d'une ville est passé de 20 000 habitants en 2018 à 14 000 habitants en 2023.
Calculer le taux moyen annuel de diminution du nombre d'habitants de la ville.
Donner le résultat sous forme d'un pourcentage arrondi au centième.

38 Le nombre d'habitants d'une ville est passé de 40 000 habitants en 2016 à 34 000 en 2018 puis est remonté à 36 000 habitants en 2023.
Calculer les taux moyens annuels de diminution et d'augmentation du nombre d'habitants de la ville respectivement de 2016 à 2018 et de 2018 à 2023.

UN EXERCICE DEUX ÉNONCÉS

39 Dans une forêt française, le nombre d'écureuils gris (espèce importée des États-Unis) augmente de 120 % chaque année alors que le nombre d'écureuils roux (espèce indigène) diminue de 15 %.
En 2022, la population d'écureuils gris était de 400 individus et celle d'écureuils roux de 12 000.
Pour l'année $2022 + n$, on note u_n le nombre d'écureuils gris et v_n le nombre d'écureuils roux.

ÉNONCÉ 1

1. Que valent u_0 et v_0 ?
2. Démontrer que, pour tout entier naturel n, $u_{n+1} = 2{,}2u_n$ et $v_{n+1} = 0{,}85v_n$.
3. Quel est le sens de variation de chaque suite (u_n) et (v_n) ? Interpréter dans le contexte de l'exercice.
4. Exprimer u_n et v_n en fonction de l'entier naturel n.
5. a. Calculer u_5, u_6, v_5 et v_6.
b. Interpréter le résultat de la question précédente dans le contexte de l'exercice.

ÉNONCÉ 2

1. Démontrer que, pour tout entier naturel n, les suites (u_n) et (v_n) sont des suites géométriques dont on précisera le premier terme et la raison.
2. Quel est le sens de variation de chaque suite ? Interpréter dans le contexte de l'exercice.
3. En utilisant une calculatrice ou un tableur, déterminer la première année où le nombre d'écureuil gris dépassera le nombre d'écureuils roux.
4. On estime que les écureuils roux seront en voie de disparition dans cette forêt lorsque leur nombre sera inférieur ou égal à 200.
En utilisant une calculatrice ou un tableur, déterminer la première année où les écureuils roux seront considérés comme disparus.

40 Ali dépose le 1er janvier 2022, sur un compte rémunéré, la somme de 8 000 €. Le compte rapporte chaque année des intérêts composés (les intérêts s'ajoutent chaque année au capital) au taux annuel fixe de 2,5 %.
On note C_n la somme d'argent présente sur le compte au 1er janvier de l'année $2022 + n$.

ÉNONCÉ 1

1. Que vaut C_1 ? Interpréter le résultat.
2. a. Calculer C_{n+1} en fonction de C_n.
b. En déduire que (C_n) est une suite géométrique dont on précisera la raison.
3. Étudier le sens de variation de la suite (C_n). Comment l'interpréter dans le contexte de l'exercice ?
4. a. On considère que chaque mois, les intérêts s'ajoutent également au capital. Calculer le taux mensuel moyen du placement lors de la première année.
b. Quelle somme d'argent était disponible sur le compte au 1er juillet 2022 ? Arrondir à l'euro près.

ÉNONCÉ 2

1. Montrer que (C_n) est une suite géométrique dont on précisera la raison et le premier terme.
2. Étudier le sens de variation de la suite (C_n). Comment l'interpréter dans le contexte de l'exercice ?
3. a. Exprimer C_n en fonction de n.
b. Calculer la somme d'argent disponible sur le compte au 1er janvier 2030. Arrondir au centime d'euro.
4. On considère que chaque mois, les intérêts se rajoutent au capital.
a. Calculer le taux mensuel moyen du placement entre les années 2022 et 2030.
b. Quelle somme d'argent était disponible sur le compte au 1er juillet 2029 ?

41 En raison des frottements avec l'atmosphère terrestre, les satellites en orbite basse perdent progressivement de l'altitude et finissent par se consumer dans les couches les plus denses de l'atmosphère. Cet événement est appelé « rentrée atmosphérique ».
Le temps, exprimé en jours, avant la rentrée atmosphérique dépend des caractéristiques du satellite et de l'altitude h de son orbite, exprimée en kilomètres.
Pour un satellite donné, ce temps est modélisé par une fonction T de variable h.
Pour le satellite Hubble, la fonction T est définie pour tout $h \geqslant 150$ par $T(h) = 0{,}132 \times 1{,}025^{h-150}$.

ÉNONCÉ 1

1. L'orbite du satellite Hubble est située à l'altitude h de 575 km. Calculer le temps restant avant la rentrée atmosphérique du satellite Hubble. Arrondir au jour près.
2. Si on augmente l'altitude de l'orbite de Hubble de 10 km, calculer le temps restant avant la rentrée atmosphérique du satellite Hubble. Arrondir au jour près.
3. De quel pourcentage a augmenté le temps restant avant la rentrée atmosphérique lorsque l'altitude du satellite Hubble a augmenté de 10 km ?

ÉNONCÉ 2

1. L'orbite du satellite Hubble est située à l'altitude h de 555 km. Calculer le temps restant avant la rentrée atmosphérique du satellite Hubble. Arrondir au jour près.
2. On souhaite étudier l'effet d'une augmentation de 15 km d'une altitude h quelconque du satellite, sur le temps restant avant la rentrée atmosphérique du satellite Hubble.
a. Montrer que pour tout réel $h \geqslant 150$, on a :
$$T(h+15) = 1{,}025^{15} \times T(h).$$
b. En déduire qu'augmenter l'altitude h de 15 km revient à augmenter d'environ 45 % le temps restant avant la rentrée atmosphérique du satellite Hubble.

VRAI / FAUX Argumenter à l'oral

1. On considère la fonction f définie pour tout réel x positif par $f(x) = -0{,}4 \times 0{,}2^x$.
Proposition 1 La fonction f est positive et croissante sur $[0\ ;+\infty[$.

2. On considère la suite géométrique de premier terme $u_0 = 5$ et de raison $q = 0{,}5$.
Proposition 2 Il existe un terme de la suite strictement inférieur à 1.

3. Une quantité augmente de 10 % sur une première période puis augmente encore de 20 % sur une seconde période.
Proposition 3 L'augmentation moyenne par période est égale à $\dfrac{10+20}{2} = 15\ \%$.

4. En quatre ans, le prix d'un article a diminué de 30 %.
Proposition 4 Le taux moyen annuel de diminution du prix de l'article est égal à $(1-0{,}3)^{\frac{1}{4}} - 1$.

42 Assimilation d'un médicament SVT

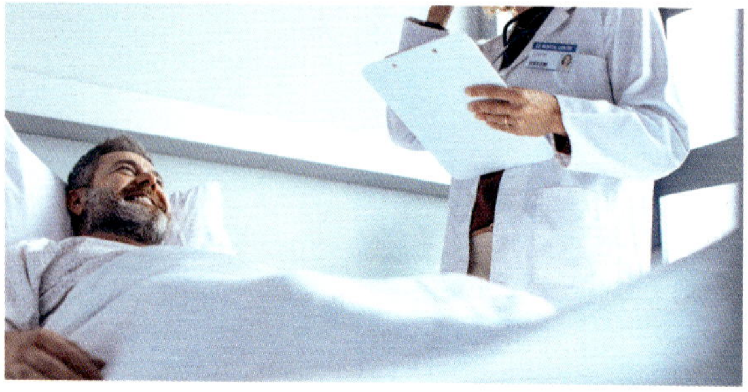

On injecte à un malade une dose de 2 cm^3 d'un médicament M. La quantité de ce médicament présente dans le sang du malade pendant les 24 heures suivant l'injection est donnée par la courbe ci-dessous.

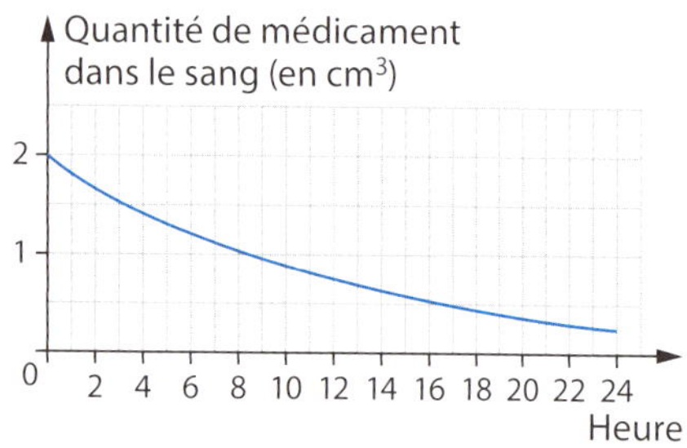

On admet que la quantité de médicament $g(t)$ (exprimée en cm^3) contenue dans le sang après un temps t (exprimé en heures) est donnée par l'expression $g(t) = 2 \times 0{,}92^t$.

1. Démontrer que la fonction g est décroissante sur $[0\ ;+\infty[$. Comment expliquer cette propriété dans le contexte de l'exercice ?

2. Calculer $\dfrac{g(24)}{g(0)}$. Interpréter ce résultat dans le contexte de l'exercice.

3. On considère que le médicament a disparu du sang du malade lorsque sa quantité est inférieure strictement à 0,1 cm^3.
En utilisant une calculatrice ou un tableur, déterminer le temps nécessaire pour que le médicament soit considéré comme disparu.

43 Situation épidémique SVT

Une épidémie se déclare le 31 décembre 2021.
On dénombre alors 1 000 malades.
Au bout de six jours, le nombre de malades est estimé à 1 350.

1. Montrer que le taux moyen quotidien d'augmentation du nombre de malades est d'environ 5,13 % sur cette période de six jours.

2. On modélise le nombre de malades quotidien par la suite (u_n) définie par $u_0 = 1000$ et pour tout entier naturel n, u_n est le nombre de malades au bout de n jours calculé avec le taux moyen trouvé à la question **1**.
Exprimer u_n en fonction de n.

3. On a établi la feuille de tableur suivante.

	A	B
1	n	u_n
2	0	1000
3	1	1051,3
4	2	1105,23169
5	3	1161,93008
6	4	1221,53709
7	5	1284,20194
8	6	1350,0815

a. Quelle formule a-t-on écrite dans la cellule B3, puis recopiée vers le bas, pour calculer les termes de la suite (u_n) ?

b. Justifier le sens de variation de la suite (u_n).

4. En utilisant le tableur, déterminer le nombre de jours qu'il faut pour doubler le nombre de malades.

44 Diabète gestationnel SVT

Les deux parties peuvent être traitées indépendamment l'une de l'autre.

Afin de dépister le diabète gestationnel, on pratique chez les femmes enceintes, entre la 22e et la 26e semaine de grossesse, le test de O'Sullivan qui met à l'épreuve les mécanismes de régulation du glucose sanguin maternel.
Ce test consiste tout d'abord à faire absorber à la patiente 50 g de glucose. Trente minutes plus tard, la glycémie de la patiente atteint 2 g par litre de sang.

On commence alors à observer l'évolution de la glycémie. On relève la glycémie de la patiente 30 minutes après le début de l'observation (soit une heure après l'ingestion du glucose) et le résultat du test s'interprète de la façon suivante :
- si la glycémie est inférieure ou égale à 1,30 g/L, on considère que la patiente n'est pas atteinte de diabète gestationnel ;
- si la glycémie est supérieure ou égale à 2 g/L, on considère que la patiente est atteinte de diabète gestationnel ;
- si la glycémie est strictement comprise entre 1,30 g/L et 2 g/L, la patiente devra subir un second test.

Partie 1.

Une première patiente a une glycémie égale à 2 g/L au début de l'observation, puis on admet que cette valeur baisse de 1 % par minute.
On note, pour tout entier naturel n, u_n sa glycémie n minutes après le début de l'observation.
On a donc $u_0 = 2$.

1. a. Vérifier que $u_1 = 1{,}98$.
b. Calculer u_2 (arrondir à 10^{-2} près).
2. a. Exprimer, pour tout entier naturel n, u_{n+1} en fonction de u_n.
b. En déduire la nature de la suite (u_n) en précisant son premier terme et sa raison.
c. Exprimer, pour tout entier naturel n, u_n en fonction de n.
3. a. Quel est le sens de variation de la suite (u_n) ?
b. Calculer u_{30}. Donner un résultat arrondi au centième.
c. Comment s'interprète le résultat du test pour cette patiente ? Justifier la réponse.

Partie 2.

Chez une autre patiente, on considère que la glycémie, t minutes après le début de l'observation est donnée, en grammes par litres de sang, par $f(t) = 2 \times 0{,}984^t$ pour tout réel t (en min) appartenant à l'intervalle [0 ; 60].

1. Reproduire et compléter le tableau de valeurs suivant. Donner les valeurs arrondies au centième.

t	0	10	20	30	40	50	60
$f(t)$			1,45				

2. Quel est le sens de variation de la fonction f ? Comment interpréter ce résultat dans le contexte de l'exercice ?
3. a. En utilisant une calculatrice ou un logiciel de géométrie dynamique, résoudre graphiquement l'inéquation $f(t) \leqslant 1{,}30$.
b. Comment interpréter ce résultat dans le contexte de l'exercice ?
4. Déterminer graphiquement la durée nécessaire après le début de l'observation pour que la glycémie de cette deuxième patiente devienne inférieure à 1 g/L. Arrondir le résultat à la minute.

45 Huile de moteur PHYSIQUE-CHIMIE

La température $f(t)$ en degrés Celsius (°C) du lubrifiant d'un moteur varie en fonction du temps t de fonctionnement exprimé en heures. La fonction f est définie pour tout nombre réel t de l'intervalle [0 ; 30[par $f(t) = 20 \times 1{,}01^t$.

1. Déterminer la température du lubrifiant à l'arrêt.
2. Déterminer la température du lubrifiant au bout de 5 heures et demie de fonctionnement.
3. Quel est le sens de variation de la fonction f sur [0 ; 30[? Interpréter ce résultat dans le contexte de l'exercice.
4. Déterminer graphiquement (avec une calculatrice ou un logiciel) le temps de fonctionnement nécessaire pour que le lubrifiant atteigne une température supérieure ou égale à 25 °C. Donner un résultat approché à la minute près.

46 Rock'n'roll ÉDUCATION ARTISTIQUE

Une note de musique est émise en pinçant la corde d'une guitare électrique.
La puissance du son émis, initialement de 100 watts, diminue avec le temps t, mesuré en secondes. On modélise par $f(t)$ la puissance du son émis, exprimée en watts, t secondes après le pincement de la corde.
On admet que $f(t) = 100 \times 0{,}87^t$.

1. Justifier pourquoi la puissance du son diminue au cours du temps.
2. On a tracé ci-dessous la courbe représentative de la fonction.

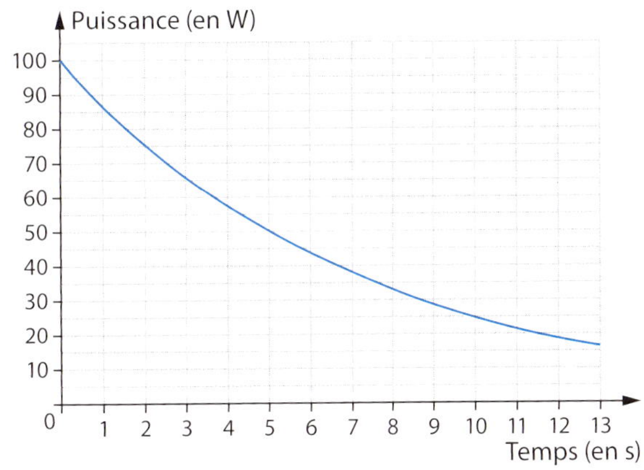

Déterminer graphiquement le temps nécessaire pour que la puissance du son descende en dessous des 50 watts.
3. Calculer $f(4{,}97)$ et $f(4{,}98)$. Interpréter ces résultats.

47 Fréquence cardiaque EPS

La fréquence cardiaque est le nombre de battements du cœur par minute. Lorsqu'une personne effectue de l'exercice physique, son système cardio-vasculaire s'adapte et la fréquence cardiaque augmente.

Pour un individu A, on enregistre la fréquence cardiaque pendant la phase de récupération après un test d'effort de huit minutes.

On admet que cette fréquence peut être modélisée par la fonction f définie sur [8 ; 13] par $f(t) = 660 \times 0{,}85^t$, où le temps t est donné en minutes (min) et $f(t)$ en battements par minute.

On appelle $\mathscr{C}_A$ la courbe représentative de la fonction f.

1. Justifier que la fonction f est décroissante.

2. À l'aide de la calculatrice, compléter le tableau de valeurs de la fonction f ci-dessous. Arrondir les résultats à l'unité.

t	8	8,5	9	9,5	10	11	12	13
$f(t)$								

3. On a tracé sur le graphique ci-dessous la courbe $\mathscr{C}_B$ représentant la fréquence cardiaque d'un individu B (utile pour la question 5).

Reproduire le graphique et tracer la courbe $\mathscr{C}_A$ représentative de la fonction f sur l'intervalle [8 ; 13].

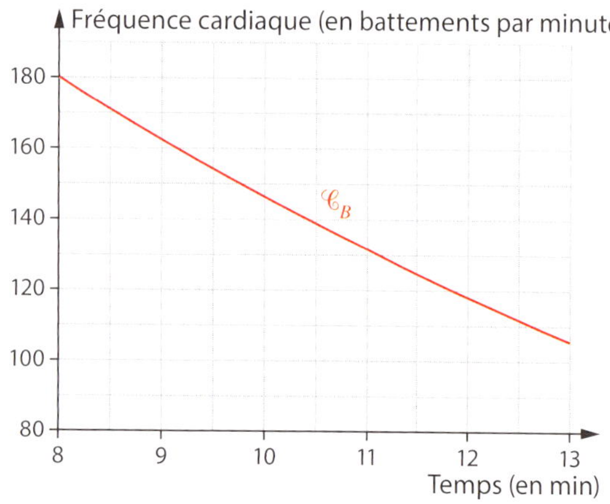

4. a. Résoudre graphiquement dans l'intervalle [8 ; 13] l'inéquation $f(t) \leqslant 115$.

b. Comment interpréter ce résultat ?

5. a. L'étude de la fréquence cardiaque après un test d'effort donne des renseignements sur le profil cardio-vasculaire d'un individu. Ainsi, une diminution de la fréquence cardiaque inférieure à 12 battements à la fin de la première minute de récupération est considérée comme anormale et peut indiquer un problème d'ordre médical.

La fréquence cardiaque de récupération de l'individu A peut-elle être considérée comme anormale ?

b. La rapidité de récupération cardiaque est un indice de bonne forme, la fréquence cardiaque diminuant plus rapidement chez un individu entraîné.

En utilisant le graphique construit à la question 3, indiquer lequel des individus A et B possède la récupération la plus efficace. Justifier.

48 Scintigraphie ALGO SVT

Lors d'une scintigraphie, on injecte à un patient, un échantillon d'un isotope de thallium d'activité radioactive 60 MBq (méga becquerel).

On appelle demi-vie le temps mis par une substance radioactive pour perdre la moitié de son activité. Ainsi, après une demi-vie, l'activité radioactive de cet échantillon de thallium est de 30 MBq et après deux demi-vies, l'activité radioactive de cet échantillon est de 15 MBq. On note u_0 l'activité radioactive de cet échantillon (en MBq) à l'injection et u_n l'activité radioactive de cet échantillon (en MBq) après n demi-vies, où n est un entier naturel.

1. Donner les valeurs de u_0, u_1, u_2 et u_3.

2. a. Exprimer u_{n+1} en fonction de u_n.

b. En déduire la nature de la suite (u_n).

3. a. Exprimer u_n en fonction de n.

b. Déterminer l'activité radioactive de cet échantillon après cinq demi-vies.

4. En utilisant une calculatrice ou un tableur, déterminer le plus petit entier n à partir duquel $u_n < 0{,}25$.

5. Sachant qu'une demi-vie de cet isotope de thallium est d'environ trois jours, déterminer le nombre de jours au bout desquels on est certain que l'activité radioactive de cet échantillon est strictement inférieure à 0,25 MBq.

6. Lorsque n prend des valeurs de plus en plus grandes, vers quelle valeur tend l'activité radioactive de cet isotope ?

7. On a écrit la fonction Python suivante.

```python
def isotope():
    u=60
    n=0
    while u>=0.1:
        u=u/2
        n=n+1
    return n
```

a. Recopier et utiliser cette fonction Python. Quelle valeur renvoie-t-elle ?

b. Interpréter la valeur renvoyée par la fonction Python dans le contexte de l'exercice.

Ressources du chapitre
hachette-clic.fr/23bs1007

CHAPITRE 7

Variation instantanée

FOCUS MÉTIER

Analyste financier

Marianne est analyste financière dans une société de fonds d'investissement.
L'analyste financier travaille pour une banque ou des fonds d'investissement. Elle va calculer la valeur d'une entreprise (en fonction de son chiffre d'affaires, de ses bénéfices, du potentiel des produits…) afin de faciliter le travail des investisseurs.
En calculant la valeur des entreprises, l'analyste financier permet à ses clients investisseurs de faire fructifier leur patrimoine.
En outre, en facilitant l'investissement, l'analyste financier permet aux start-ups/entreprises de lever des fonds pour investir dans des projets novateurs, porteurs d'emplois.
Marianne surveille la santé et la croissance des sociétés cotées en Bourse afin de conseiller les traders, les gérants de portefeuille et les concepteurs de produits financiers. Elle compare ensuite les informations qu'elle a recueillies sur ces entreprises avec le cours en Bourse de leurs actions, pour savoir si elles sont à leur juste prix.

Des formations en lien avec le chapitre

- Diplôme d'ingénieur analyste financier
- Master mention économie de l'entreprise et des marchés
- Master mention finance
- Institut d'études politiques de Lille ou Grenoble

Automatismes hebdomadaires

En cas de besoin, voir les indispensables :

- Calculs algébriques p. 176
- Développements et factorisations p. 177
- Équations et inéquations p. 178
- Lectures graphiques p. 179

Gamme 1

1 Fractions

Recopier et compléter.

$\frac{4}{5} - \frac{3}{2} = \ldots$

2 Formules

Soit l'égalité $r = -1 + \frac{1}{3t}$ pour tout $t \neq 0$ et tout $r \neq -1$.

Exprimer t en fonction de r.

3 Antécédents

Déterminer l'antécédent du nombre 5 par la fonction affine f définie par $f(x) = 4x + 2$.

4 Équations

On donne ci-contre la courbe representative d'une fonction f.

Résoudre graphiquement l'équation $f(x) = -3$.

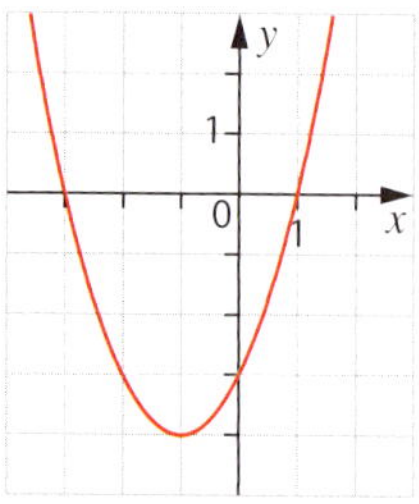

Gamme 2

1 Fractions

Calculer $A = \frac{3^2 \times 4}{2^3}$.

2 Identités remarquables

Factoriser $B = (x-1)^2 - x^2$ et écrire le résultat de la façon la plus simple possible.

3 Inéquations

Résoudre dans $\mathbb{R}$ l'inéquation $2(x-1) \geqslant 4x - 2$.

4 Variations

On considère ci-contre la courbe représentative d'une fonction f définie sur l'intervalle $[-3\,;2]$.

Déterminer graphiquement l'intervalle sur lequel la fonction f est décroissante.

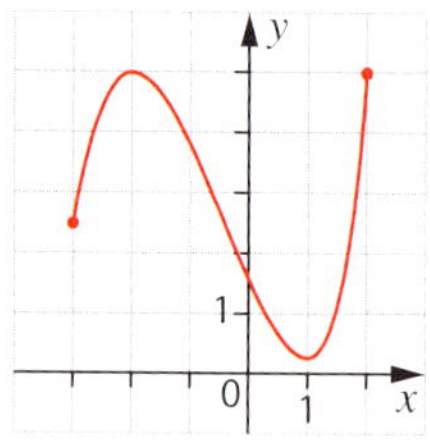

Gamme 3

1 Fractions

Recopier et compléter.

$\frac{4}{5} \times \frac{3}{2} = \ldots$

2 Identités remarquables

Développer $A = (x-1)(x+1) - x^2$.

Écrire le résultat de la façon la plus simple.

3 Équations

Résoudre dans $\mathbb{R}$ l'équation $-3x - 36 = 12$.

4 Image

On donne ci-contre la représentation graphique d'une fonction g.

Déterminer graphiquement l'image de -3 par g.

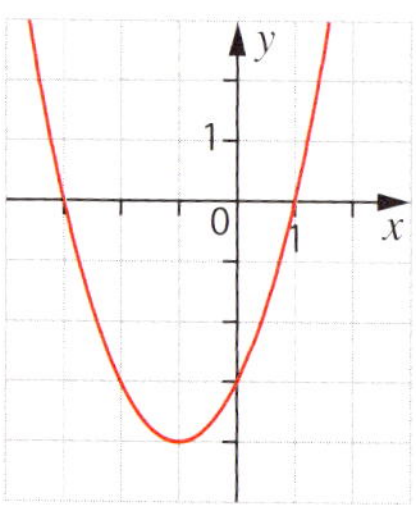

Gamme 4

1 Fractions

Calculer $\frac{0{,}8 - 0{,}2}{5 - 2}$.

2 Factorisation

Factoriser l'expression $4x^2 - 2x$.

3 Formules

On suppose que x et y sont deux nombres réels vérifiant $6x - 2y + 4 = 0$.

Exprimer y en fonction de x.

4 Coefficient directeur

Lire sur le graphique ci-contre le coefficient directeur de la droite (AB).

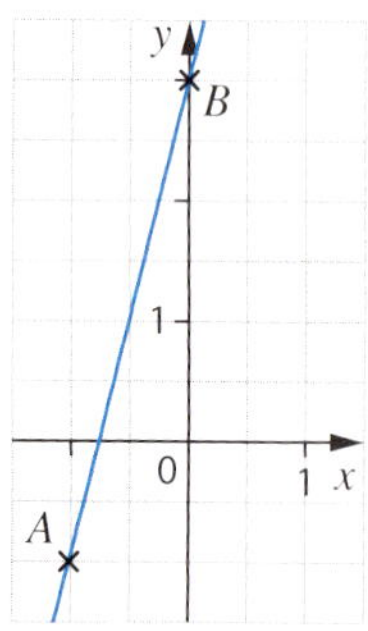

Situation 1 Le saut à ski

Objectif
Introduire le nombre dérivé comme coefficient directeur de la tangente

Rémi veut essayer le saut à ski. Il voudrait déterminer la pente du tremplin au point de départ. Pour cela, il utilise un logiciel de géométrie dynamique.

1. Pour une première modélisation, il place sur la courbe ci-contre représentant le profil du tremplin, cinq points A, B, C, D et E d'abscisses respectives 0 ; 25 ; 50 ; 75 et 100. Le fichier *p131_chap7_situation1.ggb* est à télécharger.

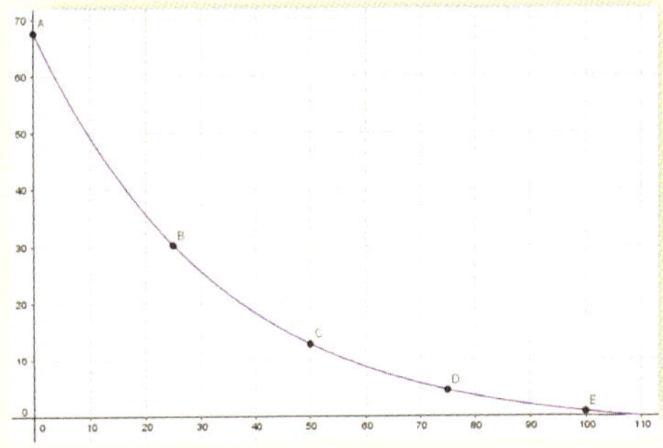

a. Rémi utilise l'outil « pente » du logiciel. Déterminer la pente de chacune de ces droites appelées sécantes (AE), (AD), (AC) et (AB) à la courbe. Que peut-il conjecturer à partir de ces résultats ?

b. Quelle formule aurait-il pu utiliser pour calculer les pentes à la main sans l'aide du logiciel ?

2. Rémi estime que la modélisation précédente est trop imprécise. Il remarque que, sur le graphique, plus un point M de la courbe est proche de A, plus le segment $[AM]$ tend à se confondre avec la courbe et meilleure est la modélisation.

a. Placer un point M mobile sur la courbe entre A et B et faire afficher la pente de la droite (AM).

b. Quelle est la pente obtenue lorsque le point M tend à se confondre avec le point A ?

c. Tracer, à l'aide du logiciel, la tangente à la courbe au point A. Comparer cette droite à la droite (AM) de la question précédente.

d. Lire le coefficient directeur de la tangente et interpréter ce résultat pour répondre au problème posé par Rémi.

Situation 2 Fabrication de tablettes

Objectif
Interpréter le nombre dérivé dans le cadre d'un modèle d'évolution

Une entreprise fabrique des tablettes tactiles. Le coût de fabrication de ces tablettes dépend du nombre d'objets fabriqués.
On modélise le coût de fabrication par une fonction c, où x est le nombre de tablettes fabriquées et $c(x)$ le coût (en euros) de fabrication de ces x tablettes.
On donne $c(x) = -0{,}01x^2 + 30x + 500$.
En économie, on utilise un indicateur, appelé **coût marginal**, défini comme le coût de fabrication d'une unité supplémentaire après avoir déjà fabriqué x objets. On le note $c_m(x)$.

1. Calculer le coût pour 600 tablettes fabriquées puis le coût pour 601 tablettes fabriquées.

2. En déduire le coût de la 601e tablette fabriquée. On le notera $c_m(600)$.

3. Expliquer pourquoi le coût marginal pour x tablettes s'écrit :

$$c_m(x) = c(x+1) - c(x).$$

4. On donne ci-contre la courbe $\mathscr{F}$ représentative de la fonction c.

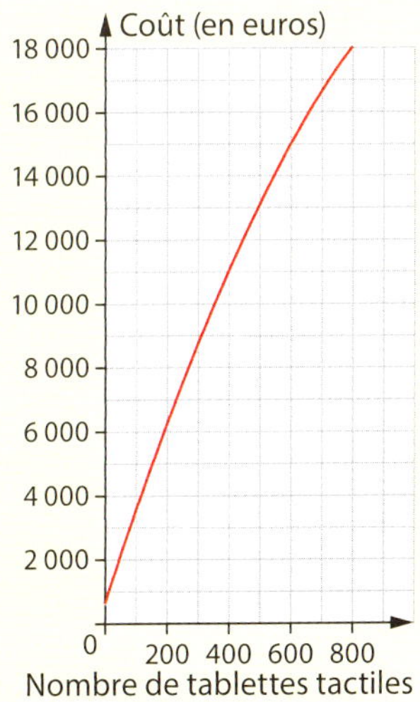

Soient A et B deux points de la courbe $\mathscr{F}$ tels que $A(x\,;c(x))$ et $B(x+1\,;c(x+1))$. La droite (AB) est une sécante à la courbe $\mathscr{F}$.

a. En remarquant que $c(x+1) - c(x) = \dfrac{c(x+1) - c(x)}{x+1-x}$, interpréter graphiquement $c_m(x)$ pour la droite (AB).

b. Lorsque x prend de grandes valeurs, l'échelle choisie pour représenter la courbe $\mathscr{F}$ permet de considérer que les points A et B de la courbe $\mathscr{F}$ sont très proches l'un de l'autre. Que peut-on conjecturer pour le coefficient directeur de la droite (AB) et celui de la tangente à la courbe $\mathscr{F}$ au point A, noté $c'(x)$?

c. À l'aide d'un logiciel de calcul formel on a trouvé $c'(600) = 18$. Vérifier que $c'(600)$ est très proche de $c_m(600)$.

Connaître le cours

Tangente et nombre dérivé

1. Tangente à une courbe en un point

Définition

Soit f une fonction définie sur un intervalle I et de courbe représentative $\mathscr{C}$.
La droite passant par deux points distincts A et B de la courbe $\mathscr{C}$ est appelée **sécante à la courbe représentative de f en $A(a\,;f(a))$ et $B(b\,;f(b))$.**

Le **coefficient directeur** de cette sécante est le quotient $\dfrac{y_B - y_A}{x_B - x_A} = \dfrac{y_A - y_B}{x_A - x_B} = \dfrac{f(b) - f(a)}{b - a}$.

Remarques

- Le coefficient directeur s'appelle aussi la **pente** de la droite (AB).
- En physique par exemple, si $y = f(x)$, on utilise la notation $\dfrac{\Delta y}{\Delta x} = \dfrac{f(b) - f(a)}{b - a}$

Définition

Soient f une fonction définie sur un intervalle I et $\mathscr{C}$ sa courbe représentative.
Soient $A(a\,;f(a))$ un point de $\mathscr{C}$ et $M(x\,;f(x))$ un point mobile de $\mathscr{C}$.
Lorsque M se rapproche de plus en plus de A, les sécantes (AM) tendent vers une position limite.
La droite obtenue lors de cette position limite est appelée **tangente à la courbe $\mathscr{C}$ en A.**

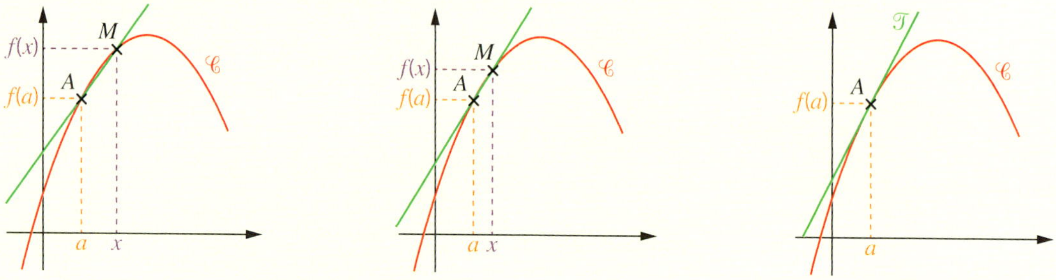

2. Nombre dérivé d'une fonction en un réel a

Définition

Soient f une fonction définie sur un intervalle I et $\mathscr{C}$ sa courbe représentative.
Soient $A(a\,;f(a))$ un point de $\mathscr{C}$. Soit $\mathscr{T}$ la tangente à la courbe $\mathscr{C}$ en A.
Le coefficient directeur de la tangente $\mathscr{T}$ au point A d'abscisse a est appelé **nombre dérivé de f en a.** Il est noté $f'(a)$.

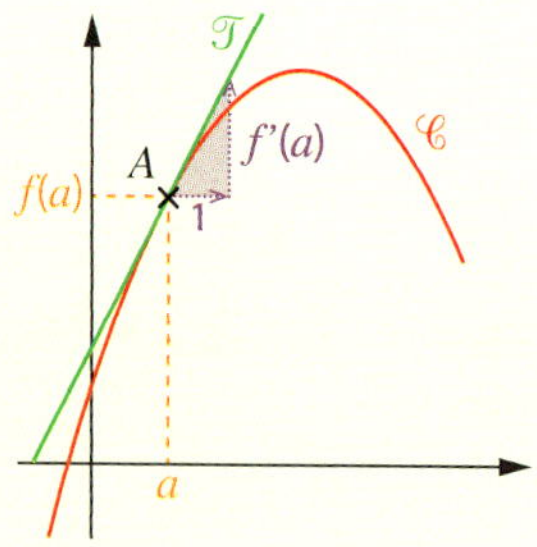

Propriété

Soit $\mathscr{T}$ la tangente au point $A(a\,;f(a))$ d'une courbe $\mathscr{C}$ représentative d'une fonction f.
- La tangente $\mathscr{T}$ « monte » équivaut à $f'(a) \geqslant 0$.
- La tangente $\mathscr{T}$ « descend » équivaut à $f'(a) \leqslant 0$.

Propriété

Dans le cadre d'une évolution au cours du temps t, modélisée par une fonction f, le nombre dérivé en un réel a noté $f'(a)$ représente la vitesse instantanée à l'instant $t = a$.

Méthode 1 Déterminer un nombre dérivé

On a tracé ci-contre la courbe représentative $\mathscr{C}$ de la fonction f définie pour tout réel x par $f(x) = -x^2 + 2x + 1$ ainsi que sa tangente au point $A(-1\,;f(-1))$.

Déterminer $f'(-1)$:

a. graphiquement ;

b. à l'aide de la calculatrice.

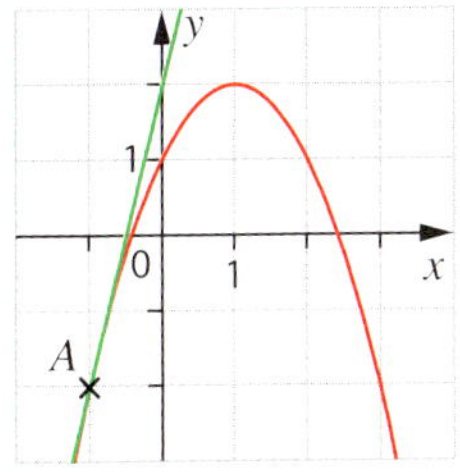

Solution commentée

a. $f'(-1)$ est le coefficient directeur de la tangente à $\mathscr{C}$ au point A.
On peut déterminer ce coefficient directeur de deux façons différentes.

• La tangente passe par le point $A(-1\,;-2)$ et par le point de coordonnées $(0\,;2)$.
Son coefficient directeur est donc égal à $\dfrac{2-(-2)}{0-(-1)} = \dfrac{4}{1} = 4$. Donc $f'(-1) = 4$.

• À partir du point A, si on décale d'une unité vers la droite puis de quatre unités vers le haut, on arrive à un autre point de la tangente à $\mathscr{C}$ en A. Donc $f'(-1) = \dfrac{+4}{+1} = 4$.

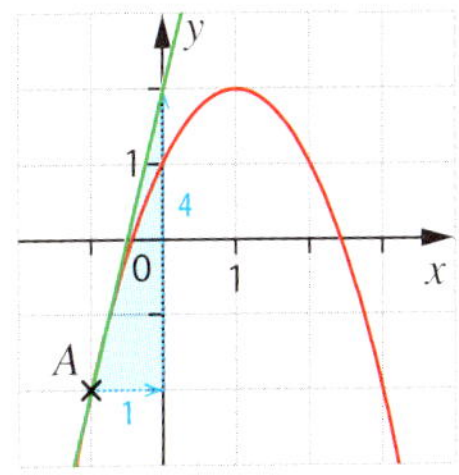

b. • Avec une TI, on utilise le menu [tests A / math] `8:nbreDérivé(`

On renseigne la boîte d'affichage $\frac{d}{dX}(-X^2+2X+1)|_{X=-1}$ 4

• Avec une Casio, on utilise le menu [OPTN] puis [CALC] puis [d/dx]

On renseigne la boîte d'affichage `d/dx(-X²+2X+1,-1)` 4

EXERCICE 3 p. 138

Méthode 2 Interpréter un nombre dérivé

La distance parcourue en mètres par un mobile animé d'un mouvement rectiligne est donnée par la fonction $d(t) = t^2 - 3$, où t est un réel positif (exprimé en secondes) représentant le temps.

Calculer la vitesse instantanée de ce mobile à l'instant $t = 1$ s.

Solution commentée

Lorsqu'une fonction f modélise une évolution (distance parcourue, courbe de croissance, formation d'un produit dans une réaction chimique, etc. en fonction du temps), le nombre dérivé $f'(t)$ donne la vitesse instantanée à l'instant t de cette évolution.
La vitesse du mobile à l'instant $t = 1$ est donc égale à $d'(1)$.
On peut utiliser une calculatrice pour déterminer $d'(1)$ (voir Boîte à outils p. 136).

• Avec la Numworks

Dans le menu [Fonctions], écrire l'expression de la fonction f : $f(x)=x^2-3$.

Utiliser la touche [toolbox] pour aller cocher [Nombre dérivé] .
Revenir au graphique. Le nombre dérivé est affiché au bas de l'écran.

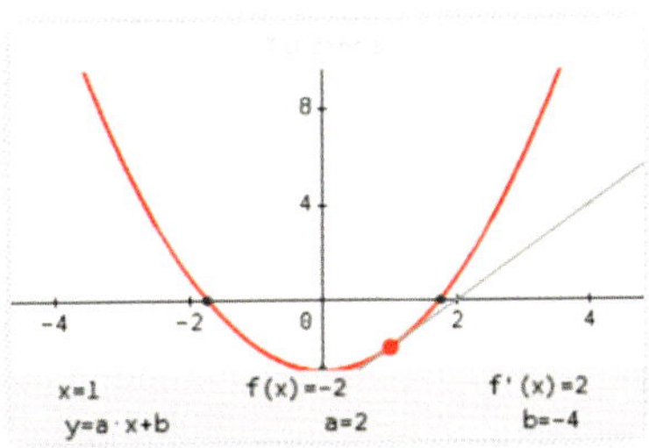

On obtient $d'(1) = 2$. À l'instant $t = 1$, le mobile a une vitesse instantanée de 2 m/s.

EXERCICE 11 p. 141

L'essentiel

Coefficient directeur d'une sécante

Soient A et B deux points distincts d'une courbe $\mathscr{C}$.

La droite (AB) est appelée sécante à la courbe $\mathscr{C}$ en A et B.

Le coefficient directeur de cette sécante est égal au quotient :

$$\frac{y_B - y_A}{x_B - x_A} = \frac{f(x_B) - f(x_A)}{x_B - x_A}.$$

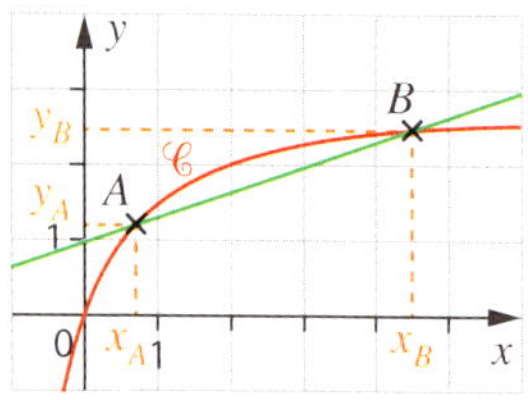

Tangente en un point d'une courbe

Lorsque, sur une courbe $\mathscr{C}$, un point M se rapproche de plus en plus d'un point A, les sécantes (AM) se rapprochent d'une position limite appelée tangente à la courbe $\mathscr{C}$ en A.

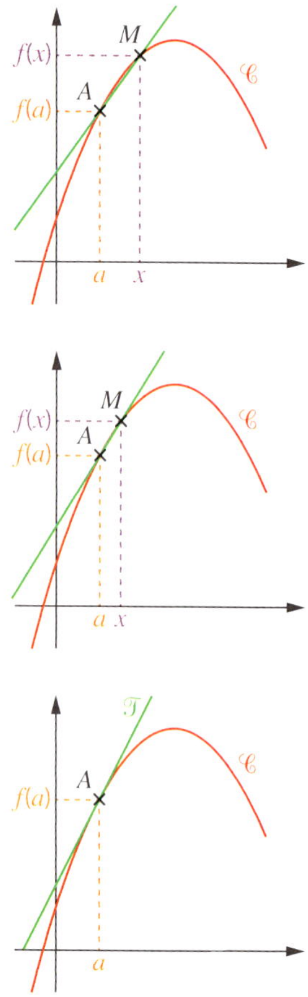

Nombre dérivé en un réel

Le coefficient directeur de la tangente $\mathscr{T}$ au point A d'abscisse a est appelé **nombre dérivé de f en a**. Il est noté $f'(a)$.

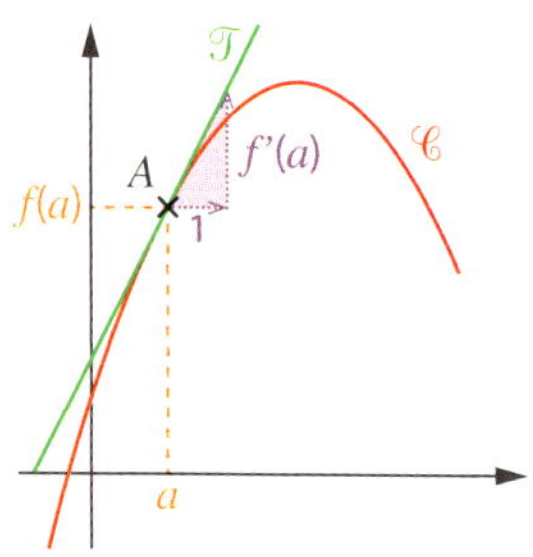

Dans le cadre d'une évolution au cours du temps t, $f'(a)$ représente la **vitesse instantanée** à l'instant $t = a$.

Pente d'une tangente

Soit $\mathscr{T}$ la tangente au point $A(a\,; f(a))$ d'une courbe $\mathscr{C}$ représentative d'une fonction f.

- La tangente $\mathscr{T}$ « monte » équivaut à $f'(a) \geqslant 0$.
- La tangente $\mathscr{T}$ « descend » équivaut à $f'(a) \leqslant 0$.

QCM

Réponses au QCM p. 180

Pour chacune des questions, indiquer la ou les bonnes réponses.

Calculer et interpréter géométriquement le nombre dérivé

1. On considère la courbe d'une fonction f tracée dans un repère orthonormé.

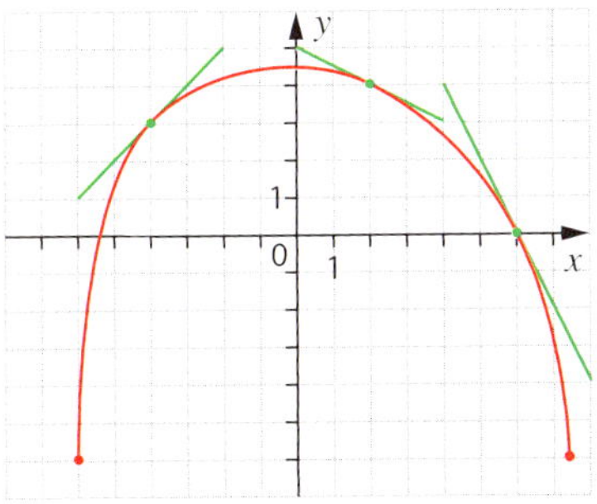

Trois tangentes sont tracées. On peut lire :

A	B	C
$f'(-4) = 1$	$f'(2) = -\frac{1}{2}$	$f'(6) = 2$

2. On considère la courbe d'une fonction g tracée dans un repère orthonormé.

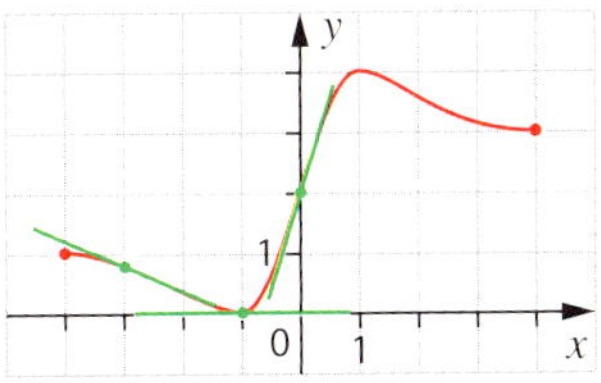

A	B	C
$g'(-1) = 0$	$g'(-3) = 10$	$g'(0) = -3$

3. On considère la courbe d'une fonction k tracée dans un repère orthogonal.

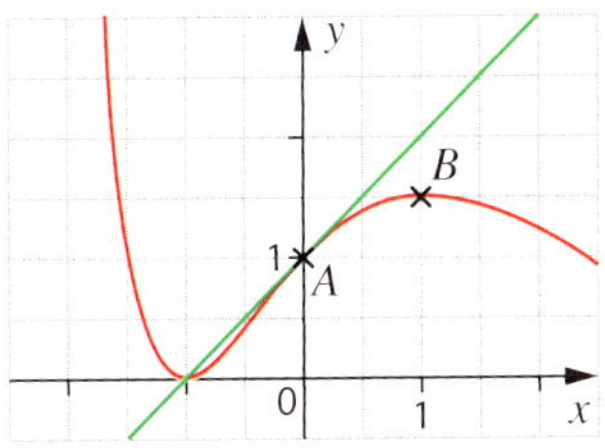

La tangente à la courbe au point A a pour équation réduite :

A	B	C
$y = -x - 1$	$y = x + 1$	$y = x$

Calculer et interpréter un nombre dérivé dans le cadre d'un modèle d'évolution

4. Une voiture parcourt 60 km en une heure. La fonction d qui modélise son déplacement (en km) pendant cette heure est définie par $d(t) = 60t^2$, où t est le temps exprimé en heures.
La vitesse instantanée de la voiture à l'instant $t = 1$ heure est :

A	B	C
$\frac{d(1) - d(0,5)}{1 - 0,5}$	$d(1)$	$d'(1)$

5. L'absorption d'un médicament dans le sang en fonction du temps t est modélisée par une fonction f définie par $f(t) = \frac{-t^2 + 8t}{8}$.
La vitesse instantanée d'absorption du médicament à l'instant $t = 2$ est :

A	B	C
$f'(2)$	$\frac{f(2) - f(0)}{2}$	$f(2)$

Boîte à outils

LOGICIEL DE GÉOMÉTRIE · CALCULATRICE

1 Comment tracer la tangente à une courbe avec un logiciel de géométrie dynamique ?

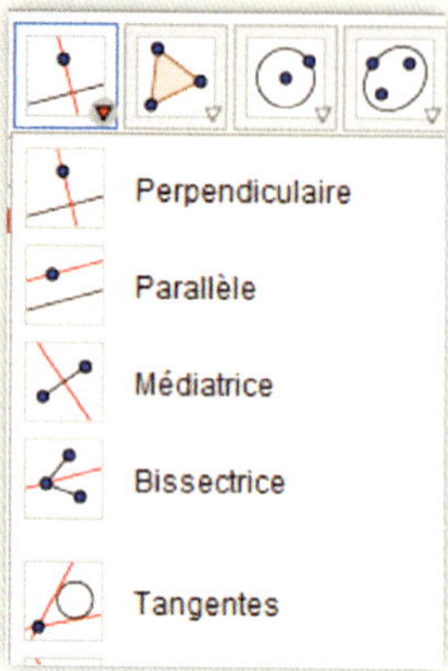

- Écrire l'expression de la fonction f dans la barre de saisie.
La courbe s'affiche dans le repère.
- Placer avec le menu [A] un point sur la courbe représentative de f.
- Dans le menu déroulant [ ], choisir [Tangentes].
- Cliquer sur le point de la courbe et sur la courbe. La tangente s'affiche.

2 Comment lire un nombre dérivé avec un logiciel de géométrie dynamique ?

Lorsqu'une tangente est tracée dans le repère, on lit son équation réduite dans la fenêtre algèbre à gauche de l'écran.

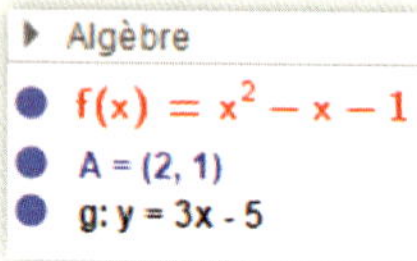

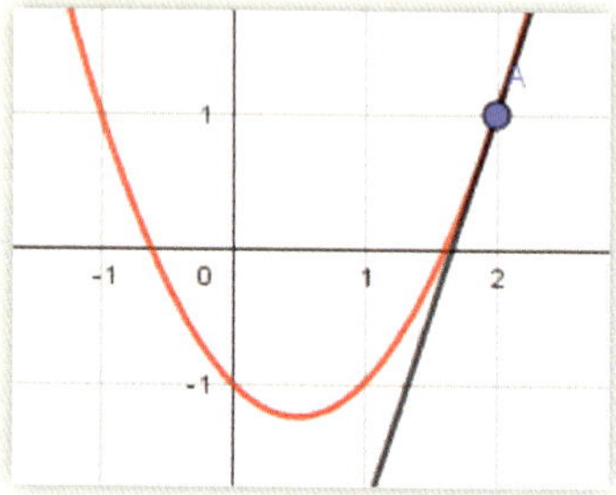

On lit $y = 3x - 5$, donc le coefficient directeur de la tangente au point d'abscisse 2 est 3.
On a alors $f'(2) = 3$.

3 Comment calculer un nombre dérivé avec une calculatrice ?

Avec TI-83

- Appuyer sur la combinaison des touches [math] [8]
- Compléter la formule qui calcule le nombre dérivé de la fonction f définie par $f(x) = x^2 - 2x + 1$ en $x = -3$.

La calculatrice utilise la notation de la physique : $\frac{d}{dX}(X^2-2X+1)|_{X=-3}$.

Avec Casio GRAPH

- Utiliser le menu [Exe-Mat] [OPTN] [F4 (CALC)] [d/dx].
- Compléter la formule qui calcule le nombre dérivé de la fonction f définie par $f(x) = x^2 - 2x + 1$ en $x = -3$.

La calculatrice utilise la notation de la physique :

$$\frac{d}{dx}(x^2-2x+1)\Big|_{x=-3}$$

Avec NumWorks

- Utiliser le menu [ ] puis [Analyse].
- Compléter la formule qui calcule le nombre dérivé de la fonction f définie par $f(x) = x^2 - 2x + 1$ en $x = -3$.

La calculatrice utilise la notation de la physique :

$$\frac{d}{dx}(x^2-2x+1)\Big|_{x=-3}$$

Communiquer

30 min Travail en groupe

Constituer des groupes de quatre élèves qui auront chacun un des rôles suivants.
Résoudre tous ensemble la situation donnée. Remettre une trace écrite de cette résolution.

Animateur
- responsable du niveau sonore du groupe
- distribue la parole pour que chacun s'exprime

Rédacteur en chef
- responsable de la trace écrite rédigée par tous les membres du groupe

Ambassadeur
- porte-parole du groupe, seul autorisé à communiquer avec le professeur et, éventuellement, d'autres groupes

Maître du temps
- responsable de l'avancement du travail du groupe
- veille au respect du temps imparti

On considère la fonction m définie sur $[-10\,;10]$ par $m(x) = x^2 - 4x + 1$.
On appelle A le point d'intersection de la parabole représentant m et de l'axe des ordonnées.

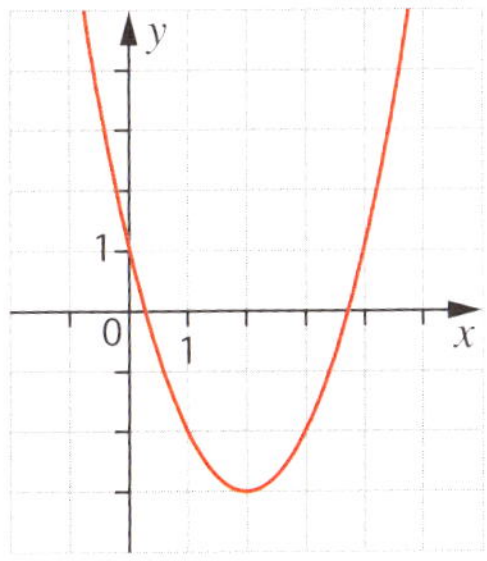

Peut-on affirmer que la tangente en A à la courbe de m passe par le point B de coordonnées (1 ; –3) ?
Trouver sur cette tangente un point à coordonnées entières d'abscisse strictement négative.

Défi

Je cherche trois points de la courbe représentative $\mathscr{C}$ de la fonction $x \mapsto -\frac{1}{3}x^2 + x + 1$ tels que :
- leurs coordonnées sont entières ;
- la tangente en chacun de ces points a un coefficient directeur négatif ou nul.

Trouver trois points qui répondent à ce problème et indiquer s'il en existe qui ont des abscisse et ordonnée négatives ?

Présentation orale

Leibniz (1646-1716) est un mathématicien allemand. Il est souvent considéré comme le dernier « génie universel ». En mathématiques, sa contribution principale est l'invention du calcul relatif aux nombres dérivés.

Les mathématiciens utilisent des fonctions pour lesquelles on ne peut pas calculer les nombres dérivés en tous les réels de leur ensemble de définition.
Trouver une fonction étudiée en Seconde qui n'admet pas de nombre dérivé en 0 et faire une présentation orale de 5 min.

Calculer et interpréter géométriquement le nombre dérivé

QUESTIONS FLASH

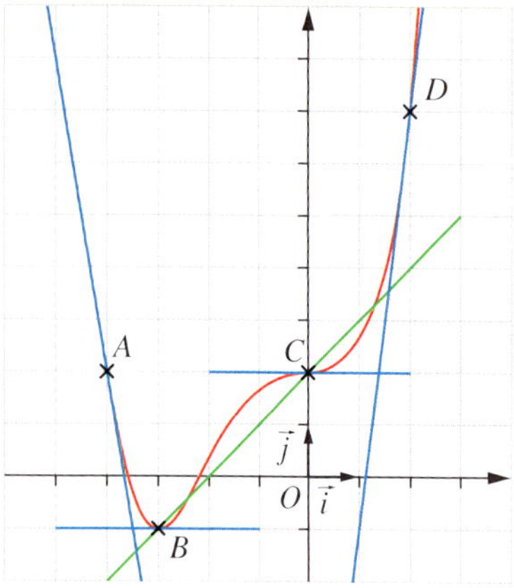

On considère ci-contre la courbe représentative d'une fonction f, quatre de ses tangentes aux points A, B, C et D et la sécante (BC).

1. Quelles sont les coordonnées des points A, B et C ?

2. Quel est le coefficient directeur de la sécante (BC) ?

3. Quel est le signe de $f'(-4)$? de $f'(2)$?

4. Que vaut $f'(-4)$? et $f'(2)$? et $f'(0)$?

Déterminer un nombre dérivé

1 À l'aide du graphique ci-dessous, déterminer le coefficient directeur de la droite (AB) puis de la droite (AC).

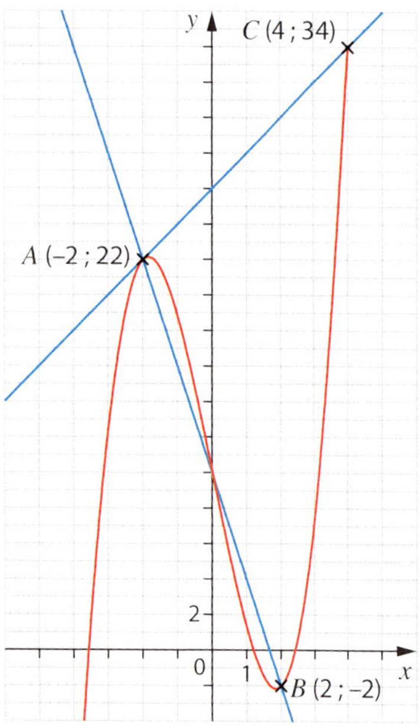

2 d_1, d_2 et d_3 sont trois sécantes à la courbe $\mathscr{C}$ représentée ci-après.
L'équation réduite de chacune de ces trois droites est inscrite dans la liste ci-dessous.

ⓐ $y = -3{,}4x + b$ avec b réel non nul

ⓑ $y = 2{,}5x + p$ avec p réel non nul

ⓒ $y = 14{,}2x$

ⓓ $y = 14{,}2$

À l'aide du graphique, associer chaque droite à son équation réduite.

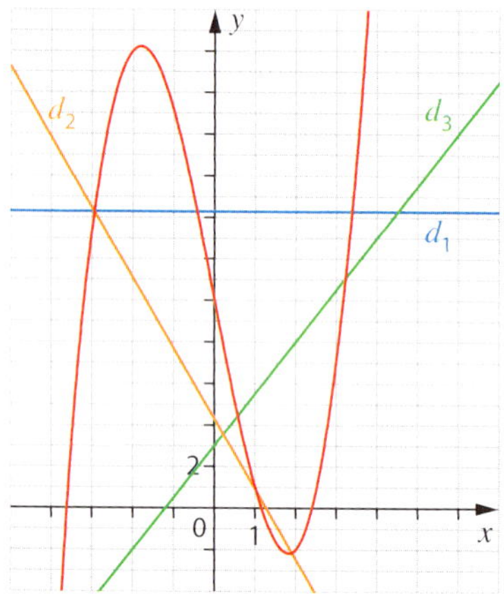

3 On donne ci-contre la courbe de la fonction t et deux de ses tangentes.

1. Lire $t(-1)$, $t(0)$, $t'(-1)$ et $t'(0)$.

2. Soit a tel que $f'(a) = 0$.
Donner une valeur approchée possible pour a.

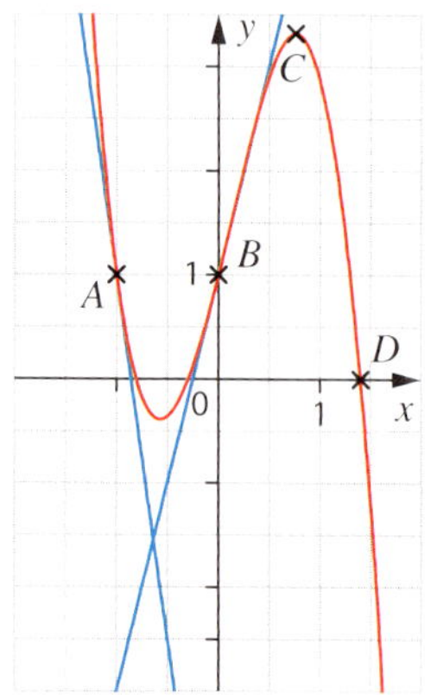

4 On considère ci-contre, la courbe représentative d'une fonction g et deux de ses tangentes.

1. Lire $g'(0)$ et $g'(1)$.

2. Déterminer l'équation réduite de la tangente à la courbe représentative de f en A puis de celle en B.

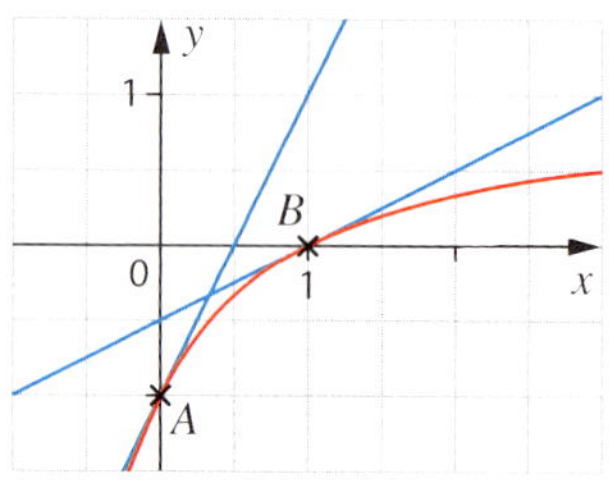

5 Soit f une fonction dont la courbe et trois de ses tangentes sont tracées dans un repère ci-dessous.

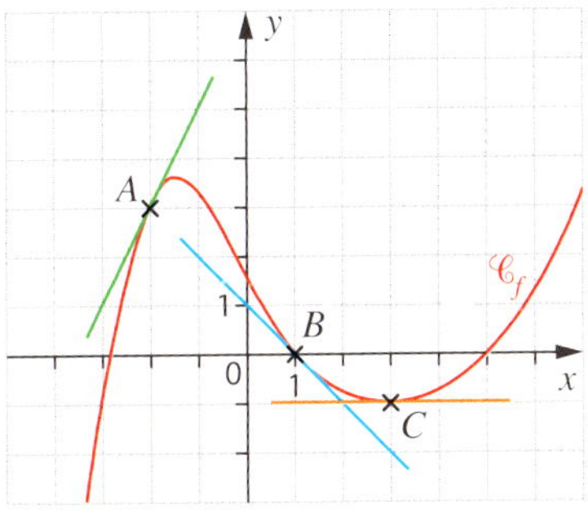

Lire $f(-2)$, $f'(-2)$, $f(1)$, $f'(1)$, $f(3)$ et $f'(3)$.

6 Soit f une fonction dont la courbe et trois de ses tangentes sont tracées dans un repère ci-dessous. Déterminer les équations des tangentes.

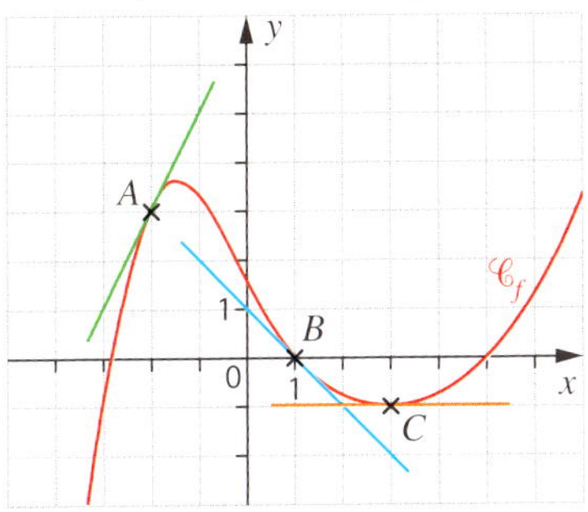

UN EXERCICE DEUX ÉNONCÉS

7 Une usine fabrique une pièce métallique dont le profil est donné par la courbe rouge et le segment $[AB]$ ci-dessous.

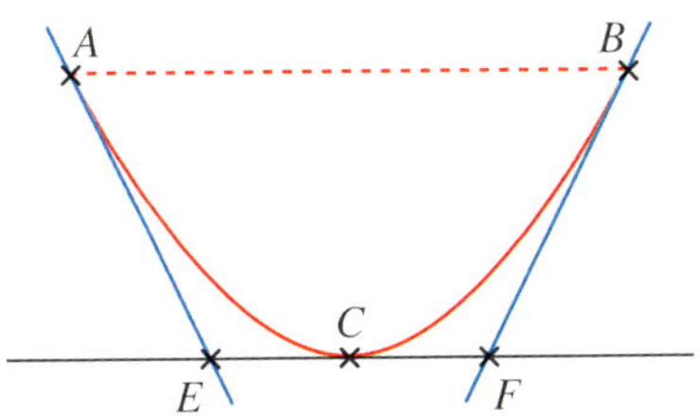

Pour étudier ce profil, on s'est positionné dans un repère orthonormé et on a tracé les tangentes à la courbe aux points $A(-2\,;1)$, $B(2\,;1)$ et $C(0\,;-1)$. Le coefficient directeur de la tangente en A est -2 et celui de la tangente en B est 2. La tangente horizontale en C coupe les deux autres tangentes en E et en F.

ÉNONCÉ 1

L'usine cherche à estimer l'aire latérale du profil de la pièce grâce au trapèze $ABFE$

1. Justifier l'utilisation des tangentes pour répondre au problème.

2. Représenter le trapèze $ABFE$ dans un repère orthonormé.

3. Avec la précision permise par le graphique, calculer l'aire du trapèze $ABFE$. En déduire une valeur approchée de l'aire latérale du profil de la pièce métallique.

ÉNONCÉ 2

L'usine cherche à estimer le périmètre et l'aire latérale du profil de la pièce grâce au trapèze $ABFE$.

1. Justifier l'utilisation des tangentes pour répondre au problème.

2. Déterminer le coefficient directeur de la tangente en C puis son équation réduite.

3. Déterminer par le calcul, les coordonnées des points E et F.

4. Montrer que $AE = BF = \sqrt{5}$.

5. En déduire la valeur exacte du périmètre du trapèze $ABFE$ puis une approximation du périmètre du profil de la pièce métallique.

6. Calculer une valeur approchée de l'aire latérale du profil de la pièce métallique.

8 Lors d'une course « enduro », les motards doivent suivre un parcours dont le profil est donné ci-dessous par la courbe $\mathscr{C}$ représentant l'altitude (en m) en fonction de la distance parcourue x (en m). On note f cette fonction. Les tangentes à $\mathscr{C}$ aux points B, E, F et L sont tracées en bleu.

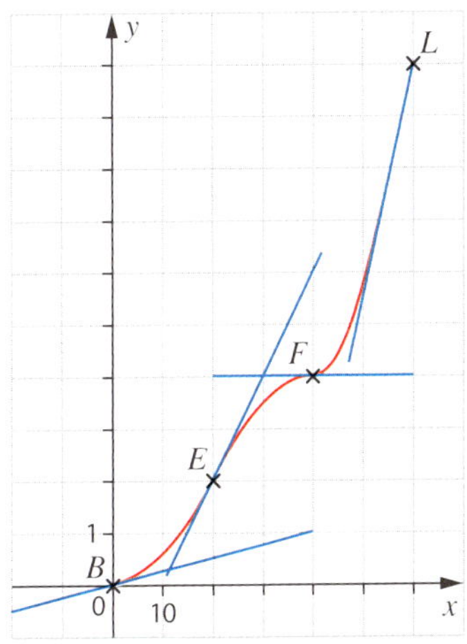

ÉNONCÉ 1

1. Déterminer le coefficient directeur de chacune des quatre tangentes représentées. Interpréter ces résultats dans le contexte de l'exercice.

2. Parmi les points nommés sur la courbe, en quel point la pente est-elle la plus importante ? La moins importante ?

ÉNONCÉ 2

1. Déterminer $f'(0)$, $f'(20)$, $f'(40)$ et $f'(60)$.

2. On rappelle qu'une pente de t % signifie que lorsqu'on avance horizontalement de 100 mètres on monte de t mètres. Déterminer la pente au niveau des points B, E, F et L.

3. En un point du circuit, une pente de 35 % est signalée. Sur quelle portion peut-elle être ?

Calculer et interpréter un nombre dérivé dans le cadre d'un modèle d'évolution

QUESTIONS FLASH

Une entreprise usine des pièces automobiles. Pour x pièces fabriquées, le coût total de fabrication (en euros) est donné par $c(x)$. La fonction c est représentée ci-dessous.

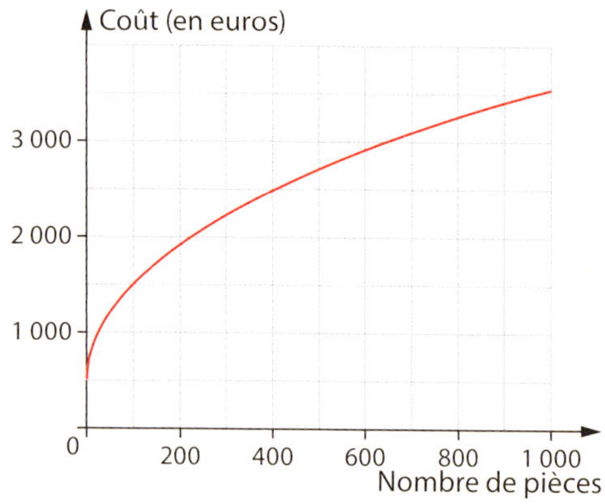

1. Quel est le coût de fabrication de 400 pièces ?

2. Quel est le coût moyen de fabrication d'une pièce lorsque 400 pièces sont fabriquées ?

3. Le coût marginal correspond au coût de fabrication de la $(x+1)$-ième pièce lorsque x pièces sont fabriquées. Il est donné par la formule

$$c_m(x) = c(x+1) - c(x) = 100\sqrt{x+1} - 100\sqrt{x}.$$

a. Calculer la valeur exacte puis l'arrondi au centième de $c_m(100)$.
Interpréter le résultat.

b. Sachant que $c'(400) \approx c_m(400)$, calculer une valeur approchée de $c'(400)$.
Donner le résultat arrondi au centième.

Interpréter un nombre dérivé

9 ♪ La concentration d'un produit chimique injecté dans une solution évolue en suivant la courbe suivante.

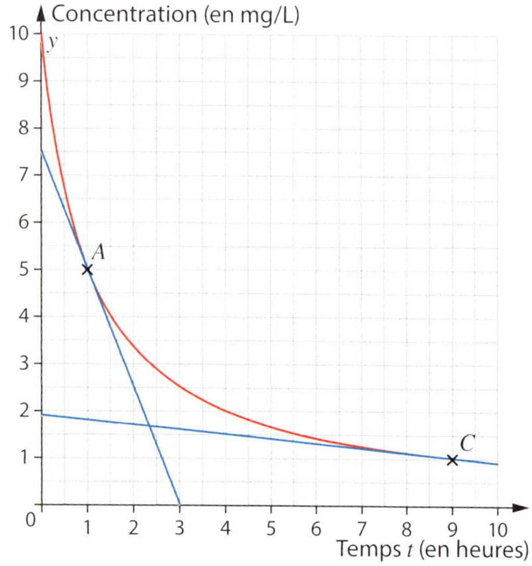

1. On a placé sur la courbe un point A d'abscisse 1 et un point C d'abscisse 9.
À l'aide des tangentes tracées en ces deux points, donner les vitesses instantanées de disparition du produit, 1 h puis 9 h après l'injection (on admettra qu'une vitesse de disparition est un nombre négatif).

2. Au point de coordonnées (4 ; 2) de la courbe de la concentration, la tangente a pour équation réduite $y = \frac{-1}{2}t + 4$.
Quelle est la vitesse instantanée de disparition du produit quatre heures après l'injection ?

10 ♪♪ La concentration d'un produit chimique injecté dans une solution évolue en suivant la courbe suivante.

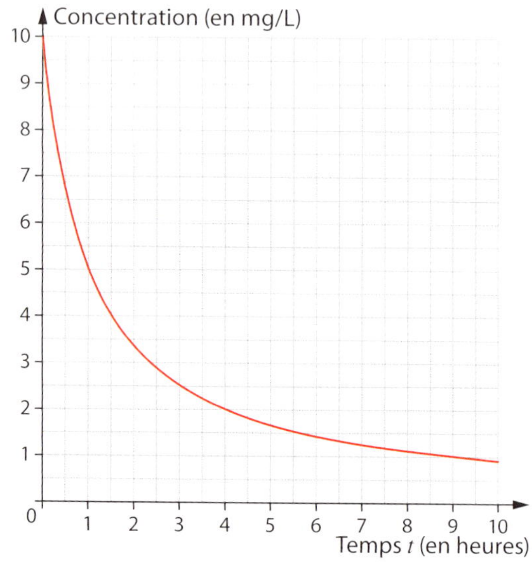

1. Quelle est la concentration restante au bout de 3 h ?

2. On admet que la courbe ci-dessus est la représentation graphique de la fonction f définie pour tout réel t positif par $f(t) = \frac{10}{1+t}$.
À l'aide d'une calculatrice, en déduire la vitesse de disparition du produit à l'instant $t = 3$ heures (on admettra qu'une vitesse de disparition est un nombre négatif).
Arrondir au millième.

3. a. À l'aide de la calculatrice, montrer que $f'(3) = \frac{-5}{8}$.

b. Justifier que la tangente à la courbe au point d'abscisse 3 a pour équation réduite $y = -\frac{5}{8}t + \frac{35}{8}$.

11 Une voiture roulant en ligne droite parcourt une distance $d(t)$ (en mètres) donnée par la formule $d(t) = t^2 - t$, où t est le temps exprimé en secondes.

1. Quelle distance la voiture a-t-elle parcourue en 20 secondes ?
2. À l'aide d'une calculatrice, calculer la vitesse instantanée du véhicule à l'instant $t = 20$ s.

12 Une fusée volant en ligne droite parcourt une distance $d(t)$ (en mètres) donnée par la formule $d(t) = \frac{3}{2}t^2 - t$, où t est le temps exprimé en secondes.

1. Quelle distance la fusée a-t-elle parcourue en 1 heure ?
2. À l'aide d'une calculatrice, calculer la vitesse instantanée de la fusée à l'instant $t = 1{,}5$ h.

UN EXERCICE DEUX ÉNONCÉS

13 Un médicament est administré à un patient. La courbe représentative de la fonction f ci-dessous indique la concentration du médicament dans le sang en milligrammes par litre au cours du temps t en minutes.

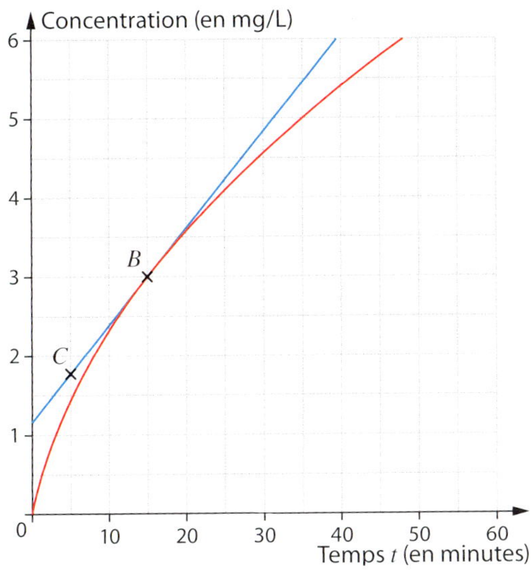

Pour tout réel t compris entre 0 et 60, on a $f(t) = \sqrt{t+1} - 1$. La droite (BC) est tangente à la courbe en B. On donne $B(15\,;f(15))$ et $C(5\,;1{,}75)$.

ÉNONCÉ 1

1. Calculer $f(15)$. Interpréter le résultat dans le contexte.
2. Calculer la vitesse instantanée d'absorption du médicament à $t = 15$ min.
3. À l'aide de la calculatrice, déterminer $f'(40)$ et $f'(60)$.
4. Comparer $f'(40)$ et $f'(60)$. Que peut-on déduire concernant la vitesse instantanée d'absorption ?

ÉNONCÉ 2

1. Calculer le coefficient directeur de la droite (BC).
2. Dans les questions suivantes, on pourra s'aider de la calculatrice.

a. Peut-on estimer que la vitesse instantanée d'absorption a été divisée par deux entre l'instant $t_1 = 15$ min et l'instant $t_2 = 60$ min ? En est-il de même pour la concentration sanguine du médicament ?

b. Déterminer un instant t lors duquel la vitesse instantanée d'absorption est supérieure à 1,5 fois la vitesse instantanée d'absorption pour $t = 15$ min.

14 Une entreprise conçoit des cartes illustrées sur internet. Le coût de conception $c(x)$ (exprimé en centaines d'euros) de x cartes (en centaines) est modélisé par la fonction c, représentée ci-dessous. On a également tracé les tangentes à la courbe représentative de c en B, C et D.
Le coût marginal correspond au coût de conception de la $(x+1)$-ième carte lorsque x cartes sont conçues. Ce coût, noté $c_m(x)$ est assimilé à $c'(x)$ lorsque le nombre de cartes conçues est assez grand (supérieur à 100).

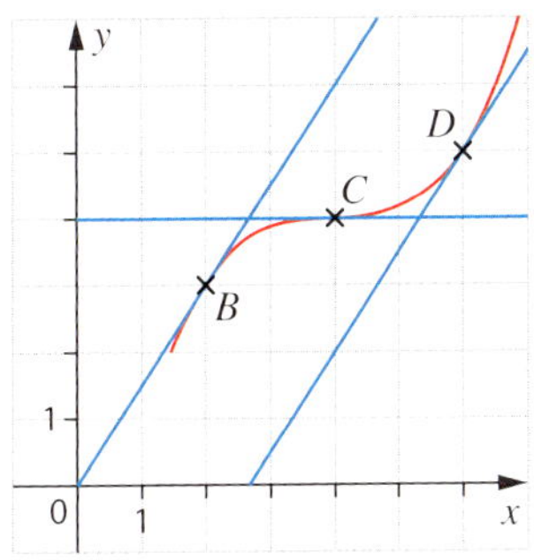

ÉNONCÉ 1

1. Déterminer graphiquement le coût de conception de 200 cartes, puis de 600 cartes.
2. Quel est le coût moyen d'une carte lorsque 400 cartes sont conçues ?
3. Déterminer $c'(2)$, $c'(4)$, puis $c'(6)$. Interpréter ces résultats dans le contexte.

ÉNONCÉ 2

1. Déterminer graphiquement le coût de conception de 200 cartes.
2. Déterminer graphiquement le coût marginal de la 201e carte.
3. Quel est le coût moyen d'une carte lorsque 200 cartes sont conçues ?
4. On sait que $c(x) = \frac{(x-4)^3}{8} + 4$ pour $x \in [1{,}5\,;6{,}5]$.

a. Représenter à la calculatrice, la courbe représentative de la fonction c sur l'intervalle $[1{,}5\,;6{,}5]$.

b. Déterminer avec les outils graphiques de la calculatrice, le coût marginal pour la conception de la 301e carte.

VRAI / FAUX Argumenter à l'oral

Soit une fonction f définie sur [0 ; 10]. Sa courbe représentative $\mathscr{C}_f$ est donnée en rouge sur le graphique ci-dessous. On a $f(0) = 1$ et $f(10) = 0$. La droite verte passant par le point $A(0 ; 5)$ est la tangente à $\mathscr{C}_f$ aux points B et C de la courbe. On sait que B a pour abscisse 4 et que C a pour coordonnées (9 ; 2).

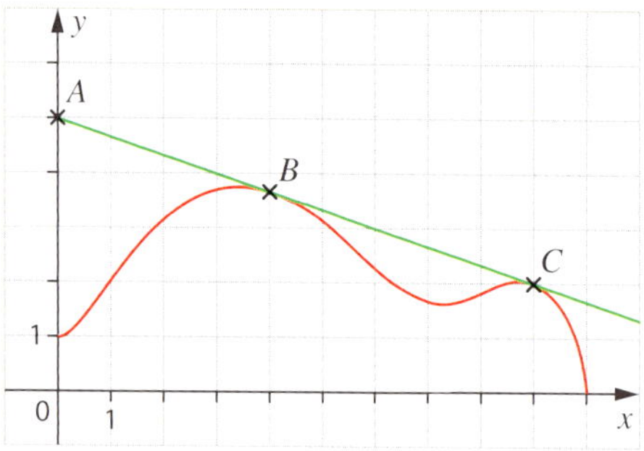

Proposition 1 $f(2) = 9$

Proposition 2 $f'(4) = -3$

Proposition 3 $f'(4) = f'(9)$

Proposition 4 $f'(9) = f(9)$

Proposition 5 $\dfrac{y_A - y_B}{x_A - x_B} = \dfrac{y_B - y_C}{x_B - x_C}$

Proposition 6 La droite (BC) a pour équation $y = -\dfrac{1}{3}x + 5$.

Proposition 7 $f'(1) \geqslant 0$

Proposition 8 Il existe au moins un réel x appartenant à l'intervalle [0 ; 10] tel que $f'(x) = 0$.

15 Dureté de l'eau PHYSIQUE CHIMIE

Lors de la mesure de la dureté de l'eau, une réaction chimique produit des ions magnésium Mg^{2+}.
La courbe ci-dessous représente la concentration d'ions Mg^{2+} (exprimée en centièmes de mole par litre) en fonction du temps t (exprimé en minutes).
On note f la fonction représentant la concentration d'ions Mg^{2+}.
Les points A, B, C et D sont quatre points de la courbe représentative de la fonction f.
La droite verte est la tangente à la courbe représentative de f en A.

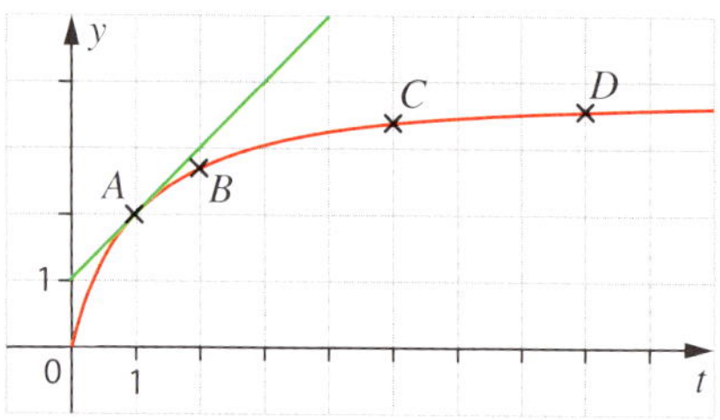

On appelle vitesse d'évolution de la concentration à l'instant t le nombre dérivé $f'(t)$, exprimé en centièmes de mole par minute.

1. Lire graphiquement la vitesse d'évolution de la concentration à l'instant $t = 1$.

2. Expliquer la démarche à employer pour déterminer graphiquement la vitesse d'évolution de la concentration aux instants $t = 2$, $t = 5$ et $t = 8$.

3. On suppose que $f'(2) = 0{,}5$. Interpréter ce résultat dans le contexte de l'exercice.

4. a. Justifier, par des considérations graphiques, que $f'(8) \leqslant f'(5) \leqslant f'(2)$.

b. Interpréter ces inégalités dans le contexte de l'exercice.

16 Chute libre PHYSIQUE CHIMIE

Un objet tombe en chute libre. On néglige les frottements de l'air. La distance $d(t)$ qu'il parcourt (exprimée en mètres) en fonction du temps t (exprimé en secondes) est donnée par $d(t) = 5t^2$ définie sur l'intervalle [0 ; 12].
Pour $t > 12$, on considère que l'objet a touché le sol.

1. Quelle distance a-t-il parcourue au bout de 10 secondes ?

2. On a tracé ci-dessous la courbe représentative de la fonction d sur [0 ; 11].
On note $A(2 ; d(2))$ et $B(10 ; d(10))$.

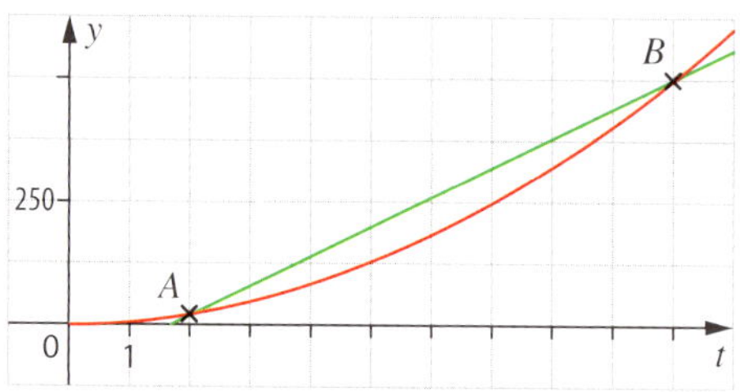

a. Préciser les coordonnées de A et B.

b. Calculer le nombre $\dfrac{d(10) - d(2)}{10 - 2}$.

3. Calculer, avec la calculatrice ou un logiciel de géométrie dynamique, les valeurs $d'(2)$ et $d'(10)$. Les interpréter.

4. a. Reproduire la courbe ci-dessus dans un logiciel de géométrie dynamique et placer un point mobile que l'on renommera M sur la courbe représentative de d.

b. Tracer avec le logiciel, la tangente à la courbe représentative de d en M.

c. Déterminer graphiquement l'intervalle de temps sur lequel la vitesse instantanée de l'objet est comprise entre 12 m/s et 32 m/s.

17 Oiseaux grognons

Dans un jeu vidéo, le joueur utilise une fronde pour lancer des oiseaux sur des cochons verts.
Au début de la partie, chaque oiseau lancé suit une trajectoire comme indiquée sur le graphique ci-dessous. La courbe représentée en rouge est celle de la fonction f définie sur $[0 ; +\infty[$ par :

$$f(x) = -0{,}28x^2 + 2{,}56x.$$

Lorsque le joueur le décide, il appuie sur une touche pour que l'oiseau situé en un point M change de trajectoire. À partir de cet instant, l'oiseau suit la droite tangente à sa trajectoire initiale au point M.

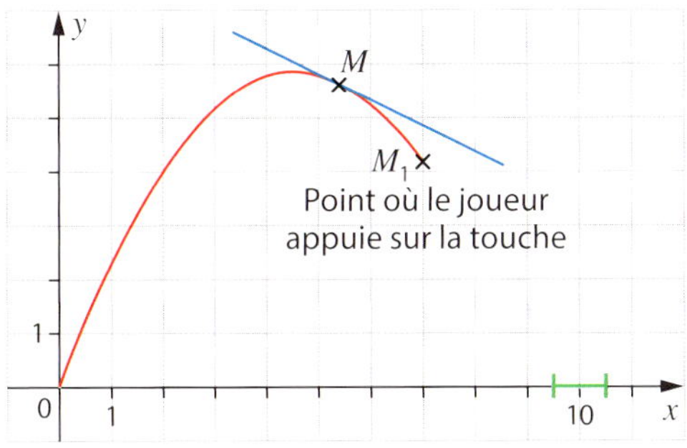

Les cochons verts se cachent sur l'axe des abscisses, dans un enclos représenté par l'intervalle $[9{,}5 ; 10{,}5]$.
Dans cette partie, le joueur appuie sur la touche lorsque l'oiseau est au point $M_1(7 ; f(7))$.

1. Préciser les coordonnées de M_1.
2. Déterminer, avec une calculatrice ou un logiciel, le nombre dérivé de la fonction au point M_1.
3. Déterminer l'équation de la tangente à la courbe représentative de la fonction f au point M_1.
4. L'oiseau va-t-il tomber dans l'enclos des cochons verts ?

18 Croissance sous surveillance SVT

Un jardinier plante une graine de jasmin et surveille sa croissance pendant 4 ans.
Consciencieux, il note tout et obtient la courbe de croissance ci-dessous avec, en abscisses, les années t et, en ordonnées, la hauteur $h(t)$, en cm, du jasmin.

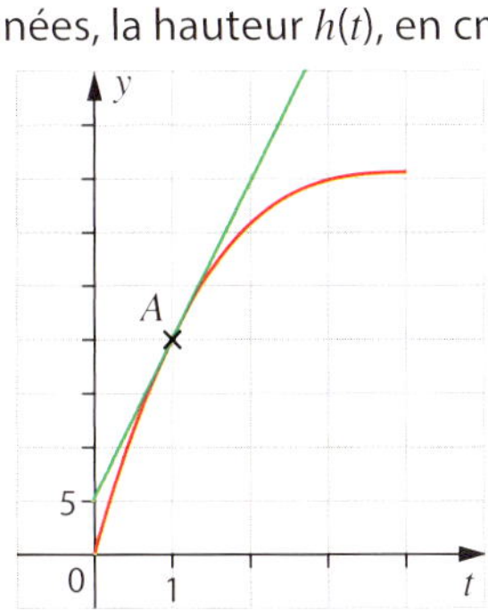

1. On sait que la tangente à la courbe au point d'abscisse 2 a pour équation $y = \frac{20}{3}t + \frac{160}{9}$. En déduire $h'(2)$.
2. La tangente au point A d'abscisse 1 est tracée sur le graphique. Lire $h'(1)$ et interpréter le résultat en termes de rythme de croissance.
3. On sait que $h'(4) = 0$. Quelle signification donner à ce nombre dérivé en termes de rythme de croissance ? Le jardinier doit-il s'inquiéter ?
4. Tracer, sur une calculatrice ou sur un logiciel de géométrie dynamique, la courbe de la fonction $h : t \mapsto \frac{5}{9}t^3 - \frac{20}{3}t^2 + \frac{80}{3}t$ pour $t \in [0 ; 8]$.
Quelle semble être l'évolution de la croissance du jasmin après la quatrième année ?

19 Injection SVT

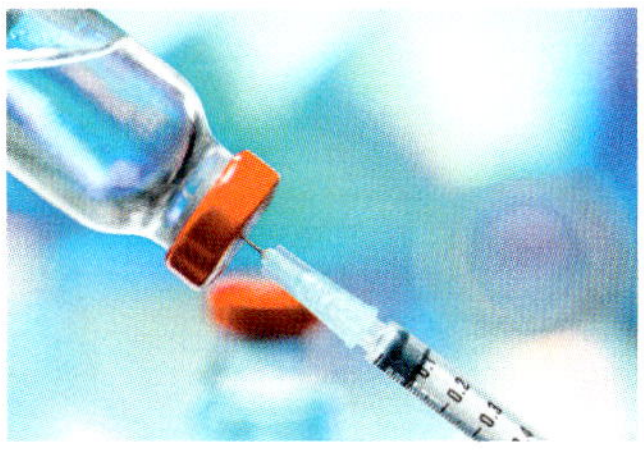

Un patient reçoit une dose de 50 mg/L d'un médicament par voie intraveineuse.
On admet que la concentration (en mg/L) du médicament dans le sang du patient, en fonction du temps écoulé (en heures) depuis l'injection, est donnée par la fonction g définie sur l'intervalle $[0 ; 7]$ par :

$$g(t) = 60 \times 0{,}75^t.$$

On a tracé ci-dessous, la courbe représentative $\mathscr{C}_g$ de la fonction g.

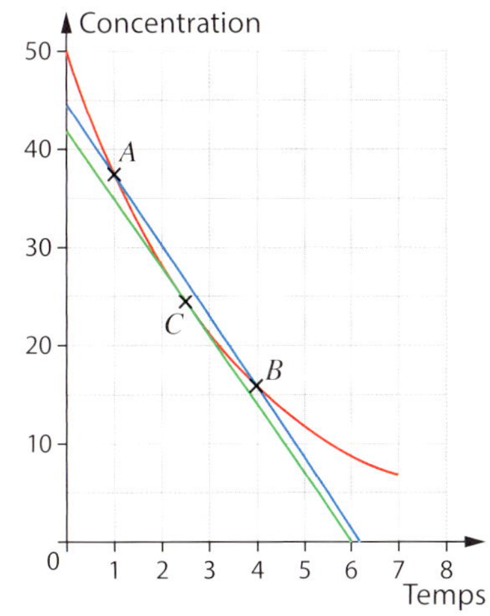

On a tracé également les points $A(1 ; g(1))$, $B(4 ; g(4))$ et $C(2{,}5 ; g(2{,}5))$ appartenant à la courbe $\mathscr{C}_g$ ainsi que la sécante (AB) et la tangente à la courbe $\mathscr{C}_g$ en C.

1. Déterminer une valeur approchée arrondie au centième de $g(1)$, $g(4)$ et $g(2{,}5)$.
2. On appelle vitesse moyenne de disparition du médicament entre les instants t_1 et t_2 le nombre noté V égal au coefficient directeur de la droite passant par les points $(t_1 ; g(t_1))$ et $(t_2 ; g(t_2))$.
Calculer la vitesse moyenne de disparition du médicament entre les instants 1 et 4. On utilisera les résultats obtenus à la question 1. Arrondir au dixième.
3. En utilisant une calculatrice ou un logiciel de géométrie dynamique, calculer une valeur approchée au centième de la vitesse instantanée de disparition du médicament à l'instant $t = 2{,}5$.
4. Comparer les résultats des questions 2 et 3.

20 Le nombre dérivé ALGO

On considère la fonction f définie pour tout réel x par :

$$f(x) = -x^2 + 2x + 3.$$

On a tracé la courbe représentative $\mathscr{C}$ de la fonction f ci-dessous.

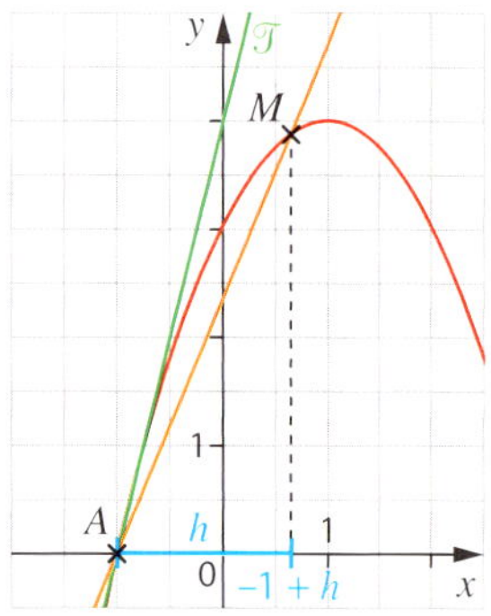

On note $A(-1\,;f(-1))$ le point de la courbe $\mathscr{C}$ et $\mathscr{T}$ la tangente à $\mathscr{C}$ au point A.

On considère un point M de la courbe $\mathscr{C}$ d'abscisse $-1+h$, où h est un réel.

La droite (AM) est une sécante à la courbe $\mathscr{C}$.

1. Lire graphiquement le nombre dérivé $f'(-1)$.

2. a. Calculer $f(-1+h)$ en fonction de h.

b. Montrer que $\dfrac{f(-1+h)-f(-1)}{-1+h-(-1)} = -h+4$.

c. Que représente le calcul de la question **2 b** pour la droite (AM) ?

3. On a écrit la fonction Python suivante.

```
def nbr_deriv():
    for i in range(1,6):
        h=10**(-i)
        nd=-h+4
        print(nd)
    return nd
```

En utilisant cette fonction Python, compléter le tableau suivant.

h	0,1	0,01	0,001	10^{-4}	10^{-5}
$-h+4$					

4. a. Lorsque h tend vers 0, que fait le point M sur la courbe ?

b. Lorsque h tend vers 0, vers quelle droite tend la droite (AM) ?

c. Lorsque h tend vers 0, vers quel nombre tend $-h+4$?

d. Recopier et compléter la phrase suivante.

Lorsque h tend vers 0, le nombre $\dfrac{f(-1+h)-f(-1)}{-1+h-(-1)}$ tend vers…

e. Comparer avec le résultat trouvé à la question **1**.

21 Vers l'équation de la tangente

Partie 1. Cas particulier

On considère une fonction h définie pour tout réel x. On a tracé la représentation graphique de la fonction h ci-contre.

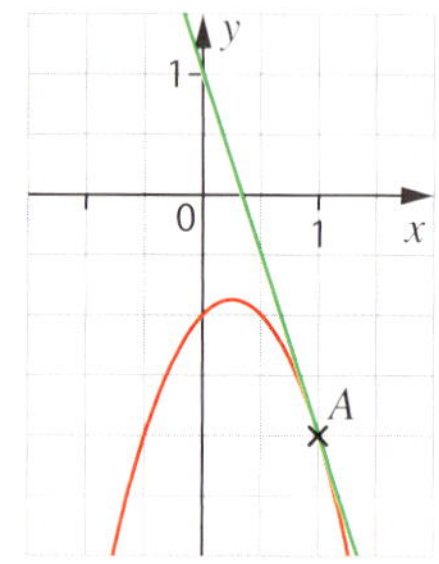

On a placé sur la courbe le point A d'abscisse 1 et on a tracé la tangente à la courbe en ce point.

1. À l'aide du graphique, déterminer $h(1)$ et $h'(1)$.

2. Déterminer l'équation de la tangente en A.

Partie 2. Cas général

On note $A(a\,;f(a))$ un point de la courbe représentative $\mathscr{C}$ d'une fonction .

On appelle $\mathscr{T}$ la tangente en A à $\mathscr{C}$ et $f'(a)$ le nombre dérivé de f en a. $\mathscr{T}$ a pour équation $y = mx + p$.

1. Que vaut m ?

2. En utilisant le fait que A appartient à $\mathscr{T}$, déterminer la valeur de p en fonction de a, $f(a)$ et $f'(a)$.

3. En déduire que l'équation de $\mathscr{T}$ est :

$$y = f'(a)(x-a) + f(a).$$

22 Vers d'autres fonctions

Un médicament est administré à un patient. Le graphique suivant indique la concentration du médicament dans le sang (en mg/L) au cours du temps t (en heures).

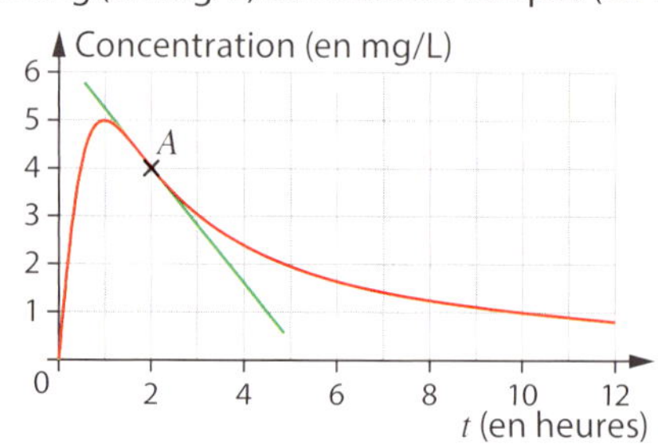

1. Déterminer graphiquement la concentration du médicament au bout de 5 heures.

2. Le point A est un point de la courbe d'abscisse 2, en lequel on a tracé la tangente à la courbe représentative de la concentration. Lire sur le graphique le signe du coefficient directeur de cette tangente et en donner une interprétation.

3. Conjecturer graphiquement la « vitesse de concentration » à l'instant $t = 1$.

4. On admet que l'expression de la fonction concentration, notée f, en fonction du temps est donnée par $f(t) = \dfrac{10t}{t^2+1}$ et que le nombre dérivé à l'instant t est donné par la formule $\dfrac{-10t^2+10}{(t^2+1)^2}$.

Retrouver par le calcul les réponses aux questions **2** et **3**.

Ressources du chapitre
hachette-clic.fr/23bs1008

CHAPITRE

8 Variation globale

FOCUS MÉTIER

Démographe

Frédéric est démographe dans une collectivité territoriale. Il étudie différentes caractéristiques de la population (variation de la population, âge moyen, natalité, mortalité, taux d'emploi par secteurs, etc.). Spécialiste des phénomènes d'évolution, il étudie les impacts économiques et sociaux des développements démographiques en travaillant en collaboration étroite avec des sociologues, des économistes, des géographes.

Il conçoit et réalise des modèles mathématiques à partir de données quantitatives et qualitatives, et les exploite pour comprendre et anticiper les besoins des populations.

C'est grâce aux démographes travaillant pour l'État ou pour les collectivités territoriales que les services publics peuvent déterminer leurs priorités et optimiser leurs actions, en mettant en place des projets là où ils sont les plus attendus et seront les plus utiles.

Des formations en lien avec le chapitre

- Master mention démographie
- Master mention mathématiques et informatique appliquées aux sciences humaines et sociales
- Master mention sciences économiques et sociales
- Master mention sciences sociales

Automatismes hebdomadaires

En cas de besoin, voir les indispensables :

Calculs algébriques p. 176
Développements et factorisations p. 177
Équations et inéquations p. 178
Lectures graphiques p. 179

Gamme 1

1 Fractions

Recopier et compléter.

$-\frac{1}{5} \times \left(-\frac{3}{2}\right) = \ldots$

2 Factorisations

Factoriser l'expression
$E = (x-2)(2x-3) - (x-2)(x-7)$.

3 Équations

Résoudre dans $\mathbb{R}$ l'équation
$(2x+3)(5x-2) = 0$.

4 Pente d'une droite

On donne les représentations graphiques de quatre fonctions affines.

Déterminer graphiquement le signe du coefficient directeur de chaque droite.

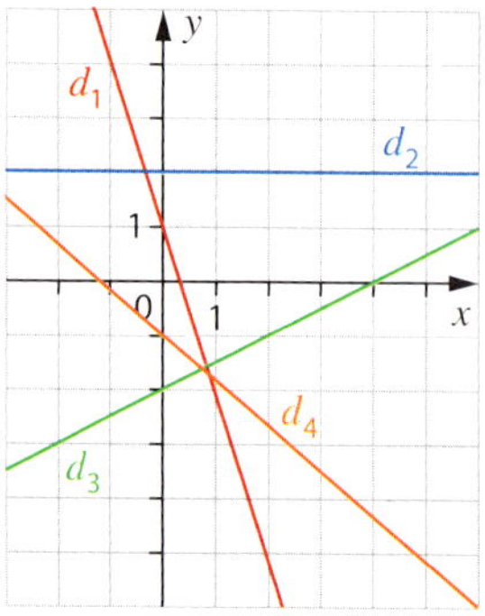

Gamme 2

1 Fractions

Calculer $A = \frac{3^2 - 4}{2^3 + 2}$.

2 Factorisations

Factoriser $B = x(x-1) - x^2$. Écrire le résultat de la façon la plus simple possible.

3 Inéquations

Résoudre dans $\mathbb{R}$ l'inéquation

$2\left(x - \frac{1}{4}\right) \geqslant 4x - \frac{1}{2}$.

4 Inéquations

On donne la courbe représentative de la fonction m.

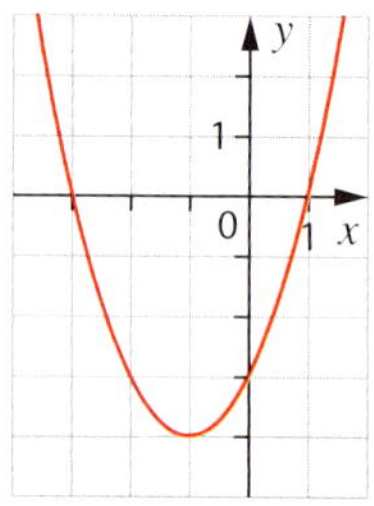

Résoudre graphiquement l'inéquation $m(x) \leqslant 0$.

Gamme 3

1 Fractions

Calculer $A = \frac{\frac{3}{2}}{\frac{4}{5}}$.

2 Identités remarquables

Factoriser l'expression $F = x^2 + 2x + 1$.

3 Inéquations

Résoudre dans $\mathbb{R}$ l'inéquation $-36x - 6 \geqslant 12$.

4 Variations

On considère la représentation graphique de la fonction m.

Déterminer graphiquement les variations de la fonction m.

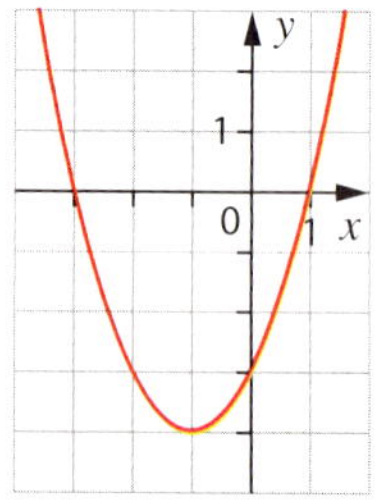

Situation 1 Une nouvelle fonction

Objectif
Introduire la fonction dérivée

On s'intéresse à la courbe $\mathscr{C}_f$ représentative de la fonction f définie sur $\mathbb{R}$ par $f(x) = x^2$ (f est appelée fonction carré).

1 **a.** Sur un logiciel de géométrie, tracer la courbe $\mathscr{C}_f$.

b. À l'aide de l'outil [a = 2], créer un curseur nommé a, qui varie de –10 à 10 avec un pas (incrément) de 1 puis créer le point mobile $A(a\,;f(a))$.

c. À l'aide des outils tangente et pente, tracer la tangente en A à la courbe $\mathscr{C}_f$, puis indiquer son coefficient directeur $f'(a)$.

d. Faire varier le curseur a pour compléter le tableau ci-dessous (on pourra utiliser la fenêtre *Algèbre* pour les valeurs extrêmes).

a	–10	–9	–8	–7	–6	–5	–4	–3	–2	–1	0	1	2	3	4	5	6	7	8	9	10
$f(a)$																					
$f'(a)$																					

e. On peut ainsi définir une nouvelle fonction, notée f' et appelée fonction dérivée de f. À partir du tableau réalisé avec la fonction carré, conjecturer l'expression de $f'(x)$ en fonction de x.

f. Recopier et compléter la phrase suivante : « Soit f la fonction définie pour tous réels x par $f(x) = x^2$. On a conjecturé que sa fonction dérivée f' est définie pour tous réels x par $f'(x) = \ldots$ ».

2 Reprendre les questions de **1** avec la fonction g définie sur $\mathbb{R}$ par $g(x) = x^3$ (g est appelée fonction cube). On pourra remarquer que $g'(-10) = 3 \times (-10)^2$.

Situation 2 Variation

Objectif
Étudier le signe de la dérivée et les variations de la fonction

On donne la courbe $\mathscr{C}_h$ représentative de la fonction h définie sur $\mathbb{R}$ par $h(x) = \dfrac{x^3}{3} + 0{,}5x^2 - 6x + 3$.

On considère un point $M(x\,;h(x))$ mobile sur la courbe $\mathscr{C}_h$, dont certaines positions sont illustrées ci-contre par $M_1, M_2, \ldots, M_7$.
Les tangentes à la courbe en $M_1, M_2, \ldots, M_7$ sont tracées.

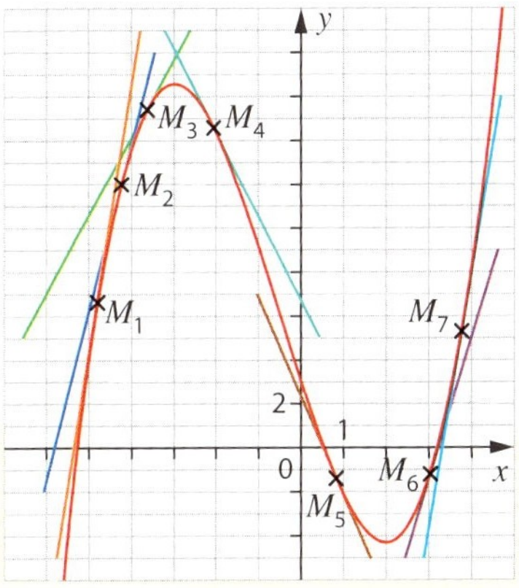

1 **a.** Si l'abscisse x du point M appartient à l'intervalle $]-\infty\,;-3]$ ou à l'intervalle $[2\,;+\infty[$, que peut-on conjecturer pour le signe du coefficient directeur de la tangente à la courbe en M ?
Que peut-on conjecturer pour le signe de $h'(x)$?

b. Même question si l'abscisse x du point M appartient à l'intervalle $[-3\,;2]$.

2 **a.** Que peut-on conjecturer pour les variations de la fonction h sur $\mathbb{R}$?

b. Quel lien peut-on déduire entre le signe de la fonction dérivée et les variations de la fonction ?

3 À l'aide d'un logiciel de calcul formel, on a obtenu l'expression de la fonction dérivée de h.
Pour tout réel x, $h'(x) = (x-2)(x+3)$.

a. Résoudre dans $\mathbb{R}$ l'inéquation $(x-2)(x+3) \geqslant 0$ à l'aide d'un tableau de signes.

b. En déduire les solutions de l'inéquation $(x-2)(x+3) < 0$.

4 Recopier et compléter le tableau ci-contre.

5 Retrouver le lien entre le signe de la fonction dérivée et les variations de la fonction, mentionné dans les questions **1** et **2**.

x	$-\infty$	–3		2		$+\infty$
Signe de $h'(x)$						
Variation de h	↗	34,5	↘	$-\dfrac{13}{3}$	↗	

Connaître le cours

1. Fonction dérivée

1. Définition et propriété

Définition

Soit f une fonction définie sur un intervalle I qui admet un nombre dérivé $f'(x)$ en tout réel x de I.
On appelle **fonction dérivée de f sur I**, notée f', la fonction définie sur I par $f' : x \mapsto f'(x)$.

Propriété

Les fonctions dérivées des fonctions de référence définies sur $\mathbb{R}$ sont les suivantes.

Fonction f	Fonction dérivée f'
Fonction constante : $f(x) = k$ avec k réel	$f'(x) = 0$
Fonction identité : $f(x) = x$	$f'(x) = 1$
Fonction carré : $f(x) = x^2$	$f'(x) = 2x$
Fonction cube : $f(x) = x^3$	$f'(x) = 3x^2$

2. Dérivée d'une somme et d'un produit par un réel

Propriété

Soient u et v deux fonctions qui admettent une fonction dérivée sur un intervalle I.
- La fonction $u + v$ admet une fonction dérivée sur I et $(u + v)' = u' + v'$.
- Soit k un réel. La fonction $k \times u$ admet une fonction dérivée sur I et $(k \times u)' = k \times u'$.

3. Dérivées des polynômes de degré inférieur ou égal à 3

Propriété

Un polynôme est constitué d'une somme de termes. Chaque terme est l'expression d'une fonction de référence ou du produit d'une fonction de référence par un réel.
Pour calculer la fonction dérivée d'un polynôme, il suffit de dériver « chaque terme » et d'en faire la somme.

Fonction polynôme f	Fonction dérivée f'
Fonction affine : $f(x) = ax + b$ avec a et b réels, $a \neq 0$	$f'(x) = a$
Fonction du second degré : $f(x) = ax^2 + bx + c$ avec a, b et c réels, $a \neq 0$	$f'(x) = 2ax + b$
Fonction de degré 3 : $f(x) = ax^3 + bx^2 + cx + d$ avec a, b, c et d réels, $a \neq 0$	$f'(x) = 3ax^2 + 2bx + c$

Méthode 1 Calculer la dérivée d'une fonction

1 On donne les quatre fonctions k, i, c et b définies sur $\mathbb{R}$ par :

$$k(x) = -5 \,;\, i(x) = x \,;\, c(x) = x^2 \text{ et } b(x) = x^3.$$

Calculer les dérivées de ces quatre fonctions.

2 On donne les deux fonctions u et v définies sur $\mathbb{R}$ par :

$$u(x) = -5 + x \text{ et } v(x) = x^2 + x^3.$$

Calculer les dérivées de ces deux fonctions.

3 Calculer les dérivées des fonctions f, g et h définies sur $\mathbb{R}$ par :

$$f(x) = 3x \,;\, g(x) = -4x^2 \text{ et } h(x) = -2x^3.$$

Solution commentée

1 D'après le cours, on a :
- $k'(x) = 0$ car k est une fonction constante ;
- $i'(x) = 1$ car i est la fonction identité $x \mapsto x$;
- $c'(x) = 2x$ car c est la fonction carré ;
- $b'(x) = 3x^2$ car b est la fonction cube.

2 • On a $u(x) = k(x) + i(x)$ pour tout réel x.
D'après la propriété de la dérivée d'une somme de deux fonctions, on obtient :

$$u'(x) = k'(x) + i'(x) = 0 + 1 = 1.$$

• On a $v(x) = c(x) + b(x)$ pour tout réel x.
D'après la propriété de la dérivée d'une somme de deux fonctions, on obtient :

$$v'(x) = c'(x) + b'(x) = 2x + 3x^2.$$

3 • On a $f(x) = 3i(x)$ pour tout réel x.
D'après la propriété de la dérivée du produit par un réel, on obtient $f'(x) = 3i'(x) = 3 \times 1 = 3$.
• On a $g(x) = -4c(x)$ pour tout réel x.
D'après la propriété de la dérivée du produit par un réel, on obtient $g'(x) = -4c'(x) = -4 \times 2x = -8x$.
• On a $h(x) = -2b(x)$ pour tout réel x.
D'après la propriété de la dérivée du produit d'une fonction par un réel, on obtient :

$$h'(x) = -2b'(x) = -2 \times 3x^2 = -6x^2.$$

EXERCICE 1 p. 156

Méthode 2 Calculer la dérivée d'un polynôme de degré inférieur ou égal à 3

Pour chacune des fonctions suivantes, définies sur $\mathbb{R}$, déterminer leurs fonctions dérivées.

a. $f(x) = 6 - 2x$ **b.** $g(x) = 7x^2 - 5x$ **c.** $r(x) = 2x^3 - 5x^2 - 8$

Solution commentée

Un polynôme est constitué d'une somme de termes. Chaque terme est l'expression d'une fonction de référence ou du produit d'une fonction de référence par un réel.
D'après la propriété de la dérivée d'une somme, pour calculer la fonction dérivée d'un polynôme, il suffit de dériver « chaque terme » et d'en faire la somme.

a. $f(x) = 6 - 2x$
f est la somme d'une fonction constante et du produit de la fonction identité par -2.
On obtient donc $f'(x) = 0 + (-2) \times 1 = -2$.

b. $g(x) = 7x^2 - 5x$
g est la somme de 7 fois la fonction carré et de -5 fois la fonction identité.
On obtient donc $g'(x) = 7 \times 2x - 5 \times 1 = 14x - 5$.

c. $r(x) = 2x^3 - 5x^2 - 8$
g est la somme de 2 fois la fonction cube, de -5 fois la fonction carré et d'une fonction constante.
On obtient donc $r'(x) = 2 \times 3x^2 - 5 \times 2x + 0 = 6x^2 - 10x$.

EXERCICE 3 p. 156

2. Applications de la dérivation

1. Signe de la dérivée et sens de variations

Propriété

Soit f une fonction qui admet une fonction dérivée sur un intervalle $I = [a\,;b]$ de $\mathbb{R}$ (a ou b peuvent être soit des réels, soit $-\infty$, soit $+\infty$).

- f est croissante sur I si et seulement si, pour tout x de I, $f'(x) \geqslant 0$.

On peut représenter cela dans un tableau de variation.

x	a		b
Signe de $f'(x)$		+	
Variation de f		↗	

- f est décroissante sur I si et seulement si, pour tout x de I, $f'(x) \leqslant 0$.

On peut représenter cela dans un tableau de variation.

x	a		b
Signe de $f'(x)$		−	
Variation de f		↘	

- f est constante sur I si et seulement si, pour tout x de I, $f'(x) = 0$.

Exemple

Soit la fonction cube f définie sur $\mathbb{R}$ par $f(x) = x^3$.
On a alors, pour tout nombre réel x, $f'(x) = 3x^2$.
Pour tout nombre réel x, $f'(x) \geqslant 0$, donc la fonction f est croissante sur $\mathbb{R}$.

2. Extremum d'une fonction (maximum ou minimum)

Définition

Le **maximum** (respectivement **minimum**) d'une fonction f sur un intervalle $[a\,;b]$ est, s'il existe, la plus grande (respectivement plus petite) valeur des images $f(x)$ pour tout réel x appartenant à $[a\,;b]$.

x	a		α		b
Variation de f	$f(a)$	↗	$f(\alpha)$	↘	$f(b)$

- On dit que $f(\alpha)$ est le maximum de f sur $[a\,;b]$ et qu'il est atteint en α.

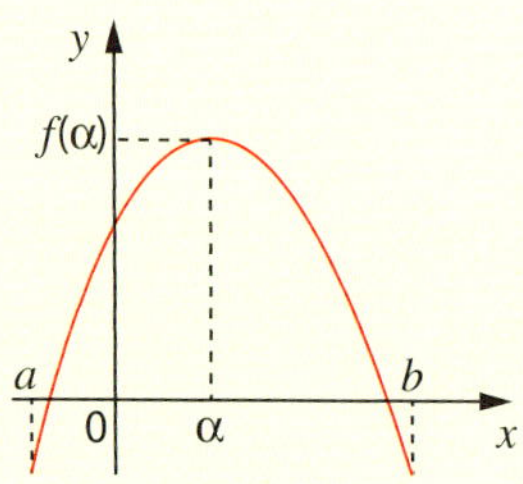

x	a		α		b
Variation de f	$f(a)$	↘	$f(\alpha)$	↗	$f(b)$

- On dit que $f(\alpha)$ est le minimum de f sur $[a\,;b]$ et qu'il est atteint en α.

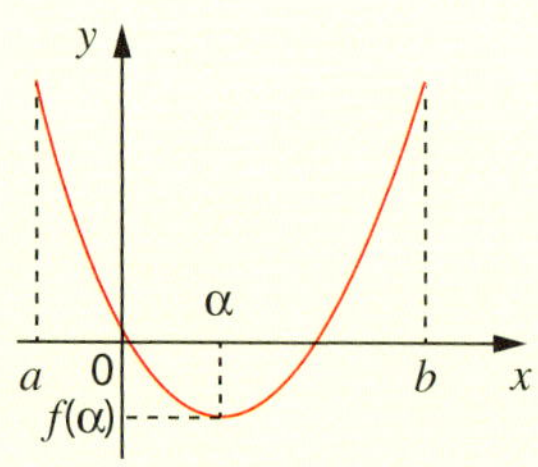

Propriété

Soit f une fonction définie et admettant une fonction dérivée sur un intervalle I.
Soit α un réel appartenant à I qui n'est pas une borne de I.
Si f admet un extremum en α, alors $f'(\alpha) = 0$.

Remarque

La réciproque de cette propriété est fausse.

Méthode 3 Déterminer le signe de la dérivée et les variations de la fonction

Soit f la fonction définie sur l'intervalle $[-3 ; 3]$ par $f(x) = -2x^3 - 1{,}5x^2 + 18x + 26$.

1 Montrer que la dérivée peut s'écrire sous cette forme factorisée :

$$f'(x) = (3x + 6)(3 - 2x).$$

2 Étudier le signe de la dérivée.

3 Déduire les variations de la fonction f.

Solution commentée

1 On dérive la fonction f : $f'(x) = -6x^2 - 3x + 18$.
On développe :
$(3x + 6)(3 - 2x) = 9x - 6x^2 + 18 - 12x$
$= -6x^2 - 3x + 18$
On a ainsi montré que $f'(x) = (3x + 6)(3 - 2x)$.
La factorisation de $f'(x)$ permet d'étudier son signe.

2 On dresse alors le tableau de signes du produit $(3x + 6)(3 - 2x)$ s'annulant pour $x = -2$ ou $x = \frac{3}{2}$.

x	-3		-2		$\frac{3}{2}$		3
Signe de $3x + 6$		$-$	0	$+$	|	$+$	
Signe de $3 - 2x$		$+$	|	$+$	0	$-$	
Signe du produit $(3x + 6)(3 - 2x) = f'(x)$		$-$	0	$+$	0	$-$	

3 On en déduit les variations de f sachant que :
- sur $[-3 ; -2]$, on a $f'(x) \leqslant 0$, donc f est décroissante sur cet intervalle ;
- sur $\left[-2 ; \frac{3}{2}\right]$, on a $f'(x) \geqslant 0$, donc f est croissante sur cet intervalle ;
- sur $\left[\frac{3}{2} ; 3\right]$, on a $f'(x) \leqslant 0$, donc f est décroissante sur cet intervalle.

x	-3		-2		$\frac{3}{2}$		3
Signe de $f'(x)$		$-$	0	$+$	0	$-$	
Variation de f	12,5	↘	0	↗	42,875	↘	12,5

EXERCICE 10 p. 157

Méthode 4 Déterminer un extremum

Soit t la fonction polynôme de degré 2 définie sur $[-5 ; 8]$ par $t(x) = 3x^2 - 6x + 2$.

1 Montrer que cette fonction admet un minimum qu'on déterminera.

2 En quelle valeur ce minimum est-il atteint ?

Solution commentée

1 Soit t la fonction de degré 2 définie sur $[-5 ; 8]$ par :

$$t(x) = 3x^2 - 6x + 2.$$

On calcule l'expression de la fonction dérivée de t.
On obtient $t'(x) = 3 \times 2x - 6 = 6x - 6$.
On étudie le signe de $t'(x)$.
$t'(x) \geqslant 0 \Leftrightarrow 6x - 6 \geqslant 0$
$\Leftrightarrow x \geqslant 1$
On obtient alors le tableau de variations ci-contre.
Le minimum de t sur $[-5 ; 8]$ est -1.

x	-5		1		8
Signe de $t'(x)$		$-$	0	$+$	
Variation de t	107	↘	-1	↗	146

2 Ce minimum est atteint en $x = 1$.

EXERCICE 19 p. 159

Répéter en solo

L'essentiel

Fonction dérivée des fonctions de référence

Fonction f	Fonction dérivée f'
Fonction constante : $f(x) = k$ avec k réel	$f'(x) = 0$
Fonction identité : $f(x) = x$	$f'(x) = 1$
Fonction carré : $f(x) = x^2$	$f'(x) = 2x$
Fonction cube : $f(x) = x^3$	$f'(x) = 3x^2$

Dérivée d'une somme de fonctions et d'un produit d'une fonction par un réel

- $(u + v)' = u' + v'$
- Soit k un réel, $(k \times u)' = k \times u'$.

Dérivée des polynômes de degré inférieur ou égal à 3

Fonction polynôme f	Fonction dérivée f'
Fonction affine : $f(x) = ax + b$ avec a et b réels, $a \neq 0$	$f'(x) = a$
Fonction du second degré : $f(x) = ax^2 + bx + c$ avec a, b et c réels, $a \neq 0$	$f'(x) = 2ax + b$
Fonction de degré 3 : $f(x) = ax^3 + bx^2 + cx + d$ avec a, b, c et d réels, $a \neq 0$	$f'(x) = 3ax^2 + 2bx + c$

Lien entre signe de la fonction dérivée et variations de la fonction f

- f est **croissante** sur $I = [a ; b]$ si et seulement si $f'(x) \geqslant 0$.

x	a		b
Signe de $f'(x)$		$+$	
Variation de f	↗		

- f est **décroissante** sur $I = [a ; b]$ si et seulement si $f'(x) \leqslant 0$.

x	a		b
Signe de $f'(x)$		$-$	
Variation de f	↘		

- f est **constante** sur $I = [a ; b]$ si et seulement si $f'(x) = 0$.

Extremums

x	a	α	b
Variation de f	$f(a)$ ↗	$f(\alpha)$	↘ $f(b)$

- On dit que $f(\alpha)$ est le maximum de f sur $[a ; b]$ et qu'il est atteint en α.

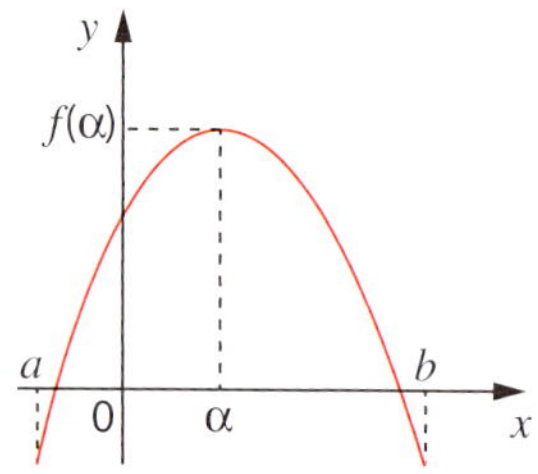

x	a	α	b
Variation de f	$f(a)$ ↘	$f(\alpha)$	↗ $f(b)$

- On dit que $f(\alpha)$ est le minimum de f sur $[a ; b]$ et qu'il est atteint en α.

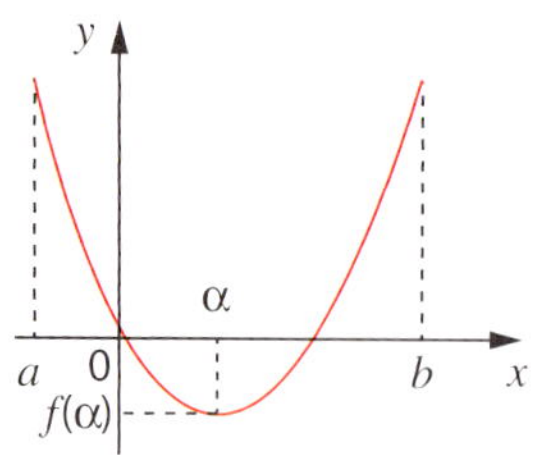

- Si f admet un extrémum en α, alors $f'(\alpha) = 0$ (avec α qui n'est pas une borne de l'ensemble de définition).

Version interactive du QCM

QCM

Réponses au QCM p. 180

Pour chacune des questions, indiquer la ou les bonnes réponses.

Étudier l'évolution d'un phénomène grâce à l'étude d'un polynôme de degré inférieur ou égal à 3

	A	B	C
1. Soit f une fonction définie sur $\mathbb{R}$ par : $f(x) = -3x^2 + 4x$. On a :	$f'(x) = -3x + 4$	$f'(x) = -6x + 4x$	$f'(x) = -6x + 4$
2. Soit f une fonction définie sur $\mathbb{R}$ par : $f(x) = 3x^3 - \frac{1}{2}x^2 + 5x - 3$. On a :	$f'(x) = 9x^2 - x + 5$	$f'(x) = 3x^2 - 2x + 5$	$f'(x) = 9x^2 - x - 3$
3. Soit f une fonction définie sur $\mathbb{R}$ par : $f(x) = 4x^3 - 10$. On a alors :	f est croissante sur $[-10 ; 10]$.	f est croissante sur $\mathbb{R}$.	f est décroissante sur $\mathbb{R}$.
4. Soit f une fonction définie sur $\mathbb{R}$ par : $f(x) = -3x^2 + 6x$. On a alors :	f est croissante sur $[1 ; +\infty[$.	f est décroissante sur $[1 ; +\infty[$.	f est décroissante sur $\mathbb{R}$.

Décrire les variations d'un phénomène en mobilisant la dérivée d'une fonction

5. On donne ci-dessous le tableau de signes de la dérivée d'une fonction f.

x	$-\infty$		$\frac{1}{2}$		$\frac{7}{2}$		$+\infty$
Signe de $f'(x)$		$-$	0	$+$	0	$-$	

La courbe représentative de cette fonction peut être :

A	B	C
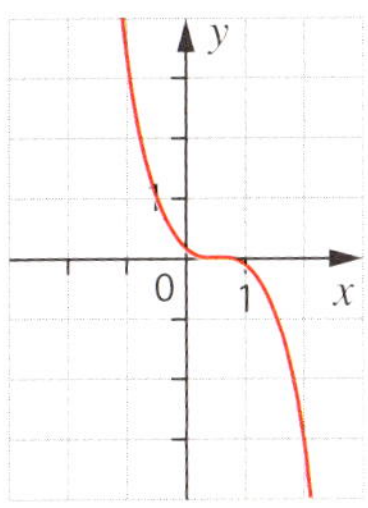	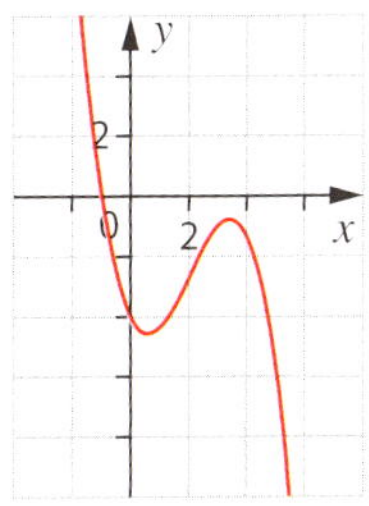	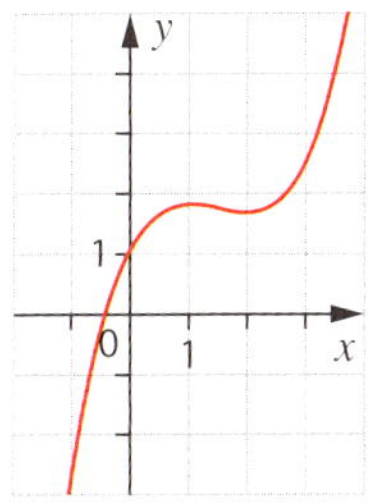

6. On considère ci-dessous la courbe de la fonction f définie sur $[-5 ; 9]$. On a :

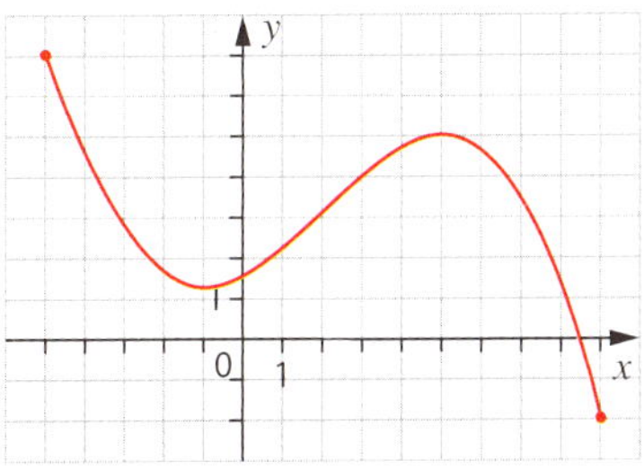

A	B	C
$f(x) \geqslant 0$ pour $x \in [-5 ; 8{,}5]$	$f'(x) \geqslant 0$ pour $x \in [-1 ; 5]$	$f'(x) \geqslant 0$ pour $x \in [-5 ; 8{,}5]$

7. On considère ci-dessous la courbe d'une fonction g définie sur $[-4 ; 4]$.

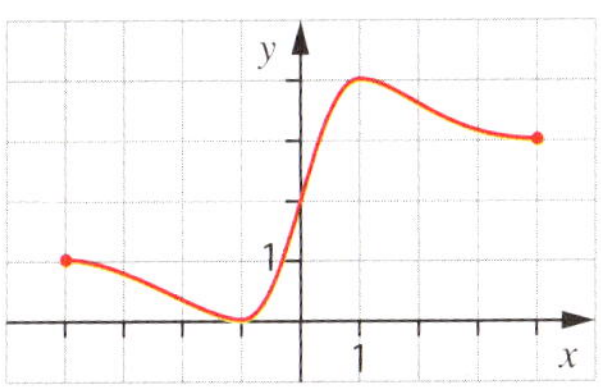

A	B	C
Le minimum de g est atteint en 0.	Le minimum de g est 0 atteint en -1.	$g'(1) = 0$

1 Comment tracer la courbe représentative d'une fonction avec un logiciel de géométrie ?

On considère la fonction f définie par $f(x) = x^3 - x^2 + x + 1$.

• Écrire l'expression de la fonction dans la barre de saisie.

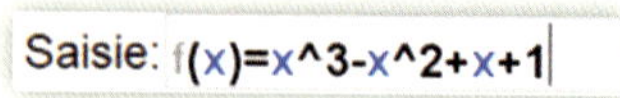

La courbe apparaît dans la fenêtre du repère.

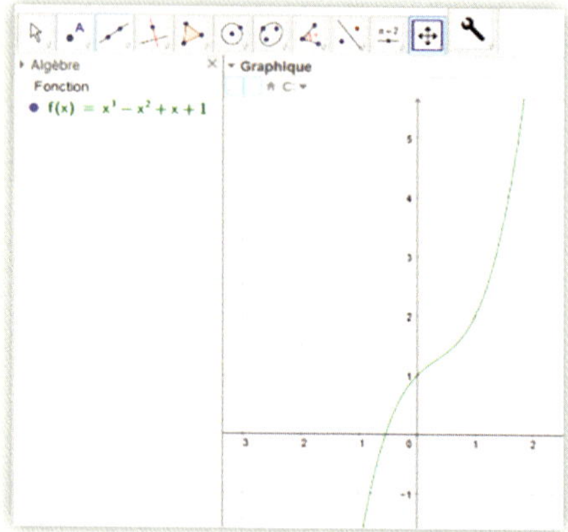

• Changer l'échelle de graduation de chaque axe avec un clic droit sur le repère.

« 1 : 2 » signifie que l'unité sur l'axe des abscisses est deux fois plus grande que l'unité sur l'axe des ordonnées.

« 10 : 1 » signifie que l'unité sur l'axe des abscisses est dix fois plus petite que l'unité sur l'axe des ordonnées.

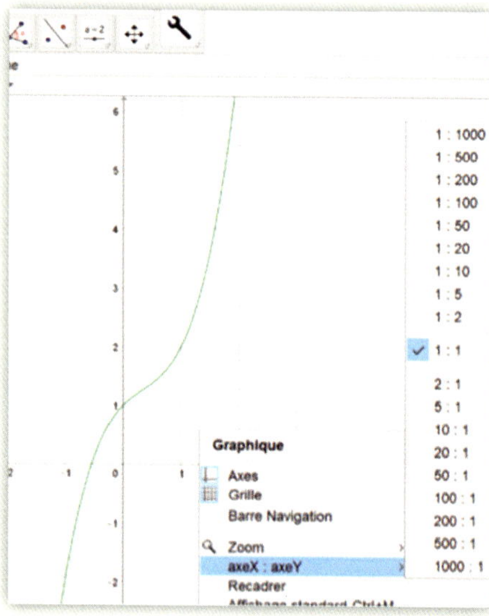

2 Comment utiliser le calcul formel pour calculer une dérivée ou factoriser une expression ?

On considère la fonction f définie par $f(x) = x^3 - x^2 - x + 1$.
• Ouvrir l'écran de calcul formel dans le menu *Affichage*.

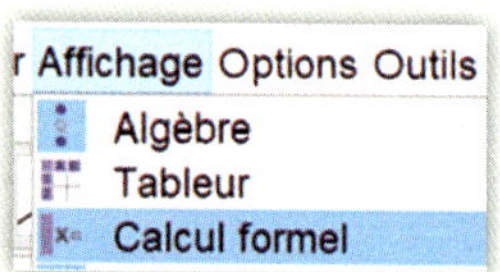

• Écrire l'expression de la fonction dans la cellule 1.

• Pour calculer $f'(x)$, cliquer sur l'icône .
Le résultat de la dérivée s'écrit dans la cellule 2.

• Pour factoriser $f'(x)$, cliquer sur l'icône .
Le résultat s'écrit dans la cellule 3.

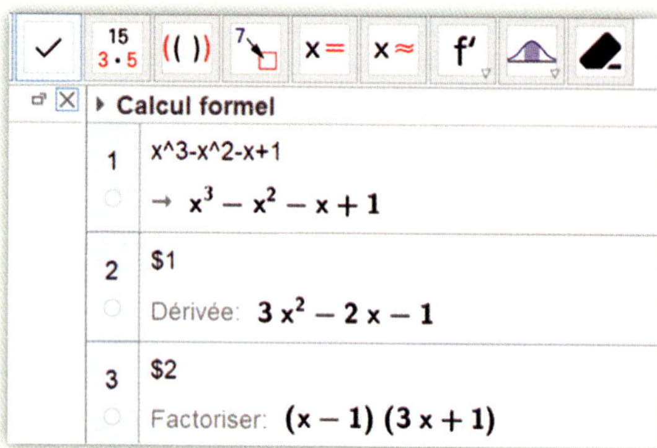

Travail en groupe

30 min

Constituer des groupes de quatre élèves qui auront chacun un des rôles suivants.
Résoudre tous ensemble la situation donnée. Remettre une trace écrite de cette résolution.

Animateur
- responsable du niveau sonore du groupe
- distribue la parole pour que chacun s'exprime

Rédacteur en chef
- responsable de la trace écrite rédigée par tous les membres du groupe

Ambassadeur
- porte-parole du groupe, seul autorisé à communiquer avec le professeur et, éventuellement, d'autres groupes

Maître du temps
- responsable de l'avancement du travail du groupe
- veille au respect du temps imparti

Un voilier navigue sur un fleuve enjambé par un pont.
On modélise la hauteur $f(x)$ (exprimée en mètres) de l'arche du pont par la fonction f définie pour tout réel x (exprimé en mètres) par $f(x) = -0{,}007x^2 + 0{,}86x$.
La courbe représentative de la fonction f est schématisée en rouge sur le dessin ci-dessous.

Le voilier mesure 24 m de haut. La largeur du mat est négligeable. Le voilier peut-il passer sous le pont ?

Présentation orale

David Hilbert (1862 – 1943) est un mathématicien allemand qui s'intéresse à tous les domaines des mathématiques, en particulier à la théorie des équations différentielles.
Une équation différentielle est une équation qui relie une fonction inconnue (que l'on cherche) avec sa dérivée.
Par exemple $f'(x) = f(x)$ est une équation différentielle.
Pour la résoudre, on cherche des fonctions qui sont égales à leur dérivée.

Rechercher quels types de fonctions sont solutions de cette équation différentielle pour en faire une présentation orale de 5 min.

Défi

Je suis une fonction f définie sur $\mathbb{R}$ qui, lorsqu'on me dérive, donne la fonction f' définie par $f'(x) = -6x^2 + 12x - 2$.

Qui suis-je ? Suis-je unique ?

Exercices différenciés

Niveau 1 Niveau 2

Étudier l'évolution d'un phénomène grâce à l'étude d'un polynôme de degré inférieur ou égal à 3

QUESTIONS FLASH

1. Soient f, g, h et i quatre fonctions définies sur $\mathbb{R}$ par $f(x) = x^2$, $g(x) = 9$, $h(x) = x$ et $i(x) = x^3$.
Déterminer $f'(x)$, $g'(x)$, $h'(x)$ et $i'(x)$.

2. Soit f la fonction définie sur $\mathbb{R}$ par $f(x) = x^2$.
Calculer $f'(-5)$.

3. Soit u la fonction définie sur $\mathbb{R}$ par $u(x) = x^3$.
Calculer $u'(-2)$.

4. Soit v la fonction définie sur $\mathbb{R}$ par $v(x) = -7$.
Comparer $v'(-5)$ et $v'(3)$.

Calculer la dérivée d'une fonction

1 (Niveau 1) **1.** Soient f, g et h trois fonctions définies sur $\mathbb{R}$ par :

$$f(x) = 6 + x,$$
$$g(x) = x^2 + 3$$
$$\text{et } h(x) = x^3 + x.$$

Calculer $f'(x)$, $g'(x)$ et $h'(x)$.

2. Soient u, v et w trois fonctions définies sur $\mathbb{R}$ par :

$$u(x) = 3x,$$
$$v(x) = -6x^2$$
$$\text{et } w(x) = -4x^3.$$

Calculer $u'(x)$, $v'(x)$ et $w'(x)$.

2 (Niveau 2) **1.** Soient f, g et h trois fonctions définies sur $\mathbb{R}$ par :

$$f(x) = x - 7,$$
$$g(x) = x + x^2$$
$$\text{et } h(x) = x^3 + x^2 - 9.$$

Calculer $f'(x)$, $g'(x)$ et $h'(x)$.

2. Soient u, v et w trois fonctions définies sur $\mathbb{R}$ par :

$$u(x) = -4x,$$
$$v(x) = -\frac{3}{7}x^2$$
$$\text{et } w(x) = -\frac{8}{3}x^3.$$

Calculer $u'(x)$, $v'(x)$ et $w'(x)$.

Calculer la dérivée d'un polynôme de degré inférieur ou égal à 3

3 (Niveau 1) Soient f, g et h trois fonctions polynômes définies sur $\mathbb{R}$ par :

$$f(x) = x^2 - 3x + 2,\ g(x) = x^3 - 5x^2 + 2x$$
$$\text{et } h(x) = 2x^3 + 3x^2 - 5x + 9.$$

Calculer $f'(x)$, $g'(x)$ et $h'(x)$.

4 (Niveau 2) Soient f, g et h trois fonctions polynômes définies sur $\mathbb{R}$ par :

$$f(x) = -5x^2 - \frac{1}{3}x + 2,$$
$$g(x) = -4x^3 - 5x^2 + \frac{6}{7}x$$
$$\text{et } h(x) = -\frac{2}{3}x^3 + \frac{3}{2}x^2 - 8x + 0{,}8.$$

Calculer $f'(x)$, $g'(x)$ et $h'(x)$.

5 (Niveau 1) Soient f, g et h trois fonctions polynômes définies sur $\mathbb{R}$ par :

$$f(x) = 3x^3 - 5x^2 + 2x - 4,$$
$$g(x) = 3x - 5x^3 + 2 - 4x^2$$
$$\text{et } h(x) = 3 - 5x^2 + 2x^3 - 4x.$$

Calculer $f'(x)$, $g'(x)$ et $h'(x)$.

6 (Niveau 2) Soient f, g et h trois fonctions polynômes définies sur $\mathbb{R}$ par :

$$f(x) = \frac{4}{21}x^3 - \frac{1}{4}x^2 + x - 18,$$
$$g(x) = \frac{1}{7}x^3 - \frac{3}{4}x^2 - x + 4$$
$$\text{et } h(x) = f(x) + g(x).$$

Calculer $f'(x)$, $g'(x)$ et $h'(x)$.

Déterminer le signe de la dérivée et les variations de la fonction

7 (Niveau 1) La fonction j ci-dessous est définie sur $[0\,;+\infty[$ par $j(x) = 2x^2 - 4$.

1. Calculer $j'(x)$.
2. Justifier que $j'(x) \geqslant 0$ pour tout $x \in [0\,;+\infty[$.
3. Quel est le sens de variation de j sur $[0\,;+\infty[$?

8 (Niveau 2) La fonction k ci-dessous est définie sur $\mathbb{R}$ par :

$$k(x) = 2x^3 + 4x.$$

1. Calculer $k'(x)$.
2. Justifier que $k'(x) \geqslant 0$ pour tout $x \in \mathbb{R}$.
3. Quel est le sens de variation de k sur $\mathbb{R}$?

9 (Niveau 1) La fonction p est définie sur $\mathbb{R}$ par :

$$p(x) = x^3 + \frac{3}{2}x^2 - 6x + 1,$$

dont la dérivée s'écrit :

$$p'(x) = (3x - 3)(x + 2).$$

1. Dresser le tableau de signes de $p'(x)$.
2. Donner un intervalle sur lequel p est croissante.

10 La fonction m est définie sur $\mathbb{R}$ par :

$$m(x) = x^3 + \frac{5}{2}x^2 - 2x + 7.$$

1. Calculer la dérivée $m'(x)$.
2. Vérifier que cette dérivée s'écrit :
$$m'(x) = (3x - 1)(x + 2).$$
3. Dresser le tableau de signes de $m'(x)$.
4. Donner un intervalle sur lequel m est croissante.

11 La fonction h est définie sur $[-5 ; 5]$ par :

$$h(x) = -x^2 - 3x + 4.$$

Répondre à chaque question par Vrai ou Faux en justifiant.

a. $h'(x) = -2x - 3$

b. $h'(x) > 0$ pour tout $x \in [-5 ; 5]$.

c. h est croissante sur $[-5 ; 5]$.

12 La fonction k est définie sur $[-5 ; 5]$ par :

$$k(x) = x^3 - 3x^2 + 4.$$

Répondre à chaque question par Vrai ou Faux en justifiant.

a. $k'(x) = 3x - 3$

b. $k'(x) = 3x(x - 2)$

c. $k'(x) > 0$ sur $[3 ; 5]$.

d. k est décroissante sur $[0 ; 2]$.

UN EXERCICE
DEUX ÉNONCÉS

13 Un projectile est éjecté d'un canon. La hauteur (en mètre) atteinte par le projectile en fonction du nombre t de secondes à partir de l'éjection du projectile est modélisée par une fonction h.

ÉNONCÉ 1

La fonction h est définie sur $[0 ; 80]$ par :

$$h(t) = -0{,}03t^2 + 2{,}4t + 0{,}5.$$

1. À quelle hauteur se situe le projectile au moment où il est éjecté ?
2. Justifier que $h'(t) = -0{,}06t + 2{,}4$.
3. Résoudre sur $[0 ; 80]$ l'inéquation $h'(t) \geqslant 0$.
4. Recopier et compléter le tableau de variation ci-après.

t	0		40		80
Signe de $h'(t)$			0		
Variation de h					

5. Tracer la courbe de la fonction h sur la calculatrice et vérifier la validité de la réponse précédente.

ÉNONCÉ 2

La fonction h est définie sur $[0 ; 60]$ par :

$$h(t) = -0{,}02t^2 + 1{,}2t + 0{,}5.$$

1. À quelle hauteur se situe le projectile au moment où il est éjecté ?
2. On appelle vitesse verticale instantanée du projectile à l'instant t, le nombre $h'(t)$.
Calculer l'expression de $h'(t)$.
3. Étudier le signe de cette dérivée et en déduire les variations de la fonction h sur l'intervalle $[0 ; 60]$.
4. Justifier que la vitesse verticale instantanée du projectile au bout de 30 secondes est nulle.
5. Tracer la courbe de la fonction h sur la calculatrice et vérifier la validité des réponses aux questions 3 et 4.

14 Le prix (en euros) du kilogramme d'une matière première suit, sur les 31 jours du mois de janvier, le cours journalier modélisé par une fonction j.

ÉNONCÉ 1

La fonction j est définie sur $[0 ; 31]$ par :

$$j(x) = 0{,}0012x^3 + 0{,}01x^2 + 1,$$

avec x représentant le temps (en jours) à partir du début du mois de janvier.

1. Quel est le prix initial du kg de matière première ?
2. Quel est le prix du kg de matière première le troisième jour ? Arrondir au centime près.
3. Tracer la courbe de la fonction j sur la calculatrice et conjecturer le sens de variation de la fonction j.
4. Montrer que la dérivée $j'(x)$ de la fonction j a pour expression $j'(x) = 0{,}0036x^2 + 0{,}02x$.
5. Justifier que cette dérivée est positive sur l'intervalle $[0 ; 31]$ et en déduire les variations de la fonction j.

ÉNONCÉ 2

La fonction j est définie sur $[0 ; 31]$ par :

$$j(x) = 0{,}001x^3 + 0{,}003x^2 + 5,$$

avec x représentant le temps (en jours) à partir du début du mois de janvier

1. Quel est le prix initial du kg de matière première ?
2. Quel est le prix du kg de matière première le troisième jour ? Arrondir au centime près.
3. Calculer la dérivée $j'(x)$ de la fonction j sur l'intervalle $[0 ; 31]$.
4. Étudier le signe de $j'(x)$ pour $x \in [0 ; 31]$ puis dresser le tableau de variation de j.
5. Que peut-on en déduire quant à l'évolution du prix de cette matière première sur le mois de janvier ?

♪ Niveau 1 ♪♪ Niveau 2

Décrire les variations d'un phénomène en mobilisant la dérivée d'une fonction

QUESTIONS FLASH

On considère la courbe représentative de la fonction f tracée ci-contre dans un repère orthogonal.

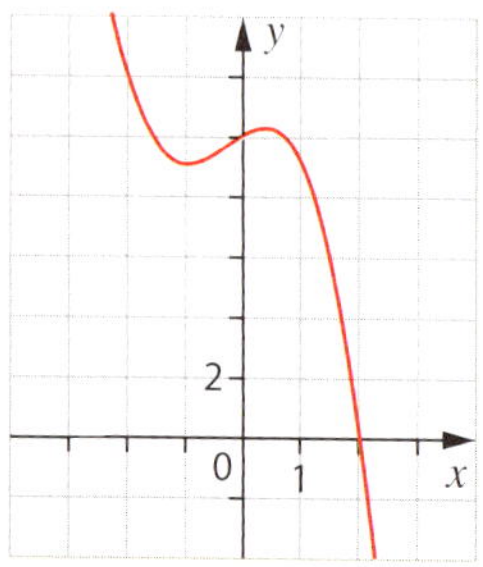

1. a. Donner un intervalle sur lequel la fonction f est croissante.
b. Donner un intervalle sur lequel la fonction f est décroissante.

2. a. De quel signe est $f'(-2)$?
b. De quel signe est $f'(2)$?
c. De quel signe est $f'(-0{,}5)$?

3. a. Conjecturer la valeur de $f'(-1)$.
b. Donner un intervalle sur lequel f' est négative.
c. Donner un intervalle sur lequel f' est positive.

Déterminer le signe de la dérivée et les variations de la fonction

15 ♪ La droite ci-dessous est la représentation graphique de la dérivée f' d'une fonction f.

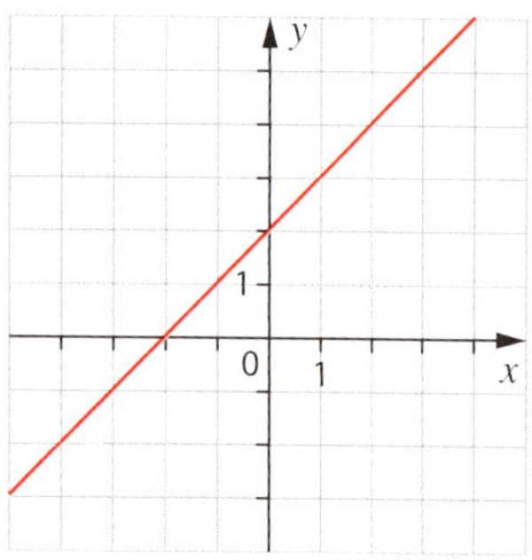

1. Donner le tableau de signes de la fonction f'.
2. En déduire le tableau de variation de la fonction f.

16 ♪♪ La courbe ci-dessous est la représentation graphique de la dérivée g' d'une fonction.

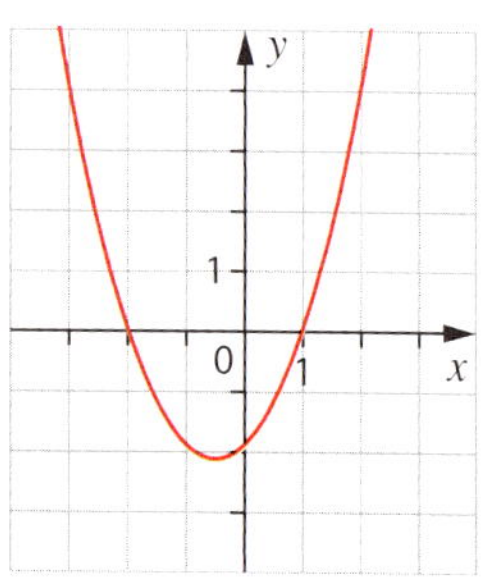

1. Donner le tableau de signes de la fonction g'.
2. En déduire un tableau de variation possible pour la fonction g.

17 ♪ On veut associer les fonctions dérivées ① à ③ aux fonctions initiales ⓐ à ⓒ correspondantes ci après.

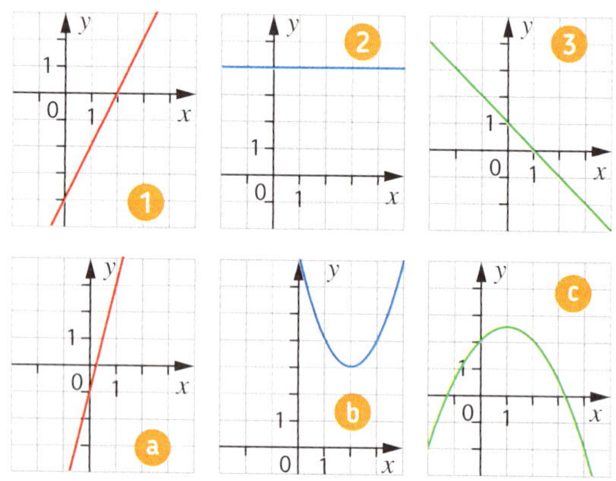

1. Dresser le tableau de signes de chacune des fonctions dérivées.
2. En déduire les variations de chaque fonction initiale.
3. Attribuer à chaque fonction dérivée sa fonction initiale.

18 ♪♪ Associer les fonctions dérivées ① à ③ aux fonctions initiales ⓐ à ⓒ correspondantes.

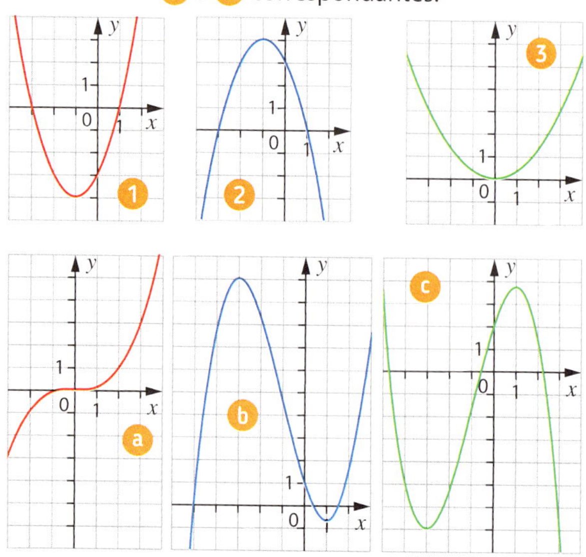

Déterminer un extremum

19 On considère une fonction f définie sur $[-3\ ;10]$ pour laquelle on a dressé le tableau suivant.

x	-3		2		10
Signe de $f'(x)$		$+$	0	$-$	
Variation de f					

On admet que :

$$f(-3) = -25,\ f(2) = 50 \text{ et } f(10) = 22{,}5.$$

1. Compléter le tableau de variation de f.
2. La fonction f admet-elle un maximum ? Si oui, quelle est sa valeur et en quel nombre est-il atteint ?

20 On considère une fonction f définie sur l'intervalle $[-10\ ;10]$ pour laquelle on a dressé le tableau suivant.

x	-10		-2		2		10
Signe de $f'(x)$		$+$	0	$-$	0	$+$	
Variation de f							

On admet que $f(-10) = 0$, $f(-2) = 17$, $f(2) = -15$ et $f(10) = 12$.

1. Compléter le tableau de variation de la fonction f.
2. La fonction f admet-elle des extremums ? Si oui, lesquels ? Quelles sont leurs valeurs et en quels nombres sont-ils atteints ?

UN EXERCICE DEUX ÉNONCÉS

21

On modélise l'altitude d'un drone (en mètres) à l'aide d'une fonction f, de variable t représentant le temps en minutes.

ÉNONCÉ 1

On étudie l'altitude f du drone à un instant t lors d'une phase de vol définie pour $t \in [0\ ;1{,}5]$.

1. On admet que $f'(t) = -100t + 115$. Dresser le tableau de signes de $f'(t)$ pour $t \in [0\ ;1{,}5]$.
2. À quel instant le drone aura-t-il atteint sa hauteur maximale ?

ÉNONCÉ 2

On étudie l'altitude f du drone à un instant t lors d'une phase de vol définie pour $t \in [1{,}5\ ;3]$.

On admet que $f'(t) = 100t - 185$.

1. Tracer la courbe représentative de la fonction f'.
2. Parmi les courbes ci-dessous, déterminer celle qui peut être la représentation graphique de l'altitude f. Justifier.

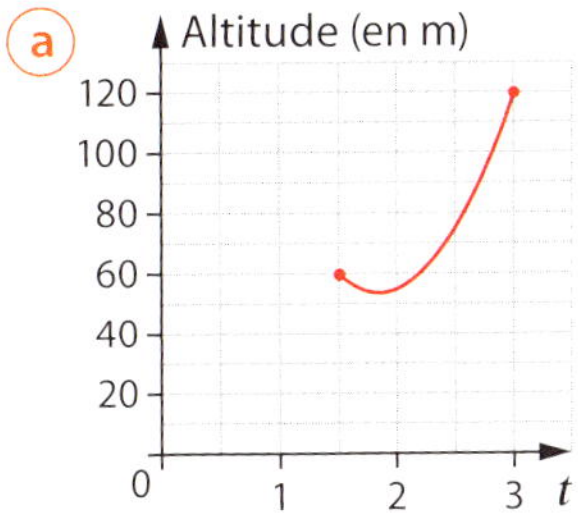

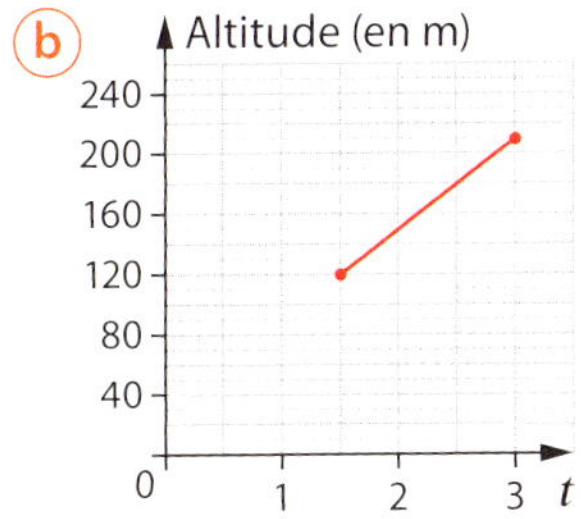

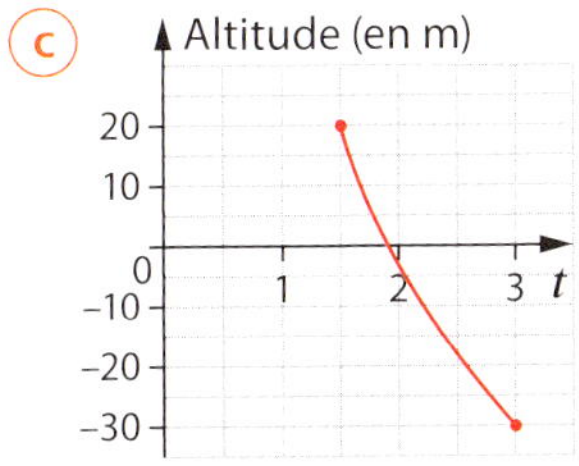

22 Lors d'un plongeon, la fonction f modélise l'altitude (en mètres) des pieds d'un plongeur en fonction de la distance horizontale x (en mètres) entre les pieds du plongeur et le plongeoir. La courbe représentative de f illustre la trajectoire du plongeur.

ÉNONCÉ 1

La fonction f est définie sur $[0\ ;+\infty[$ par :

$$f(x) = -\frac{x^3}{6} + \frac{x^2}{4} + x + 5.$$

1. En utilisant un logiciel de géométrie dynamique, tracer la courbe représentative de la fonction f et déterminer la forme factorisée de l'expression de la dérivée $f'(x)$ à l'aide du calcul formel du logiciel.
2. Résoudre $f'(x) = 0$.
3. En déduire la hauteur maximale atteinte par le plongeur. Arrondir au cm.

ÉNONCÉ 2

La fonction f est définie sur $[0\ ;+\infty[$ par :

$$f(x) = -\frac{x^4}{8} - x^3 + 1{,}75x^2 + 15.$$

1. En utilisant un logiciel de calcul formel, déterminer la forme factorisée de l'expression de la dérivée $f'(x)$.
2. Étudier le signe de $f'(x)$. sur $[0\ ;+\infty[$ et en déduire le tableau de variation de la fonction f.
3. Quelle est la hauteur du plongeoir ?
4. Quelle est la hauteur maximale atteinte par le plongeur ?

VRAI / FAUX Argumenter à l'oral

1. On considère ci-dessous le tableau de variation d'une fonction f.

x	$-\infty$		-3		1		$+\infty$
Signe de $f'(x)$		$-$	0	$-$	0	$+$	
Variation de f		↘		↘		↗	

Proposition 1 La courbe de la fonction f possède deux tangentes horizontales.
Proposition 2 La dérivée $f'(x)$ ne change qu'une seule fois de signe.
Proposition 3 La fonction f possède un minimum sur $\mathbb{R}$.

2. Soit g une fonction définie sur $\mathbb{R}$, croissante sur $]-\infty\,;2]$ et sur $[6\,;+\infty[$.
a et b sont deux réels tels que $a \leqslant b$.
Proposition 4 Si $a \in]-\infty\,;2]$ et $b \in]-\infty\,;2]$, alors $g(a) \leqslant g(b)$.
Proposition 5 Si $a \in]-\infty\,;2]$ et $b \in [6\,;+\infty[$, alors $g(a) \leqslant g(b)$.

23 À la surface d'un astéroïde PHYSIQUE-CHIMIE

Soit la fonction T définie sur $[-4\,;4]$ par :

$$T(x) = 2x^3 - 6x + 4.$$

La fonction T modélise la température (en degrés Celsius) à la surface d'un astéroïde en fonction de l'inclinaison x (en degrés) de son axe.

1. Calculer $T'(x)$ pour $x \in [-4\,;4]$.
2. Factoriser $T'(x)$.
3. Résoudre l'inéquation $T'(x) > 0$.
4. En déduire le tableau de signes de la dérivée T' puis le tableau de variation de la fonction T sur l'intervalle $[-4\,;4]$.
5. a. Conjecturer le nombre de solutions de l'équation $T(x) = 0$.
b. À l'aide d'un logiciel de calcul formel, résoudre l'équation $T(x) = 0$.
6. En déduire le tableau de signes de $T(x)$ sur l'intervalle $[-4\,;4]$.
7. Donner le (ou les) intervalle(s) pour le(s)quel(s) la température à la surface de l'astéroïde correspondant à de telles inclinaisons est strictement positive.

24 Industrie pharmaceutique ÉCONOMIE

Un laboratoire commercialise un médicament. Le bénéfice B (en centaines d'euros) réalisé pour la production et la vente d'une quantité de x boîtes de ce médicament, x en dizaines compris entre 0 et 30, est donné par :

$$B(x) = -0{,}01x^3 + 0{,}084x^2 + 4{,}68x - 10.$$

Un logiciel de calcul formel donne les résultats suivants.

Calcul formel

1	-0.01x^3+0.084x²+4.68x-10 → $\frac{-1}{100}x^3 + \frac{21}{250}x^2 + \frac{117}{25}x - 10$
2	\$1 Derivee: $\frac{-3}{100}x^2 + \frac{21}{125}x + \frac{117}{25}$
3	Factoriser(-3 / 100 x² + 21 / 125 x + 117 / 25) → $-3(x+10)\frac{5x-78}{500}$

1. Dresser, en justifiant, le tableau de signes de la fonction $B'(x)$.
2. En déduire la quantité de boîtes de médicaments qui donne un bénéfice maximal.
3. Quel est ce bénéfice maximal ?

25 Fabrication de vinyles ÉCONOMIE

On considère la fonction c définie sur $[0\,;300]$ par :
$c(x) = -0{,}1x^2 + 40x - 1\,000$.
Cette fonction c représente le coût de fabrication (en euros) de x disques vinyles.

1. Vérifier que pour $x = 100$, le coût marginal $c'(100)$ est égal au coût moyen $\dfrac{c(100)}{100}$.
2. En est-il de même pour $x = 200$?

26 **Qui est qui ?**

On a tracé ci-dessous, deux courbes représentant deux fonctions h et j telles que l'une est la dérivée de l'autre, c'est-à-dire $j(x) = h'(x)$.

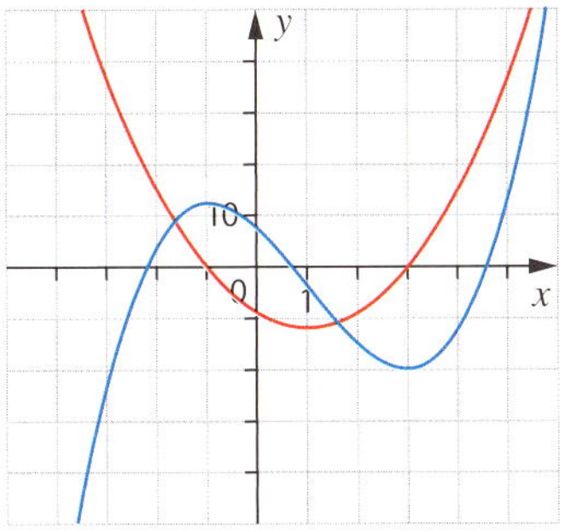

1. Attribuer à chaque fonction sa courbe.
2. Dresser le tableau de variation de la fonction h.
3. Conjecturer la valeur du coefficient directeur de la tangente à la courbe représentative de h au point d'abscisse 3.

27 **Fret routier** ÉCONOMIE

Un camion doit effectuer régulièrement un trajet de 1 500 km. Lorsqu'il parcourt les 1 500 km à une vitesse moyenne v, exprimée en km/h, sa consommation C, exprimée en litres d'essence pour 100 km, est donnée par la relation :

$$C(v) = \frac{600}{v} + \frac{v}{3}.$$

Le salaire horaire du chauffeur est de 26 € et le litre d'essence coûte 2 €.

1. a. Montrer que le coût (en euros) en carburant pour le trajet de 1 500 km est :

$$30 \times C(v).$$

b. Montrer que le coût (en euros) relatif au salaire du chauffeur pour le trajet de 1 500 km est $\frac{39\ 000}{v}$.

c. En déduire que le coût P du trajet de 1 500 km peut s'exprimer (en euros) sous la forme :

$$P(v) = \frac{57\ 000}{v} + 10v.$$

2. Un logiciel de calcul formel donne la fonction dérivée de P :

$$P'(v) = \frac{10\left(v - \sqrt{5\ 700}\right)\left(v + \sqrt{5\ 700}\right)}{v^2}.$$

Étudier le signe de $P'(v)$ sur $]0\ ; +\infty[$.

3. En déduire le tableau de variation de P sur $[0\ ; +\infty[$.
4. Quelle doit être la vitesse moyenne v pour minimiser le prix de revient du voyage ? Donner la valeur exacte puis l'arrondi au centième de km/h.
5. Calculer alors la valeur, arrondie au centime, du prix minimal du trajet.

28 **Microalgues versus baignade** SVT

Des analyses ont montré que des microalgues étaient naturellement présentes dans l'eau de mer, avec une concentration normale comprise entre 0 et 100 milligrammes par litre (mg/L).

Ces microalgues ont tendance à se multiplier lorsque la salinité de l'eau de mer diminue (par exemple après de fortes précipitations) et les autorités sanitaires considèrent qu'elles deviennent dangereuses pour la santé lorsque leur concentration dépasse 200 mg/L. Il faut alors prendre des mesures comme l'interdiction de la baignade.

La fonction f définie sur [0 ; 10], donnée ci-dessous, modélise l'évolution de la concentration en microalgues de l'eau de baignade d'une plage du littoral pendant les 10 jours qui ont suivi un orage :

$$f(x) = x^3 - 21x^2 + 120x + 50,$$

où x est le nombre de jours écoulés depuis l'orage et $f(x)$ est exprimée en mg/L.

1. Montrer que $f'(x) = 3(x - 10)(x - 4)$.
2. Déterminer les variations de la fonction f sur l'intervalle [0 ; 10].
3. Calculer $f(1)$, $f(2)$, $f(7)$ et $f(8)$ puis placer ces valeurs dans le tableau de variation de f. En déduire le nombre de jours complets durant lesquels la baignade est interdite.
4. Quelle est la concentration maximale en microalgues durant les 10 jours suivant l'orage ? Au bout de combien de jours a-t-elle été atteinte ?
5. Peut-on considérer que 10 jours après l'orage, la situation est revenue à la normale ?

29 **Architecture contemporaine** ART

Une fenêtre se compose d'un rectangle $ABCD$ surmonté d'un triangle ADF isocèle rectangle en F. Le périmètre de sa partie rectangulaire $ABCD$ est égal à 3 mètres. L'architecte souhaite obtenir un éclairement maximal. Pour cela, il veut déterminer les dimensions de la fenêtre pour qu'elle ait une aire maximale.

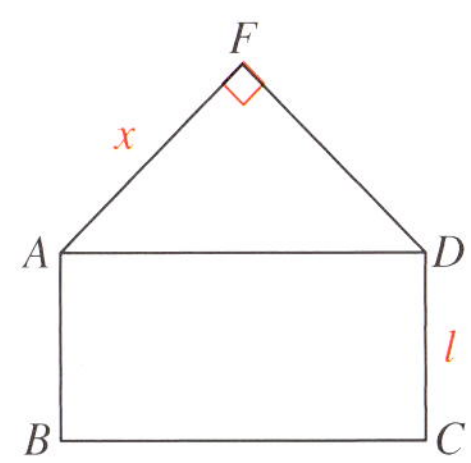

On pose $AF = x$ et $CD = l$.

1. Montrer que $AD = x\sqrt{2}$.
2. Montrer que $l = \frac{3 - 2x\sqrt{2}}{2}$.
3. a. Calculer, en fonction de x, l'aire du triangle rectangle isocèle ADF.

b. Justifier que l'aire, en fonction de x, du rectangle $ABCD$ est $-2x^2 + \frac{3x\sqrt{2}}{2}$.

4. Un logiciel de calcul formel donne l'aire de la fenêtre :

$$-\frac{3}{2}x^2 + \frac{3}{\sqrt{2}}x.$$

On note $\mathscr{A}(x)$ cette aire. Dresser le tableau de variation de la fonction donnant l'aire de la fenêtre pour $x \in [0\ ; 1]$.

5. En déduire les dimensions de la fenêtre pour que l'éclairement soit maximal.
6. Quelle est l'aire, en m^2, de cette fenêtre ?

30 Voitures à bas prix ÉCONOMIE

Un constructeur automobile décide de commercialiser ses voitures à bas prix et de les vendre 7 900 € l'unité. Sa production mensuelle peut varier entre 2 000 et 19 000 unités.
On suppose que la fonction *Coût* associée à cette production (en millions d'euros) est donnée par la formule suivante :

$$C(q) = 0{,}021q^3 - 0{,}37q^2 + 6{,}25q + 0{,}4,$$

où q est la quantité de voitures en milliers.
On a utilisé un tableur pour calculer les coûts de production.

	A	B	C	D
1	Quantités de voitures	Coût total de production	Coût moyen	Coût marginal
2	2	11,588		
3	3	16,387		
4	4	20,824		
5	5	25,025		
6	6	29,116		
7	7	33,223		
8	8	37,472		
9	9	41,989		
10	10	46,9		
11	11	52,331		
12	12	58,408		
13	13	65,257		

1. Quel est le coût de production pour 11 000 voitures ?
2. Quelle formule a-t-on saisi dans la cellule B2 pour faire calculer les coûts de production ?
3. Quelle formule faut-il entrer dans la cellule C2 ?
4. Sachant que le coût marginal est obtenu en dérivant le coût de production, quelle formule doit-on entrer dans la cellule D2 ?
5. Compléter une feuille de tableur avec ces données.
6. Tracer les représentations graphiques des fonctions *Coût moyen* et *Coût marginal* dans un même repère. Lire graphiquement le minimum du coup moyen.
7. Pour quelle quantité a-t-on le coût marginal égal au coût moyen ? Que remarque-t-on ?

31 Gestion financière ÉCONOMIE

Un prestataire de service gère les actions financières d'un grand groupe de presse. Le coût moyen de gestion dépend du nombre d'actions gérées. Ce coût est donné, en centaines d'euros, par la fonction g définie sur]0 ; 8] par :

$$g(x) = 0{,}25x^2 - 1{,}5x + 5{,}5,$$

où x est le nombre d'actions gérées en milliers.
Dire pour chaque proposition suivante si elle est vraie ou fausse en justifiant.

a. $g(0{,}5) = 48{,}125$
b. Le coût moyen de la gestion de 500 actions est de 481,25 €.
c. La fonction g est décroissante sur [1 ; 3].
d. Le coût moyen est minimal pour 8 000 actions gérées.
e. Le coût moyen minimal est 325 euros.

32 À table… ÉCONOMIE

Un artisan fabrique des tables en bois. Il en produit au maximum 70 par semaine.
Le coût de production, en euros, est modélisé par la fonction C définie sur l'intervalle [0 ; 70] par :

$$C(x) = 0{,}01x^3 - 1{,}05x^2 + 89{,}75x + 256{,}25,$$

où x est le nombre de tables fabriquées.

1. Combien lui coûte la production de 25 tables ?
2. Chaque table est vendue 80 euros. Le bénéfice $B(x)$ (en euros) est égal au gain obtenu par la vente de x tables auquel on soustrait le coût de production $C(x)$. Ce bénéfice est modélisé par la fonction B définie sur l'intervalle [0 ; 70].

a. Exprimer $B(x)$ en fonction de x.
b. Vérifier que $B(25) = 0$.
c. Calculer la dérivée de la fonction B.
d. Montrer que $B'(x) = -0{,}03(x-5)(x-65)$.
e. Étudier les variations de la fontion B sur l'intervalle [0 ; 70].
f. En déduire :
- le nombre de tables que l'artisan doit vendre et produire pour gagner de l'argent ;
- le nombre de tables que l'artisan doit vendre et produire pour que son bénéfice soit maximal.

33 Métallurgie SCIENCES DE L'INGÉNIEUR

Un industriel souhaite fabriquer une boîte sans couvercle à partir d'une plaque de métal de 18 cm de largeur et 24 cm de longueur. Pour cela, il enlève des carrés dont la longueur du côté mesure x cm aux quatre coins de la pièce de métal et relève ensuite verticalement pour fermer les côtés.

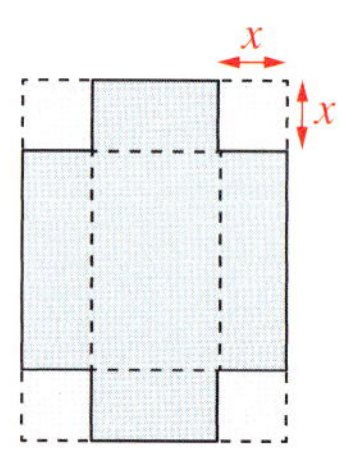

1. Justifier que le volume de la boîte ainsi formée est donné par la fonction v définie sur l'intervalle [0 ; 9] par :

$$v(x) = 4x^3 - 84x^2 + 432x.$$

2. a. Calculer la dérivée de la fonction v.
b. Un logiciel de calcul formel a permis de factoriser $v'(x)$ sous la forme :

$$v'(x) = 12\left(x - 7 + \sqrt{13}\right)\left(x - 7 - \sqrt{13}\right).$$

Étudier les variations de la fonction v sur l'intervalle [0 ; 9].
3. Pour quelle valeur de x le volume de la boîte est-il maximal ?

LIVRET

Vers les maths complémentaires

À la suite des chapitres 5 et 6, on complète l'étude des suites géométriques.

1. Compléments sur les suites géométriques

1. Définition

Définition

Soit u_0 un nombre réel quelconque.
Une suite de premier terme u_0 est **géométrique** s'il existe un nombre réel q tel que, pour tout entier naturel n, on a $u_{n+1} = q \times u_n$. Le nombre q est appelé **raison** de la suite (u_n).

Remarque

Une suite (u_n) est géométrique si, pour passer d'un terme au suivant, on multiplie toujours par le même nombre q.

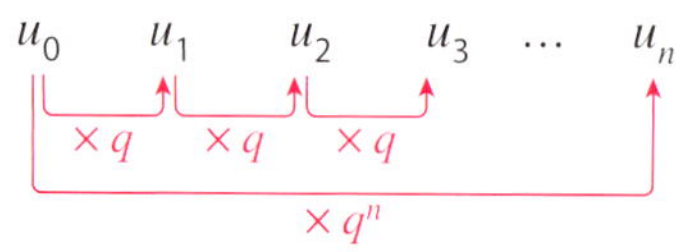

Propriété

(u_n) est la suite géométrique de premier terme u_0 et de raison q si et seulement si, pour tout entier naturel n, on a $u_n = u_0 \times q^n$.

Remarque

La propriété peut être utilisée avec d'autres termes que u_0 : $u_n = u_1 \times q^{n-1} = u_2 \times q^{n-2}$.
De façon générale, pour tout entier naturel p et pour tout $n \geqslant p$, on a $u_n = u_p \times q^{n-p}$.

2. Somme des termes d'une suite géométrique

Propriété

Pour tout entier naturel n et tout réel $q \neq 1$, on a $1 + q + \ldots + q^n = \dfrac{1 - q^{n+1}}{1 - q}$.

Si (u_n) est une suite géométrique de premier terme u_0 et de raison $q \neq 1$, on a :

$$u_0 + u_1 + u_2 + \ldots + u_n = u_0 \times \frac{1 - q^{n+1}}{1 - q}.$$

3. Variation des suites géométriques

- Si $q > 1$, alors la suite (q^n) est croissante.

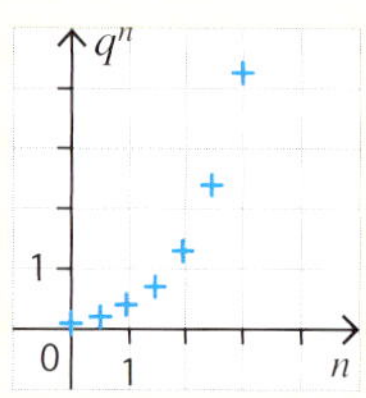

- Si $0 < q < 1$, alors la suite (q^n) est décroissante.

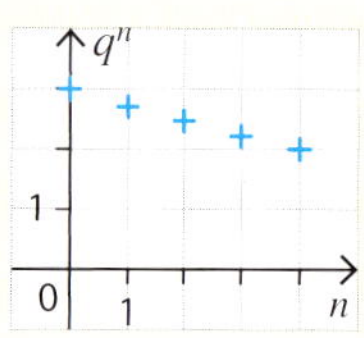

- Si $q < 0$, alors la suite (q^n) n'est ni croissante ni décroissante. On dit qu'elle n'est pas monotone.

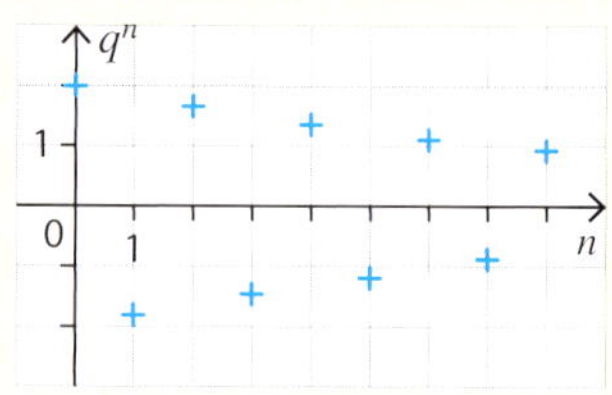

Remarque : Pour une suite géométrique (u_n) de premier terme u_0 et de raison q :
- si u_0 est positif, la suite (u_n) a le même sens de variation que la suite (q^n) ;
- si u_0 est négatif, la suite (u_n) a le sens de variation contraire de celui de la suite (q^n).

Méthode 1 Montrer qu'une suite est géométrique ou non

1 La suite (u_n) définie, pour tout entier naturel n, par $u_n = (n+1)^2$ est-elle géométrique ?

2 La suite (v_n) définie, pour tout entier naturel n, par $v_n = -3 \times 2^{n+3}$ est-elle géométrique ?

Solution commentée

1 On commence par calculer les premiers termes de la suite : $u_0 = (0+1)^2 = 1$; $u_1 = (1+1)^2 = 4$; $u_2 = (2+1)^2 = 9$.

On a $\frac{u_1}{u_0} = \frac{4}{1} = 4$ et $\frac{u_2}{u_1} = \frac{9}{4}$, donc $\frac{u_1}{u_0} \neq \frac{u_2}{u_1}$.

La suite n'est pas géométrique.

2 On commence par calculer les premiers termes de la suite : $v_0 = -3 \times 2^3 = -24$; $v_1 = -3 \times 2^4 = -48$; $v_2 = -3 \times 2^5 = -96$.

Il semble que la suite (v_n) soit géométrique de raison 2. Pour le prouver, on démontre que pour tout entier naturel n, on a $v_n = v_0 \times q^n$.

$v_n = -3 \times 2^{n+3} = -3 \times 2^n \times 2^3 = -3 \times 8 \times 2^n$
$= -24 \times 2^n$

Or $v_0 = -24$, donc (v_n) est une suite géométrique de premier terme $v_0 = -24$ et de raison $q = 2$.

Méthode 2 Calculer une somme de termes

1 Calculer $S = 1 + 3 + 3^2 + 3^3 + \ldots + 3^{15}$.

2 On considère la suite géométrique (u_n) de premier terme $u_0 = -4$ et de raison $q = 5$.
Calculer $u_0 + u_1 + \ldots + u_{10}$.

Solution commentée

1 $S = \frac{1-3^{16}}{1-3} = \frac{3^{16}-1}{2} = 21\ 523\ 360$

2 $u_0 + u_1 + \ldots + u_{10} = -4 \times \frac{1-5^{11}}{1-5}$
$= -4 \times \frac{1-5^{11}}{-4} = 1 - 5^{11} = -48\ 828\ 124$

Méthode 3 Étudier les variations d'une suite géométrique

1 (u_n) est la suite géométrique de premier terme $u_0 = \frac{1}{2}$ et de raison $q = \frac{1}{3}$. Quel est son sens de variation ?

2 (v_n) est la suite géométrique de premier terme $v_0 = 3$ et de raison $q = -\frac{1}{4}$. Quel est son sens de variation ?

Solution commentée

1 $q = \frac{1}{3}$. La suite de terme général $\left(\frac{1}{3}\right)^n$ est décroissante pour tout entier naturel n car $0 < q < 1$.

$u_0 > 0$, donc (u_n) est décroissante pour tout entier naturel n.

2 $q = -\frac{1}{4}$. La suite de terme général $\left(-\frac{1}{4}\right)^n$ n'est pas monotone car $q < 0$.

Donc la suite (v_n) n'est pas monotone.

Exercices

1 1. La suite (u_n) définie, pour tout entier naturel n, par $u_n = \frac{n+1}{n+2}$ est-elle géométrique ?

2. La suite (v_n) définie, pour tout entier naturel n, par $v_n = -\frac{1}{2} \times 3^{-n+1}$ est-elle géométrique ?

2 1. La suite (u_n) définie, pour tout entier naturel n, par $u_n = 4 + 4n$ est-elle géométrique ?

2. La suite (v_n) définie pour tout entier naturel n par $v_n = \frac{2^n}{3}$ est-elle géométrique ?

3 1. Calculer $S = 1 + \left(\frac{1}{2}\right) + \left(\frac{1}{2}\right)^2 + \left(\frac{1}{2}\right)^3 + \ldots + \left(\frac{1}{2}\right)^8$.

2. On considère la suite géométrique (u_n) de premier terme $u_0 = -1$ et de raison $q = \frac{1}{4}$.
Calculer $u_0 + u_1 + \ldots + u_8$.

4 Étudier le sens de variation des suites géométriques données ci-dessous.

1. (u_n) est la suite de premier terme $u_0 = 3$ et de raison $q = 5$.
2. (v_n) est la suite de premier terme $v_0 = -10$ et de raison $q = 0{,}1$.

À la suite des chapitres 3 et 5, on complète l'étude des suites numériques.

2. Compléments sur les suites numériques

1. D'autres types de suites numériques

Il existe d'autres suites numériques que les suites arithmétiques et géométriques.

Exemples

1. La suite des décimales du nombre $\pi \approx 3{,}1415926535897$.
$a_0 = 1$; $a_1 = 4$; $a_2 = 1$; $a_3 = 5$; $a_4 = 9$; $a_5 = 2$; $a_6 = 6$; etc.
2. La suite des carrés des nombres entiers naturels impairs.
$u_0 = 1^2$; $u_1 = 3^2$; $u_2 = 5^2$; $u_3 = 7^2$; etc.
3. La suite des nombres entiers naturels qui sont le carré d'un nombre entier.
$v_0 = 0$; $v_1 = 1$; $v_2 = 4$; $v_3 = 9$; $v_4 = 16$; $v_5 = 25$; etc.

2. Suite définie par une formule explicite

Définition

Soit f une fonction définie sur l'intervalle $[0\,;+\infty[$.
Une suite est définie par une **formule explicite** lorsque $u_n = f(n)$.

Exemple

Pour tout entier naturel n, on pose $u_n = \sqrt{n}$.
La fonction f définie sur $[0\,;+\infty[$ par $f(x) = \sqrt{x}$ permet de définir la suite (u_n) : $u_n = f(n) = \sqrt{n}$.
On peut calculer $u_0 = \sqrt{0} = 0$; $u_{16} = \sqrt{16} = 4$.

Remarques

- La suite arithmétique de premier terme u_0 et de raison r est définie par la formule explicite :
$$u_n = f(n) \text{ avec } f(x) = u_0 + rx.$$
- La suite géométrique de premier terme u_0 et de raison q est définie par la formule explicite :
$$u_n = f(n) \text{ avec } f(x) = u_0 \times q^x.$$

3. Suite définie par une relation de récurrence

Définition

Soit f une fonction définie sur un intervalle I. Soit u_0 un réel appartenant à I.
Une suite est définie par une **relation de récurrence** lorsqu'elle est définie par la donnée de :
- son premier terme u_0 ;
- la relation $u_{n+1} = f(u_n)$.

Dans ce cas, pour calculer chaque terme u_n, il faut avoir calculé tous les termes qui le précèdent.

Exemple

On définit la suite (u_n) par $u_0 = -4$ et pour tout entier naturel n, $u_{n+1} = 2u_n - 4$.
On pose f définie pour tout réel x par $f(x) = 2x - 4$. On a bien $u_{n+1} = f(u_n) = 2u_n - 4$.
On peut calculer : $u_1 = f(u_0) = 2u_0 - 4 = 2 \times (-4) - 4 = -8 - 4 = -12$;
$u_2 = f(u_1) = 2u_1 - 4 = 2 \times (-12) - 4 = -24 - 4 = -28$.

Remarques

- La suite arithmétique de premier terme u_0 et de raison r est définie par la relation de récurrence :
$$u_{n+1} = f(u_n) \text{ avec } f(x) = x + r.$$
- La suite géométrique de premier terme u_0 et de raison q est définie par la relation de récurrence :
$$u_{n+1} = f(u_n) \text{ avec } f(x) = q \times x.$$

Méthode 4 Calculer les termes d'une suite définie par une formule explicite

On considère la suite (u_n) définie pour tout entier naturel n par $u_n = \frac{2n+1}{n+2}$.

Calculer le premier terme, le terme de rang 3, le terme u_5 et le dixième terme de la suite (u_n).

Solution commentée

- Le premier terme est le terme u_0. On remplace n par 0 dans l'expression de la suite :

$$u_0 = \frac{2 \times 0 + 1}{0 + 2} = \frac{1}{2}.$$

- Le terme de rang 3 est le terme u_3. On remplace n par 3 dans l'expression de la suite :

$$u_3 = \frac{2 \times 3 + 1}{3 + 2} = \frac{7}{5}.$$

- Pour calculer u_5, on remplace n par 5 dans l'expression de la suite :

$$u_5 = \frac{2 \times 5 + 1}{5 + 2} = \frac{11}{7}.$$

- Le dixième terme de la suite est le terme u_9. On remplace n par 9 dans l'expression de la suite :

$$u_9 = \frac{2 \times 9 + 1}{9 + 2} = \frac{19}{11}.$$

Méthode 5 Calculer les termes d'une suite définie par une relation de récurrence

On considère la suite (u_n) définie par $u_0 = -1$, et, pour tout entier naturel n, par $u_{n+1} = (u_n - 1)^2$.

Calculer les cinq premiers termes de la suite (u_n).

Solution commentée

Les cinq premiers termes de la suite sont : u_0 ; u_1 ; u_2 ; u_3 et u_4. u_0 est donné : $u_0 = -1$.
Pour calculer u_1, on utilise la relation de récurrence.
$u_1 = (u_0 - 1)^2 = (-1 - 1)^2 = (-2)^2 = 4$.

$u_2 = (u_1 - 1)^2 = (4 - 1)^2 = 3^2 = 9$
$u_3 = (u_2 - 1)^2 = (9 - 1)^2 = 8^2 = 64$
$u_4 = (u_3 - 1)^2 = (64 - 1)^2 = 63^2 = 3\ 969$

Méthode 6 Étudier les variations d'une suite définie par une formule explicite

On considère la suite définie, pour tout entier naturel n, par $u_n = n^2 + 2n + 3$.

1. Montrer que, pour tout entier naturel n, $u_{n+1} - u_n = 2n + 3$.
2. En déduire le sens de variation de la suite (u_n).

Solution commentée

1. On calcule $u_{n+1} - u_n$:

$$\begin{aligned} u_{n+1} - u_n &= (n+1)^2 + 2(n+1) + 3 - n^2 - 2n - 3 \\ &= n^2 + 2n + 1 + 2n + 2 + 3 - n^2 - 2n - 3 \\ &= 2n + 3 \end{aligned}$$

2. Pour tout entier naturel n, le nombre $2n + 3$ est positif, donc $u_{n+1} - u_n \geqslant 0$, donc $u_{n+1} \geqslant u_n$.
La suite est croissante pour tout entier naturel n.

Exercices

5 On considère la suite (u_n) définie pour tout entier naturel n par $u_n = -3n^2 + 2n - 1$.
Calculer le premier terme, le terme de rang 4, le terme u_7 et le onzième terme de la suite (u_n).

6 On considère la suite (v_n) définie pour tout entier naturel n par $v_n = \sqrt{2n+3}$.
Calculer le premier terme, le terme de rang 3, le terme v_4 et le sixième terme de la suite (v_n).

7 On considère la suite (u_n) définie par $u_0 = -3$ et, pour tout entier naturel n, par $u_{n+1} = -2u_n^2 + 1$.
Calculer les quatre premiers termes de la suite (u_n).

8 On considère la suite (u_n) définie par $u_0 = -3$ et, pour tout entier naturel n, par :

$$u_{n+1} = -\frac{1}{2}u_n + 6.$$

Calculer les quatre premiers termes de la suite (u_n).

9 On considère la suite définie pour tout entier naturel n par :

$$u_n = -n^2 + n + 1.$$

1. Montrer que pour tout entier naturel n :
$$u_{n+1} - u_n = -2n.$$
2. En déduire le sens de variation de la suite (u_n).

À la suite des chapitres 4 et 6, on complète l'étude de l'évolution des suites numériques.

3. Notion de limite d'une suite

1. Limite en l'infini

Définition

Quand on peut donner à un entier naturel n des valeurs aussi grandes que l'on veut, on dit que l'entier n **tend vers** $+\infty$.

2. Limite finie

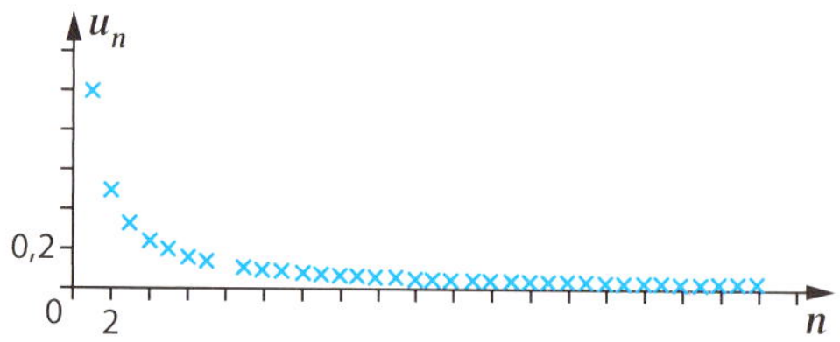

Les termes u_n semblent se rapprocher autant que l'on veut de la valeur limite 0.
On dit que u_n tend vers 0 lorsque n tend vers $+\infty$.

On note $\lim\limits_{n \to +\infty} u_n = 0$.

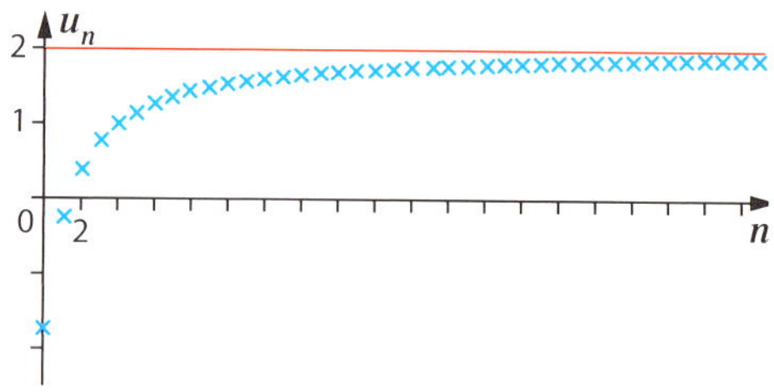

Les termes u_n semblent se rapprocher autant que l'on veut de la valeur limite 2.
On dit que u_n tend vers 2 lorsque n tend vers $+\infty$.

On note $\lim\limits_{n \to +\infty} u_n = 2$.

3. Limite infinie

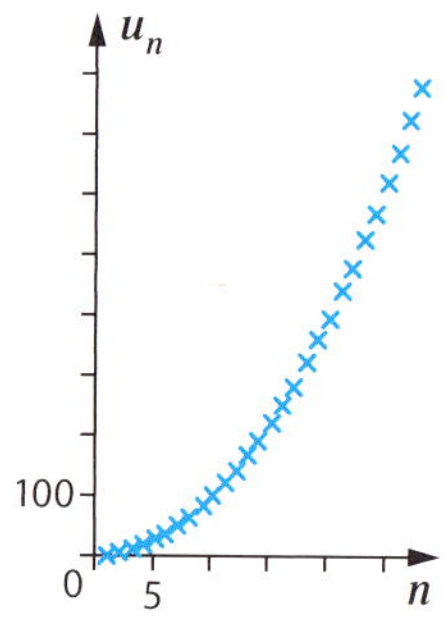

Les termes de la suite semblent devenir aussi grands que l'on veut.
On dit que u_n tend vers $+\infty$ lorsque n tend vers $+\infty$.

On note $\lim\limits_{n \to +\infty} u_n = +\infty$.

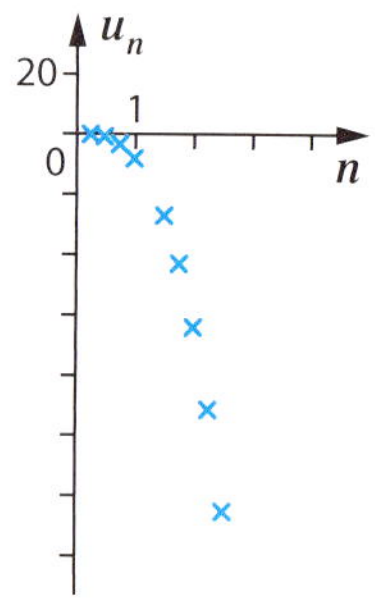

Les termes de la suite semblent devenir aussi grands que l'on veut en valeur absolue tout en étant négatifs.
On dit que u_n tend vers $-\infty$ lorsque n tend vers $+\infty$.

On note $\lim\limits_{n \to +\infty} u_n = -\infty$.

4. Pas de limite

Il existe des suites qui n'ont pas de limite lorsque n tend vers $+\infty$.
Par exemple, la suite (u_n) définie pour tout entier naturel n par $u_n = (-1)^n$.

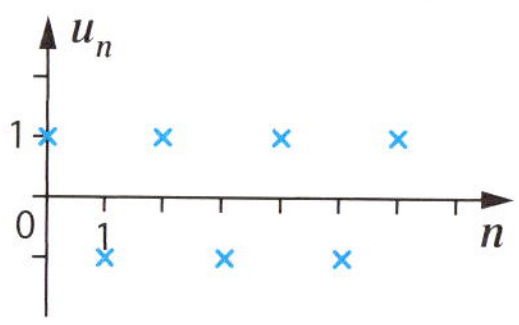

Méthode 7 Conjecturer une limite graphiquement

Conjecturer le comportement de chacune des suites représentées ci-dessous quand n tend vers $+\infty$.

1

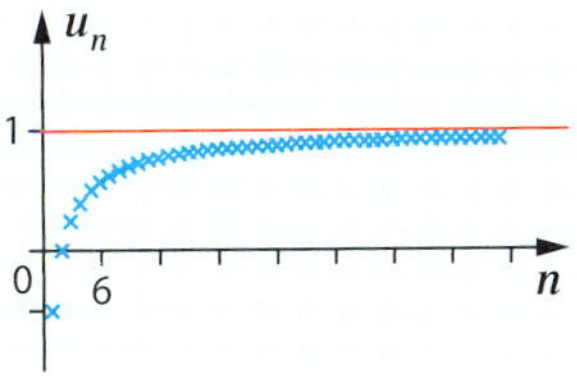

2

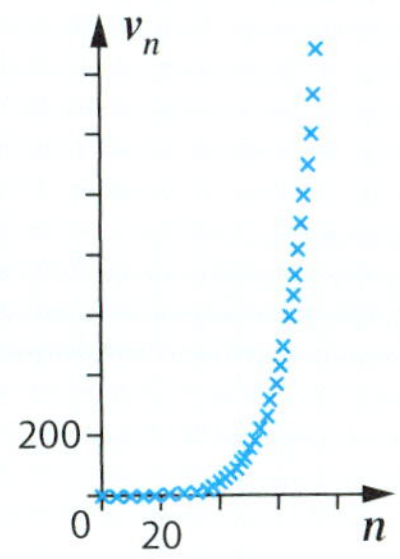

3

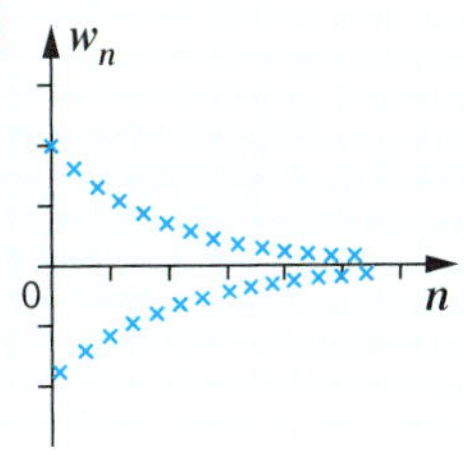

Solution commentée

1 Les termes de la suite (u_n) semblent se rapprocher autant que l'on veut de 1.

On conjecture $\lim\limits_{n \to +\infty} u_n = 1$.

2 Les termes de la suite (v_n) semblent devenir aussi grands que l'on veut.

On conjecture $\lim\limits_{n \to +\infty} v_n = +\infty$.

3 Les termes de la suite (w_n) semblent se rapprocher autant que l'on veut de 0 en alternant de signes.

On conjecture $\lim\limits_{n \to +\infty} w_n = 0$.

Méthode 8 Conjecturer une limite avec une calculatrice ou un tableur

Conjecturer le comportement de chacune des suites ci-dessous dont on a calculé les termes avec une calculatrice ou un tableur.

1

	A	B
1	n	u_n
2	0	-2
3	1	-2,984375
4	2	-2,9986283
5	3	-2,9997559
6	4	-2,999936
7	5	-2,9999786
8	6	-2,9999915

2

n	u_n
0	-11
1	-12.71828
2	-17.38906
3	-30.08554
4	-64.59815
5	-158.4132
6	-413.4288

Solution commentée

1 Les termes de la suite (u_n) semblent se rapprocher autant que l'on veut de -3.

On conjecture $\lim\limits_{n \to +\infty} u_n = -3$.

2 Les termes de la suite (u_n) semblent devenir aussi grands que l'on veut en valeur absolue tout en étant négatifs.

On conjecture $\lim\limits_{n \to +\infty} u_n = -\infty$.

Exercices

10 Conjecturer le comportement de chacune des suites représentées ci-dessous quand n tend vers $+\infty$.

a.

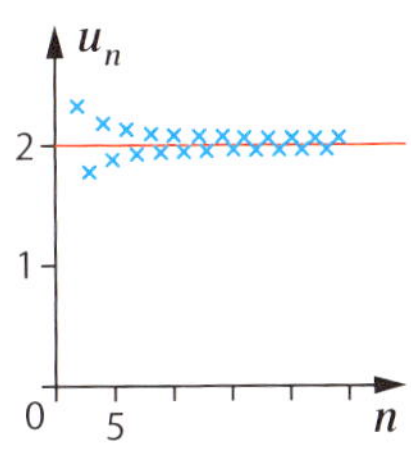

b.

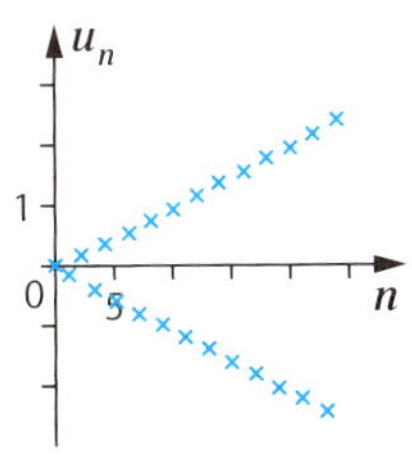

11 Conjecturer le comportement de chacune des suites ci-dessous dont on a calculé les termes avec une calculatrice ou un tableur.

a.

n	u_n
0	-3
1	-3.632121
2	-3.864665
3	-3.950213
4	-3.981684
5	-3.993262
6	-3.997521

b.

	A	B
1	n	u_n
2	0	-1
3	1	-2,7182818
4	2	-7,3890561
5	3	-20,085537
6	4	-54,59815
7	5	-148,41316
8	6	-403,42879
9	7	-1096,6332

À la suite des chapitres 5 et 6, on complète l'étude des fonctions exponentielles de base a par celle de la fonction exponentielle de base e.

4. Fonction exponentielle de base e

1. Une fonction égale à sa dérivée

Propriété et définition

Il existe une unique fonction f, définie pour tout réel x et telle que, pour tout réel x, on a :

$$f'(x) = f(x) \text{ et } f(0) = 1.$$

Cette fonction est appelée **fonction exponentielle** et est notée exp.

$$\exp : \mathbb{R} \to \mathbb{R}$$
$$x \mapsto \exp(x)$$

2. Notations

Définition

L'image du réel 1 par la fonction exponentielle est $\exp(1)$. On note cette image e. On a $\exp(1) = \mathrm{e}$.

Remarque

e est un nombre réel strictement positif. On a $\mathrm{e} \approx 2{,}718\ 281\ 828\ldots$

Définition

Pour tout réel x, on note $\exp(x) = \mathrm{e}^x$.

La fonction exp est une **fonction exponentielle de base e**.

3. Propriétés algébriques

Propriétés

Pour tous réels x et y, on a :

$\mathrm{e}^0 = 1$ $\quad$ $\mathrm{e}^1 = \mathrm{e}$ $\quad$ $\mathrm{e}^{x+y} = \mathrm{e}^x \times \mathrm{e}^y$ $\quad$ $\mathrm{e}^{-x} = \dfrac{1}{\mathrm{e}^x}$ $\quad$ $\mathrm{e}^{x-y} = \dfrac{\mathrm{e}^x}{\mathrm{e}^y}$

Pour tout entier naturel n, $(\mathrm{e}^x)^n = \mathrm{e}^{nx}$.

4. Étude de la fonction exponentielle de base e

Propriété

Pour tout réel x, $\mathrm{e}^x > 0$.

La fonction exponentielle admet une fonction dérivée pour tout réel x qui est elle-même : $\exp'(x) = \exp(x)$.

La fonction exponentielle est strictement croissante sur $\mathbb{R}$.

x	$-\infty$	0	$+\infty$
e^x	↗	1	↗

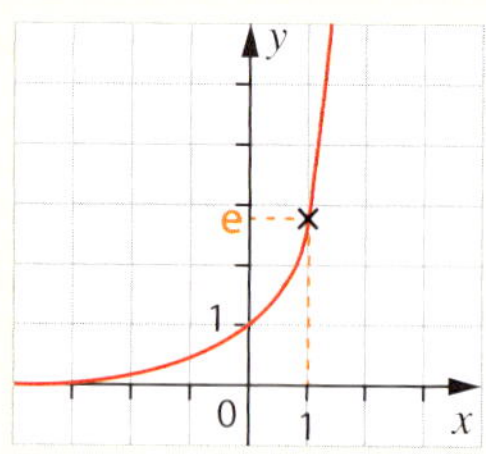

Propriété

Pour tous réel a et b, on a :

$\mathrm{e}^a = \mathrm{e}^b \Leftrightarrow a = b$ $\quad$ $\mathrm{e}^a \leqslant \mathrm{e}^b \Leftrightarrow a \leqslant b$ $\quad$ $\mathrm{e}^a \geqslant \mathrm{e}^b \Leftrightarrow a \geqslant b$

Méthode 9 Utiliser les propriétés algébriques

On donne les ordres de grandeur suivants : $e^2 \approx 7$; $e^3 \approx 20$.

En déduire un ordre de grandeur de :

a. e^5 **b.** e^{-3} **c.** e^6

Solution commentée

a. $e^5 = e^{2+3} = e^2 \times e^3 \approx 7 \times 20$, donc $e^5 \approx 140$.

b. $e^{-3} = \dfrac{1}{e^3} \approx \dfrac{1}{20}$ donc $e^{-3} \approx 0{,}05$.

c. $e^6 = e^{2\times 3} = \left(e^2\right)^3 \approx 7^3$, donc $e^6 \approx 343$.
On aurait pu calculer $(e^3)^2 \approx 400$ qui est du même ordre de grandeur.

Méthode 10 Transformer une expression

Simplifier les expressions suivantes.

a. $A = e^{3x+3} \times e^{2-x}$ **b.** $B = \left(e^x\right)^2 \times e^{3x}$ **c.** $C = \dfrac{e^{x-2}}{e^{x-3}}$ **d.** $D = \dfrac{e^{-x}}{e^{-3x+1}}$

Solution commentée

a. $A = e^{3x+3} \times e^{2-x} = e^{3x+3+2-x} = e^{2x+5}$

b. $B = \left(e^x\right)^2 \times e^{3x} = e^{2x} \times e^{3x} = e^{2x+3x} = e^{5x}$

c. $C = \dfrac{e^{x-2}}{e^{x-3}} = e^{x-2-x+3} = e^1 = e$

d. $D = \dfrac{e^{-x}}{e^{-3x+1}} = e^{-x+3x-1} = e^{2x-1}$

Méthode 11 Résoudre une équation ou une inéquation

Résoudre les équations et inéquations suivantes.

a. $e^{2x} = 1$ **b.** $e^{x+1} = e^{-2x}$ **c.** $e^{2x-1} \leqslant 1$ **d.** $e^{x^2} \geqslant e^{-1}$

Solution commentée

a. $e^{2x} = 1 \Leftrightarrow e^{2x} = e^0 \Leftrightarrow 2x = 0 \Leftrightarrow x = 0$

$\mathcal{S} = \{0\}$

b. $e^{x+1} = e^{-2x} \Leftrightarrow x + 1 = -2x$

$\Leftrightarrow 3x = -1$

$\Leftrightarrow x = -\dfrac{1}{3}$

$\mathcal{S} = \left\{-\dfrac{1}{3}\right\}$

c. $e^{2x-1} \leqslant 1 \Leftrightarrow e^{2x-1} \leqslant e^0 \Leftrightarrow 2x - 1 \leqslant 0$

$\Leftrightarrow x \leqslant \dfrac{1}{2}$

$\mathcal{S} = \left]-\infty ; \dfrac{1}{2}\right]$

d. $e^{x^2} \geqslant e^{-1} \Leftrightarrow x^2 \geqslant -1$

Pour tout réel x, $x^2 \geqslant 0$, donc $x^2 \geqslant -1$.

$\mathcal{S} = \mathbb{R}$

Exercices

12 On donne les ordres de grandeur suivants :

$e^3 \approx 20$; $e^4 \approx 55$.

En déduire un ordre de grandeur de :

a. e^7 **b.** e^{12} **c.** e

13 Simplifier les expressions suivantes.

a. $A = e^{x+5} \times e^{3+x}$ **b.** $B = \left(e^{-x}\right)^2 \times e^{-x}$

c. $C = \dfrac{e^{4x-1}}{e^{x-1}}$ **d.** $D = \dfrac{e^{-2x}}{e^{x+4}}$

14 Simplifier les expressions suivantes.

a. $A = e^{x-3} \times e^{2+4x}$ **b.** $B = \left(e^x\right)^3 \times e^{-3x}$

c. $C = \dfrac{e^{x^2-x+2}}{e^{x^2-3}}$ **d.** $D = \dfrac{e^{5x}}{e^{x^2+3x-1}}$

15 Résoudre les équations suivantes.

a. $e^{-x+1} = 1$ **b.** $e^{3x+1} = e^{x-1}$

c. $e^{4x^2} = 1$ **d.** $e^{x^2} = e$

16 Résoudre les équations suivantes.

a. $e^{4x+1} = e^3$ **b.** $e^{x(x+1)} = 1$

c. $e^{x^2} = e^9$ **d.** $e^{x^2} = e^x$

17 Résoudre les inéquations suivantes.

a. $e^{3x-2} \geqslant 1$ **b.** $e^{-x+1} \leqslant e^{3x-1}$

c. $e^{x^2} \geqslant e$ **d.** $e^{4x-6} \leqslant e^{-2}$

18 Résoudre les inéquations suivantes.

a. $e^{x-2} \leqslant e^7$ **b.** $e^{5x+1} \geqslant e^{6x+3}$

c. $e^{x^2} \geqslant e^x$ **d.** $e^{-x-6} \leqslant e^{-x+2}$

À la suite du chapitre 7, on complète l'étude des variations locales des fonctions.

5. Compléments sur la dérivation locale

1. Nombre dérivé

Définition

Soit f une fonction définie sur un intervalle I, a et b deux réels distincts appartenant à I.

On appelle **taux de variation de f entre a et b** le nombre $\dfrac{f(b)-f(a)}{b-a}$.

Propriété et définition

Soient f une fonction définie sur un intervalle I, $A(a\,;f(a))$ un point de la courbe représentative de f. Soit h un réel tel que $a+h$ appartienne à I. On note $H(a+h\,;f(a+h))$ un second point de la courbe représentative de f.

- Le nombre $\dfrac{f(a+h)-f(a)}{h}$ est le taux de variation de f entre a et $a+h$. C'est aussi le **coefficient directeur** de la droite (AH).
- Lorsque h tend vers 0, le point H se rapproche du point A. La sécante (AH), de coefficient directeur $\dfrac{f(a+h)-f(a)}{h}$ se rapproche d'une position limite (en rouge sur le troisième dessin).
- Si $\dfrac{f(a+h)-f(a)}{h}$ tend vers un nombre réel, noté $f'(a)$ lorsque h tend vers 0, on dit que f est dérivable en a. $f'(a)$ s'appelle le **nombre dérivé de f en a**.

On admet alors que ce nombre dérivé est le coefficient directeur de la droite qui correspond à la position limite de (AH), c'est-à-dire de la tangente à la courbe représentative de f en A.

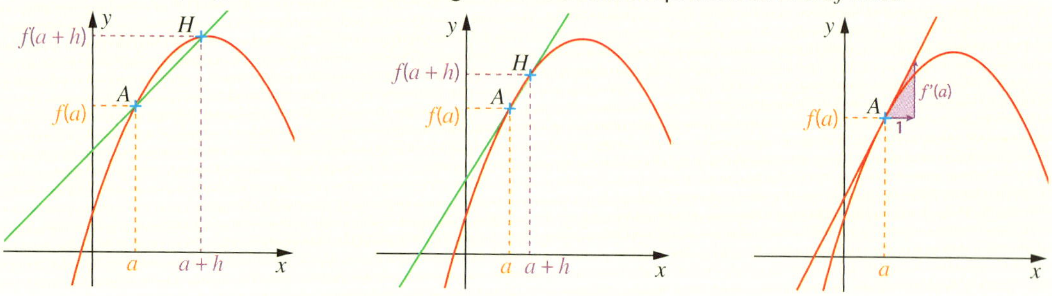

2. Tangente à la courbe représentative d'une fonction

Définition

Soient f une fonction dérivable en un réel a et A le point de coordonnées $A(a\,;\,f(a))$.
La **tangente à la courbe représentative de f au point A d'abscisse a** est la droite passant par A et de coefficient directeur $f'(a)$.

Propriété et définition

Soient f une fonction dérivable en un réel a et A le point de coordonnées $A(a\,;\,f(a))$ appartenant à la courbe représentative de f.
La tangente $\mathcal{T}$ à la courbe représentative de f au point A a pour équation réduite :

$$\mathcal{T} : y = f'(a)(x-a)+f(a).$$

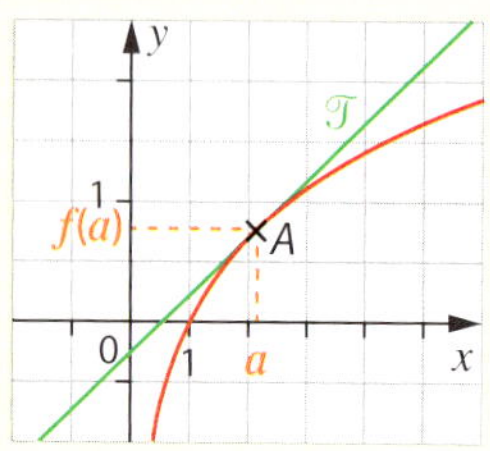

Méthode 12 Calculer un taux de variation

On considère la fonction f définie, pour tout réel x, par $f(x) = x^2 + 2$.

1. Calculer le taux de variation de f entre 1 et 3.
2. Calculer le taux de variation de f entre -5 et -2.

Solution commentée

1. On calcule :

$$\frac{f(3)-f(1)}{3-1} = \frac{(9+2)-(1+2)}{2} = \frac{11-3}{2} = \frac{8}{2} = 4$$

2. On calcule :

$$\frac{f(-2)-f(-5)}{-2-(-5)} = \frac{(4+2)-(25+2)}{-2+5} = -\frac{21}{3} = -7$$

Méthode 13 Calculer un nombre dérivé

Soit f la fonction définie, pour tout réel x, par $f(x) = x^2$.

1. Soit h un nombre réel. Calculer le taux de variation de f entre 3 et $3 + h$.
2. En déduire le nombre dérivé de f en 3.

Solution commentée

1. On calcule et on simplifie le taux de variation.

$$\frac{f(3+h)-f(3)}{3+h-3} = \frac{(3+h)^2-9}{h}$$

$$= \frac{9+6h+h^2-9}{h} = \frac{6h+h^2}{h} = \frac{h(6+h)}{h} = 6+h$$

2. Lorsque h tend vers 0, le nombre $6 + h$ tend vers 6.
Le nombre dérivé de f en 3 est $f'(3) = 6$.

Méthode 14 Déterminer l'équation d'une tangente

On considère la fonction f définie, pour tout réel x, par $f(x) = x^2 - x + 3$. On admet que $f'(2) = 3$.
Déterminer l'équation de la tangente $\mathcal{T}$ à la courbe représentative de la fonction f au point d'abscisse 2.

Solution commentée

On calcule $f(2)$.
$f(2) = 2^2 - 2 + 3 = 4 - 2 + 3 = 5$

L'équation de la tangente $\mathcal{T}$ est donc :
$y = f'(2)(x-2) + f(2) = 3(x-2) + 5 = 3x - 1$
On a $\mathcal{T} : y = 3x - 1$.

Exercices

19 On considère la fonction f définie pour tout réel $x \neq 0$ par $f(x) = \frac{1}{x}$.

1. Calculer le taux de variation de f entre 2 et 4.
2. Calculer le taux de variation de f entre -8 et -2.

20 On considère la fonction f définie pour tout réel x positif par $f(x) = \sqrt{x}$.

1. Calculer le taux de variation de f entre 4 et 9.
2. Calculer le taux de variation de f entre 1 et 16.

21 Soit f la fonction définie pour tout réel x par :

$$f(x) = x^2 + x - 1.$$

1. Soit h un nombre réel.
Calculer le taux de variation de f entre 1 et $1 + h$.
2. En déduire le nombre dérivé de f en 1.

22 Soit g la fonction définie pour tout réel x non nul par :

$$g(x) = \frac{1}{x}.$$

1. Soit h un nombre réel strictement positif.
Montrer que le taux de variation de g entre 1 et $1 + h$ est égal à $-\frac{1}{1+h}$.
2. En déduire le nombre dérivé de g en 1.

23 On considère la fonction f définie pour tout réel x par $f(x) = -x^2 + x - 1$. On admet que $f'(0) = 1$.
Déterminer l'équation de la tangente $\mathcal{T}$ à la courbe représentative de la fonction f au point d'abscisse 0.

24 On considère la fonction g définie pour tout réel x par $g(x) = \sqrt{x}$. On admet que $g'(1) = \frac{1}{2}$.
Déterminer l'équation de la tangente $\mathcal{T}$. à la courbe représentative de la fonction g au point d'abscisse 1.

À la suite du chapitre 8, on complète l'étude des variations globales des fonctions.

6. Compléments sur la dérivation globale

1. Fonctions dérivées des fonctions de référence

Définition

Soit f une fonction définie sur un ensemble I et a un réel appartenant à I.
- On dit que **f est dérivable en a** lorsque f admet un nombre dérivé $f'(a)$.
- On dit que **f est dérivable sur D** lorsque f est dérivable en tout réel a appartenant à D.
- L'ensemble des nombres réels $a \in D$ tels que f est dérivable en a s'appelle le **domaine de dérivabilité** de f.

Remarque

Le domaine de dérivabilité d'une fonction f n'est pas toujours identique au domaine de définition de f.

Fonction	Domaine de définition	Domaine de dérivabilité	Fonction dérivée
Fonction constante : $f(x) = k$	$\mathbb{R}$	$\mathbb{R}$	$f'(x) = 0$
Fonction affine : $f(x) = mx + p$	$\mathbb{R}$	$\mathbb{R}$	$f'(x) = m$
Fonction carré : $f(x) = x^2$	$\mathbb{R}$	$\mathbb{R}$	$f'(x) = 2x$
Fonction puissance : $f(x) = x^n$ n entier naturel, $n \geqslant 1$	$\mathbb{R}$	$\mathbb{R}$	$f'(x) = nx^{n-1}$
Fonction inverse : $f(x) = \frac{1}{x}$	$]-\infty\,;0[\cup]0\,;+\infty[$	$]-\infty\,;0[\cup]0\,;+\infty[$	$f'(x) = -\frac{1}{x^2}$
Fonction racine carrée : $f(x) = \sqrt{x}$	$[0\,;+\infty[$	$]0\,;+\infty[$	$f'(x) = \frac{1}{2\sqrt{x}}$
Fonction exponentielle de base e : $f(x) = \mathrm{e}^x$	$\mathbb{R}$	$\mathbb{R}$	$f'(x) = \mathrm{e}^x$

2. Opérations sur les fonctions dérivables

Théorème

Soient u et v deux fonctions définies et dérivables sur un intervalle I de $\mathbb{R}$.
- La fonction $u + v$ est dérivable sur I et $(u + v)' = u' + v'$.
- Soit k un nombre réel. La fonction ku est dérivable sur I et $(ku)' = k \times u'$.
- La fonction $u \times v$ est dérivable sur I et $(u \times v)' = u' \times v + u \times v'$
- Si u ne s'annule par sur I, la fonction $\frac{1}{u}$ est dérivable sur I et $\left(\frac{1}{u}\right)' = -\frac{u'}{u^2}$.
- Si v ne s'annule pas sur I, la fonction $\frac{u}{v}$ est dérivable sur I et $\left(\frac{u}{v}\right)' = \frac{u' \times v - u \times v'}{v^2}$.
- Soit g une fonction dérivable sur I. Pour tout réel x de I tel que $mx + p$ appartient à I, la fonction f définie par $f(x) = g(mx + p)$ est dérivable sur I et $f'(x) = m \times g'(mx + p)$.

Méthode 15 Choisir la bonne formule de dérivation

Pour chaque fonction suivante, définie et dérivable sur l'ensemble D donné, calculer sa fonction dérivée.

1 $f(x) = x^2 + \frac{1}{x}$; $D =]-\infty\,;0[\cup]0\,;+\infty[$.

2 $g(x) = 5\sqrt{x}$; $D =]0\,;+\infty[$.

3 $h(x) = x^2\sqrt{x}$; $D =]0\,;+\infty[$.

4 $k(x) = \frac{1}{x^2+1}$; $D = \mathbb{R}$.

5 $p(x) = \frac{2x+1}{x-3}$; $D =]-\infty\,;3[\cup]3\,;+\infty[$.

6 $r(x) = \sqrt{2x+1}$; $D = \left]-\frac{1}{2}\,;+\infty\right[$.

Solution commentée

1 f est la somme de la fonction carré et de la fonction inverse.

On a $f'(x) = 2x - \frac{1}{x^2} = \frac{2x^3-1}{x^2}$.

2 g est le produit de la fonction racine carrée par le nombre réel $k = 5$.

$g'(x) = 5 \times \frac{1}{2\sqrt{x}} = \frac{5}{2\sqrt{x}}$

3 h est le produit des fonctions carré et racine carrée. Si on pose $u(x) = x^2$ et $v(x) = \sqrt{x}$, on a alors :

$$\begin{aligned} h'(x) &= u'(x)\times v(x) + u(x)\times v'(x) \\ &= 2x \times \sqrt{x} + x^2 \times \frac{1}{2\sqrt{x}} \\ &= 2x\sqrt{x} + \frac{x^2}{2\sqrt{x}} \\ &= \frac{2x\sqrt{x}\times 2\sqrt{x} + x^2}{2\sqrt{x}} \\ &= \frac{4x\times x + x^2}{2\sqrt{x}} = \frac{5x^2}{2\sqrt{x}} \end{aligned}$$

4 k est l'inverse de la fonction u définie par $u(x) = x^2 + 1$. Comme $u(x) \neq 0$ pour tout réel x, on a $u'(x) = 2x$.

Donc $k'(x) = -\frac{u'(x)}{u^2(x)} = -\frac{2x}{(x^2+1)^2}$

5 p est le quotient des fonctions affines $u : x \mapsto 2x+1$ et $v : x \mapsto x-3$, avec $v(x) \neq 0$ pour tout réel $x \in D$.

On a donc $u'(x) = 2$ et $v'(x) = 1$.

$$\begin{aligned} p'(x) &= \frac{u'(x)\times v(x) - u(x)\times v'(x)}{v^2(x)} \\ &= \frac{2(x-3)-(2x+1)\times 1}{(x-3)^2} \\ &= \frac{2x-6-2x-1}{(x-3)^2} \\ &= -\frac{7}{(x-3)^2} \end{aligned}$$

6 r est définie par $r(x) = g(2x+1)$, où g est la fonction racine carrée : $g(x) = \sqrt{x}$.

Pour tout réel $x > -\frac{1}{2}$, on a $2x+1 > 0$.

Donc, comme $g'(x) = \frac{1}{2\sqrt{x}}$, on a :

$$\begin{aligned} r'(x) &= 2 \times g'(2x+1) \\ &= \frac{2}{2\sqrt{2x+1}} \\ &= \frac{1}{\sqrt{2x+1}} \end{aligned}$$

Exercices

25 Calculer les dérivées des fonctions dont l'expression est donnée ci-dessous.

1. $f_1(x) = 3x^2 - 2x + 5$
2. $f_2(x) = -5x^3 + 4x^2 - x + 1$
3. $f_3(x) = x^4 - 3x^2 + 5$
4. $f_4(x) = \frac{1}{2}x^3 - \frac{1}{4}x^2 + 3x$

26 Calculer les dérivées des fonctions, dont l'expression est donnée ci-dessous, sur l'ensemble indiqué.

1. $f_1(x) = \frac{2}{x} + x^2 + 3$ sur $]0\,;+\infty[$.
2. $f_2(x) = 3\sqrt{x} - 2x$ sur $]0\,;+\infty[$.
3. $f_3(x) = \frac{3}{x} - x^2 + 1$ sur $]0\,;+\infty[$.

27 Calculer les dérivées des fonctions, dont l'expression est donnée ci-dessous, sur l'ensemble indiqué.

1. $f_1(x) = (3x+1)\sqrt{x}$ sur $]0\,;+\infty[$.
2. $f_2(x) = \frac{1}{2x+1}$ sur $\left]-\frac{1}{2}\,;+\infty\right[$.
3. $f_3(x) = \frac{5x+1}{2x^2+3}$ sur $\mathbb{R}$.
4. $f_4(x) = \sqrt{3x+4}$ sur $\mathbb{R}$.
5. $f_5(x) = e^{-3x+1}$ sur $\mathbb{R}$.
6. $f_6(x) = e^{2x}$ sur $\mathbb{R}$.

Calculs algébriques

Fractions

Addition et soustraction de fractions

$\frac{a}{c}+\frac{b}{c}=\frac{a+b}{c}$ et $\frac{a}{c}-\frac{b}{c}=\frac{a-b}{c}$

Lorsque les dénominateurs sont différents, on doit **mettre les fractions au même dénominateur**.

Exemples

- $\frac{1}{7}-\frac{2}{3}=\frac{1\times 3}{7\times 3}-\frac{2\times 7}{3\times 7}=\frac{3}{21}-\frac{14}{21}=-\frac{11}{21}$
- $\frac{3}{8}+\frac{7}{12}$ (le dénominateur commun peut être 24, plus petit multiple commun de 8 et 12)

$=\frac{3\times 3}{8\times 3}+\frac{7\times 2}{12\times 2}=\frac{9}{24}+\frac{14}{24}=\frac{23}{24}$

Produit de fractions

$\frac{a}{b}\times\frac{c}{d}=\frac{ac}{bd}$

Exemples

- $\frac{7}{3}\times\frac{5}{4}=\frac{35}{12}$
- $-3\times\frac{7}{8}=-\frac{3}{1}\times\frac{7}{8}=-\frac{21}{8}$

Quotient de fractions

$\frac{\frac{a}{b}}{c}=a\times\frac{c}{b}=\frac{ac}{b}$ et $\frac{\frac{a}{b}}{\frac{c}{d}}=\frac{a}{b}\times\frac{d}{c}=\frac{ad}{bc}$

Exemples

- $\frac{6}{\frac{7}{10}}=6\times\frac{10}{7}=\frac{60}{7}$
- $\frac{\frac{5}{2}}{\frac{8}{9}}=\frac{5}{2}\times\frac{9}{8}=\frac{45}{16}$

Pourcentages

Proportions

On considère une population qui possède N individus et une sous-population composée de n individus.
La proportion d'individus de la sous-population dans la population totale est égale à $\frac{n}{N}$.

Exemple

Un club de sports a 240 adhérents, dont 132 sont des filles.
La proportion de filles dans ce club est :

$$\frac{132}{240}=\frac{11}{20}.$$

On peut exprimer cette proportion en pourcentage :

$$\frac{11}{20}=0{,}55=\frac{55}{100}=55\ \%.$$

Prendre t % d'une quantité n

Cela revient à calculer $n\times\frac{t}{100}$.

Exemple

Dans un zoo, il y a 1500 animaux dont 30 % sont des oiseaux.
Le nombre d'oiseaux du zoo est :

$$1500\times\frac{30}{100}=15\times 30=450.$$

Augmenter (ou diminuer) une quantité de t %

Cela revient à **multiplier** cette quantité par $\left(1+\frac{t}{100}\right)$ (ou par $\left(1-\frac{t}{100}\right)$).

Exemple

Le prix du pain augmente de 5 %.
Pour obtenir le nouveau prix, il suffit de multiplier l'ancien prix par $\left(1+\frac{5}{100}\right)=1{,}05$.

Puissances

$a^0=1$ et $a^n=\underbrace{a\times\ldots\ldots\times a}_{n\text{ facteurs égaux à }a}$

Exemples

- $10^4=10\times 10\times 10\times 10=10\ 000$
- $5^3=5\times 5\times 5=125$

$a^n\times a^m=a^{n+m}$

Exemple

$3^5\times 3^{-9}=3^{5+(-9)}=3^{-4}$

$a^{-n}=\frac{1}{a^n}$

Exemples

- $10^{-1}=\frac{1}{10^1}=0{,}1$
- $2^{-3}=\frac{1}{2^3}=\frac{1}{8}$

$\frac{a^n}{a^m}=a^{n-m}$

Exemple

$\frac{5^6}{5^{-8}}=5^{6-(-8)}=5^{14}$

Développements

Développement simple

$a(b+c) = ab + ac$

Exemple

$4(x-3) = 4x - 4 \times 3 = 4x - 12$

Développement double

$(a+b)(c+d) = ac + ad + bc + bd$

Exemple

$(3x+1)(x-2) = 3x^2 - 6x + x - 2$

$= 3x^2 - 5x - 2$

Factorisations

Pour factoriser une expression

On cherche si elle a un facteur commun.

Exemple

$3(\mathbf{x+1}) + x(\mathbf{x+1}) = (\mathbf{x+1})(3+x)$

Identités remarquables

Développer

$(a+b)^2 = a^2 + 2ab + b^2$

Factoriser

Exemples

- Développer :

$(x+4)^2 = x^2 + 2 \times x \times 4 + 4^2 = x^2 + 8x + 16$

- Factoriser :

$x^2 + 2x + 1 = x^2 + 2 \times x \times 1 + 1^2 = (x+1)^2$

Développer

$(a-b)^2 = a^2 - 2ab + b^2$

Factoriser

Exemples

- Développer :

$(3x-1)^2 = (3x)^2 - 2 \times (3x) \times 1 + 1^2$

$= 9x^2 - 6x + 1$

- Factoriser :

$4x^2 - 12x + 9 = (2x)^2 - 2 \times (2x) \times 3 + 3^2$

$= (2x-3)^2$

Développer

$(a-b)(a+b) = a^2 - b^2$

Factoriser

Exemples

- Développer :

$(x-5)(x+5) = x^2 - 25$

- Factoriser :

$(2x-1)^2 - (x+3)^2$

$= [(2x-1) - (x+3)] \times [(2x-1) + (x+3)]$

$= (2x - 1 - x - 3)(2x - 1 + x + 3)$

$= (x-4)(3x+2)$

Image

Pour calculer l'image d'un nombre réel par une fonction f

On remplace x par ce nombre dans l'expression de la fonction.

Exemples

- Soit une fonction affine f définie par $f(x) = -3x + 2$. On veut l'image de 5.
$f(5) = -3 \times 5 + 2 = -15 + 2 = -13$

- Soit g la fonction carré définie par $g(x) = x^2$. On veut l'image de –3.
$g(-3) = (-3)^2 = 9$

- Soit h la fonction racine carrée définie par $h(x) = \sqrt{x}$. On veut l'image de 16.
$h(16) = \sqrt{16} = 4$

Formules

Exprimer une quantité S en fonction d'une variable x

Cela revient à écrire :

S = expression littérale avec la variable x.

Exemples

- Avec des variables non nulles :

$V = \frac{d}{t} \Leftrightarrow V \times t = d \Leftrightarrow t = \frac{d}{V}$.

On a ainsi écrit t en fonction de V et de d.

- $y = 3x + 1 \Leftrightarrow 3x = y - 1$

$\Leftrightarrow x = \frac{y-1}{3} = \frac{1}{3}(y-1)$.

On a ainsi exprimé x en fonction de y.

Équations

$ax + b = 0$ (avec $a \neq 0$)

$\Leftrightarrow ax = -b \Leftrightarrow x = -\frac{b}{a}$ $\quad \mathcal{S} = \left\{-\frac{b}{a}\right\}$

Exemples

- $4x + 2 = 0 \Leftrightarrow 4x = -2$

$\Leftrightarrow x = -\frac{2}{4} = -\frac{1}{2}$

$\mathcal{S} = \left\{-\frac{1}{2}\right\}$

- $5x - 4 = 7x - 2 \Leftrightarrow 5x - 7x = 4 - 2$

$\Leftrightarrow -2x = 2 \Leftrightarrow x = -\frac{2}{2} = -1$

$\mathcal{S} = \{-1\}$

$x^2 = a$

- Si $a > 0$, alors $x^2 = a$ admet deux solutions opposées $x = -\sqrt{a}$ et $x = \sqrt{a}$: $\mathcal{S} = \{-\sqrt{a} ; \sqrt{a}\}$.
- Si $a = 0$, alors l'équation $x^2 = a$ admet une unique solution $x = 0$: $\mathcal{S} = \{0\}$.
- Si $a < 0$, alors l'équation $x^2 = a$ n'a pas de solution : $\mathcal{S} = \varnothing$.

Exemples

- $x^2 = 13$ admet deux solutions $\sqrt{13}$ et $-\sqrt{13}$: $\mathcal{S} = \{-\sqrt{13} ; \sqrt{13}\}$.
- $x^2 = -7$ n'admet pas de solution : $\mathcal{S} = \varnothing$.

$\sqrt{x} = a$ (x est un réel positif)

- Si $a \geqslant 0$, alors l'équation $\sqrt{x} = a$ admet une unique solution $x = a^2$: $\mathcal{S} = \{a^2\}$.
- Si $a < 0$, alors l'équation $\sqrt{x} = a$ n'a pas de solution : $\mathcal{S} = \varnothing$.

Exemples

- $\sqrt{x} = 4$ admet pour solution $x = 4^2 = 16$: $\mathcal{S} = \{16\}$.
- $\sqrt{x} = -9$ n'a pas de solution car $-9 < 0$: $\mathcal{S} = \varnothing$.

Antécédents

Trouver un antécédent d'un réel k par une fonction f

Cela revient à résoudre l'équation $f(x) = k$.

Exemple

$f(x) = 3x + 1$

Pour trouver un antécédent de 5, on résout l'équation $3x + 1 = 5$:

$3x + 1 = 5 \Leftrightarrow x = \frac{4}{3}$.

$\frac{4}{3}$ est l'unique antécédent de 5 par la fonction f.

Inéquations

$A(x) \geqslant k$ ou $A(x) \leqslant k$

Exemples

- $5x - 15 \leqslant 0 \Leftrightarrow 5x \leqslant 15$

$\Leftrightarrow x \leqslant 3$

Ainsi $\mathcal{S} =]-\infty ; 3]$.

- $4x + 2 \geqslant 22 \Leftrightarrow 4x \geqslant 20$

$\Leftrightarrow x \geqslant 5$

Ainsi $\mathcal{S} = [5 ; +\infty[$.

Attention : quand on divise (ou multiplie) par un réel strictement négatif

Le sens de l'inégalité **change**.

Exemple

$-4x + 12 \leqslant 0 \Leftrightarrow -4x \leqslant -12$

$\Leftrightarrow x \geqslant \frac{-12}{-4} \Leftrightarrow x \geqslant 3$

Ainsi $\mathcal{S} = [3 ; +\infty[$.

Image

Pour lire l'image d'un nombre réel a par une fonction f

On place le réel a sur l'axe des abscisses et on lit l'ordonnée du point d'abscisse a de la courbe représentative de f.

Exemple

Lire l'image de 3 par la fonction f.
L'image de 3 est 2 ou encore $f(3) = 2$.

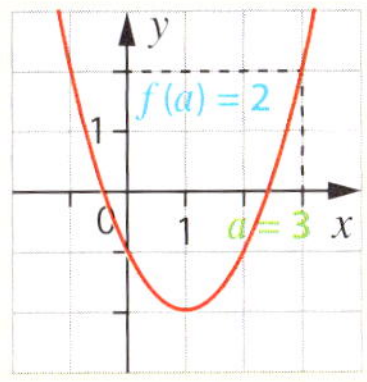

Antécédents

Pour lire le ou les antécédents d'un nombre réel k par une fonction f

On place le réel k sur l'axe des ordonnées, on trace la droite d'équation $y = k$ et on lit la ou les abscisses des points d'intersection entre la droite et la courbe, s'ils existent.

Exemple

Lire le ou les antécédents de 1 par la fonction f.
1 a deux antécédents : -1 et 2.

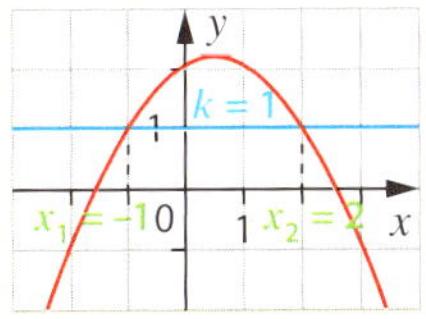

Équations et Inéquations

Pour résoudre une équation $f(x) = k$

On cherche les antécédents du réel k par la fonction f : voir ci-dessus.

Pour résoudre une inéquation $f(x) \leqslant k$

On place le réel k sur l'axe des ordonnées, on trace la droite d'équation $y = k$ et on lit l'abscisse des points de la courbe d'ordonnée inférieure ou égale à k.
On procède de même pour une inéquation $f(x) \geqslant k$.

Exemple

Résoudre $f(x) \leqslant -1$.
L'ensemble des solutions est l'intervalle $[-1 ; 2]$.

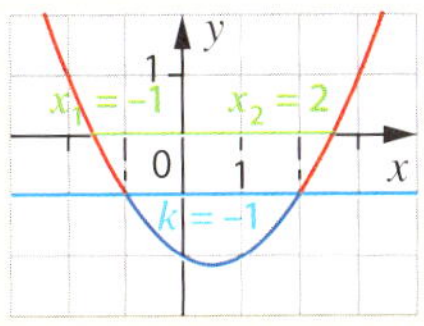

Pente ou coefficient directeur d'une droite

Pour lire la pente m d'une droite

On choisit deux points A et B de la droite dont on peut lire les coordonnées. On calcule $\dfrac{y_B - y_A}{x_B - x_A}$.

Exemple

On lit $A(-1 ; -2)$ et $B(1 ; -1)$

On a $m = \dfrac{-1-(-2)}{1-(-1)}$

$= \dfrac{-1+2}{1+1} = \dfrac{1}{2}$

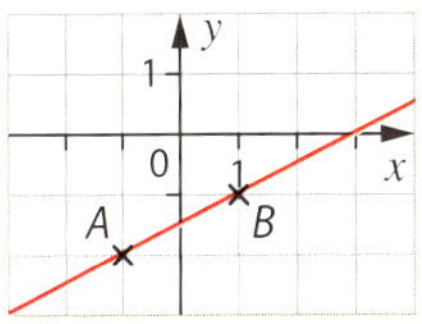

Signe

Pour déterminer graphiquement le signe de $f(x)$ où f est une fonction

On considère les points de la courbe représentative de f situés au-dessus ($f(x) \geqslant 0$) ou au-dessous ($f(x) \leqslant 0$) de l'axe des abscisses. On consigne les résultats dans un tableau de signes.

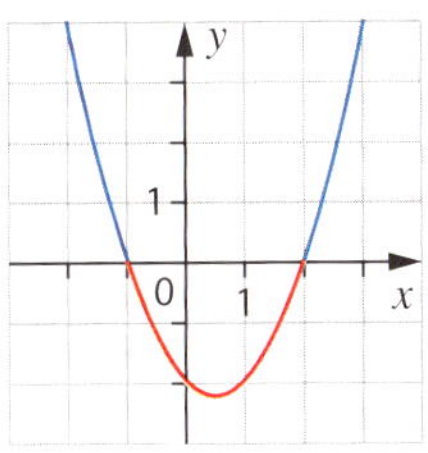

Exemple

Pour la fonction f donnée ci-contre on obtient :

x	-2		-1		2		3
Signes de $f(x)$		+	0	−	0	+	

Variations

Pour déterminer graphiquement les variations d'une fonction f

On lit les intervalles sur lesquels f est croissante ou décroissante et on consigne les résultats dans un tableau de variation.

Exemple

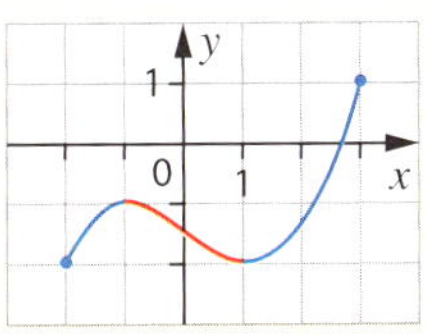

x	-2		-1		1		3
Variation de f	-2	↗	-1	↘	-2	↗	1

Corrigés

Chapitre 1

Réponses au QCM

1. B ; 2. A et C ; 3. C ; 4. B ; 5. B.

2 $\text{card}(A) = f(A) \times \text{card}(E) = 0{,}10 \times 400 = 40$
$\text{card}(B) = f(B) \times \text{card}(E)$
Or $f(B) = 1 - f(\overline{B}) = 1 - 0{,}40 = 0{,}60$.
Ainsi, $\text{card}(B) = 0{,}60 \times 400 = 240$.

6 1.

	A	$\overline{A}$	Total
B	1 000	800	1 800
$\overline{B}$	500	700	1 200
Total	1 500	1 500	3 000

2. $f(B) = \frac{1800}{3000} = 0{,}6 = 60\ \%$ et $f(A \cap \overline{B}) = \frac{500}{3000} = \frac{1}{6}$.

7 • Sélectionner la première ligne de la feuille de calcul contenant le nom de chaque colonne.
• Sélectionner *Données > Filtrer.*
• Sélectionner la flèche d'en-tête de la colonne SECTEUR.
• Cocher la case BTP.

9 ÉNONCÉ 1
2. On écrit dans la cellule D2 la formule =B2+C2.
On étire ensuite cette formule jusqu'à la cellule D101.
3. On peut calculer dans la cellule D102 le total des élèves dans tous les lycées publics et privés de la région Nouvelle-Aquitaine en utilisant la formule =SOMME(D2:D101).
4. La fréquence des filles dans l'ensemble des lycées de la région Nouvelle-Aquitaine est $\frac{53\,773}{95\,930}$, soit environ 56 %.
5. a. • Sélectionner la première ligne de la feuille de calcul contenant le nom de chaque colonne.
• Sélectionner *Données > Filtrer.*
b. • Sélectionner la flèche d'en-tête de la colonne TOTAL.
• Dans le menu déroulant, choisir « Supérieur à » et entrer la valeur « 500 ».

ÉNONCÉ 2
1. • Sélectionner la première ligne de la feuille de calcul contenant le nom de chaque colonne.
• Sélectionner *Données > Filtrer.*
2. • Sélectionner la flèche d'en-tête de la colonne « Nombre de garçons » en 1re générale.
• Dans le menu déroulant, choisir « Inférieur à » et entrer la valeur « 250 ».
3. • Sélectionner la flèche d'en-tête de la colonne « Nombre de filles » en 1re générale.
• Dans le menu déroulant, choisir « Supérieur à » et entrer la valeur « 1000 ».
4. Le résultat qui s'affiche en D2 est FAUX.

	A	B	C	D
1	Villes	Nombre de garçons en 1ère générale	Nombre de filles en 1ère générale	Total
2	AGEN	749	1022	FAUX
3	AIGUILLON	158	224	
4	AIRE-SUR-L'ADOUR	196	240	

5. FAUX dans la cellule D2 indique que le lycée d'Agen a moins de 1 000 garçons ou moins de 1 000 filles.
6. Pour le lycée de Bayonne, le résultat obtenu est VRAI, cela signifie que ce lycée a au moins 1 000 garçons et 1 000 filles.

11 1.

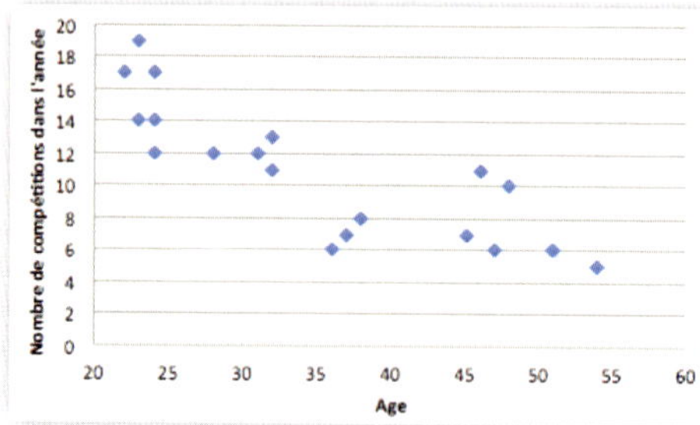

2. Les adhérents de moins de 35 ans participent tous à au moins 11 compétitions alors que ceux de plus de 35 ans participent tous au plus à 11 compétions.

14 1.

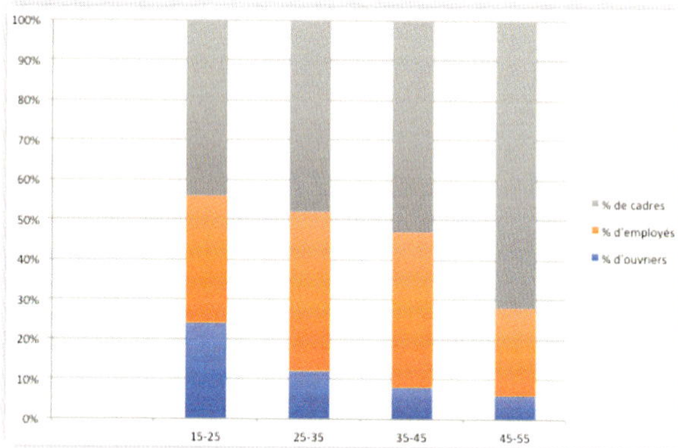

2. Dans cette entreprise le taux des cadres augmente avec l'âge.
3. Le pourcentage de baisse du taux d'ouvriers de la tranche d'âge 15-25 ans par rapport à la tranche d'âge 45-55 ans est de $\frac{24-6}{24} \times 100 = 75\ \%$.

16

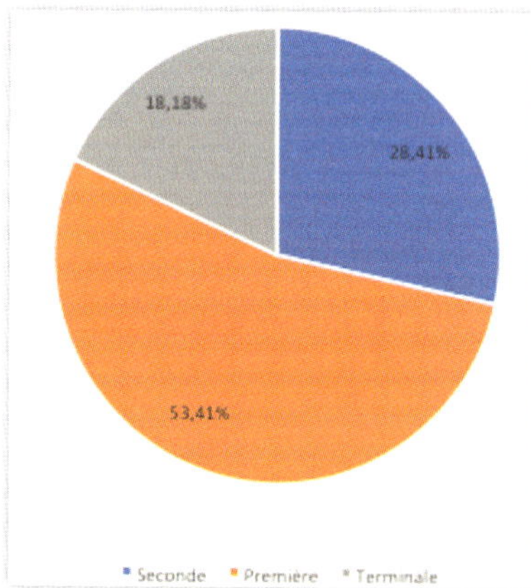

21 1. La population étudiée est l'ensemble des 200 séjours.
2. Le premier caractère étudié est le type d'activité et le deuxième est la destination.
3.

	E	Af	As	Am	Total
Détente	36	13	11	15	75
Randonnée	24	9	7	16	56
Sport	26	13	12	18	69
Total	86	35	30	49	200

4. a. card(S ∩ E) = 26
Il y a donc 26 séjours Sportifs en Europe.
b. card(D) = 75
Il y a donc 75 séjours Détente.
c. La fréquence des séjours Randonnée est $\frac{56}{200} = 0,28 = 28\ \%$.

27 1.

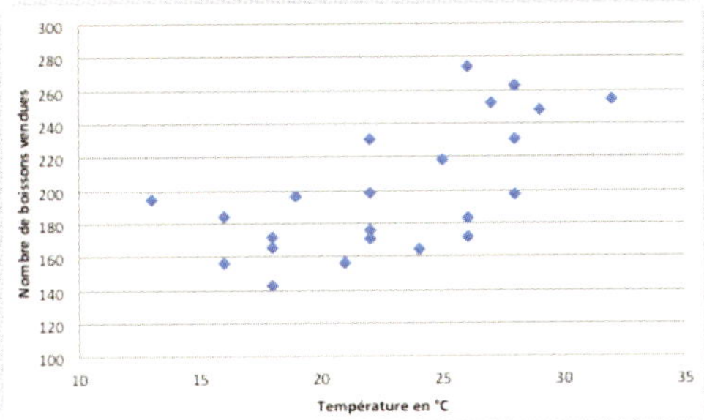

2.

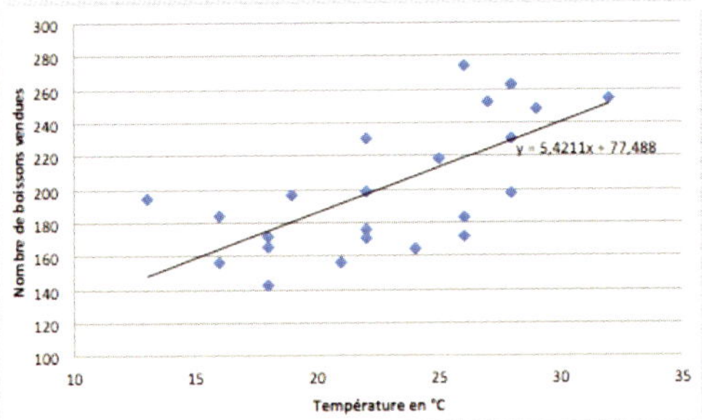

L'équation de la droite est $y = 5,4211x + 77,488$.
3. Pour $x = 21$, on a $y = 5,4211 \times 21 + 77,488 \approx 191$.
Si la température moyenne est de 21°C la première semaine d'octobre, le débiteur peut espérer vendre environ 191 boissons fraîches.

Chapitre 2

Réponses au QCM

1. C ; 2. A et C ; 3. A ; 4. A et B ; 5. A et C.

2 1.

	Malade	Non malade	Total
Vaccinés	40	50	90
Non vaccinés	80	5	85
Total	120	55	175

2. L'effectif des volontaires qui ont été vaccinés est 90. L'effectif des volontaires qui ont développé la maladie alors qu'ils étaient vaccinés est 40. La fréquence conditionnelle des volontaires ayant développé la maladie parmi ceux qui sont vaccinés est $\frac{40}{90} \approx 0,44$.
3. L'effectif des volontaires qui n'ont pas développé la maladie est 55. L'effectif des volontaires vaccinés parmi ceux qui n'ont pas développé la maladie est 50. La fréquence conditionnelle des volontaires vaccinés parmi ceux qui n'ont pas développé la maladie est $\frac{50}{55} \approx 0,91$.

4 1.

	A	B	AB	O	Total
Rhésus +	656	162	83	720	1621
Rhésus –	144	38	17	180	379
Total	800	200	100	900	2000

2. L'effectif total des donneurs est 2000. Le nombre de personnes du groupe O est 900. La fréquence marginale des personnes du groupe O est $\frac{900}{2000} = 0,45$.
45 % des donneurs sont du groupe O.
3. L'effectif total des donneurs est 2000. Le nombre de personnes de rhésus+ est 1621. La fréquence marginale des personnes de rhésus+ est $\frac{1621}{2000} = 0,8105$.
81,05 % des donneurs sont de rhésus+.

11 1. $P(\overline{F} \cap A) = \frac{card(\overline{F} \cap A)}{1500} = \frac{200}{1500} = \frac{2}{15}$
La probabilité de choisir une personne qui soit un homme qui a obtenu son premier emploi avant 23 ans est de $\frac{2}{15} \approx 0,13$, soit environ 13 %.
2. L'évènement « La personne a commencé à travailler avant 24 ans » est l'évènement contraire de « La personne a commencé à travailler à 24 ans ou plus ».
Or $P(\overline{C}) = 1 - P(C)$, on a donc :
$$P(\overline{C}) = 1 - \frac{card(C)}{1500} = 1 - \frac{650}{1500} = \frac{17}{30}.$$

17 1. $P_A(D) = 0,04$
2. $P_B(\overline{D}) = 0,94$. La probabilité que le biscuit ne présente pas de défaut sachant qu'il est produit par l'entreprise A est de 0,94.
3. $P(A \cap \overline{D}) = P(A) \times P_A(\overline{D}) = 0,7 \times 0,96 = 0,672$. La probabilité que le biscuit soit produit par l'entreprise A et qu'il ne présente pas défaut est de 0,672.

26 1. On note C l'évènement « Obtenir un cœur ».
Dans un jeu de 32 cartes, il y a 8 cœurs :
$$P(C) = \frac{8}{32} = 0,25.$$
2. On note R l'évènement « Obtenir un roi ».
Dans un jeu de 32 cartes, il y a 4 rois :
$$P(R) = \frac{4}{32} = 0,125.$$
3. Dans un jeu de 32 cartes, il y a une seule carte qui est à la fois un roi et un cœur, c'est le roi de cœur, donc $P(R \cap C) = \frac{1}{32} = 0,03125$.
De plus, $P(R) \times P(C) = 0,125 \times 0,25 = 0,03125$.
On a donc $P(R \cap C) = P(R) \times P(C)$.
Les évènements « Obtenir un roi » et « Obtenir un cœur » sont indépendants.

30 1. On a $P(G) = 0,20$ et $P(T) = 0,1$.
$P(G\ ;\ T) = P(G) \times P(T) = 0,20 \times 0,1 = 0,02$
La probabilité de « gagner au grattage et de gagner au tirage » est de 0,02.
2. On a $P(\overline{G}) = 1 - P(G) = 1 - 0,20 = 0,80$ et $P(T) = 0,1$.
$P(\overline{G}\ ;\ T) = P(\overline{G}) \times P(T) = 0,80 \times 0,1 = 0,08$
La probabilité de « ne pas gagner au grattage et de gagner au tirage » est de 0,08.

40 **1.** Il y a 20 résistances de 10 Ω sur 36 résistances.
$P(\text{D}) = \frac{20}{36} = \frac{5}{9}$, donc $P(\bar{\text{D}}) = \frac{4}{9}$.
10 % des résistances de 10 Ω sont hors service, donc
$P_{\text{D}}(\text{H}) = \frac{2}{20} = 0{,}1$.
25 % des résistances de 20 Ω sont hors service, donc $P_{\bar{\text{D}}}(\text{H}) = 0{,}25$.
On a donc l'arbre ci-contre.

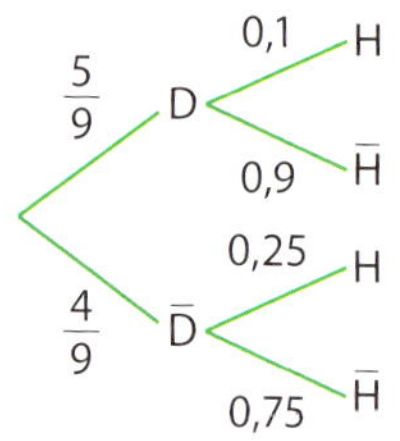

2. La probabilité de tirer une résistance qui fonctionne est $P(\bar{\text{H}})$.
Or $P(\bar{\text{H}}) = P(\text{D} \cap \bar{\text{H}}) + P(\bar{\text{D}} \cap \bar{\text{H}})$
$= \frac{5}{9} \times 0{,}9 + \frac{4}{9} \times 0{,}75 \approx 0{,}83$.

Chapitre 3

Réponses au QCM

1. B ; **2.** C ; **3.** A ; **4.** B ; **5.** B ; **6.** B et C ; **7.** A ; **8.** A et C.

1 La fonction f est définie sur $\mathbb{R}$ et est de la forme $f(x) = mx + p$ avec $m = -\frac{1}{2}$ et $p = -3$.
La fonction g est définie sur l'intervalle $[0\,;+\infty[$ et n'est pas de la forme $mx + p$, donc g n'est pas une fonction affine.
On peut écrire $h(x) = \frac{2}{3} - \frac{3}{3}x$, $h(x)$ s'écrit donc sous la forme $mx + p$ avec $m = -\frac{3}{3} = -1$ et $p = \frac{2}{3}$.
La fonction t est définie sur l'ensemble $]-\infty\,;1[\cup]1\,;+\infty[$ et n'est pas de la forme $mx + p$, donc t n'est pas une fonction affine.
La fonction s est définie sur $\mathbb{R}$ et s'écrit donc sous la forme $mx + p$ avec $m = 0$ et $p = 2\sqrt{2}$. C'est une fonction constante, donc affine.
La fonction r est définie sur $\mathbb{R}$ et s'écrit donc sous la forme $mx + p$ avec $m = 1$ et $p = 1$.

6 **1.** $f(-1) = -4 \times (-1) + 0{,}5 = 4{,}5$; donc le point $B(-1\,;4{,}5)$ appartient à la droite représentant la fonction f.
$f(0) = -4 \times 0 + 0{,}5 = 0{,}5$; donc le point $A(0\,;0{,}5)$ appartient à la droite représentant la fonction f.

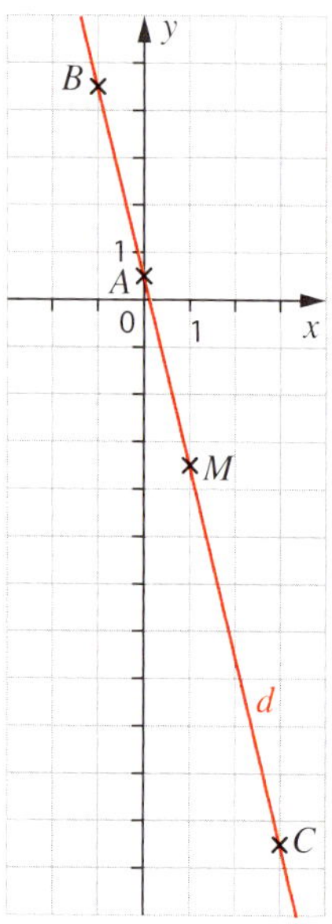

2. Le point $B(-1\,;4{,}5)$ appartient à la droite représentative de la fonction f car $f(-1) = 4{,}5$. De même, le point $C(3\,;-11{,}5)$ appartient à la droite représentative de la fonction f car $f(3) = -11{,}5$. Pour trouver un point Z aligné avec les points B et C, il suffit de choisir un troisième point appartenant à la droite représentative de la fonction f et d'ordonnée $-199{,}5$. On résout donc :
$$-4x + 0{,}5 = -199{,}5 \Leftrightarrow -4x = -200 \Leftrightarrow x = \frac{-200}{-4} = 50.$$
Le point $Z(50\,;-199{,}5)$ est aligné avec B et C.

9 $f(x)$ peut s'écrire sous la forme $f(x) = mx + p$. On calcule $m = \frac{y_B - y_A}{x_B - x_A}$, ce qui donne $m = \frac{12-6}{8-2}$, donc $m = 1$.
Pour calculer p, on remplace m par sa valeur dans l'égalité $f(2) = 6$ ou $f(8) = 12$. $f(2) = 1 \times 2 + p$, donc $2 + p = 6$ et donc $p = 4$. Ainsi, $f(x) = x + 4$.

16 **1.** La raison r est égale à 106,1 – 112,5, soit $r = -6{,}4$.
Le terme qui précède 112,5 est $112{,}5 + 6{,}4 = 118{,}9$. Le terme qui suit 106,1 est $106{,}1 - 6{,}4 = 99{,}7$.
2. $u_0 = 118{,}9$; $u_2 = 106{,}1$; $u_3 = 106{,}1 - 6{,}4 = 99{,}7$; $u_4 = 99{,}7 - 6{,}4 = 93{,}3$.

21 **a.** Faux ; le premier terme est $g(0) = 1{,}1$.
b. Vrai ; elle vaut $-1{,}5$.
c. Faux ; le premier terme est positif.
d. Faux ; $g(10) = -1{,}5 \times 10 + 1{,}1 = -13{,}9$. Or $-13{,}9 < -13$.

29 **a.** La représentation d'une suite arithmétique est constituée de points alignés. Vrai.
b. $u(4) = -2 + 3 \times 4 = 10$.
$10 \neq 2$, donc le point de coordonnées $(4\,;\,2)$ ne correspond pas à un terme de la suite. Faux.
c. $u(2) = -2 + 3 \times 2 = 4$. Or 4 est l'ordonnée du point d'abscisse 2, c'est donc un terme de la suite. Vrai.
d. $u(0) = -2 + 3 \times 0 = -2$. Le point correspondant au terme $u(0)$ a pour coordonnées $(0\,;\,-2)$, il est donc situé sous l'axe des abscisses. Vrai.

33

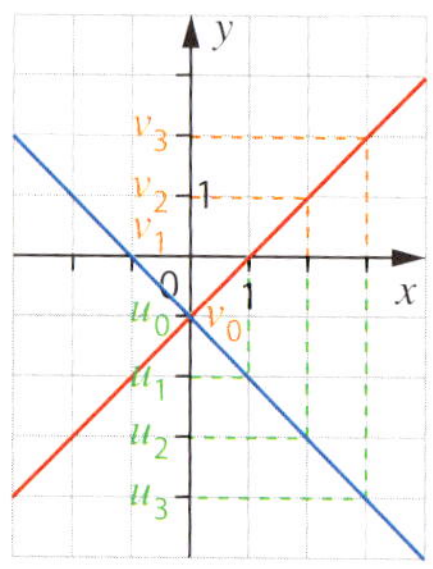

37 **1.** Pour tout entier naturel n, $(s(n))$ est une suite arithmétique de raison $r = 30$ et de premier terme $s(0) = 0$.
Pour tout entier naturel n, on a $s(n) = n \times 30 = 30n$.
2. Deux années correspondent à une durée de 24 mois : $s(24) = 30 \times 24 = 720$.
Au bout de deux ans, la somme sur le compte d'Archibald sera de 720 €.

41 **1.** $a(0)$ est le nombre d'habitant de la ville en 2021 ; d'après l'énoncé, $a(0) = 1\,320$.
2. D'une année sur l'autre, le nombre d'habitants de la ville augmente de 30 personnes. On a donc $a(n+1) = a(n) + 30$.

3. La suite $(a(n))$ est une suite arithmétique de raison $r = 30$ et de premier terme $a(0) = 1320$.

4. Pour tout entier naturel n, on a :

$$a(n) = 1320 + 30n.$$

En 2028, il se sera écoulé sept ans depuis 2021. On calcule donc $a(7)$:

$$a(7) = 1320 + 30 \times 7 = 1530.$$

En 2028, la ville aura 1 530 habitants.

49 **1.** Comme le prix des pantalons est fixe, $B(x)$ peut s'écrire sous la forme $B(x) = mx + p$. On calcule $m = \dfrac{B(250) - B(0)}{250 - 0}$, ce qui donne $m = \dfrac{800 - (-1200)}{250 - 0}$, donc $m = 8$.

Pour calculer p, on remplace m par sa valeur dans l'égalité $B(0) = -1\,200$ ou $B(250) = 800$.

$B(0) = 8 \times 0 + p$, donc $p = -1\,200$. Ainsi, $B(x) = 8x - 1\,200$.

2. $B(400) = 8 \times 400 - 1200 = 2\,000$ €

3. Déterminer le nombre de pantalons que l'association doit vendre pour réaliser du bénéfice consiste à trouver la plus petite valeur entière de x telle que $B(x) \geqslant 0$.

$B(x) \geqslant 0$, soit $8x - 1200 \geqslant 0$, donc $8x \geqslant 1200$ et donc $x \geqslant 150$.

L'association doit vendre au moins 150 pantalons pour réaliser un bénéfice.

4. Déterminer le nombre de pantalons que l'association doit vendre pour réaliser un bénéfice supérieur ou égal à 3 000 € consiste à trouver la plus petite valeur entière de x telle que $B(x) \geqslant 3\,000$.

$B(x) \geqslant 3\,000$, soit $8x - 1\,200 \geqslant 3\,000$, donc $8x \geqslant 4\,200$ et donc $x \geqslant 525$.

L'association doit vendre au moins 525 pantalons pour réaliser un bénéfice supérieur ou égal à 3 000 €.

57 **1.** $r_2 = r_1 + 10 = 850 + 10 = 860$.

Au premier février 2022 la rente est de 860 €.

2. La suite (r_n) est arithmétique de raison $r = 10$ et de premier terme $r_1 = 850$. Ainsi, pour tout entier naturel $n \geqslant 1$, on a :

$$r_n = 850 + (n - 1) \times 10 = 840 + 10n.$$

3.

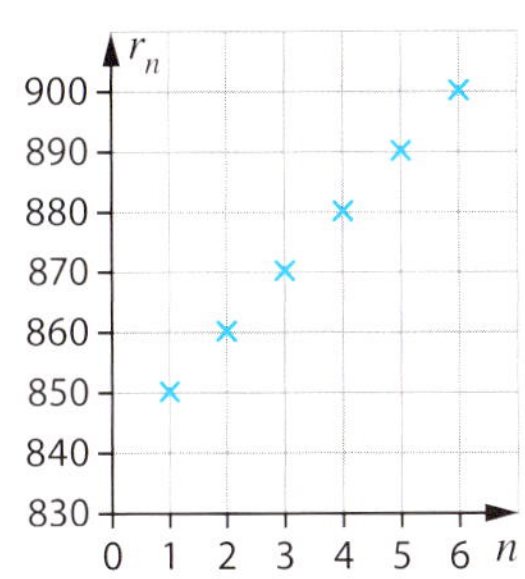

4. La représentation graphique de la fonction affine f définie pour tout réel x par $f(x) = 10x + 840$ contient les points de la suite (r_n).

5. $f(x) = 2\,000$, soit $10x + 840 = 2\,000$, donc $10x = 1\,160$ et donc $x = \dfrac{1\,160}{10} = 116$.

Le rentier devra attendre 116 mois avant que sa rente atteigne 2 000 euros.

Chapitre 4

Réponses au QCM

1. C ; **2.** A ; **3.** C ; **4.** A et C ; **5.** A ; **6.** A ; **7.** C ; **8.** C ; **9.** A et C ; **10.** C.

1 **1.** La courbe représentative de la fonction affine g passe par les points $A(2 ; 2)$ et $B(4 ; -2)$.

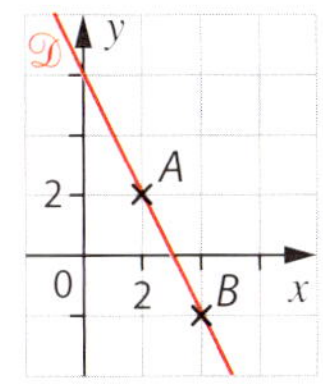

2. Graphiquement il semble que la fonction g soit décroissante sur $\mathbb{R}$.

3. $g(x)$ peut s'écrire sous la forme $g(x) = mx + p$. On calcule $m = \dfrac{g(2) - g(4)}{2 - 4}$, ce qui donne $m = \dfrac{2 - (-2)}{-2}$ donc $m = -2$.

Pour calculer p, on remplace m par sa valeur dans l'égalité $g(2) = 2$ ou $g(4) = -2$.

$g(2) = -2 \times 2 + p$, donc $-4 + p = 2$ et donc $p = 6$. Ainsi, $g(x) = -2x + 6$.

Pour tout réel x, $g(x) = mx + p$, avec $m = -2$. Le nombre m est négatif, donc la fonction g est décroissante sur $\mathbb{R}$.

4. La droite $\mathscr{D}$ représentative de la fonction g a pour équation $y = -2x + 6$. L'ordonnée du point d'intersection de cette droite avec l'axe des ordonnées est égale à p. Ainsi le point d'intersection de la droite $\mathscr{D}$ avec l'axe des ordonnées est (0 ;6).

5 **a.** $t(n+1) - t(n) = t(n) + 11 - t(n) = 11$

La suite $(t(n))$ définie pour tout n entier naturel est arithmétique de raison $r = 11$. Faux.

b. La suite $(t(n))$ définie pour tout n entier naturel est arithmétique de raison $r = 11$. Faux.

c. $t(1) = t(0) + r = -15 + 11 = -4$

$t(2) = t(1) + r = -4 + 11 = 7$

Le terme $t(2)$ est positif. Faux

d. La raison de la suite arithmétique $(t(n))$ est 11. 11 est positif, donc la suite arithmétique $(t(n))$ est croissante. Vrai.

12 **ÉNONCÉ 1**

1. $s(0) = 2\,100$; $l(0) = 0$.

2. $s(1) = s(0) - 5 = 2\,100 - 5 = 2\,095$

$s(2) = s(1) - 5 = 2\,090$

$l(1) = l(0) + 2 = 2$

$l(2) = l(1) + 2 = 4$

3. La suite $(s(n))$ semble décroissante, la suite $(l(n))$ semble croissante.

4. Simon et Lilas se rencontrent au bout de 300 s.

ÉNONCÉ 2

1. $s_n = s_0 - 5n = 2100 - 5n$

$l_n = l_0 + 2n = 2n$

2. La raison de la suite (s_n) est $-5 < 0$, donc la suite (s_n) est décroissante. La raison de la suite (l_n) est $2 > 0$, donc la suite (l_n) est croissante.

3.

	A	B	C	D
1	n	s_n	l_n	écart
2	0	2100	0	2100
3	1	2095	2	2093
201	199	1105	398	707
202	200	1100	400	700
203	201	1095	402	693

Simon se trouvera à 700 marches au-dessus de Lilas au bout de 200 s, soit 3 min et 20 s.

4. $s_n - l_n = 700 \Leftrightarrow 2\,100 - 5n - 2n = 700$

$$\Leftrightarrow -7n = 700 - 2\,100$$
$$\Leftrightarrow -7n = -1\,400$$
$$\Leftrightarrow n = -\frac{1400}{-7} = 200$$

15 On cherche t tel que $v(t) \geqslant 24$.

$2t + 3 \geqslant 24 \Leftrightarrow 2t \geqslant 24 - 3 \Leftrightarrow t \geqslant \frac{21}{2}$, soit $t \geqslant 10{,}5$.

Le mobile se déplacera avec une vitesse supérieure ou égale à 24m/s à partir de l'instant $t = 11$ s.

19 On note $u(n)$ la population de l'espèce d'oiseaux du parc naturel n années après l'année 2023.

La suite $(u(n))$ est une suite arithmétique de raison 163 et de premier terme $u(0) = 4\ 500$. Pour tout entier naturel n, on a :

$$u(n) = 4\ 500 + 163n.$$

On cherche le plus petit entier naturel n tel que $u(n) \geqslant 6\ 000$.

$4\ 500 + 163n \geqslant 6\ 000 \Leftrightarrow 163n \geqslant 1\,500$

$$\Leftrightarrow n \geqslant \frac{1500}{163} \Leftrightarrow n \geqslant 9{,}2.$$

C'est donc 10 années après l'année 2023, soit en 2033, que la population de l'espèce d'oiseaux du parc naturel dépassera les 6 000 individus.

25 **1.** La différence entre la somme sur le compte le 01/04/2022 et la somme sur le compte fin décembre 2021 correspond à quatre versements identiques effectués par Fréderic en début de chaque mois. Ainsi, le versement mensuel est égal à $\frac{9\ 500 - 8\ 500}{4}$, soit 250 €.

2. D'un mois sur l'autre la somme sur le compte augmente de 250€, on a donc $c_{n+1} = c_n + 250$.

3. La suite (c_n) est arithmétique de raison 250.

La raison est positive, donc la suite arithmétique (c_n) est croissante.

4. $c_0 = 8\ 500$; $c_1 = 8\ 750$; $c_2 = 9\ 000$; $c_3 = 9\ 250$; $c_4 = 9\ 500$.

Les points de coordonnées (0 ; 8 500), (1 ; 8 750), (2 ; 9 000), (3 ; 9 250) et (4 ; 9 500) sont les cinq points représentant les cinq premiers termes de la suite arithmétique (c_n).

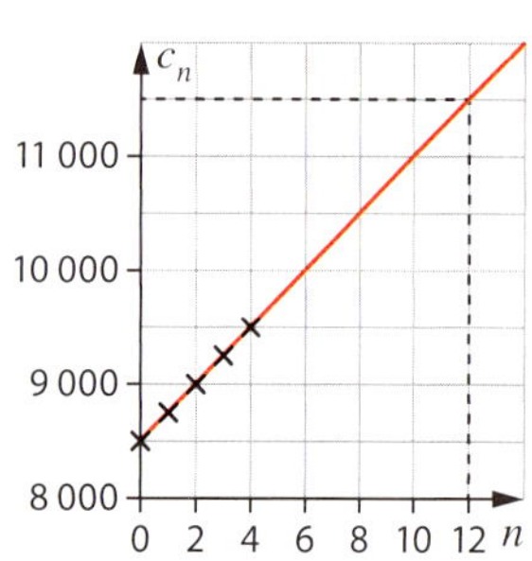

5. On trace sur le graphique la droite à laquelle appartiennent les cinq points représentant les cinq premiers termes de la suite arithmétique (c_n). On cherche ensuite graphiquement l'abscisse du point de la droite qui a pour ordonnée 11 500. Frédéric pourra acheter son piano au bout de 12 mois.

32 **1.** $u_n = 200\,000 - 4\,000n$. La suite (u_n) est arithmétique de premier terme $u_0 = 200\,000$ et de raison $r = -4\,000$.

2. $v_n = 100\,000 + 5\,000n$. La suite (v_n) est arithmétique de premier terme $v_0 = 100\,000$ et de raison $r = 5\,000$.

3.

```python
def nombre_bacteries(n):
    return 200000-4000*n,100000+5000*n
```

4. Les points de coordonnées $(n\,;u_n)$ appartiennent à la droite d'équation $y = 200\,000 - 4\,000x$.

Les points de coordonnées $(n\,;v_n)$ appartiennent à la droite d'équation $y = 100\,000 + 5\,000x$.

5. On cherche n tel que :

$100\,000 + 5\,000n \geqslant 200\,000 - 4\,000n \Leftrightarrow 9\,000n \geqslant 100\,000$

$$\Leftrightarrow n \geqslant \frac{100\,000}{9\,000}$$

Or $\frac{100\,000}{9\,000} \approx 11{,}1$. Donc dès que $n \geqslant 12$, on a $v_n \geqslant u_n$.

6. On vérifie avec la fonction Python que $u_{11} > v_{11}$ et que $v_{12} > u_{12}$.

```python
>>> nombre_bacteries(11)
(156000, 155000)
>>> nombre_bacteries(12)
(152000, 160000)
```

Chapitre 5

Réponses au QCM

1. B et C ; **2.** A ; **3.** C ; **4.** B et C ; **5.** C ; **6.** C ; **7.** A et C ; **8.** B ; **9.** B ; **10.** B.

4 **1.** Pour tout entier naturel n, on a :

$$v_{n+1} = \frac{1}{3}v_n \text{ et } v_2 = 81.$$

2. $v_3 = \frac{1}{3} \times v_2 = \frac{1}{3} \times 81 = 27$

$v_4 = \frac{1}{3} \times v_3 = \frac{1}{3} \times 27 = 9$

$v_5 = \frac{1}{3} \times v_4 = \frac{1}{3} \times 9 = 3$

$v_6 = \frac{1}{3} \times v_5 = \frac{1}{3} \times 3 = 1$

8 **1.** $u_n = 3 \times \left(\frac{1}{5}\right)^n = \frac{3}{5^n}$

2. $u_3 = \frac{3}{5^3} = \frac{3}{125}$

$u_7 = \frac{3}{5^7} = \frac{3}{78\,125}$

16 **1.** $u_0 = 4$; $u_1 = 2$.

2. $q = \frac{u_1}{u_0} = \frac{2}{4} = \frac{1}{2} = 0{,}5$

3. $u_4 = u_0 \times q^4 = 4 \times \left(\frac{1}{2}\right)^4 = \frac{4}{16} = \frac{1}{4} = 0{,}25$

L'ordonnée du point d'abscisse 4 est environ égale à 0,25. Le graphique semble confirmer la valeur de u_4.

4. a. $u_5 < 0$ est faux, car $u_4 > 0$ et $q > 0$. Comme u_5 est le produit de ces deux nombres positifs, il est strictement positif.

b. Vrai. Pour tout entier n, on a $u_n = 4 \times \left(\frac{1}{2}\right)^n$, qui est le produit de deux nombres strictement positifs. Donc $u_n > 0$ pour tout n.

20 **1.** Pour tout entier naturel n, on a $U_{n+1} = U_n \times 0{,}8$

2. a. =B2*0,8

b. $U_4 = U_3 \times 0{,}8 = 2{,}56 \times 0{,}8 = 2{,}048$

À l'instant 4 minutes, la tension aux bornes du condensateur est de 2,048 V.

3. Le huitième terme est le terme U_7.

$U_5 = U_4 \times 0{,}8 = 1{,}6384$

$U_6 = U_5 \times 0{,}8 = 1{,}6384 \times 0{,}8 = 1{,}31072$

$U_7 = U_6 \times 0{,}8 = 1{,}31072 \times 0{,}8 = 1{,}048576$

À l'instant 7 min, la tension aux bornes du condensateur est de 1,048 576 V.

22 **1.** $u_0 = 30$

2. Augmenter une quantité de 16 % revient à la multiplier par $1 + \frac{16}{100} = 1{,}16$. D'un jour à l'autre, la surface de peau est donc multipliée par 1,16. La surface de peau peut donc être modélisée par une suite géométrique (u_n) de raison $q = 1{,}16$ et de premier terme $u_0 = 30$, où n est le nombre de jours de culture.

3. 15 cm² = 1 500 mm²

	A	B
1	n	Pn
2	0	30
3	1	34,8
4	2	40,368
5	3	46,82688
6	4	54,3191808
7	5	63,01024973
8	6	73,09188968
9	7	84,78659203
10	8	98,35244676
11	9	114,0888382
12	10	132,3430524
13	11	153,5179407
14	12	178,0808113
15	13	206,5737411
16	14	239,6255396

15	13	206,5737411
16	14	239,6255396
17	15	277,965626
18	16	322,4401261
19	17	374,0305463
20	18	433,8754337
21	19	503,2955031
22	20	583,8227836
23	21	677,234429
24	22	785,5919376
25	23	911,2866476
26	24	1057,092511
27	25	1226,227313
28	26	1422,423683
29	27	1650,011472
30	28	1914,013308
31	29	2220,255437
32	30	2575,496307

À l'aide du tableur, on remarque que la première valeur de n telle que $u_n \geqslant 1\,500$ est 27. Le patient devra donc attendre au moins 27 jours pour que la greffe soit possible.

28 **1.** $f(0) = 1$; $f(3) = 16^3 = 4\,096$.

2. $f(0{,}1) \approx 1{,}32$; $f(0{,}8) \approx 9{,}19$; $f(1{,}1) \approx 21{,}11$; $f(1{,}5) = 64$.

3. $f(0{,}5) = 4$. Or $\sqrt{16} = 4$. On a donc $16^{0{,}5} = \sqrt{16}$. Ces deux nombres positifs sont égaux car ils ont le même carré. En effet, $\sqrt{16}^2 = 16$ et $(16^{0{,}5})^2 = 16^{0{,}5 \times 2} = 16^1 = 16$.

30 **a.** $0{,}45^{2{,}3} \times 0{,}45^{1{,}7} = 0{,}45^{2{,}3+1{,}7}$
$= 0{,}45^4 = 0{,}04100625$

b. $0{,}45^{1{,}1} \times 0{,}45^{0{,}9} = 0{,}45^{1{,}1+0{,}9}$
$= 0{,}45^2 = 0{,}2025$

c. $\frac{0{,}45^{2{,}3}}{0{,}45^{1{,}5}} = 0{,}45^{2{,}3-1{,}5} = 0{,}45^{0{,}8} \approx 0{,}53$

d. $(0{,}45^{1{,}1})^{1{,}1} = 0{,}45^{1{,}1 \times 1{,}1}$
$= 0{,}45^{1{,}21} \approx 0{,}38$

32 **1.** On a $f(0) = 2$; or $f(0) = k \times a^0 = k$, donc $k = 2$.

On a aussi $f(1) = k \times a^1 = 2 \times a = 1$, donc $a = \frac{1}{2}$. On a alors $f(x) = 2 \times \left(\frac{1}{2}\right)^x$.

2. a. Vrai.

b. Vrai.

c. Vrai.

d. Faux.

34 **a.** $19\,686^{\frac{1}{9}} \approx 3$

b. $625^{\frac{1}{4}} = 5$

c. $\sqrt[5]{312\,500\,000} = 50$

d. $2197^{\frac{1}{3}} = 13$

e. $\sqrt[3]{2\,256} \approx 13{,}12$

f. $5\,463\,987^{\frac{1}{6}} \approx 13{,}27$

41 **1.** On sait qu'à l'instant $t = 0$, on injecte 8 mg d'un médicament dans le sang du patient, cela signifie que $Q(0) = 8$, soit $k \times 0{,}61^0 = 8$, donc $k = 8$.

2. $Q(1) = 8 \times 0{,}61^1 = 4{,}88$

La quantité de médicament restant dans le sang du patient au bout d'une heure est égale à 4,88 mg.

3. $Q(1{,}5) = 8 \times 0{,}61^{1{,}5} \approx 3{,}8$

La quantité de médicament restant dans le sang du patient au bout de 1,5 heure est d'environ 3,8 mg.

4. 45 minutes correspondent à 0,75 heure. On cherche donc la valeur de $Q(3{,}75)$:

$$Q(3{,}75) = 8 \times 0{,}61^{3{,}75} \approx 1{,}3$$

La quantité de médicament restant dans le sang du patient au bout de 3 heures et 45 minutes est d'environ 1,3 mg.

43 **1.** La mort de l'arbre correspond à l'instant $t = 0$.

$N(0) = 120\,000 \times 0{,}999\,88^0 = 120\,000$

Il y avait 120 000 noyaux de carbone 14 dans le bois lors de la mort de l'arbre.

2. $N(3\,000) = 120\,000 \times 0{,}999\,88^{3\,000} \approx 83\,719$

Il reste environ 83 719 noyaux de carbone 14, trois mille années après la mort de l'arbre.

3. À la mort de l'arbre, il y avait 120 000 noyaux de carbone 14. À l'instant t_0, il ne reste donc plus que la moitié de ces noyaux, soit 60 000.

Graphiquement, l'abscisse du point de la courbe représentative de la fonction qui a pour ordonnée 60 000 est environ 5 700. Cela signifie que le temps de demi-vie t_0 du carbone 14 est d'environ 5 700 ans.

46 **1.** Diminuer une quantité de 15 % revient à la multiplier par $1 - \frac{15}{100} = 0{,}85$.

D'un jour sur l'autre, le nombre de bactéries est multiplié par 0,85. Le nombre de bactéries peut donc être modélisé par une suite géométrique (u_n) de raison $q = 0{,}85$ et de premier terme $u_0 = 70\,000$, où n est le nombre de jours après l'injection de l'antibiotique.

2. Pour tout entier naturel n, on a :

$$u_n = u_0 \times q^n = 70\,000 \times 0{,}85^n.$$

3. $u_{10} = 70\,000 \times 0{,}85^{10} \approx 13\,781$

Il restera environ 13 781 bactéries dix jours après l'injection de l'antibiotique.

4.

	A	B
37	35	237,0
38	36	201,5
39	37	171,2
40	38	145,6
41	39	123,7

À l'aide du tableur, on remarque que la première valeur de n telle que $u_n < 200$ est 37. Il faudra donc attendre 37 jours pour que le nombre de bactéries soit strictement inférieur à 200.

54 **1.** $u_1 = qu_0 = (-2)\times 5 = -10$
$u_2 = (-2)\times(-10) = 20$
$u_3 = (-2)\times 20 = -40$
$u_4 = (-2)\times(-40) = 80$
2. Pour tout entier naturel n, on a $u_n = 5\times(-2)^n$. Lorsque n est pair, $(-2)^n$ est un nombre positif et 5 est positif, donc u_n est positif. Lorsque n est impair, $(-2)^n$ est un nombre négatif et 5 est positif, donc u_n est négatif.

Chapitre 6

Réponses au QCM

1. B ; **2.** B ; **3.** A et B ; **4.** C ; **5.** A ; **6.** B ; **7.** A et B ; **8.** B ; **9.** B et C ; **10.** B et C ; **11.** C ; **12.** A.

2 **1.** $u_0 > 0$.
La raison de la suite (u_n) est $q = \frac{2}{3}$.
Or $0 < \frac{2}{3} < 1$, donc la suite (u_n) est strictement décroissante.
2. $u_0 = 3$, donc $u_0 > 0$. La raison de la suite (u_n) est $q = \frac{1}{0,3}$.
Or $\frac{1}{0,3} > 1$, donc la suite (u_n) est strictement croissante.
3. $u_n = 4\times\frac{2^n}{5^n} = 4\times\left(\frac{2}{5}\right)^n$.
$u_0 = 4$ donc $u_0 > 0$. La raison de la suite (u_n) est $q = \frac{2}{5}$.
Or $0 < \frac{2}{5} < 1$, donc la suite (u_n) est strictement décroissante.

16 **ÉNONCÉ 1**
1. Une personne qui a connaissance de la rumeur à un instant la propage l'instant d'après à deux autres personnes. Le nombre de personnes qui apprennent la rumeur à l'instant 1 est donc le nombre de personnes connaissant la rumeur à l'instant 0 multiplié par 2, soit :
$$10\ 000\times 2 = 20\ 000.$$
20 000 personnes apprennent la rumeur à l'instant 1.
2. D'un instant à l'autre, le nombre de personnes apprenant la rumeur est multiplié par 2, on a donc $u_{n+1} = 2u_n$.
La suite (u_n) est définie par la relation de récurrence d'une suite géométrique de raison 2 et de premier terme $u_0 = 10\ 000$.
3. Pour tout n entier naturel, on a :
$$u_n = 10\ 000\times 2^n.$$
Donc, $u_8 = 10\ 000\times 2^8 = 2\ 560\ 000$.
2 560 000 personnes apprendront la rumeur à l'instant $n = 8$.
4. $u_0 > 0$. La raison de la suite (u_n) est $q = 2$.
Or $2 > 1$, donc la suite (u_n) est strictement croissante. Ce résultat montre que le nombre de personnes qui apprennent la rumeur va augmenter d'un instant à l'autre.

ÉNONCÉ 2
1. D'un instant à l'autre, le nombre de personnes apprenant la rumeur est multiplié par 2, on a donc $u_{n+1} = 2u_n$.
La suite (u_n) est définie par la relation de récurrence d'une suite géométrique de raison 2 et de premier terme $u_0 = 10\ 000$.
2. Pour tout n entier naturel, on a :
$$u_n = 10\ 000\times 2^n.$$
Donc, $u_8 = 10\ 000\times 2^8 = 2\ 560\ 000$.
2 560 000 personnes apprendront la rumeur à l'instant $n = 8$.
3. a. Seuls 25 % des personnes apprenant la rumeur à un instant donné la partage à deux autres personnes à l'instant d'après, on a donc $v_{n+1} = 2\times 0,25\times v_n = 0,5v_n$.
La suite (v_n) est définie par la relation de récurrence d'une suite géométrique de raison 0,5 et de premier terme $v_0 = 10\ 000$.
b. $v_0 > 0$. La raison de la suite (v_n) est $q = 0,5$. Or $0,5 < 1$, donc la suite (v_n) est strictement décroissante.
Ce résultat montre que le nombre de personnes qui apprennent la rumeur va diminuer d'un instant à l'autre.
4. Pour tout n entier naturel, on a :
$$v_n = 10\ 000\times 0,5^n.$$
Donc $v_8 = 10\ 000\times 0,5^8 \approx 39$.
Il y a donc environ 39 personnes qui apprendront la rumeur à l'instant $n = 8$.

18 **a.** La fonction exponentielle de base $1,2 > 1$ est strictement croissante sur $[0\ ;+\infty[$. On a $f(x) = -1\times 1,2^x$, avec $-1 < 0$.
La fonction f a donc un sens de variation contraire à celui de la fonction exponentielle de base 1,2.
f est donc strictement décroissante sur $[0\ ;+\infty[$.
b. La fonction exponentielle de base $0,1 < 1$ est strictement décroissante sur $[0\ ;+\infty[$. On a $g(x) = -2\times 0,1^x$, avec $-2 < 0$.
La fonction g a donc un sens de variation contraire à celui de la fonction exponentielle de base 0,1.
g est donc strictement croissante sur $[0\ ;+\infty[$.
c. $h(x) = \frac{1,5^x}{3^x} = \left(\frac{1,5}{3}\right)^x = 0,5^x$. La fonction h est une fonction exponentielle de base 0,5.
Or $0,5 < 1$, donc la fonction h est strictement décroissante sur $[0\ ;+\infty[$.
d. $u(x) = -0,4\times\frac{2,5^{2x+1}}{2,5^x}$
$$= -0,4\times 2,5^{2x+1-x} = -0,4\times 2,5^{x+1}$$
$$= -0,4\times 2,5\times 2,5^x = -2,5^x.$$
La fonction exponentielle de base $2,5 > 1$ est strictement croissante sur $[0\ ;+\infty[$. On a $u(x) = -1\times 2,5^x$, avec $-1 < 0$. La fonction u a donc un sens de variation contraire à celui de la fonction exponentielle de base 2,5. u est donc strictement décroissante sur $[0\ ;+\infty[$.

30 Un client achète un pantalon et un article supplémentaire dans le magasin. Le prix du pantalon va donc subir une première baisse de 15 % puis une seconde de 20 %. Puis il va payer la cravate 40 €.
$$80\times\left(1-\frac{15}{100}\right)\times\left(1-\frac{20}{100}\right)+40 = 94,4$$
Le client va payer les deux articles 94,40 €.

36 $70\ 000\times\left(1+\frac{4}{100}\right)^3\times\left(1+\frac{4,5}{100}\right)^4 \approx 93\ 899$
Le chiffre d'affaires au bout de sept ans sera de 93 899 €, arrondi à l'euro.

$\frac{93\,899}{70\,000} - 1 \approx 0{,}3414$. Le taux d'augmentation du chiffre d'affaires entre la première et la septième année est de 0,3414 = 34,14 %. On le note T %.

Le taux annuel moyen d'augmentation du chiffre d'affaires est donc :

$$\left(1 + \frac{34{,}14}{100}\right)^{\frac{1}{7}} - 1 \approx 0{,}0429.$$

Le taux annuel moyen d'augmentation est d'environ 4,29 %.

42 **1.** La fonction exponentielle de base $0{,}92 < 1$ est strictement décroissante sur $[0\,;+\infty[$. On a $g(t) = 2 \times 0{,}92^t$, avec $2 > 0$. La fonction g a donc le même sens de variation que celui de la fonction exponentielle de base 0,92.

g est donc strictement décroissante sur $[0\,;+\infty[$.

Une fois dans le sang, le médicament va être distribué dans l'organisme puis chimiquement transformé et enfin éliminé, sa quantité dans le sang diminue donc au cours du temps.

2. $\frac{g(24)}{g(0)} = \frac{2 \times 0{,}92^{24}}{2 \times 0{,}92^{0}} = 0{,}92^{24} \approx 0{,}135$

Au bout de 24 h, la proportion de médicament restant dans le sang est d'environ 0,135 = 13,5 %.

3.

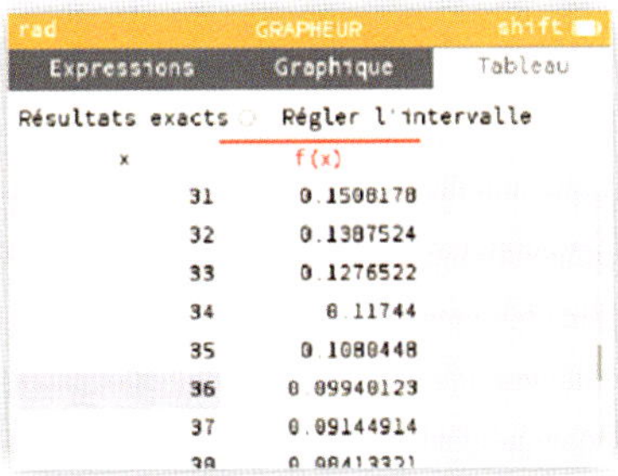

rad GRAPHEUR shift

Expressions | Graphique | Tableau

Résultats exacts Régler l'intervalle

x	f(x)
31	0.1508178
32	0.1387524
33	0.1276522
34	0.11744
35	0.1080448
36	0.09940123
37	0.09144914
38	0.08413321

On a $f(35) > 0{,}1$ et $f(36) < 0{,}1$. Le médicament pourra être considéré comme disparu au bout de 36 heures.

47 **1.** La fonction exponentielle de base $0{,}85 < 1$ est strictement décroissante sur $[0\,;+\infty[$. On a $f(t) = 660 \times 0{,}85^t$, avec $660 > 0$. La fonction f a donc le même sens de variation que celui de la fonction exponentielle de base 0,85. f est donc strictement décroissante sur $[0\,;+\infty[$.

2.

t	8	8,5	9	9,5
$f(t)$	180	166	153	141

t	10	11	12	13
$f(t)$	130	110	94	80

3.

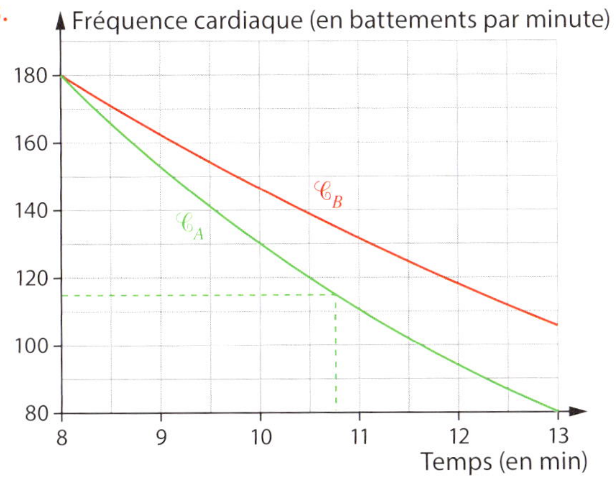

4. a. Graphiquement, les points de la courbe représentative de la fonction f qui ont une ordonnée inférieure ou égale à 115 ont une abscisse qui appartient à l'intervalle [10,8 ; 13].

b. Il faut attendre environ 2,8 minutes après le test d'effort, soit 2 minutes et 48 secondes après le test d'effort, pour que la fréquence cardiaque de la personne soit inférieure ou égale à 115 battements par minute.

5. a. $f(8) - f(9) = 180 - 153 = 27$

Lors de la première minute de récupération, la fréquence cardiaque de l'individu A a diminué de 27 battements.

Or $27 > 12$, on peut donc considérer la fréquence de récupération de l'individu A comme normale.

b. La courbe de l'individu A est toujours en dessous de celle de l'individu B. C'est donc l'individu A qui possède la récupération la plus efficace.

Chapitre 7

Réponses au QCM

1. A et B ; **2.** A ; **3.** B ; **4.** C ; **5.** A.

3 **1.** $t(-1) = 1\,;\, t(0) = 1$.

À partir du point A, si on décale de trois unités et demie vers le bas puis d'une demi-unité vers la droite, on arrive à un autre point de la tangente à la courbe en A.

Donc $f'(-1) = \frac{-3{,}5}{0{,}5} = -7$.

À partir du point B, si on décale de deux unités vers le haut puis d'une demi-unité vers la droite, on arrive à un autre point de la tangente à la courbe en B.

Donc $f'(0) = \frac{2}{0{,}5} = 4$.

2. $f'(a) = 0$ si et seulement si la tangente au point d'abscisse a est parallèle à l'axe des abscisses. Ceci semble être le cas pour le point C, donc $a \approx 0{,}75$.

9 **1.** • La vitesse instantanée de disparition du produit 1 h après l'injection est égale à la pente de la tangente à la courbe au point A d'abscisse 1.

À partir du point A d'abscisse 1, si on décale de 2,5 unités vers le bas puis d'une unité vers la droite, on arrive à un autre point de la tangente à la courbe en A. La pente de la tangente est donc égale à $\frac{-2{,}5}{1} = -2{,}5$. La vitesse de disparition du produit 1 h après l'injection est donc égale à –2,5 mg/h.

• La vitesse instantanée de disparition du produit 9 h après l'injection est égale à la pente de la tangente à la courbe au point C d'abscisse 9.

À partir du point C d'abscisse 9, si on décale d'une demi-unité vers le haut puis de cinq unités vers la gauche, on arrive à un autre point de la tangente à la courbe en C. La pente de la tangente est donc égale à $\frac{0{,}5}{-5} = -0{,}1$. La vitesse de disparition du produit 9 h après l'injection est donc égale à –0,1 mg/h.

2. Le coefficient directeur de la tangente est –0,5. La vitesse de disparition du produit 4 h après l'injection est donc égale à –0,5 mg/h.

15 1. La vitesse d'évolution de la concentration d'ions Mg^{2+} à l'instant $t = 1$ est donnée par $f'(1)$.
La valeur de $f'(1)$ est donnée par la pente de la tangente à la courbe au point d'abscisse 1.
À partir du point A d'abscisse 1, si on décale d'une unité vers le haut puis d'une unité vers la droite, on arrive à un autre point de la tangente à la courbe en A. La pente de la tangente est donc égale à $\frac{1}{1} = 1$. Donc $f'(1) = 1$. Soit 1 (centième de mole/L)/min, soit 0,01 (mol/L)/min.
2. La vitesse d'évolution de la concentration d'ions Mg^{2+} à l'instant $t = 2$ est donnée par $f'(2)$. La valeur de $f'(2)$ est donnée par la pente de la tangente à la courbe au point B d'abscisse 2.
De même, la vitesse d'évolution de la concentration d'ions Mg^{2+} à l'instant $t = 5$ est donnée par la pente de la tangente à la courbe au point C d'abscisse 5.
Enfin, la vitesse d'évolution de la concentration d'ions Mg^{2+} à l'instant $t = 8$ est donnée par la pente de la tangente à la courbe au point D d'abscisse 8.
3. $f'(2) = 0{,}5$ signifie que la vitesse d'évolution de la concentration d'ions Mg^{2+} à l'instant $t = 2$ est de $0{,}5 \times 10^{-2}$(mol/L)/min.
4. a. Graphiquement, on voit que la pente de la tangente à la courbe au point D d'abscisse 8 est plus petite que la pente de la tangente à la courbe au point C d'abscisse 5. Cette dernière est elle-même plus petite que la pente de la tangente à la courbe au point B d'abscisse 2. Ainsi, $f'(8) \leqslant f'(5) \leqslant f'(2)$.
b. La concentration d'ions Mg^{2+} augmente de moins en moins vite au fur et à mesure que la réaction se produit.

21 **Partie 1**
1. Graphiquement $h(1) = -2$.
À partir du point A d'abscisse 1, si on décale de trois unités vers le haut puis d'une unité vers la gauche, on arrive à un autre point de la tangente à la courbe en A. Donc $h'(1) = \frac{3}{-1} = -3$.
2. La tangente à la courbe au point A a pour coefficient directeur -3 et pour ordonnée à l'origine 1.
L'équation de la tangente à la courbe représentative de la fonction h au point A est $y = -3x + 1$.

Partie 2
1. Le coefficient directeur de la tangente à la courbe au point A d'abscisse a est égal à $f'(a)$. On a donc $m = f'(a)$.
2. La tangente à la courbe au point A d'abscisse a a pour coefficient directeur $f'(a)$ et son équation est donc de la forme $y = f'(a)x + p$. Le point $A(a\,;f(a))$ appartient à la tangente, on a donc $y_A = f'(a)x_A + p$, soit $f(a) = f'(a) \times a + p$, donc $p = f(a) - f'(a) \times a$.
3. L'équation de la tangente à la courbe représentative de la fonction f au point A est :
$$y = f'(a)x + f(a) - f'(a) \times a,$$
soit $y = f'(a)(x - a) + f(a)$.

Chapitre 8

Réponses au QCM

1. C ; 2. A ; 3. A et B ; 4. B ; 5. B ; 6. A et B ; 7. B et C.

1 1. $f'(x) = 1$
$g'(x) = 2x$
$h'(x) = 3x^2 + 1$
2. $u'(x) = 3$
$v'(x) = -6 \times 2x = -12x$
$w'(x) = -4 \times 3x^2 = -12x^2$

3 $f'(x) = 2x - 3$
$g'(x) = 3x^2 - 5 \times 2x + 2 = 3x^2 - 10x + 2$
$h'(x) = 2 \times 3x^2 + 3 \times 2x - 5 = 6x^2 + 6x - 5$

10 1. $m'(x) = 3x^2 + \frac{5}{2} \times 2x - 2$
$= 3x^2 + 5x - 2$
2. $(3x - 1)(x + 2) = 3x^2 + 6x - x - 2$
$= 3x^2 + 5x - 2 = m'(x)$
3. $3x - 1 \geqslant 0 \Leftrightarrow x \geqslant \frac{1}{3}$
et $x + 2 \geqslant 0 \Leftrightarrow x \geqslant -2$

x	$-\infty$		-2		$\frac{1}{3}$		$+\infty$
$3x - 1$		−		−	0	+	
$x + 2$		−	0	+		+	
$m'(x)$		+	0	−	0	+	

4. Sur $]-\infty\,;-2]$, on a $m'(x) \geqslant 0$, donc m est croissante sur cet intervalle.

18 • La fonction dérivée **1** est positive sur $]-\infty\,;-3]$ puis négative sur $[-3\,;1]$ et enfin positive sur $[1\,;+\infty[$. La fonction initiale correspondante est donc croissante sur $]-\infty\,;-3]$, décroissante sur $[-3\,;1]$ et croissante sur $[1\,;+\infty[$, il s'agit de la fonction **b**.
• La fonction dérivée **2** est négative sur $]-\infty\,;-3]$ puis positive sur $[-3\,;1]$ et enfin négative sur $[1\,;+\infty[$. La fonction initiale correspondante est donc décroissante sur $]-\infty\,;-3]$, croissante sur $[-3\,;1]$ et décroissante sur $[1\,;+\infty[$, il s'agit de la fonction **c**.
La fonction dérivée **3** est positive sur $]-\infty\,;+\infty[$. La fonction initiale correspondante est donc croissante sur $]-\infty\,;+\infty[$, il s'agit de la fonction **a**.

19 1.

x	-3		2		10
$f'(x)$		+	0	−	
f	-25	↗	50	↘	22,5

2. Le maximum de la fonction f sur $[-3\,;10]$ est 50 et il est atteint en $x = 2$.

28 1. $f'(x) = 3x^2 - 2 \times 21x + 120$
$= 3x^2 - 42x + 120$
De plus, on a :
$3(x - 10)(x - 4) = 3(x^2 - 14x + 40)$
$= 3x^2 - 42x + 120.$
Donc $f'(x) = 3(x - 10)(x - 4)$.

2. Pour tout $x \in [0\,;10]$, $3 \geqslant 0$ et $x - 10 \leqslant 0$.
On a, de plus, $x - 4 \geqslant 0 \Leftrightarrow x \geqslant 4$.
On en déduit le tableau de signes de $f'(x)$ et le tableau de variation de f sur $[0\,;10]$.

x	0		4		10
$x - 10$		–		–	
$x - 4$		–	0	+	
$f'(x)$		+	0	–	
f		↗		↘	

3. $f(1) = 150$; $f(2) = 214$; $f(7) = 204$ et $f(8) = 178$.
La baignade sera interdite du deuxième jour après l'orage jusqu'au septième jour après l'orage inclus, soit six jours complets.

4. $f(4) = 258$. Durant les 10 jours suivant l'orage, la concentration maximale en microalgues est de 258 mg/L, cette concentration est atteinte quatre jours après l'orage.

5. $f(10) = 150$. Au bout de 10 jours la concentration en microalgues est supérieure à 100 mg/L, on ne peut donc pas considérer que la situation est revenue à la normale même si elle n'est pas considérée comme dangereuse.

32 1. $C(25) = 0{,}01 \times 25^3 - 1{,}05 \times 25^2 + 89{,}75 \times 25 + 256{,}25$
$= 2\,000$
La production de 25 tables coûte à l'artisan 2 000 €.

2. a. La recette associée à la vente de x tables est $80x$.
L'expression du bénéfice pour la vente de x tables est :
$$B(x) = 80x - (0{,}01x^3 - 1{,}05x^2 + 89{,}75x + 256{,}25),$$
soit $B(x) = -0{,}01x^3 + 1{,}05x^2 - 9{,}75x - 256{,}25$.

b. $B(25) = -0{,}01 \times 25^3 + 1{,}05 \times 25^2 - 9{,}75 \times 25 - 256{,}25 = 0$

c. $B'(x) = 3 \times (-0{,}01) \times x^2 + 2 \times 1{,}05x - 9{,}75 \times 1$
$= -0{,}03x^2 + 2{,}10x - 9{,}75$

d. $-0{,}03(x-5)(x-65)$
$= -0{,}03(x^2 - 65x - 5x + 325)$
$= -0{,}03(x^2 - 70x + 325)$
$= -0{,}03x^2 + 2{,}10x - 9{,}75$
$= B'(x)$

e. Pour tout $x \in [0\,;70]$, $-0{,}03 \leqslant 0$.
On a, de plus :
$$x - 5 \geqslant 0 \Leftrightarrow x \geqslant 5$$
$$\text{et } x - 65 \geqslant 0 \Leftrightarrow x \geqslant 65.$$
On en déduit le tableau de signes de $B'(x)$ et le tableau de variation de B sur $[0\,;\,70]$.

x	0		5		65		70
$-0{,}03$		–		–		–	
$x - 5$		–	0	+		+	
$x - 65$		–		–	0	+	
$B'(x)$		–	0	+	0	–	
B	–256,25	↘	280	↗	800	↘	776,25

f. D'après la question 2 b et le tableau de variation de la fonction B, l'artisan doit produire et vendre plus de 25 tables pour gagner de l'argent.
D'après le tableau de variation de la fonction B, le bénéfice de l'artisan est maximal lorsqu'il produit et vend 65 tables.

Livret

Vers les maths complémentaires

1 1. On calcule les trois premiers termes.
$u_0 = \dfrac{0+1}{0+2} = \dfrac{1}{2}$; $u_1 = \dfrac{1+1}{1+2} = \dfrac{2}{3}$; $u_2 = \dfrac{2+1}{2+2} = \dfrac{3}{4}$.

On a $\dfrac{u_1}{u_0} = \dfrac{\frac{2}{3}}{\frac{1}{2}} = \dfrac{2}{3} \times \dfrac{2}{1} = \dfrac{4}{3}$ et $\dfrac{u_2}{u_1} = \dfrac{\frac{3}{4}}{\frac{2}{3}} = \dfrac{3}{4} \times \dfrac{3}{2} = \dfrac{9}{8}$.

On a $\dfrac{u_2}{u_1} \neq \dfrac{u_1}{u_0}$, donc la suite n'est pas géométrique.

2. On écrit v_n sous la forme $v_n = v_0 q^n$.
On a $v_n = -\dfrac{1}{2} \times 3^{-n-1} = -\dfrac{1}{2} \times 3^1 \times 3^{-n}$
$= -\dfrac{1}{2} \times 3 \times \dfrac{1}{3^n} = -\dfrac{3}{2} \times \left(\dfrac{1}{3}\right)^n$

(v_n) est une suite géométrique de premier terme $v_0 = -\dfrac{3}{2}$ et de raison $q = \dfrac{1}{3}$.

2 1. On calcule les trois premiers termes.
$u_0 = 4$; $u_1 = 8$; $u_2 = 12$.
On a $\dfrac{u_2}{u_1} = \dfrac{12}{8} = \dfrac{3}{2}$ et $\dfrac{u_1}{u_0} = \dfrac{8}{4} = 2$
$\dfrac{u_2}{u_1} \neq \dfrac{u_1}{u_0}$, donc la suite n'est pas géométrique.

2. On écrit v_n sous la forme $v_n = v_0 q^n$.
On a $v_n = \dfrac{1}{3} \times 2^n$, donc la suite est géométrique de premier terme $v_0 = \dfrac{1}{3}$ et de raison $q = 2$.

3 1. Dans cette somme, on a $q = \dfrac{1}{2}$ et $n = 8$. On applique la formule :
$$S = \frac{1 - \left(\frac{1}{2}\right)^9}{1 - \frac{1}{2}} = 2\left(1 - \frac{1}{512}\right).$$

2. On applique la formule avec $n = 8$.
$$u_0 + \ldots + u_8 = -1 \times \frac{1 - \left(\frac{1}{4}\right)^9}{1 - \frac{1}{4}} = -\frac{4}{3}\left(1 - \frac{1}{262\,144}\right)$$

4 1. La suite de terme général (5^n) est croissante car $q > 1$.
Comme u_0 est positif, la suite (u_n) est aussi croissante.

2. La suite de terme général $(0{,}1^n)$ est décroissante car $0 < q < 1$. Comme $u_0 < 0$, la suite (v_n) est croissante.

5 Le premier terme est u_0.
$u_0 = -3 \times 0^2 + 2 \times 0 - 1 = -1$
Le terme de rang 4 est u_4.
$u_4 = -3 \times 4^2 + 2 \times 4 - 1 = -41$
$u_7 = -3 \times 7^2 + 2 \times 7 - 1 = -134$
Le onzième terme est u_{10}.
$u_{10} = -3 \times 10^2 + 2 \times 10 - 1 = -281$

6 Le premier terme est u_0.
$u_0 = \sqrt{2 \times 0 + 3} = \sqrt{3}$.
Le terme de rang 3 est u_3.
$u_3 = \sqrt{2 \times 3 + 3} = \sqrt{9} = 3$
$u_4 = \sqrt{2 \times 4 + 3} = \sqrt{11}$
Le sixième terme est u_5.
$u_5 = \sqrt{2 \times 5 + 3} = \sqrt{13}$

Corrigés

7 Les quatre premiers termes sont u_0, u_1, u_2 et u_3.
u_0 est déjà connu et égal à –3.

$u_1 = -2u_0^2 + 1 = -2 \times (-3)^2 + 1 = -18 + 1 = -17$

$u_2 = -2u_1^2 + 1 = -2 \times (-17)^2 + 1 = -577$

$u_3 = -2u_2^2 + 1 = -2 \times (-577)^2 + 1 = -665\,857$

8 Les quatre premiers termes sont u_0, u_1, u_2 et u_3.
u_0 est déjà connu.

$u_1 = -\frac{1}{2}u_0 + 6 = -\frac{1}{2} \times (-3) + 6 = \frac{3}{2} + 6 = \frac{15}{2}$

$u_2 = -\frac{1}{2}u_1 + 6 = -\frac{1}{2} \times \left(\frac{15}{2}\right) + 6 = -\frac{15}{4} + 6 = \frac{9}{4}$

$u_3 = -\frac{1}{2}u_2 + 6 = -\frac{1}{2} \times \left(\frac{9}{4}\right) + 6 = -\frac{9}{8} + 6 = \frac{39}{8}$

9 **1.** $u_{n+1} - u_n$

$= -(n+1)^2 + (n+1) + 1 + +n^2 - n - 1$

$= -n^2 - 2n - 1 + n + 1 + 1 + n^2 - n - 1$

$= -2n$

2. Pour tout entier naturel n, le nombre $-2n$ est négatif. Donc $u_{n+1} - u_n \leqslant 0$, soit $u_{n+1} \leqslant u_n$. La suite (u_n) est décroissante.

10 **a.** Les termes de la suite semblent se rapprocher autant que l'on veut du nombre 2. On conjecture $\lim\limits_{n \to +\infty} u_n = 2$.

b. Les termes de la suite semblent devenir aussi grands que l'on veut mais en alternant de signe. On conjecture que la suite n'a pas de limite.

11 **a.** Les termes de la suite semblent se rapprocher autant que l'on veut du nombre –4. On conjecture $\lim\limits_{n \to +\infty} u_n = -4$.

b. Les termes de la suite semblent devenir aussi grands que l'on veut tout en restant négatifs. On conjecture $\lim\limits_{n \to +\infty} u_n = -\infty$.

12 **a.** $e^7 = e^{4+3} = e^4 \times e^3 \approx 55 \times 20$, donc $e^7 \approx 1\,100$.

b. $e^{12} = e^{4\times 3} = (e^4)^3 \approx 55^3$, donc $e^{12} \approx 166\,375$.

On aurait pu calculer $(e^3)^4 \approx 20^4 = 160\,000$ qui est du même ordre de grandeur.

c. $e = e^1 = e^{4-3} = \frac{e^4}{e^3} \approx \frac{55}{20}$, donc $e \approx 2{,}75$.

13 **a.** $A = e^{x+5} \times e^{3+x} = e^{x+5+3+x} = e^{2x+8}$

b. $B = (e^{-x})^2 \times e^{-x} = e^{-2x} \times e^{-x} = e^{-2x-x} = e^{-3x}$

c. $C = \frac{e^{4x-1}}{e^{x-1}} = e^{4x-1-x+1} = e^{3x}$

d. $D = \frac{e^{-2x}}{e^{x+4}} = e^{-2x-x-4} = e^{-3x-4}$

14 **a.** $A = e^{x-3} \times e^{2+4x} = e^{x-3+2+4x} = e^{5x-1}$

b. $B = (e^x)^3 \times e^{-3x} = e^{3x} \times e^{-3x} = e^{3x-3x} = e^0 = 1$

c. $C = \frac{e^{x^2-x+2}}{e^{x^2-3}} = e^{x^2-x+2-x^2+3} = e^{-x+5}$

d. $D = \frac{e^{5x}}{e^{x^2+3x-1}} = e^{5x-x^2-3x+1} = e^{-x^2+2x+1}$

15 **a.** $e^{-x+1} = 1 \Leftrightarrow e^{-x+1} = e^0$

$\Leftrightarrow -x + 1 = 0 \Leftrightarrow x = 1$

$\mathcal{S} = \{1\}$

b. $e^{3x+1} = e^{x-1} \Leftrightarrow 3x + 1 = x - 1$

$\Leftrightarrow 2x = -2 \Leftrightarrow x = \frac{2}{-2} = -1$

$\mathcal{S} = \{-1\}$

c. $e^{4x^2} = 1 \Leftrightarrow e^{4x^2} = e^0 \Leftrightarrow 4x^2 = 0$

$\Leftrightarrow x^2 = 0 \Leftrightarrow x = 0$

$\mathcal{S} = \{0\}$

d. $e^{x^2} = e \Leftrightarrow x^2 = 1$

$\Leftrightarrow x = -1$ ou $x = 1$

$\mathcal{S} = \{-1\,;1\}$

16 **a.** $e^{4x+1} = e^3 \Leftrightarrow 4x + 1 = 3$

$\Leftrightarrow 4x = 2 \Leftrightarrow x = \frac{2}{4} = \frac{1}{2}$

$\mathcal{S} = \left\{\frac{1}{2}\right\}$

b. $e^{x(x+1)} = 1 \Leftrightarrow e^{x(x+1)} = e^0$

$\Leftrightarrow x(x+1) = 0 \Leftrightarrow x = 0$ ou $x = -1$

$\mathcal{S} = \{-1\,;\,0\}$

c. $e^{x^2} = e^9 \Leftrightarrow x^2 = 9 \Leftrightarrow x = -3$ ou $x = 3$

$\mathcal{S} = \{-3\,;3\}$

d. $e^{x^2} = e^x \Leftrightarrow x^2 = x \Leftrightarrow x^2 - x = 0$

$\Leftrightarrow x(x-1) = 0 \Leftrightarrow x = 0$ ou $x = 1$

$\mathcal{S} = \{0\,;1\}$

17 **a.** $e^{3x-2} \geqslant 1 \Leftrightarrow e^{3x-2} \geqslant e^0$

$\Leftrightarrow 3x - 2 \geqslant 0 \Leftrightarrow 3x \geqslant 2 \Leftrightarrow x \geqslant \frac{2}{3}$

$\mathcal{S} = \left[\frac{2}{3}\,;+\infty\right[$

b. $e^{-x+1} \leqslant e^{3x-1} \Leftrightarrow -x + 1 \leqslant 3x - 1$

$\Leftrightarrow -4x \leqslant -2 \Leftrightarrow x \geqslant \frac{-2}{-4} \Leftrightarrow x \geqslant \frac{1}{2}$

$\mathcal{S} = \left[\frac{1}{2}\,;+\infty\right[$

c. $e^{x^2} \geqslant e \Leftrightarrow e^{x^2} \Leftrightarrow e^1 \Leftrightarrow x^2 \geqslant 1$

$\Leftrightarrow x \geqslant 1$ ou $x \leqslant -1$

$\mathcal{S} =]-\infty\,;-1] \cup [1\,;+\infty[$

d. $e^{4x-6} \leqslant e^{-2} \Leftrightarrow 4x - 6 \leqslant -2$

$\Leftrightarrow 4x \leqslant 4 \Leftrightarrow x \leqslant 1$

$\mathcal{S} =]-\infty\,;1]$

18 **a.** $e^{x-2} \leqslant e^7 \Leftrightarrow x - 2 \leqslant 7 \Leftrightarrow x \leqslant 9$

$\mathcal{S} =]-\infty\,;9]$

b. $e^{5x+1} \geqslant e^{6x+3} \Leftrightarrow 5x + 1 \geqslant 6x + 3$

$\Leftrightarrow -x \geqslant 2 \Leftrightarrow x \leqslant -2$

$\mathcal{S} =]-\infty\,;-2]$

c. $e^{x^2} \geqslant e^x \Leftrightarrow x^2 \geqslant x \Leftrightarrow x^2 - x \geqslant 0$

$\Leftrightarrow x(x-1) \geqslant 0$

On fait un tableau de signes.

x	$-\infty$		0		1		$+\infty$
Signe de x		–	0	+		+	
Signe de $(x-1)$		–		–	0	+	
Signe de $x(x-1)$		+	0	–	0	+	

$\mathcal{S} =]-\infty\,;0] \cup [1\,;+\infty[$

d. $e^{-x-6} \leqslant e^{-x+2} \Leftrightarrow -x - 6 \leqslant -x + 2$

$\Leftrightarrow -6 \leqslant 2$

Cette inégalité est toujours vraie, donc $\mathcal{S} = \mathbb{R}$.

19 **1.** $\dfrac{f(4)-f(2)}{4-2}=\dfrac{\frac{1}{4}-\frac{1}{2}}{2}=\dfrac{\frac{1}{4}-\frac{2}{4}}{2}=\dfrac{\left(-\frac{1}{4}\right)}{2}=-\dfrac{1}{8}.$

2. $\dfrac{f(-2)-f(-8)}{-2-(-8)}=\dfrac{\frac{1}{-2}-\frac{1}{-8}}{6}=\dfrac{-\frac{4}{8}+\frac{1}{8}}{6}=\dfrac{\left(-\frac{3}{8}\right)}{6}=-\dfrac{3}{48}$

$=-\dfrac{1}{16}.$

20 **1.** $\dfrac{f(9)-f(4)}{9-4}=\dfrac{\sqrt{9}-\sqrt{4}}{5}=\dfrac{3-2}{5}=\dfrac{1}{5}$

2. $\dfrac{f(16)-f(1)}{16-1}=\dfrac{\sqrt{16}-\sqrt{1}}{15}=\dfrac{4-1}{15}=\dfrac{3}{15}=\dfrac{1}{5}$

21 **1.** $\dfrac{f(1+h)-f(1)}{1+h-1}=\dfrac{(1+h)^2+(1+h)-1-1^1-1+1}{h}$

$=\dfrac{1+2h+h^2+1+h-2}{h}=\dfrac{h^2+3h}{h}$

$=\dfrac{h(h+3)}{h}=h+3$

2. Lorsque h tend vers 0, le nombre $h+3$ tend vers 3. Donc $f'(1)=3$.

22 **1.** $\dfrac{g(1+h)-g(1)}{1+h-1}=\dfrac{\frac{1}{1+h}-\frac{1}{1}}{h}=\dfrac{\frac{1-1-h}{1(1+h)}}{h}$

$=-\dfrac{h}{1+h}\times\dfrac{1}{h}=-\dfrac{1}{1+h}$

2. Lorsque h tend vers 0, le nombre $1+h$ tend vers 1, donc le nombre $-\dfrac{1}{1+h}$ tend vers -1. Donc $g'(1)=-1$.

23 On calcule $f(0)=-0^2+0-1=-1$.
On a alors $y=f'(0)(x-0)+f(0)=x-1$. L'équation de la tangente est $y=x-1$.

24 On calcule $g(1)=\sqrt{1}=1$.
On a alors :
$y=g'(1)(x-1)+g(1)=\dfrac{1}{2}(x-1)+1$

$=\dfrac{1}{2}x-\dfrac{1}{2}+1=\dfrac{1}{2}x+\dfrac{1}{2}$

L'équation de la tangente est $y=\dfrac{1}{2}x+\dfrac{1}{2}$.

25 **1.** $f_1'(x)=3\times(2x)-2=6x-2$
2. $f_2'(x)=-5\times(3x^2)+4\times(2x)-1$
$=-15x^2+8x-1$
3. $f_3'(x)=4x^3-3\times(2x)=4x^3-6x$
4. $f_4'(x)=\dfrac{1}{2}\times(3x^2)-\dfrac{1}{4}\times(2x)+3$

$=\dfrac{3}{2}x^2-\dfrac{1}{2}x+3$

26 **1.** $f_1'(x)=2\times\left(-\dfrac{1}{x^2}\right)+2x=-\dfrac{2}{x^2}+2x$

$=\dfrac{-2+2x\times x^2}{x^2}=\dfrac{2x^3-2}{x^2}$

2. $f_2'(x)=3\times\dfrac{1}{2\sqrt{x}}-2=\dfrac{3-2\times2\sqrt{x}}{2\sqrt{x}}=\dfrac{3-4\sqrt{x}}{2\sqrt{x}}$

3. $f_3'(x)=3\times\left(-\dfrac{1}{x^2}\right)-2x=-\dfrac{3}{x^2}-2x$

$=\dfrac{-3-2x\times x^2}{x^2}=\dfrac{-3-2x^3}{x^2}$

27 **1.** $f_1(x)=u(x)v(x)$ avec $u(x)=3x+1$ et $v(x)=\sqrt{x}$.
On a $u'(x)=3$ et $v'(x)=\dfrac{1}{2\sqrt{x}}$.

On a donc $f_1'(x)=3\sqrt{x}+\dfrac{3x+1}{2\sqrt{x}}$

$=\dfrac{3\sqrt{x}\times2\sqrt{x}+3x+1}{2\sqrt{x}}$

$=\dfrac{6x+3x+1}{2\sqrt{x}}$

$=\dfrac{9x+1}{2\sqrt{x}}$

2. $f_2(x)=\dfrac{1}{u(x)}$ avec $u(x)=2x+1$. On a donc $u'(x)=2$.

On a $f_2'(x)=-\dfrac{2}{(2x+1)^2}$

3. $f_3(x)=\dfrac{u(x)}{v(x)}$ avec $u(x)=5x+1$ et $v(x)=2x^2+3$.

On a $u'(x)=5$ et $v'(x)=4x$.

Donc on a $f_3'(x)=\dfrac{5(2x^2+3)-(5x+1)4x}{(2x^2+3)^2}$

$=\dfrac{10x^2+15-20x^2-4x}{(2x^2+3)^2}$

$=\dfrac{-10x^2-4x+15}{(2x^2+3)^2}$

4. $f_4(x)=g(ax+b)$ avec $g(x)=\sqrt{x}$ et $ax+b=3x+4$.

On a $g'(x)=\dfrac{1}{2\sqrt{x}}$.

Donc $f_4'(x)=3\times\dfrac{1}{2\sqrt{3x+4}}=\dfrac{3}{2\sqrt{3x+4}}$.

5. $f_5(x)=g(ax+b)$ avec $g(x)=e^x$ et $ax+b=-3x+1$.
On a $g'(x)=e^x$.
Donc $f_5'(x)=-3e^{-3x+1}$.
6. $f_6(x)=g(ax+b)$ avec $g(x)=e^x$ et $ax+b=2x$.
On a $g'(x)=e^x$
Donc $f_6'(x)=2e^{2x}$.

Index

Achevé d'imprimer en Italie par Grafica Veneta en avril 2023
Dépôt légal : avril 2023 - collection n° 65 - édition 01 - 98/1837/9